ラカン派
精神分析入門
理論と技法

A Clinical Introduction to Lacanian Psychoanalysis
Theory and Technique

ブルース・フィンク
Bruce Fink

中西之信・椿田貴史・舟木徹男・信友建志 訳
Yukinobu Nakanishi, Takashi Tsubakita, Tetsuo Funaki, Kenji Nobutomo

誠信書房

——————— エロイーズに捧げる ———————

謝辞

ジャック＝アラン・ミレールへ。氏には、ラカンの精神分析の精華をご教示いただいた。彼はラカンの講義録の編集者として、またコーズ・フロイディエンヌ学派のリーダーとして、現在世界で最も傑出したラカンの解釈者として知られている。私は、現在も継続中である彼の「ラカン派オリエンテーション」に多くを負っている。これは、彼が主任を務めるパリ第八大学精神分析学科で毎週おこなわれている講義で、私は一九八三年から八九年にかけて出席した。彼が与えてくれた多くの教示のおかげで、私はラカンの読み方を学んだのである。私の前著『ラカン的主体――言語活動と享楽のあいだ』、とりわけその第二章から第五章および第十章、補遺でも同様である。私は本当に多くのことを、彼がここで講じた読解――未出版のものも含めて――に負っている。本書第六章、第九章、第十章はそれぞれ、彼の論文「臨床におけるラカン的パースペクティブへの導入」、「倒錯について」、そして「ラカンのテクストについてのコメント」に部分的に依拠している。また、第八章から第十章で用いた図式も、彼が包括的に論じた図式を利用している。本書が提示するラカンの仕事への見方の背景にあるのはミレール氏の研究であり、本書全体を通じて彼の仕事を参照しているといってよい。

そして、コレット・ソレルへ。彼女はコーズ・フロイディエンヌ学派出身の、きわめて経験豊かなラカン派の精神分析家であり、私はとりわけラカンの臨床的仕事に関して、彼女から多くの影響を受けた。彼女の研究もまた、本書全体を通じて引用されている。彼女の論文「ヒステリーと強迫神経症」は本書第八章の執筆にきわめて有用であった。とはいえ、必ずしもこの二人が本書の提示する見解を支持してくれるとは限らない。おそらく二人とも、本書で述べられたいろいろな解釈に、少なからず異議を唱えることもあろうかと思われる。

エロイーズ・フィンクへ。彼女のコメントのおかげで本書は読みやすいものとなった。そして、執筆中、精神的に支えてくれたことにも感謝したい。

序

私の教えの目的は常に変わらず、精神分析家の教育です。

——ラカン『セミネールXI』二〇九頁〔邦訳三一一頁〕

ラカンの著作はきわめて難解である。しかし、臨床に関して彼が持っていた見解や、彼の改革は、わかりやすく述べることができる。それにもかかわらず、ラカンについて論じた著作はあっても、ラカン派の精神分析がどのようにおこなわれているか、そこでは何が本当に必要なのか、精神分析的か否かを問わず、別の形式でおこなわれている治療とはいったい何が違うのか、こうしたことについて論じた著作は現在のところほとんどない。

本書はこうした状況を改善するために企画された。本書は臨床家（精神分析家、心理学者、精神科医、精神療法士、カウンセラー、ソーシャル・ワーカーほか）、そして治療に携わる、あるいは興味のある読者にむけて書かれたものである。私はデュケイン大学で長年、新人治療者の訓練や、現任臨床家のスーパーヴィジョンをおこなってきた。そうした経験から本書は生まれたものである。彼らのなかでラカンの仕事についてあらかじめよく知っているものはほとんどいなかった。しかし私たちは、さまざまな臨床家がぶつかる多くの問題を扱ううちに、彼らと私たちの臨床経験に共通の地盤を見出すことができた。たとえば、どうやって患者を治療に引き入れるか、患者の不安や要求をどう扱うか、転移性恋愛のコントロール、患者への臨床家自身のもろもろの感情をいかにして脇へ置くか、私たちの偏見を治療環境からどのように取り除くか、あるいは患者の攻撃、皮肉、批判などにどのように対処するか、などの問題である。

私の経験では、ラカンの著作は具体的な臨床場面や個々の事例を説明するのに利用すれば、流派が異なる臨床家にもかなり理解しやすいものとなる。だからこそ、私は臨床家が日々経験する問題を論じることにベストを尽くし、私の論点を説明するためにできるだけ多くの例を挙げるよう努力した。

本書の読解にあたっては、ラカンの仕事をあらかじめ知っているということは、まったく前提にしていない。私の議論を補足するために、巻末には別個に、フロイト、ラカン、およびラカンの弟子たちの著書や論文を含めた文献リストをあげておいた。ラカンに関する私の以前の著書とは違い、本書では、ラカンの複雑な概念のあまりにこまごまとした解釈も、彼の難解な著作に出てくる定式の、骨の折れる解読作業も出てこない。本書が想定している読者は、臨床で出会うあらゆる実際的な問題に直面しているけれども、まだラカンのアプローチには、その理論の最良部分を理解し通すために何時間、何か月あるいは何年かかってもよいと思えるほど興味を持てるかどうか、迷っているような読者である。

したがって、私のアプローチに対して少なくとも二つの異なった見方があり得る。(一)ラカンの仕事を、粗雑に一般化、簡略化し、不当に切り貼りして通俗化しているとの見方。このように批判される場合があることは私も覚悟している。(二)ラカン理論と臨床経験が出会う場がきわめて少ないアメリカの現状を変えようとしているとの見方。パリではラカン派が運営する多くの病院や外来クリニックで、そうした場がすでにある。そこでは新人あるいは実習中の治療者たちが、ラカン派の人びととともに日常業務にあたっている。したがって彼らがラカンの考え方を学ぶのは、ヘーゲル弁証法、様相論理、トポロジー、存在と真理についてのハイデガー理論、文学的修辞などといった難しい問題を通してではなく、診断、投薬、入院加療、治療関係などが重大な問題となる具体的な事例を通してである。フランスの臨床家にとっても、分析家の欲望、象徴的なもの、対象 a、享楽、などの概念に初めて出会うのは、事例発表や個々の患者への対応に関する議論、あるいは夢、幻想、白昼夢の解釈といった状況においてなのである。彼らがこれらの概念を自然に理解するというわけではない。しかし少なくともフランスでは、ラカンの基本的概念は日常の臨床において、個々の患者の経過を定式化したり、患者を担当する治療者へ助言したりする際に使われている。

フランス人が誰でも分析家として生まれるわけではないし、通りを歩いている普通のフランス人は、ラカンについての基本的事項はもちろん、ましてや彼の多層的、多義的な発言について何一つ知らない。フランスでも、ラカンの主著『エクリ』を読んでラカンが理解できるようになるものなど誰一人いない。当のラカン本人からして、「この本は読んでもらうために書いたのではない」(『セミネールXX』二九頁)と言っているほどである。フランスの治療者たちはラカンについて、学術的かつ臨床的に学んでいる。つまり彼らは、ラカンや彼の同僚と一緒に働き、講義に参加し、病院での事例報告をおこない、教育分析を何年も受けた多くの臨床家から、学ぶことができるのである。彼らはラカンの仕事を直接実践として身につけた人びとである。

アメリカではこれまで、ラカン派の精神分析は役立たずの、アカデミックな言説に過ぎないとみなされてきた。アメリカでラカンの学説を生かすには、彼の**臨床的アプローチ**は分析やスーパーヴィジョン、あるいは臨床的な仕事を通じて導入されるべきだろう。つまり、主観的な経験を通じて、である。書物はしょせん手引きに過ぎない。臨床家たちの毎日の経験に本書が寄与することで、彼らがラカンの難解な著作をもう少し長い目で見てくれるようになれば、と私は思う。そして精神分析という経験に対するラカンの見方をもう少し真剣に受け取ってくれるのではないかと思う。そうなれば、本書での私の目的は達成できたことになろう。本書は決して臨床的実践に関するラカンの考え方をトータルに表現しようという意図は持っていない。むしろ本書は入門書であり、ラカンを読むきっかけになればそれでよい。

本書は実習中の分析家、どういう流派であれ、実践に携わる人びと、心理学や関連領域の学生、大学院生向きであろう。内容としては、ラカンが治療にどうアプローチしたかの全体像が描かれており、また同時に彼の基本的な概念も数多く紹介されている。想像的なもの、象徴的なもの、現実的なもの。欲求、要求、愛、欲望、幻想、享楽。主体、対象、《他者》。シニフィアン、シニフィエ。三つの否定の形式（排除、否認、抑圧）。そしてそれらによって決定される治療構造。分析家の欲望、区切り、そして可変時間セッション、など。後半の章には四つの詳細な事例検討が含まれており、本書で展開されたラカンの実践へのアプローチが具体的に説明されている。同時に、他の精神分析的な診断カテゴリーも解説される。前半の章では、同様に私はかなりの量の臨床例を、断片的にではあるが収録した。その多くは私のスーパーヴァイジーから得られたものである。彼ら自身の仕事から個々の発言や説明を抜き出したほうが、私自身の事例を使うよりも、ずいぶんやりやすかった。私自身の事例の場合では、本書の文脈で必要とされる以上の徹底的な議論をしてしまいがちになるせいであろう。しかし第八章で提示した二つの事例研究は私自身の実践から得たものであり、非常に多くの背景的素材が提示されている。

私が本書で紹介するラカンは「初期ラカン」つまり、一九五〇年代の臨床家としてのラカンではない。むしろ、一九六〇年代後半から一九七〇年代の、後期ラカンである。というのも、私はラカンが死の直前に設立した団体（コーズ・フロイディエンヌ学派）で、パリでの七年間を訓練に費やし、それを通じてラカンを理解しているからである。つまり、私自身がラカンの弟子から分析やスーパーヴィジョンを受けたことや、パリ第八大学、サン・ドニでの大学院生としての研究、そして何年ものあいだ私自身のおこなった実践やスーパーヴィジョン、研究と翻訳などを通じて、理解し得たラカンである。

注記しておかねばならないのは、ラカンの著作から引用した箇所の多くの翻訳を自由に私が改訳している、ということである。現在私はラカンの主著『エクリ』（Paris : Seuil, 1966）の新全訳を準備中である〔二〇〇六年に出版された。“*Écrits : The First Complete Translation in English*”, Norton, 2006――訳注、以下同様〕。それは既存の翻訳 *Écrits : A Selection*（New York : Norton, 1977）より、私の目にはずっと明快なものとなっている。既存の翻訳はしばしば誤解を招きがちな訳であるだけでなく、少なからず完全に考え違いをしていると私には強く感じられるからだ。どの場合でも、私はラカンがフランス語で述べていることを忠実に翻訳しようと試み、同時にまたそれをこなれたアメリカ英語で表現しようとしている。そうすることで、アメリカ人にも、ちょうどフランス人がラカンから受けたのと同じような、強い衝撃を感じてもらえるだろうという狙いがあるのである。今日に至るまで、ラカンの著作の訳書の多くには、こうした翻訳のあり方が欠如していたのではないかと、私には思われる。

目次

第二部　診断と分析家の位置

凡例

・原文で強調のためにイタリックになっている箇所は、ゴシック体で示した。
・原文で“ ”で示された引用や強調箇所は、訳文では「 」とした。
・原文を残すことが理解の上で必要と思われる箇所は、訳文の後にこれを残した。
・原文、原注で挙げられた文献で邦訳のあるものは、原文献の頁数のあとに邦訳の頁数も示した。
・原文中のフロイト、ラカンの著作からの引用は、既存の邦訳を参照しつつ、訳者が自由に改訳した。なおフロイトの著作に関して、現在刊行中の『フロイト全集』(岩波書店) のうち既刊の巻は、『フロイト著作集』(人文書院) と共に併記した。
・原注は、本文中の行間に小括弧( )で注番号を示し、本文の後に一括した。
・訳注は適宜、本文・原注中に〔 〕によって挿入した。

第一部　欲望と精神分析技法

第一章　分析における欲望

「電球一つ交換するのに、何人の心理学者が必要なんだろう」
「たった一人でも十分だけれど、電球のほうが変わりたいと思わなきゃ駄目だな」

こんなジョークが一九七〇～八〇年代にかけてはやった。このジョークは一見舌足らずに聞こえるかもしれないが、実はそんなことはない。というのも、実際、心理学者の多くは、患者が**本気で変わりたいと望む**ことがないならば、どんな種類の治療であれ、何の価値もないだろうと信じ込んでいるからだ。ウッディ・アレンが治療を二十年も続けていたとしたら、それは彼が「心の底では」自分を本気で変えたいとは思っていなかったからだとされる。精神療法がたいした成果をあげていないとすれば、それは受けた人の変わろうとする意志が十分に強くなかったという単純な理由からであり、要するにやる気がなかったからだとされてしまう。こうしてその責任は患者の側に置かれるわけである。

ラカンのやり方はこれとは根本的に異なっている。もちろん患者は**本気で**変わろうなどと思っていない！　症状が発症し、患者が症状からくる行動に引き込まれるようになっているとすれば、それは大量のエネルギーがこうした症状と結びつけられるようになってしまったからだ。患者は症状をそのままの状態にするために膨大なエネルギーを費やすのである。というのも、彼らはフロイトが「代理満足」と呼んだものを症状から得ているので、その症状をおいそれと手放すわけにはいかないのである（SE XVI, 365-371）〔邦訳著作集第一巻二九八－

三〇〇頁〕。患者が最初は自分の症状から解放されたいと訴えたとしても、本人は結局のところは事を荒立てない方向に流されてしまう。

症状の本質的なあり方は端的にこのようなものである。周囲の者から見て、あるいは症状を背負っている当人にすら、はっきりとはわからないかもしれないが、症状は何らかの満足を与えているのである（SE XVI, 365-366）〔邦訳著作集第一巻二九八―二九九頁〕。ある意味では、患者とは自分の症状を享楽するものなのだ。[1] いや、それどころか、一般的に言って、症状こそが、享楽を得るための手段として患者が知っている唯一のものなのだ。とすれば、自分の人生におけるかけがえのない満足をわざわざ手放そうなどという人はいるはずがない。

フロイト＝ラカン的な視点から言うならば、治療者は患者側の「よくなろうとする意志」のようなもの、あるいは「変わりたいという純粋な欲望」のようなものには頼ることができないのは明らかである。そんなものは存在しないのである。[2] 実際、患者は生きる意志をもはや持たないからこそ、何もしたくないからこそ治療に行くということが多い。もっと言えば、彼らのリビードが押さえつけられ、弱ってしまったと感じるから治療に行くのである。要するに、彼らの欲望は死にかけているのである。だとすると、どう転んだら欲望が変化の原動力となり得るのだというのだろう。

治療の場において、その原動力となり得る欲望があるとすれば、それは分析家の欲望であって、患者の欲望ではない。私が一緒に仕事をした多くの治療者や訓練中の治療者たちは、自分の患者に対して**欲望**を表現するのは著しく不適切であると感じている。彼らは予定されていたセッションに来なかった患者や、まったく治療に来なくなった患者に電話さえしない。[3]「やめるのは患者の権利だ」というのが彼らの主張である。患者が来たがらないのであれば、「患者にどうこう言う**自分は**何様なのか」というわけである。ところが実際には、多くの治療者は患者が姿を見せなくなったり、まったく来なくなったりすると、傷つき、拒否されたと感じているものである。そして彼らは「やれやれ厄介払いできた」と自分に言い聞かせるようになる。逆にまた、彼らは何か間違ったことをしてしまったと思いこんで、自分が治療者として不適格だと感じたりもする。

そのような治療者は、治療を続けようという患者の欲望はいずれ**必ず**萎えるか、完全に消えるものだということがわかっていない。もしそうした患者の欲望が消えずに続く場合は、むしろ、症状と結びついている患者の本質的な葛藤が、治療によって揺さぶられていないのである。たしかに患者には来るのをやめる法的権利があるし、患者が治療から遠ざかるような愚かなことを治療者が何かしでかしたのかもしれない。**しかし、たいていの場合、患者は治療から遠ざかる言いわけを探し続けていて**、それは実質的にどのような言いわけでもよいのである。患者は、何かを手放すよう指示されたり、心の準備もできていないのに、何かを犠牲にするよう指示されると、セッションをサボりがちになったり、時には治療をやめてしまう場合もある。

患者の治療の続行を可能にするのは、患者自身の無くなりかけた欲望ではなく、分析家の欲望である。患者が自分の意志で治療を続けようとしないときに、分析家が自分の欲望をほんのちょっと表現するだけでも、自分から治療に来ようとしない患者に治療を継続させるのに十分なのである。もう言うべきことがないとか、行き詰まったなどと思い込んでいるような患者が、分析家が「ではまたあした」と言ったおかげでまた治療にやってくる、ということはおおいにあり得る。彼らは治療に行くのが馬鹿げているとか、分析家を退屈させているに違いないと思うことがある。しかし、分析家が彼らに、また来るようにとか、分析に通い続けるようにと言えば、それが支えになって、患者はリビードが停滞したり、連想が頓挫したりといった苦境も何とか切り抜けることができるかもしれない。

たいていの患者は分析から身を引こうとしたり、何かを犠牲にしたくないと思ったりするものだが、そうした困難を乗り越えるために分析家の欲望をしっかりと表現しておく必要がある。分析家は患者に対し、分析を続けて**欲しい**、いついつ来て**欲しい**と思っている、もっと多く、たとえば週一回ではなく二回、また週四回ではなく五回来て**欲しい**、ということを繰り返し言わなければならない。

分析家の欲望の重要性を示す一例として、フランス人の私の友人を取り上げよう。彼女は何年か、ある分析家と分析をした。そして分析を続けたいと思っていた。ところが、その分析家は彼女に「あなたに対してもう何もすることはありません」と告げて、来ないで欲しいということを暗に示したのである。これは患者をおおいに苦しませただけでなく、それ以来、分析から彼女の足を遠のかせる結果となった。彼女は、自分はもう何をやっても無駄なのだという印象を受けた。実際、この分析家はもはやまったく彼女の助けになりえなかったというのは本当だろう。とはいえ、この分析家のやり方は、まったく間違っていた。患者が分析を続けたいと願っていたことは偽りのない事実である。この一事を見ても、彼女にはもっと話すべきことがあり、彼女の分析の仕事はまだ終わっていなかったということが示されている。したがってこの分析家は、分析を**続けて欲しい**という欲望を彼女に表明すべきだったのだ。もっとも、それはこの分析家とではなく、もっと知識も経験も豊かな誰某先生とのあいだで続けるべきだったのではあるが。

神経症者の分析に取り組む場合、治療者は、患者に分析を続けて欲しいという欲望を**常に**表明しなければならない。たとえ患者が自分の分析はもう終わったと感じていても、そうすべきである。こうした患者たちも、自分自身の道を進もうという欲望が十分に強く決定的なものとなったときには、分析をうち切るだろう（もちろん、もしこの切断が決して起こらないときは、治療が患者を自立させるよりも、むしろ治療者にますます依存させているということを意味している。この点は後の章で論じる[4]）。

以上のことは、分析家とは自らの「本当の気持ち」を必ずしも伝えるとは限らない役まわりを演じるものだ、ということを示している。分析家は「その人本人」ではない。すなわち、自分の胸に秘めた信条を伝達したり、一人の人間として患者に反応したりすることはない。分析家は患者を不愉快に思ったり、苛立たしいと感じたりするかもしれないが、そのような気持ちを患者に伝えたところでそれがいったい何になるだろうか。分析家が反感を示したことに反応して、患者は真の分析作業に取り組むことをせずに分析をきっぱりやめてしまったり、分析家を苛立たせると思われる思考や感情を検閲したりすることで、分析家から愉快で興味深い人物と思われようと汲々としたりすることがよくある。そこまでいかないにしても、反動形成による反応を引き起こすぐらいのことは当然あり得るだろう。たとえ患者に嫌悪感を抱いたとしても、分析家は、患者が語り、夢見、幻想し、連想し、解釈することを患者に求めるという欲望の場所を維持しなければならない。分析家が患者に対して嫌悪とは正反対の感情を抱く場合でも、つまり患者に魅きつけられ、振り回されている場合でも、分析家は同じ場所、すなわちこの厳密に精神分析的な方向性を持った欲望を確保しておくよう要求されるのである。(5)

実際に、精神科医や精神分析家や心理学者を描いたあらゆる映画は、ロバート・アルトマンの『ニューヨーカーの青い鳥』からフィル・ジョアーの『愛という名の疑惑』(キム・ベイシンガーとリチャード・ギアが出演)に至るまで、治療関係から一線を越えてしまうような治療者の欲望にばかり焦点を当てている。現代の治療者はほとんどいつも、孤独で傷つきやすく、患者に惚れてしまい、患者と寝てしまうような、権力濫用の誘惑に屈してしまう人間として描かれている。マスメディアにおけるこうした治療者像は、逆転移という状況に治療者自身がおおいに関心を抱いているという事態と並行している。逆転移とは、患者との関係のなかで生じてくる分析家の感情のことである。

ラカンは逆転移的な感情の存在を否定してはいない。治療の場で患者と会ったものなら誰でも、患者に引きつけられたり、怒りをかき立てられたり、共感的になったり、欲求不満になったりするものだ。ラカンの独創性は、治療で解釈したり、または介入したりするときには、これらの感情を脇に置くことを分析家たちに要求した点にある。そうした感情は、分析家が自分自身の分析において自己を理解する場合や、患者が自分のリビード経済のどこに分析家を位置づけようとしているのかを正確に推し量るような場合には価値があるかもしれないが、そうした感情を患者に対して表現したり明かしたりしてはならない。

ラカンの「分析家の欲望」(6)という表現は、分析家の逆転移的な感情を指すのではなく、どちらかといえば、分析家に固有の「純化された欲望」[7]のことである。つまり、分析家とは、感情を持った一個人ではなく、一つの機能、役割、それもさまざまな人間によって担われ**得る**役割なのである。「分析家の欲望」とは、分析に、しかも分析にのみかかわる欲望である。多くの治療者は、患者の今後の見通しを持っている、と私にいう。それは口には出さないものの（時には口にも出すが）、患者にこうなって欲しいという期待である。夫と別れるだろうとか、身を固めて子どもを作れとか。ラカンが「分析家の欲望」として定式化したものはこのたぐいの願望とは何の関係もない。たとえば、患者に良くなって欲しい、人生で成功して欲しい、幸せになって欲しい、自分自身を理解して欲しい、学校に行くようになって欲しい、自らの希望を実現して欲しいといった願望、あるいは、何か特別なこと、たとえば夢に出てきた豚は彼女の父親であるとか、十一歳のとき家族に起こった災禍に自分は関わったといったことを言って欲しいなどという願望は「分析家の欲望」ではない。分析家の欲望は謎めいた欲望であり、患者にこんなことを言ってくれとかあんなことをしてくれとは言わないものである。[8]神経症者は、他人の欲望を満たしたりはばもうとして、他人が自分に何を望んでいるのかをただ躍起になって理解しようとする。

「分析家の欲望」とは、特定の対象に滞留しない純粋な欲望運動のようなものである。それは、分析家が分析主体 analysand（自分自身を分析している人物）に何を望んでいるのかを示すことはない〔ラカン派では、精神分析とは分析家が行うものではなく、分析家の存在を媒介にして患者自身がおこなうものであると考える。そのため、通常「被分析者」と訳されることが多い analysand を、本書では「分析主体」と訳した。本書一三頁参照〕。とはいえ分析主体が、ほんのちょっとした分析家の介入や解釈にさえ、特定の欲望を読み取ろうとするのはほとんど避けられない。ある分析主体は、私が彼女のことを同性愛者であると思っていると確信した。その理由は、彼女が同性愛的な場面に数回遭遇したことを何度も語っている割には、詳しくは話そうとしなかったので、そのことをもっと話すよう私が彼女を促したからだ、というものだった。私がいくどか「はぁ」とあいづちを打っただけで、彼女が同性愛者であることを私が自覚させようとしている、と思いこんでしまったのである。彼女は自分で私のなかに読み取った欲望に対して、これらの遭遇についてまったく議論しないという仕方で抗議した。「分析家の欲望」とは隘路を進まなければならない欲望である。分析家は、無意識が顕在化したときには、いつでもそれを強調する（たとえそれが、分析家が個人的に聞いてみたいことを妨害していたり、分析家がそれまで何とか理解してきたことに一致しないように見えたりする場合でも）。そうすることによって分析家は、治療において患者にどのような種類の作業をするよう期待しているのかを示す。しかしその際、分析家が何らかの青写真を持っているとか、患者に何か特定の事柄を言わせようとしていると取られてはならない。

後の章で私は分析家の欲望に関してもっと多くのことを述べるつもりだが、以下のことはすでに明らかになったであろう。すなわち、分析家の欲望とは、患者が治療にやって来て、経験、思考、幻想、夢などを言語化し、それらについて連想することを欲する、たゆみのない欲望だということである。それは「個人的な」欲望ではないし、その欲望を持つためにはまず自分自身が長いあいだ分析を受けなければならない。それでもこの欲望こそが、ラカンが分析の原動力とみなしたものなのである。

知と欲望

もし現実性の知覚が不快を伴うならば、その知覚、すなわち真実は捨てられるに違いない。

——フロイト（SE XXIII, 237）〔邦訳著作集第六巻三九七頁〕

「変わりたい」とか「自己を知りたい」という「純粋な欲望」を抱いて患者が治療に来ることはない。分析の初期には、多くの患者が、何がうまく行かなかったのか、自分の行動がいつも裏目に出るのはなぜか、いつも人間関係が破綻するのはなぜか、などについて知りたいという欲望を表明するが、そこには、ラカンが言うように、それらについて何も**知らないままでいたい**という願望が根深く存在する。患者は、生活が破綻した原因がまさに自分がしてきたことや、現にしていることにあると気づき始めると、多くの場合、ひきつづき治療をおこなうことに抵抗し、治療から逃げようとする。彼らは自分のより根深い動機に気づきかけても、それが受け入れ難いと感じると、脱落してしまうことが多い。逃避することは、神経症者に最もありがちな基本的態度の一つである。

フロイトは知識欲動（*Wissentrieb*）[9]についてときどき語ることがあったが、ラカンはそうした欲動を性に関する子どもの好奇心（「赤ちゃんはどこから来るのか？」）に限定した。ラカンによれば、治療における分析主体の基本的な立場は知の拒否という立場、すなわち、知ろうとしない意志（*à ne rien vouloir savoir*）である[10]。分析主体は、自らの神経症的機制、つまり自分の症状がなぜ生じるのかについて、何も知りたがらない。ラカンは無知を、愛や憎しみよりも強い情熱、すなわち知ろうとしない情熱として分類している[11]。

分析家の欲望のみが分析主体に、この「何も知りたくない」という願望を克服させる。そして、ある種の新たな知を構成するという苦痛に満ちた過程を通じて、分析主体を支えるのである。もし分析主体が知ることに抵抗を示しているならば、そして分析家が自分の欲望を維持することに失敗するならば、新しい知は構成されない。ラカンは分析における唯一の抵抗は分析家の抵抗であるとまで語っている[12]。なぜなら、患者が知ることに対して抵抗を示したとしても、**分析家が介入に努めさえすれば**、それを克服できるからである。もし分析家が自分の欲望を発揮する機会を逸して尻込みしてしまうならば、治療における決定的な抵抗は分析家自身の抵抗であり、患者の抵抗ではない。患者の抵抗はそもそもの初めから存在するとみなすことができる。つまり、患者とはそもそも、自分を変えたり、知ったり、何かを手放したりなどしたくないのである。患者の構造的な抵抗についてはできることは何もない。しかしのちに見るように、分析家の抵抗に関しては、何らかの対処ができる。

満足の危機

主体が見出すものは、再び見つけだそうという試みを動機づけたものではありません。
——ラカン『セミネールXI』一九九頁〔邦訳二九五頁〕

もし人が変わろう、知ろうと本気で欲していないのなら、そもそもなぜ治療などに行こうとするのだろうか？　そうすることで彼らは何を達成しようと望んでいるのか？

多くの場合、人は危機に瀕したときに治療を受けに行く。つまり彼らのいつもの方法が破綻したときである。フロイトが言うように、症状が代理満足を提供するにしても、これらの代理物は常に効力を発揮できるとは限らない。それらは社会一般、あるいは恋人の忍耐力、雇用者の気持ち、本人の期待などと対立するようになる。もしくは、それらの症状が強まるかもしれない。たとえば、広場恐怖症はだんだんと悪化し、その人の行動をより完全に制限し、生活を耐えられないものにすることもあるかもしれない。症状から得られる満足がもう十分ではなくなったときや、それが他人に侵害されたとき、あるいは他の諸要因によって満足感が急激に少なくなったり、妨げられたりしたときなどに治療に行くようになる。(13)

しかし「満足 satisfaction」という言葉は、症状が提供するような種類の快を表現するにはあまりにも「きれい」で「すっきりした」言葉かもしれない。自分の人生に満足しないとぶつぶつと言い続けながらも、治療には決して行かない人がいるというのは、誰でも知っていることだ。それは、彼らが自分たちの不満足そのものから、あるいは不平をいうこと、つまり自分たちが満足できないのは他人のせいだと非難することから、ある種の満足を得ているからである。同様に、ある人びとは、自分自身を犠牲にすることによって、また痛ましい経験に身をさらすことなどによってとてつもないほどの快を得ている。フランス語にはこうした苦痛のなかの快あるいは不満足のなかの満足を表すよい言葉がある。すなわち、「享楽 *jouissance*」である。それは、罰や自罰から得る「イク感覚 **kick**」に近いものであり、気持ちよすぎて痛いぐらい（たとえば、性交時の絶頂）とか、痛過ぎて気持ちがよくなるといったときに得られるものである。ほとんどの人は自分の症状から快ないしは満足を得ていることを否定する。しかし、はたから見ている人間にはたいていわかることだが、彼らは自分の症状を享楽しているのである。つまり「汚な」かったり、「不潔」であったりなど、非常な回り道をして、快や満足などとはとても言えそうもないような仕方で、自分の症状で「イク get off」のである。[14]「享楽 jouissance」という用語は、きれい、汚いにかかわらず、あらゆる必要な手段を使ってイク getting off ことを求めるという事態を見事に表現している。[15]

したがって、人が治療を求めるときというのは、享楽を得るための、自分好みのいつもの方法が破綻するときだと理解できる。それは「享楽の危機」である。享楽を供する症状がそれ以上機能しないか、もしくは危うくなってしまっているのである。

何らかの意味で享楽の危機を体験**しない**まま治療者のところへ来るのは、たいてい家族か、友人、雇用者に来させられた人びとである。彼らの配偶者は享楽の危機にあるのかもしれないが、彼らはそうではない。そして一般的に言えば、こういう人びとは、自分の配偶者の欲望を邪魔することに主な関心を向け、分析家の欲望の影響は拒むのである。

享楽の危機のただ中にあって治療に来た人は、治療者がそれを何とかしてくれると期待している。治療者が物事をもとどおりにし、かつてのように症状が機能するようにしてくれるだろう、というわけである。彼らが求めているのは、症状から解放されることではない。むしろ症状の効果が戻ることや、症状が目立たなくなることを求めているのである。彼らの要求は、治療者が彼らの満足を以前の水準に戻してくれることである。[16]

ところが治療者が最初に提供するのは、異なる代理満足である。つまり転移関係や無意識の解読から得られる奇妙な満足である。これは断じて患者が求めているものでは**ない**。彼らは置き換えを要求しているわけではないのである。むしろ、彼らは以前の満足を元どおりにする継ぎ当てが欲しいのである。

以上から本質的に、治療を契約とみなすことはできないし、また患者を示す「クライアント」という言葉はよく使われるが、的外れである。「クライアントである」とは、その人が消費者であり、自分が欲しいもの、受け取るものが正確にわかっているということである。しかし、このことは現実の治療場面にはほとんど**あてはまらない**。また、「契約」という観念は、当事者同士が対等に合意することを示している。したがって契約とは、当事者各々が何かを提供する義務を説明するものである。しかし、治療においては、治療者は患者の要求を脇に置き、彼らを欲求不満にさせ、最終的に彼らが決して求めていなかったものへと導こうとする。これは契約ではない！「クライアント」という用語は、治療を受けている人間を病人扱いして烙印を押すようなニュアンスのある「患者」という用語よりはましであると言えなくもない。しかし、ラカンは別な用語を提案した。それが「分析主体 analysand」という用語である。「分析主体」の接尾辞 *"-and"* は、語末につく *"-ing"* と同様に動名詞である。つまりこの語には、分析という仕事をするのは分析家ではなく、治療を受ける者であるという意味が込められている。

危機に瀕して治療に来た分析主体は喜んで妥協し、症状から得られる、もはやたいしたことのない満足の代わりに、無意識の解読という代理満足を受け入れるかもしれない。分析主体は約束を求めるかもしれない。「私は何を望めるのか。この治療から何を期待できるのか」と。治療者は幸福も治癒も約束することはできないけれども、必要とあらば、物事に対する新しいアプローチ、人との新しいつきあい方、世の中を渡ってゆく新しいやり方を分析主体に約束することはできる。分析主体から示されるこのような要望に応えることはすべて拒否する、という分析家もいるが、症状から得られる享楽の断念という犠牲を要求するにあたって、何かを引き替えに提示することは、いっときそのショックを和らげる働きがあるかもしれない。もちろんそれは分析主体の期待に沿うにはほど遠いものだが、最初の一歩を踏み出すきっかけにはなるかもしれない。

こうしてみると、電球のほうが真剣に変わろうと**欲する**必要などないのかもしれない。電球とは普通に切れるか、チカチカするようになるものだし、それでよいのであろう。症状から得られる享楽が自然に低下するに伴って、患者は分析家の欲望に好奇心をそそられ、分析過程に引き込まれるようになる。そして分析家の欲望がきちんと維持されるなら、彼らは分析を続けるのである。(17)

第二章　治療過程に患者を導くこと

「予備面接」——分析的教育

治療者のところにやってくる人で、治療過程で実際何がなされるのか、初めからわかっている人はほとんどいない。治療において何がおこなわれるのかについての予想は、来る人の生活背景によって、ありとあらゆることに及ぶ。たとえば、生活について愚痴をこぼすことや、罪の告白をおこなうと思っている場合もあれば、助言をもらったり、悩みの解決に役に立つ「魔法」が学べると思ったりしている場合もある。さらには、うっとうしくつきまとう観念を取り除いてもらうことや、いわゆる抑圧された記憶なるものを蘇らせてもらうのだと思っている場合もある。一般的に言って、治療がはじまるや、患者は前回治療者と話して以来何が起こったかについて話すものだと考えられている。つまり、自分の生活、誰それについての感情や考えなどを話すものだと思われている。そのような考え方はメディアではありふれているし、実際、いま述べたようなことをするよう患者に促す治療者もいる。

しかし、こういったことは精神分析の関心事ではまったくない。むしろここでの問題は、治療のなかで何をするのかについての日常的な思い込みから、いかに患者を引き離し、純粋な分析作業にまでもってゆくかということである。分析の初期段階には、一種の教育が必要なのである。それは明示的な教育の場合もあれば、それほどでもない場合もある。

初めは分析家との関係を、他の人間関係と同じようなものとみなしている患者が多い。たとえば、彼らが新聞で面白い記事を見つけ、誰かに見せたいと思ったとする。彼らはその記事を親に送ったり、友人に見せたりするのとまったく同じように、分析家のところにそれを持ってくるのである。また、よい本を読んだり、よい映画を見たりといったことがあると、それを分析家に薦める。時には分析家に「貸す」つもりで、机の上に本などを置いていったりすることもある。患者にとっては、そうした行為は、「ごく普通の親しさ」を示すものであり、たいして深い意味はないのである。

しかし、治療の初めから、分析家は分析主体との関係のなかで起こるすべてのことが重要なものであり、この関係は他のどんな関係とも違うのだということをはっきりさせておかなければならない。分析家は話や秘密を語り合ったり、本やテープを貸したりする友人ではない。分析家を楽しい話や冗談で面白がらせようとしても意味がない。なぜなら分析家は面白いとは思わないだろうから。たとえ患者が自分の話のある部分が最も重要であると信じていても、分析家はいつもそれとは別のことに注意を払っているように見えるのである。

このように、精神分析の初期段階は、**分析家と分析主体のあいだには相互性**（「私にあなたの話を聞かせてくれたら、私の話をしてあげる」）**がない**のだということをはっきりさせることに費やされる(1)。友人とのあいだでなら、そうした相互性はある程度あるものだ。しかし、分析家は分析主体があらかじめ準備してきた話にはほとんど興味を持たない。分析家は、分析主体に対して、心に浮かんだすべてのことを言うよう要求する。どんなに意味がなく、つまらなく思えても、また文脈から外れていて、不快で侮辱的だと思えても、自分の思考を検閲することを一切許さない。また、分析主体が以前にはおそらくほとんど気にもとめていなかったようなこと、すなわち夢や幻想、白昼夢、ちょっとした考え、言い間違い、錯誤行為などのようなものに注意を払うことを要求する。

これは、ほとんどの人にとって、とくにこれまで分析を受けたことがない人にとっては、かなり難しい要求である。しかし、私の患者の一人は、私のところにくる前に何年か分析を受けていたそうだが、彼によるとその分析家は、夢を覚えておき、セッションのときにそれを詳しく話すよう求めもしなかったし、ましてや夢や幻想に現れた個々の事柄について連想するという精神分析固有の技法に取り組ませようともしなかったそうである。精神分析をおこなうためには学習の過程が必要であり、分析家は無意識の現れすべてに注意を払うよう、分析主体を繰り返し促すことをやめてはならない。以上が、私が精神分析の初期段階における教育的側面と呼ぶものである。

「予備面接」——臨床的側面

分析の初期段階を指す「予備面接 preliminary meetings」というラカンの用語は、「予備質問 preliminary interviews」［*entretiens prèliminaire*］とも訳される。この用語からわかるように、分析家はこの面接の段階で、ある積極的な役割を果たす。予備面接は、分析家にとって具体的な目的を持つ。すなわち、患者の状態に関して、診断基準に照らして見立てをおこなうことである。治療者の多くは、診断を、分類することぐらいにしか考えておらず、それは治療過程には何の役にも立たないもので、例のごとく健康保険会社のあこぎな目的にのみ必要とされるのだと思っている。むろん、保険会社が診断にもとづいて治療費を支給することもないわけではない。したがって、仕事柄、そのような会社とかかわらざるを得ない者は、上手なやり方を身につけなくてはならない。すなわち、保険会社に対しては、患者その人に永久に「病人」という烙印を押すことなく、しかも治療の継続を可能にするような診断を提供し、その一方で、治療者自身やごく内輪のスタッフのための、実際の診断を別に確保しておくというやり方である。

しかし分析家は精神病者を神経症者と同じように扱うことはできない。大まかな診断は、修正されることもあり得るし、後で注意深く実証されなければならない。しかしそれを条件とすれば、患者との分析関係において分析家が適切な位置をとるためには、大まかに診断を下すことはやはり重要である。患者が自分から話題にしないかぎりは、何か月ものあいだ、患者の両親や性行動について質問することを控える治療者を、私は何人もスーパーヴィジョンしてきた。しかし、倒錯なのか精神病なのかをすぐにはほとんど見極められない場合にとくに言えることだが、治療者が患者の来歴や家族生活、性生活についての大まかな展望をすぐに得られないならば、治療者は不覚にも重大な過ちを犯してしまうかもしれないのである（たとえば精神病の発症を引き起こしてしまうなど）。

このように予備質問では、分析家は、予備診断を下すのに不可欠ないくつかの点を明らかにするために、非常に具体的な質問をするが、それによって分析家は患者の生活や臨床構造についての全体的な展望を持つことができる。このことは、分析家が患者に何を話すべきかを伝えて、予備セッションを方向づけるということを意味するのではない。フロイトの言うように、これらのセッションでは、「患者にほとんどすべての話を自由にさせ、今の話を続けさせるために絶対必要なこと以外は何も説明しない」（SE XII, 124）〔邦訳著作集第九巻八八頁〕のである。とはいえ、診断に関して分析家の心にぬぐい難く疑いが残り、そのために当該の患者の治療に支障をきたすようなときには、要点を押さえた質問をすることは適切である（たとえば、本書の第七章で概観するように、分析家が精神病の治療に慣れていないとか、第九章で議論されるように、倒錯の治療の際に、分析家が置かれやすい位置に居心地の悪さを感じるなどといった場合がこれにあてはまる）。

さらに、予備質問は、患者の生活における漠然とした不安感（絶望や心配、不幸など）であるかもしれないものを、輪郭のはっきりした症状へと変形しようとする。(2) たとえば、初め、自分の問題は本当のところ身体的な性質のものであると確信している患者であっても、医学的治療の効果が出てくると、精神分析を受けなさいという内科医の助言にもすすんで従う。予備面接をしているうちに、患者は自分の問題をあるいは心身症のようなものとして、それゆえ会話療法によって近づき得るものとみなすことができるようになるのである。

多くの患者は、あれこれの具体的症状を和らげて欲しいという、非常に具体的な要求をもって治療にやってくる。精神療法の外科的モデル（そこでは、症状は独立した行動であり、虫垂炎のように取り除き得ると思われている）にもとづいて治療をおこなう行動主義者を除けば、治療者は誰でも、患者の症状は初め独立したもののように思えても、その人の生活の多くの側面を調べていかないことには決して取り除くことができないことを心得ているものである。「単純な」顔面チックと見えるものであっても、それは複雑な心身症的現象であり、「より大きな問題」の氷山の一角であるかもしれない。しかし、厳密に言えば、このチックが精神分析的な意味で症状と言えるようになるためには、患者がチック症状を取り除いて欲しいという一方的な要求が、無意識を解読することへの満足に（多かれ少なかれ、嫌々ながらではあろうが）切り替わるのを待たなければならない。つまり、患者が自分の上っ面のほんの一部をではなく、自分の人生全体を進んで問い直すようになるのを待たなければならないのである。

これにはかなりの時間がかかるかもしれない。たとえば、患者が本当に精神分析過程にたずさわっていると言えるようになるには、対面でのセッションを毎日おこない、一年間ほどかかるということもよくある。私たちが望んでいるのは、ジャック＝アラン・ミレールの言葉で言えば、「『自主的』要求が、関係それ自体から現れる」(3)ことである。つまり、症状を腫瘍のように取り除いて欲しいという要求が分析への要求に道をゆずること、すなわち、何も知りたくないという分析主体の意志が、分析家との関係それ自体によって、自己の分析を進めてゆく意志へとひとりでに変わることなのである。

長さはさまざまだが、この期間中は、分析主体はたいていある程度のサポートや支えが欲しいと感じるものである。人は、話しかけている相手に顔を向けないで話すことに慣れていないし、アイコンタクトも必要だと感じるからだ。彼らの頭のなかでは、最初、分析家は他の人と同じような人であり、その「人」が役者や機能、プレースホルダー、まっさらなスクリーン、あるいは鏡としての分析家になってゆくためには、ゆっくり時間をかけるしかない[4]。このような転換には、時間がかかる。したがって、多くの精神科医や分析家がよくするように、患者をすぐさま寝椅子に寝かせることはできないのである[5]。予備面接は対面で行わなければならない。たとえすでに精神分析を受けたことがある人であっても、すぐさま寝椅子に寝かせるべきではない。

「予備面接」――分析家の介入

患者が分析家を自分と同じようなもう一人の人間として見ているあいだは、分析家の解釈はたいていの場合ほとんど意味を持たない。そうした解釈は受け入れられたり拒絶されたりするだろうが、患者のリビード経済にはほとんど、あるいはまったく衝撃を与えない。(解釈が的を射ているときでも、そうでないときでも) 患者が拒絶する解釈を繰り返すことは、分析家を替えてしまったり、あるいは治療そのものも完全にやめてしまったりする方向に患者を導きやすい[6]。分析主体が本当に分析を要求するようになり、分析家が純粋に一つの機能として働き始めるまでは、解釈はほとんど効果的な作用を及ぼさないのである。

句読法

このことは、分析家が予備面接のあいだじゅう何も言わなくてよいということを意味するのではない。むしろ、分析家の介入は患者の発話に対する「句読法 punctuaitons」[7]で構成されるということなのである。すなわち、分析家は意味ありげに「ほう」と言ったり、患者が口にした単語や、はっきりしない音を、一度か二度そのまま繰り返したりする。書かれたテクストの意味は句読点 (コンマ、ダッシュ、ピリオド) の打ち方を変えることによってしばしば変わることがある。それと同じように、患者自身による自分の発話への句読法、すなわち、特定の単語の強調（いわば「アンダーラインを引くこと」）、失敗や不明瞭な発音のすばやいこじつけ、重要だと考えていることの繰り返しなどは、分析家がそれに独自に句読点を打ち、他の読み方が可能であることを示唆することで、変容をこうむる。しかし、その際分析家はその読み方がどのようなものであるかは言わないし、その読み方が明らかで一貫していることすら言わない。分析家は、あいまいさや二重の意味、言い間違いを強調することで、患者が「本当に言わんとしていたこと」the patient "really meant" を自分はわかっているということを伝えるよりは、むしろ、おそらくは隠されているものを暴露するような意味があり得るのだということをほのめかすのである。分析家の句読法は一つの特定の意味を指摘したり、そこに縛りつけたりするというよりは、むしろ患者が注意していなかったレベルの意味、すなわち意図しなかった意味や無意識的な意味を示唆する。

無意識の現れに句読点を打ってゆくこと（たとえば患者の言い間違いを繰り返すこと）で、なかには苛立ちを感じる患者もいるかもしれない。日常会話のなかではこの種の現れはすぐに修正されてしまうものだし、そこに意味を見出すこともほとんどまずないといってよいからである。しかし、句読法が体系的におこなわれるときには、自分が自分の家の主人ではないということが患者にほのめかされる。(8) その結果、無意識への好奇心が喚起され、同時にそれへの情熱的な興味が起こってくることが多い。多くの患者は、自分の言い間違いや不明瞭な発音を自ら指摘し、分析するような段階にまで到達する。時には、まさに今言おうとしていたのだが、言う前に自制して避けたものですら、分析するのである。

このように言い間違いや二重の意味、はっきりしない発話に対して分析家が興味を示すことで、患者もそれらに対して興味を持つようになる。分析家の句読法は特定の意味を指し示すものではなかったのだが、患者はそれらに意味を見出し始めるのである。「本格的な」解釈をすることを避けつつも、分析家はそれでも患者を無意識の解読の過程へと引き入れ、時にはそれに夢中にさせることすらできる。

区切り

どんな医学的な道具や手続きも乱用されない保証はない。しかし、メスは切れなければ、治療の役に立たない。

——フロイト（SE XVI, 462-463）〔邦訳著作集第一巻三八三頁〕

初期の段階で分析家が介入できるもう一つの方法は、とくに重要だと思われるところ、すなわち患者が力強く何かを否定していたり、何かを発見したと主張していたり、夢の内容豊かな部分を説明していたり、ちょうど口がすべったりしたところでセッションを打ち切ることである。こうしたところでセッションをやめることで、分析家は言葉でいわずにそれを強調する。それによって、分析家は患者に対して、それらは重要であり軽々しく受け取るべきものではないと自分（分析家）が思っていることをはっきりと示すのである。

分析家は決して中立な聞き手ではない。患者の発話には、無意識の欲望やこれまで言明されなかった享楽の露呈にほとんどいつも関係するような箇所がある。分析家はこれらの点が決定的に重要であることを明らかにする。分析家は患者の注意をそれらの箇所に向け、多かれ少なかれ直接的に、それらについてじっくり考え、連想し、真剣に受け止めるよう促す。患者は精神分析的にみて最も重要な主題に対して、自発的に的を絞ることは**ない。**たいていは、自発的にそれを避ける。たとえば、性について詳しく述べるべきだと気づいていても、患者は夢や幻想のなかで最も性的な備給を受けている要素について連想するのを避ける傾向がある。

「自由連想」はすぐれた方法である（深層レベルではパラドックスという穴だらけだが）。しかし、患者に最も重要なことを自由連想させるのは、多くの場合、かなり困難な仕事である。**分析家は自分が重要だと思った素材を強調するのを恐れてはならない。**各素材の背後に何があるか、分析家はそれをとうてい知ることができない以上、必ずしも他の素材を除外するわけでない。しかし、無意識を強調することによって、分析家はまさに**この素材**について聞きたい、という「分析家の欲望」を示すのである。

　つまり、こういうことである！　患者が土曜の夜にクラブを渡り歩いてどう過ごしたのかとか、ドストエフスキーの詩についての患者の持論とか[9]、その他もろもろのことはどうでもいいのである。それらすべては日常のたわいもない話であり、友人や家族や同僚と話すものである。彼らは他に言うべきことを知らないか、あるいはある事柄について話さねばならなくなるのを恐れている。そのため、治療でもそういうたわいもない話を詳しく述べることになっていると思いこみ、息せき切って話し続ける。セッションの中断すなわち「区切り scansion」[10]は患者がセッションを空虚な話で一杯にしてしまうのを阻止するための道具である。患者が一度重要なことを言ったら、セッションを続ける必要はない。実際、分析家がそこで「区切り」をつけないと、つまりそのセッションを終わりにしないと、患者は精神分析の「時間」の終わりまで話を詰めこみ、それ以前に自分が言った重要なことを忘れてしまうことになる。分析主体のとくに重要な言葉にもとづいてセッションを切るのは、本質的なものに注意を向け続けるための方法なのである。

　分析では、微に入り細を穿って自分の生活すべてを話したり、一週間の出来事を美しく語ったり、日々流れゆく考えや印象を述べたりすることは、まったく必要とされない。そのようなアプローチは自動的に、治療を一生かかってもやりとげられない無限の過程へと変えてしまう[11]。しかし、多くの治療者は、患者の話を中断させたり、患者から話し始めた話題を変更したり、自分の退屈さや苛立ちを何らかの仕方で表したりなどしたがらない。分析家の苛立ちは、どのような場合でも、たいてい次のようなことを示している。つまり、そうしたとき、分析家は話題を変える機会や、質問したり何かをより深く探ったりする機会を逸してしまい、ついには「エレガントに」そうする機会へと戻れなくなっているのである。すなわち、それは介入する機会を逃した分析家の欲求不満を表しているのだ。

分析家が患者を真に分析の作業につかせようとするなら、過去一週間の物語や細かな話、その他同じような表面的な会話は分析の素材ではないこと（もちろん、それらは時には分析的に利用できるが）を患者にはっきりと示すのを恐れてはならない。そこに何らかの心理学的な意味を見つけようとするよりは、**話題を変える**ほうが賢明だろう[12]。

表面的な話、つまり日常生活のたわいもない話[13]が体系的に取り除かれ、重要な点が強調されるという、そもそものことによって、ラカンが「可変時間セッション」と呼んだものを採用することは十分に正当化される。しかし、ラカンが患者とのセッションの長さを変化させ始めたとき、心理学や精神分析の体制側の人びとの多くは呆れて、その実践を「短時間セッション」と軽蔑的に言ったのである。それによって、セッションの長さの**可変性**という重要な要素は覆い隠されてしまった。セッションの長さを変える理由はたくさんあるが、そのうちのいくつかについては後の章で論じることにしよう。ここでは、そうした理由のうち、より単純なものについて、簡単に触れておきたい。

無意識の現れは、しばしば**驚き**を伴う。その驚きとは口がすべってしまった驚きであり、たとえば分析主体が、「not」という言葉をつけ加えたり、文章のなかの「あなた」を「私」に、「彼」を「彼女」へと変えたりして、自分の言おうとしたこととまったく逆のことを言ってしまうときがこれにあたる。また、自分のしたことに驚く場合もある。後者の例としては、私がスーパーヴィジョンしている治療者が教えてくれたものがある。その治療者のある患者は長年意識のうえでは継母を嫌っていた。しかし、父親の死の直後、路上で継母にばったりと出会ったときに突然、実は彼女に対して自分が大変な好意と優しさをもって接しているということに気がつき愕然としたのだった。彼は何年ものあいだ、自分が父親に対してもっていた怒りを継母に転移させていたことに気づかなかったのだが、予想だにしなかった自分の反応を通じて、以前には気づかなかった自分の感情や思考をかいま見ることができたのである。

唐突にセッションを切り上げることによって、分析家は直前に分析主体があらわにした驚きを強調する。つまり区切りによって驚きという要素を導入し、分析主体に、自分には聞こえてこなかったどのようなことを分析家は聞いたのだろうかと思わせ、またどんな無意識的な思考がそこに現れたのかと分析主体を不思議がらせるのである。こうした驚きの要素は、分析を**お決まりの日課**のようなものにしてしまわないために重要である。分析は、たとえば分析主体が毎日分析に通って、自分の夢や幻想を四十五分なり五十分なり話し、家に帰って、何も揺さぶられず、一日中何かに悩まされたり、そのことで頭が一杯になったりすることもない、といったものになってはならない。ラカン派の分析は、分析主体が用心したり平衡を保ったりできないようにする。それによって無意識の現れはどれも、十分なインパクトをもつようになるのである。

時間が固定したセッションが規準である場合、分析主体は話す時間が決まっていることに慣れてしまい、その時間をどう埋めようか、それをどう使うのが一番よいかを考えるようになる。たとえば分析主体は、自分が昨晩見た分析家についての夢が分析にとって最も重要であるということに非常によく気づいている。しかし、彼らは夢の話にたどり着く前に（**もし**たどり着いたとしての話だが）、自分が話しておき**たい**と思うその他たくさんのことで時間の帳尻を合わせようとする。分析主体がセッションで割り当てられた時間を使う際の仕方は、彼らのより大がかりな神経症的戦略（回避や、他者の無効化などを含む）にとって重要な部分である。前もってセッションの長さを定めておくことは、単に彼らの神経症を助長するに過ぎない。

可変時間セッションは、分析主体の防御をある程度解き、よい素材へとまっすぐ向かうように彼らを促す方法として用いることができる。ただ、可変時間セッションは、それ自体では必ずしも万能薬にはならない。ある種の分析主体は、ナルシスティックな理由から自分のことを分析家に知ってもらいたいがために、最初わざと重要性の低いことから話し（たとえば、「試験で本当にうまくやれたんです」とか、「私はきのう、女性性についてあなたが書いた文章を読みました」などと言って）、一番よいことは最後にとっておこうと、セッションの計画を立て続ける。あるいは他の分析主体、とくに強迫神経症者は、あらかじめ自分が何を話したいのかを決めておき、セッションの緻密な計画を練って、口がすべることもありえなければ、自由連想をする時間も余地もないような、念入りにリハーサルされた演技へとセッションを変えてしまう。

ラカンのことを書いた有名な作家は、何年ものあいだ毎日の分析のなかで、そうした戦略だけを追求したということをあからさまに認めている。彼は自分の夢をこまめに書き記し、セッションにそなえて膨大な量の夢を記憶した。そうすることで、もし分析家がいつもより長くセッションを続けても、念入りにリハーサルされた話を使いきることのないようにしたのである。[14] 彼は、分析過程に身をおくことに対する不安を何とかするために自分がおこなっている強迫的なやり方をよく意識していた。そうしてセッションのあいだ治療的なことは何一つ起こらないようにしていたのだった。彼は自分のしていたことを分析の「サボタージュ」だと言っていた。そうやって、可変時間セッションを実践していたラカン派の治療者と分析をしていたのである！

このように、可変時間セッションは明らかに万能ではないが、そのような強迫的戦略に対処するのに役に立つこともある。たとえば次の事例を考えてみよう。

私の友人がラカン派の治療者の分析を受けていた。その分析のある時点で一週間以上にわたって、彼の分析家はセッションを数秒だけやって彼を帰したのである。そのとき友人と私はショックを受け、その扱いはまったく不公平で、不適切で、むちゃくちゃなものだと思った。私には分析家がそのような荒っぽい扱いをした本当の理由はわからない。だが、後から考えると、自己の価値を幾分誇大に感じ、過度の知性化に慣れていたこの強迫神経症の友人は、誇大な話題についてよく作り上げられた話をしていたのは間違いないと思われる。そしてこの分析家が、そのようなことをする余地は分析にはないことに分析主体が気づき、学問的に遠回しに言うのをやめて重要な点にたどり着けるようになってよいころだと判断したであろうことは、私にはかなりありそうなことだと思われる。

たいていの心理学や精神分析の学派では、分析家の側のそのような行為は、重大な職業倫理違反であり、職権濫用的で、非良心的で、まったくひどいものだとみなされるだろう。分析主体はそんな扱いを受けるために分析家のもとを訪れたのではなかったはずだ、と論難されるだろう。しかし、分析は契約ではない。分析主体は何かを望んでいながら、それにもかかわらず無意識的にそれを避けようとしている場合もよくあるからである。先述の有名な作家は、無意識的な、時にはそれほど無意識的ではない自滅的な仕方ではあったにせよ、それでも分析で何かを達成したいと望んでいたのである。そのような長い期間、毎日分析に通い続けていたというまさにその事実が、あるレベルでは彼が何か他のものを探し求めているということ、おそらくは分析家が、長期にわたる自分の自己破壊傾向を取り除いてくれることを、見込みが薄いと思いつつも望んでいたということを意味していた。

極端に短いセッションを連続して受けたこの友人は、ある意味、**そのような仕打ちを求めていたのである。**もっとも、あからさまに求めたわけではなく、おそらく口に出したわけでもなかっただろうが。しかし、あるレベルでは、きっと彼は自分が何をしているか知っていただろう。単にそれをやめられなかっただけなのだ。彼はその特定の分析家（最も経験を積んだラカン派の分析家の一人であった）のところへ、精神分析家として訓練して欲しいということで通っていた。彼はあたかも教授と一緒に教室にいるかのように振舞い、自分が一番関心を持てる理論的なことを話した。この友人はフロイトの仕事を決して知らなかったわけではないので、その理論的な話が分析の主な材料ではないことをとてもよくわかっていた。にもかかわらず、彼は知性化する癖を打ち壊すことはできなかったし、分析家を精神分析理論のレベルに巻き込もうとした（それは最初、ある程度成功したようにみえる）。分析家に対する彼の挑戦とは、ある意味、次のようなものだった。「私を止めてみろ！　あなたが私のゲームにとらわれていないということを示してみろ！」[15] この意味において、友人はすでに述べたような分析家の仕打ちを**求めていた。**一見、荒療治のように思えたにもかかわらず、彼は分析家に会いに戻った。幸運にもこの薬は患者にとって強過ぎはしなかったのである。たしかにそれは強い薬ではあったが、彼の分析はその後、積極的な方向へ向かった。もしそうした大胆なやり方で介入したがらない分析家だったら、彼の分析はいつまでも学問的瞑想から抜け出せなかっただろう。

何事も額面どおり取ってはいけない

人があなたに何かを要求したからといって、それが、その人が本当に与えて欲しいものだということにはなりません。

——ラカン『セミネールXIII』一九六六年三月二三日

欲望は、私たちが分析で扱う経済全体の中心点ないしは重要点です。もしそれを考慮しそこねるならば、私たちは必然的に、「現実性」という言葉によって象徴されているもの、すなわち社会的文脈における現実を唯一の案内人とするほかなくなるでしょう。

——ラカン『セミネールVI』一九五九年六月一日

私が今挙げてきた例は、分析主体が露骨に、あるいは暗に要求してくるものを額面どおりに取ってはいけないことを示している。表面上、彼らは分析家になりたい、すなわち、徹底的な分析を経験したい、と頼んでくるかもしれない。しかし、彼らの振舞いは、本当は自分の心のボートを揺さぶりたくないことを示している。また、彼らはかたくなにある問題を論じるかもしれないが、そのあいだじゅう分析家が自分の話を遮ってくれることをひそかに望んでいるのである。彼らの要求はしばしばかなり矛盾をはらんでいる。もし分析家がある要求、たとえば、セッションの回数を一週間に三回から二回に変えて欲しいという要求に屈するならば、それは表面上の要求の背後にある、より深い動機を見抜くことをせずに、その要求を額面どおりに受け取ってしまったのと同じである。患者がセッションを週二回にしてくれと頼むのは、おそらくただ、患者の配偶者が分析にお金を使いたがらないからであり、実のところ患者は分析家がノーと言ってくれることを望んでいる。あるいは、患者は何らかの困難な時期にさしかかっていて、週に三回の分析を患者が受けにくるようにという**欲望**を分析家のほうから示してもらうことが必要だと感じているのである。あるレベルでは、患者はセッションの数を減らして欲しいと要求している。しかし、別のレベルでは、分析家にノーと言って欲しいのである[16]。

分析中の何事も額面どおりに取ってはいけない。これはある人びとにとっては、衝撃的な立場かもしれない。しかし、今見た患者の要求のように、要求が最初そう見えるほど単純である場合はめったにない。実際、患者の言動のうち、どんなものでも「純粋で単純な現実」に関連していると簡単に決めることはできない。たとえば、ある患者が「子どもを医者に連れていかなければならないので、火曜日に予約していたセッションに行くことができません」と言ったとする。しかし、なぜ患者は分析家と予約していることがわかっているその特定の時間に、子どもの予約を入れたのだろうか? 他の時間を探すことが彼女にとってどの程度大事なことだと思われていたのだろう。違う時間にすることを頼むぐらいはしたのか、あるいは子どもの医者が呈示した最初の予約時間をそのまま受け入れたのだろうか? おそらく彼女は、子どもの具合がとても悪かったので最初に入れられる空き時間に予約を入れたとでも言うだろう。これは**本当だろう**、しかし、それこそが彼女にとって都合のよい最初の空きだったということも本当だろう。なぜなら彼女は、たとえば散髪やＰＴＡ会議などとは重ならないように予定を組まなければならなかったからだ。

ここで重要なのは、「現実性」つまり患者がいつもどおりに治療に来ることを妨げた「実際の出来事」ではなく、心的現実のほうである。つまり、彼女が生活のなかで他のこと、彼女がしたいと思っている別なことなどと比べて、彼女の心のうちでセッションがどれほど大事なものだったのかということである。患者が「これこれのためにどうしても予約どおりに来ることができませんでした」と言うとき、治療者は患者が述べた理由が確かなものかどうか、いつもある程度懐疑的でなければならない。「車の事故にあってしまって予約していたセッションに来ることができなかった」というのは、実にもっともな言い分に聞こえるかもしれない。しかし、ひょっとするとその事故が起こったのは予約の前の日であり、彼女は怪我一つしておらず、車のほうも何ら異常はなかったのかもしれない。あるいはその事故は大変小さなものであり、来ようと思えば患者は予約時間の十分後には来ることができたのかもしれない。

患者が述べた口実が話の全部だろうとすぐに思いこんではいけない。治療者とのセッションと、その他のしなくてはいけないこと、あるいは娯楽などといったことのうち、どれが重要なのかは患者のなかで複雑な順位がつけられている。だがその順位づけには治療のなかで進行していることや、患者の生活のなかで治療が占めている位置が反映されている。そして、それが「あなたに比べれば何であれ他のことのほうが大事だと思っています！」という治療者へのメッセージになっているのかもしれない。**本質的に「理にかなった」言いわけなど存在しないのである。**患者は治療を中心にして日々の予定を組み立てることになっているのであって、その逆ではない。もちろん、時には予約を守ることが**不可能**になるような緊急事態もあるだろう。しかし、実際それは大変まれなことである。フロイトやその他大勢の分析家が言うように、身体的な病気にかかったと言って予約をすっぽかしがちな分析主体は、すっぽかしたセッションの料金を請求されると、興味深いことに病気にならなくなり、それほどすっぽかすこともなくなるのである（SE XII, 127）〔邦訳著作集第九巻九一頁〕。

患者の抵抗の現れとみなし得るものに対しては、分析家は従順であってはならない。つまり、分析家は屈してはならない[17]。分析家の側からすれば、患者のセッションは患者の生活のなかで最も重要なものである。患者の分析は一番に優先されるべきものである。セッションの予定は決め直さなければならないということ、そしてセッションが取りやめになることはないのだということを、はっきり伝えなければならない。もし患者に予定を変更する癖があるならば、分析家は患者の要求に逐一応じてセッションをするのではないことをはっきり伝えなければならない。セッションの予定を変更することの多かった私の同僚に対し、分析家が与えた代替案は一つだけであった。それは、朝七時三〇分にしか予約できない、というものであった。言うまでもなく、彼は午前十時のセッションに寝過ごさなくなった！[18]

分析家と分析主体のあいだで生じるすべてのことは潜在的に心理的意義を持つので、分析において額面どおりに取ってよいものは何もない。しかし、額面どおりに取ることができない理由はもう一つある。

意味は決して自明ではない

人と人とのあいだの話のまさに基底にあるのは、誤解です。
——ラカン『セミネールIII』一八四頁〔邦訳下巻八頁〕

すべての断定は否定であるかもしれないという事実は別にしても、意味というものは決して自明ではない。患者は「私は今順調だと感じていない。私の言っている意味 what I mean がわかりますか？」といったような、あいまいでくだけた表現を使うかもしれない。しかし、分析家には患者が言っていることの意味は、どうあってもわかるはずがない。意味というものは、ある点では大変個別的なものであり、誰しも、非常に限定された意味で単語や表現を用いている。[19] フランス語には「みなまで言わずとも *à mi-mot*」という言いまわしがある。これは自分の意図することをほのめかし、「半分だけ言う」という意味である。しかし、分析家は患者がそうした言い方で述べたことを理解しようとはしない。家族や友人たちとの通常の会話では、私たちは、自分の言わんとすることを詳細に述べなくても、他の人たちがそれを理解してくれること、あるいはひとこと簡単な言葉を言ったり、共有された出来事に話が及んだりするだけで、無数の感情や意味が相手の心に伝わってゆくことを、たいていうれしく思う。つまり、私たちは「彼らが自分たちの言葉を話している」がゆえに彼らと一緒にいて安心するのである。

しかしながら、分析においては、分析家と分析主体はたとえ両者が英語のネイティブスピーカーであっても、「同じ言葉を話す」ことはない。もし両者が似たような社会経済的背景を持ち、その国の同じ地域出身であったなら、両者の言葉遣いはとても似ているかもしれない。けれども、究極的には分析家と分析主体が「同じ言葉を話す」ことは決してないのである。

人が「低い自己評価」といった陳腐な表現を用いるとき、それは、ある場合においては、次のようなことを意味する。すなわち、人から「君は自己評価が低い」と言われたのだが、本当は自分のことをそうは思っていない、ということであったり、あるいは、その人が、お前は決して大物にならないだろうという声を聞いている、ということであったりする。両者の意味はまったくかけ離れている。患者は分析家以外の人との普段の会話でのように、「私にはあなたの言わんとすることwhat you meanがわかる」というような反応をすぐにしてもらえず、イライラすることがときどきある。しかし、分析家はそのような一見わかりやすい言葉から特定の意味を引き出さなければならない。

意味は決してわかりやすいものではない。分析家は、聞き取るのが困難なふりをして、理解を拒むような態度をとることすらしなければならない。そして必要とあらば、患者が「セックスは不快なものだ」とか「女は恐い」とか「クモが恐い」とか言うときに、それが何を意味しているのかを一言一句はっきり言わせるべきである。優れたラカン派の分析家、ミシェル・シルヴェストルが以前に述べていたように、分析家は、頭が鈍くぼんやりしていて、愚鈍で、口がきけないような人物だと思われることを恐れてはならない。[20] それによって、たとえば「オーラル・セックスはよいのだが、性交は受けつけないということです」とか、「キスやペッティングは平気だけれども、なぜ他の連中がわざわざナニを入れたがるのかはわからなかったということです」とか、「黒い毛むくじゃらの足をもったクモを見ると背筋がぞっとします」などといった、より詳細な内容を患者から聞き出すことができるのである。患者が「セックスは不快なものだ」と言うときに、何を意味しているのかわかっていると思い込んでいる分析家は、その患者が両親のセックスのことを言っていた（もしくは言っているように感じていた）ことに気づいて、後で驚くことになりかねない。

意味はいつもあいまいである

言葉は、無数の考えの結び目なので、あいまいさを宿命づけられているとみなせるかもしれない。

――フロイト（SE V, 340）〔邦訳著作集第二巻二八三頁〕

私がスーパーヴィジョンをしていた同性愛の男性の事例では、この男性が治療者に、自分は父が自分の「百パーセント後ろにいる a hundred percent behind him」と感じていると言った。ほとんど想像力を働かせずとも、私たちは少なくとも二つの仕方でこの言葉を聞き取ることができる。すなわち、第一に、彼が物事を行うに際して、父が真に自分の支えになってくれていると感じていたという意味である。[21] 第二に、もっと空間的な意味で父を背後に感じていた、たとえば、父は自分の後ろに立っていた、自分の後ろに寝ていた、自分の肩越しに見ていた、といった意味である。**発話は、まさにその本質からしてあいまいである。** 言葉は一つ以上の意味を持っているし、私たちが使う表現は多くの場合たくさんの異なる仕方で受け取られ得る。また、前置詞にはたくさんの隠喩的な意味が入り込む余地がある。どんなやり方、どんな形であっても、たとえ文脈からはずされたり異なったアクセントをつけられたりしても、決してあいまいにならないような言表を考え出そうというのは、なかなか面白そうな話ではあるが[22]。

　患者の言うことはあいまいであるという単純な事実が重要なのではない。すべての発話があいまいだからである。重要なのは患者の言葉の選び方である。なぜ患者は、自分の父が百パーセント「後ろ behind」にいると言う代わりに、自分が何かを決断するときには百パーセント支えてくれる supports him と言わなかったのだろうか？　患者は同じ考えを表現するにもいろいろなやり方を選べるのだ[23]。そう考えると、彼が「後ろ」という言葉を含んだ表現を選んだことが重要なのだと思われてくる。おそらく、何か他の考えがあったために、彼は他ならぬその表現を選んだのである。

　実際、この同性愛者の場合はそうだった。というのも、彼は後になってもほとんど一言一句違わず同じ表現を繰り返したのだが、「父は百パーセント後ろだった My father was a hundred percent behind」というように、最後の「私の me」を都合よく省くことがあったからである。この文句はまさにフロイトの言い間違いと同じものであり、次のように翻訳できるものである。すなわち「私の父は完全な尻の穴だった」「私の父は尻にしか興味を持たなかった」「私の父は肛門性交にしか関心を示さなかった」などである。もちろん、患者は何かを決定する際に父がよく支えてくれたこと以上のことを自分が意味していたことを否定した。しかし、**精神分析は彼が何を言わんとしたか** what he meant **ということよりは、むしろ彼が実際に言ったこと** what he actually said **のほうに関心を向けるのである。**

　「私が言わんとしたこと what I meant」という、患者がしばしば繰り返す文句が指すのは、患者がそのとき意識的に考えていたこと（あるいは考えていると思いたかったこと）である。そしてこれによって、患者の心のなかで何らかの別の思考が、同時に、おそらく別の水準で、具体化しつつあったことが否定されるのである。多くの患者は治療においても長いあいだ、そのような他の思考があることを懸命に否定する。そして、「彼らが自分で言わんとしたこと以外に何かを言ったという事実には、何らかの意味があるに違いない」と彼らに向かって主張しても、ほとんど無駄である。やがて、患者が夢や言い間違いなどについてひとたび連想できるようになると、彼らはいくつかの考えが、おそらく異なったレベルにおいてであるが、同時に自分のなかに生じることがあり得るのだという考えを受け入れ始めるだろう。つまり、彼らは無意識の存在、普段は注意を払わないレベルの思考活動があるということを受け入れるようになるのである。[24]

だからといって、分析家が治療を開始したばかりの分析主体に対して、発話のなかのあらゆるあいまいな部分を一つひとつ容赦なく強調したり、分析主体の言い間違いをいちいち強調したりするわけではない。そんなことは不可能なのは明らかである。たいていの分析主体において、あいまいさや言い間違いの句読法はゆっくりと徐々に導入されなければならず、分析家は分析主体が口にするあいまいな発話のうち、その分析主体にとってある特定の意味を持つように思われるものを選ばなければならない。たとえば、「何かを誰かに無理強いする to shove something down someone's throat〔何かを誰かの喉に詰め込む〕」というような隠喩は、拒食症や過食症の分析主体が用いた場合には、強迫神経症者が同じ表現を用いた場合よりも強調する価値があるだろう。そのような句読法を導入する時期は、他のすべての介入の場合と同じように、ある特定の分析主体がどのようなことに対して聞く準備ができているのかという観点から、注意深く決定しなければならないし、あいまいな発話や言い間違いが現れた文脈と何らかの関係をもっていなければならない。とはいえ、文脈が大変不明瞭ではっきりしない発話も強調する価値があることは確かである。それを読み解くことによって、まったく予想もしなかったような新しい材料へとたどり着くこともあるからである。

このように精神分析では、重要なのは分析主体が実際に言っていることであり、彼が言わんとすることではない。というのも、「分析主体が言わんとすること」とは、**自分が意味していると彼が意識のうえで考えていること、意識のレベルで言おうと意図していること、伝えようと意図していること**であるからだ。患者が伝えようと意図するものは、彼の自己観、すなわち、彼が自分はこういう人間であると信じている人物像（あるいは、そうだと信じたいか、少なくとも信じようとしている人物像）と矛盾しない何かなのである。このように、「患者が言わんとすること」とは、彼が自分自身だとみなすレベルの意図のことである。それは患者の自己イメージに合うような意図のことなのである。

ラカンが「意味は想像的なものである」と言った理由はここにある（『セミネールIII』六五頁）〔邦訳上巻八八頁〕。しかし彼は、それによって意味が存在しないとか、意味とは私たちが想像のなかで単に思い描いたものであるなどと言ったわけではなかった。意味というものが私たちの自己**イメージ**、すなわち自分が何者であり、どんな人間かについて私たちが抱くイメージに縛りつけられている、ということを言ったのである。つまり意味は「自我 ego」や「自己 self」（本書ではこの二語を同義で使う）、私たちが自分の重要部分だとみなすものに関連している。それゆえ、意味は私たちの自己イメージに合わないものを除外するのである。

ラカンが一九五〇年代に「フロイトへの回帰[25]」として述べたことは、当時の「自我心理学」において、さらには今でも心理学や精神分析の多くの学派において広く浸透している自我の強調に反対して、無意識の重要性へと回帰することを意味していた。自我とは本質的に、私たちが自分の一部とみなすものであり、「私」と私たちが言うときに指示するものであり、私たちの自己イメージに合うものである。その限りにおいて、自我は私たちにとって見知らぬすべてのもの、私たちが責任を持つことを拒否する錯誤行為（言い間違い、失敗など）のなかにすべり込んでいる思考や欲望をすべて排除する。患者が言わんとしたことよりも実際に言ったことのほうに重きを置くことによって、また、発話のなかに現れたあいまいさや言い間違いを強調することによって、ラカンはフロイトと同様に、自我よりも無意識のほうに優先権を与えたのである。

ラカンは文字に多大な注意を払ったということで知られている。「法の文字 the letter of the law」という表現で彼は法が実際どのように読み取られ得るかを強調した。これは法の主要な意味やその精神とは対極にあるものとされる。「法の文字」に従うとは、その法が書かれたときの精神に配慮することなく、その法のテクストに書かれていることに従う、という意味であろう。ラカンは分析主体の語らいのなかの文字、つまり意識の上で意味しようとしたことや意図したこととは対極にある、実際に何を言ったかということのほうに多大な注意を払ったのである。ラカンは、分析主体が何を言わんとしているかを、自分（ラカン）が理解していると簡単には考えなかった。また彼らと同じ言葉を自分も話すのだという印象を彼らに与えなかった。さらに彼らの発話のあいまいさや行間に現れ出てくるものへと注意を向けた。このようにすることでラカンはいわば新しい意味が現れ出てくる余地を作り、分析主体に、実際自分が何を言っていたのか、なぜそれを言ったのか、あるいは口を開いているとき、**誰が**話していたのかさえほとんどわかっていなかったことに気づかせる機会を与えたのである。

患者が分析に本気になって取り組みだすのは、彼らがそうしたことを問題にし始めるとき、つまり自分の発言における「何、なぜ、誰」が患者自身にとって問題となるときである。この時点になって初めて、あれこれの特定の症状を取り除いて欲しいという単純な要求を越えて進んでいく何かに取り組むのである。すべてが疑い得るものになる。最も確かだったものは、まったく不確かになり、患者は心を開いて無意識に耳を傾け、自分のなかで話しているもう一つの声を聞き、それを解読しようとし始める。

このようにして開かれた場所においては、分析主体はもはや自分が何を言っているのか、何を追い求めているのかさえ知らない。そして彼らは自分を導く無意識の力を、あるいは分析の経過のなかで無意識が生み出す形成物（夢、幻想、白昼夢、度忘れ、言い間違い）の力を信じることになる。ラカンのいうように、「欲望とは問い」であるかぎりで[26]、そこは欲望の場所となるのである。ひとたび患者が自分の言葉や思考、幻想についてなぜ、どうしてと不思議がり始め、自分についての問いを持ち始めたら、彼らの欲望は分析に従事していることになる[27]。

要求というものは、まさにその本質からして反復的である。はじめ患者は即効性のある治療を何度も執拗に要求する。しかしこの要求は動きを持った何かに取って代わられる。この何かとは無意識の新しい現れの一つひとつ（すなわち「無意識の形成物(28)」）に興味をそそられ、新しい言い間違いに密着し、それを探求する何か、すなわち欲望である。つまり、患者の要求は、欲望、すなわち絶えず動き、新たな対象を探し求め、あちこち止まるが決してじっとしていない欲望に、道を譲る。ある意味、患者は要求を欲望と交換したのである。もちろん、患者は分析のあいだじゅう分析家に対して、解釈や承認や是認などを求めてさらなる要求をしてくるのだから、これは完全な交換ではない。要求には常に、何かに対する一種の固着が含まれている（そのため、人は、同じものの、つまりそれなしではやっていけないと感じるものを繰り返し求めるのである）が、患者はいくつかの要求を進んで手放すようになってくる。このように患者は欲望と引き替えに、あるいは欲望の換喩から生じてくる喜びと引き替えに、ある固着を手放すのである。「換喩」という語は、ここでは単に欲望が一つの対象から次の対象へと動くこと、欲望はそれ自体でおのずから絶え間なくずれていき、動いてゆくことを表している。欲望はそれ自体が目的である。つまり、それはさらなる欲望のみを求めて、特定の対象への固着は求めないのである(29)。

この移行、すなわち要求と欲望のこうした交換、欲望の運動と引き換えに固着を手放すことを指すラカンの用語は「弁証法化」である。この移行が起こるとき、患者は分析の弁証法的プロセスに入ってゆく。これは、患者が「ええ、そうですね、私はそれが欲しい。でもよく考えてみると、本当は欲しくない。考えてみると、私が本当に欲しいのは……」と自由に言えるようになるという意味で「弁証法的」なのである(30)。患者はもはや自分が一貫していなければならないとは感じない。患者はあるセッションで一つの願望を主張し、第二のセッションでそれをくつがえし、三度目のセッションでそれを少し変えてもう一度主張する、といったことができるようになる。これは一見すると気違いじみているが、そこにも筋道が立っている。たしかに命題論理や日常的な常識の論理では、何かを欲しがることと欲しがらないこととを同時に両立させることはできない。しかし欲望の論理はそれらの論理とは違うのである。

ここでのラカンの「弁証法」という言葉の用い方（「欲望の弁証法」など[31]）は、欲望が、おなじみのヘーゲル弁証法、すなわち肯定、否定、止揚に従うということではない。それは**欲望が動き出し、要求のうちに内在している固着から自由になる**ことを意味している。これは大変重要な段階であり、分析主体が本当に分析に入ったことを示すものである。私は、患者の欲望がひとたび動き始めたら、その後いかなるところにも留まったり、停滞したりしないということを言っているのではない。むしろ、交換といってよいものが初めて成立するのである。当初の要求の代わりに、欲望のもたらす快を受け取ることに患者は同意するのである。

しかし、ある種の患者からは、分析家はどんな種類の問いも導き出すことができない。患者は自分がかつて言ったことのどれについても不思議がらないし、現在の分析家との関係における自分の言動を問題にすることがない。患者は話をしに分析に通い続けるのだが、自分の言っていることのなかに、自分が言わんとしたこと以外の何かを見ようとは決してしない。無意識は決して受け入れられず、想像的なもの（意味）が支配している。このことは次の二つの可能性のうちどちらかを意味するであろう。まずその患者は精神病かもしれない。その可能性については、第七章で取り上げよう。あるいは、欲望が前面に出られる場所を分析家がつくらなかったのかもしれない。このとき、分析家は治療における自らの位置を再考しなければならない。この場合、患者はとにかく何か話しなさいと無理に要求されていることが多い。その結果、ある患者にとっては話をすることが演技することと結びついてしまい、「自分自身の」考えや欲望を話すのとはまったく逆に、他の人たちが聞きたがることを話すだけになってしまうのである。

第三章　分析的関係

知と暗示

治療の初期に分析主体によって割り振られる分析家の役割は、分析主体が分析に関して聞いたり読んだりしたことに大きく左右される。さらに、そのような見聞はまた、彼らの社会経済的な背景や教育や文化的環境に左右される。しかし、一般的に言って、現代社会における医者や治療者に対する人びとの見方は、合衆国のような消費社会ではとりわけ、以前とは異なっている。世界の一部の地域のある時代では、医者や治療者は一般に尊敬されていたが、その尊敬の念はますます失われつつある。このことは、医療の分野において「セカンド・オピニオン」に対する要求が高まっていることからも明らかである。

一九〇一年ごろ、フロイトは同僚の医者から聞いた、ボスニア・ヘルツェゴヴィナのトルコ人の様子について言及している。すなわち彼らは「自分の医者を深く信頼し、運命に忍従する態度を示す習慣がある。病人は、医者からもはや何もしてあげられないと告げられても、こう答えるのである。『先生、しょうがないです。もし助かる方法があるのなら、それをしてくださるでしょうから』と」(SE VI, 3)〔邦訳著作集第四巻七頁〕。フロイトはトルコ人のあいだでの医者への尊敬と、世紀の変わり目にさしかかっていたウィーンで自分が患者から受けていた扱いとの違いに驚いたに違いない。

今日のアメリカでは、人びとは医師が彼らに言うことに対して多少とも疑ってかかる傾向にある。そして、精神療法家の治療的な力に関しては極端なまでに懐疑的である。[1] 一般向けの雑誌に掲載される研究という研究はみな、精神療法の有効性に疑問を投げかけており、異なる学派の治療者たちは自分の流派の勝利のために互いに悪罵を投げつけ合っている。健康保険会社は「精神 psycho-」という接頭語のつく治療を無価値なものとみなすこともしばしばである。メディアが取り上げる治療者といえば、患者をいいように利用し、そもそも患者よりも狂っているような治療者ばかりである。つまり、**精神療法は合衆国ではほぼ信用を失っており、たいていの場合は、万策尽きた後の最後の手段に過ぎないのである。**消化器科の医師や指圧師、精神科医、鍼療法士などの一般的な治療者にかかり、それらがすべて無益に終わった後でのみ、やっと精神療法家に連絡を取るということがしばしばである。

アメリカ人の気持ちとしては、精神療法家とはたいてい、医学部を卒業できなかったり、大学の数学や理科の試験に落第したりした、人間性についての経験がラジオのトーク番組の主役と肩を並べる程度でしかない人物とみなされている。アメリカ人は占星術や手相術と同じぐらいにしか、心理学や精神分析を信用していない（実際には、それ以下かもしれない）。人が治療にやってくるときはたいてい、治療者が自分を助けてくれるという確信をまったく持たないままやってくる。そして治療者が用いると告げる知識に対して、あからさまに疑いの目を向けるのである。

では、分析の原動力は「知を想定された主体」[2] であるというよく知られたラカンの主張はどのように理解すべきだろうか。通常この用語は、分析主体が、分析家には人間の苦しみに関する膨大な知識があると考えて、分析家は事態を変えるために必要な知を持っていると初めから思い込むことを意味すると思われている。この点に関しては、確かにいくらか説明が必要である。単にフランスで効果があるものがアメリカでは効果がない、ということなのだろうか？

今日では、分析家の知識に対する尊敬の念は一部の国や都市や団体においては、他と比較すれば大きい。たとえばパリでは、精神分析はメディアの議論における日常的な話題であり、高校の哲学の授業でも紹介され、全体的にみて丁重に扱われている。フランス人はアメリカ人のように、生物学がすべての根底にあるとか、医学がすべての精神的な苦悩や苦痛を軽減できる日がやってくる、などと信じてはいない。実際、パリでは多くの人びとが精神分析という分野について概して肯定的な見方をしているので、個々の精神分析家はその点で恵まれている。

このことは、たとえば、ニューヨークやロサンゼルスでも、とりわけ芸術家や知識人階級のあいだでは、ある程度、当てはまることかもしれない。そうした小さな集団においては、人びとは（精神分析を受けていようと受けていまいと）精神分析家が不安、恐怖、ストレス、罪責感などの人間の問題についての知識を持っていると思いがちである。そして彼らの人生で、分析家のもとにおもむくことがあるとすれば、彼らは分析家という人物が、自らの症状や神経症に関して、自分よりもよく知っている者だとすぐに考えてしまう。言いかえれば、そうした人びとは自動的に分析家を「知を想定された主体」とみなすのである。

この文化の違いによる影響はどのようなものだろうか。それはある人びと（たとえばパリの人びと）は初めから**精神分析の効果に対して、よりオープンな態度をとっている**ことを意味しているに過ぎない。つまり、医者には知識や力があると人びとが考えるとき、彼らは分析家が作りだすあらゆる**暗示**にかかりやすくなっている、ということである。メスメルやシャルコーのことを振り返ってみれば、彼らの患者が、奇跡を行う治療者とまで言われた彼らの評判のために、極端なまでに**暗示にかかりやすく**なっていたことは明らかである。シャルコーが、何年も歩くことができなかったと思われる患者を催眠術にかけて、あなたはもう歩くことができると彼女に暗示をかければ、その患者はほとんどいつも**彼を信じようとしたのである。**フロイトは逆に、彼が催眠をかけても、「奇跡的な治癒」が日常的に生じている有名なクリニックの臨床家のようにうまく催眠をかけられないとこぼしていた。というのは、フロイトのところに来た患者はフロイトの力を同じようには信じていなかったからである。フロイトの実践の初期には、彼には癒しの「オーラ」が無かった。だから彼の患者はそれほど暗示にはかからなかったのである。

この状況はフロイトの評判が高まるにつれて変わっていった。しかし、暗示の効果は一般に短期的であり、治療者はきまった間隔をおいて何度も同じ暗示をかけなければならなかったので、フロイトは暗示だけに頼ることを次第に避けるようになった。彼の患者たちがフロイトのことを、とてつもない知識の持ち主であると思い込み、治療の効果に対してよりオープンな態度を取っている場合には、暗示は首尾よくいっただろう。しかし、そうでない場合は、フロイトは患者のそのような思い込みから力を借りることなしに治療しなければならなかった。言葉を変えよう。患者が非常に暗示にかかりやすく、分析家の影響を初めから受けやすい**ことはある**だろう。分析家と会う予約を取りつけただけで、長く続いていた不安からいくらか解放されたと感じることさえあるだろう（まれには、予約を取ることができると**考えただけで**、そうした効果を期待できる場合もある）。しかしながら、この改善は、「偽薬効果」として知られているものによる。[3] つまり、それは精神分析療法の効果ではなく、患者の先入観がもたらした効果に過ぎないのである。

場合によっては、患者が分析家を「知を想定された主体」の立場に置こうとするという事実が、分析の仕事にとって妨げになり得る。実際、非常に暗示にかかりやすい状態でやって来た患者は、分析家がすべてを知り尽くしている人間だと信じて疑わず、自由連想という精神分析の真剣な作業に取りかからねばならないのは患者のほうであることに少しも気がつかない。そういう患者は自分が意識的に作り上げた問題を手短に伝えて、分析家が疑問の余地のない天才的な解決策を提供してくれるのを待つような傾向にある。

世の中のあらゆる資格免許を持っていようが、誰にも劣らないほどの名声を持っていようが、分析家として患者に暗示をかけること以上のことができず、患者を分析過程へ導き入れることができないならば、彼がおこなっている治療は偽薬の処方以上のものではないだろう。

知を想定された主体

もし精神分析が、分析家の知識と力に対して分析主体が抱く**信頼**に依存しないものであり、したがって、それが祈りによる治癒でないのだとすれば、分析的関係の確立における知の役割とはいったい何であろうか。**精神分析において何か重要なことを知っていると想定される主体は、分析主体の無意識である**。[4]もし、分析状況において尊重されるべき権威があるとすれば、それは分析主体の言い間違いや錯誤行為、驚きの表現など、無意識の現れである。

したがって、精神分析状況での「最終的な権威」は分析主体の無意識にあるのであり、分析主体の言うことや症状の意味をすぐに把握する、知の主人のようなものとしての分析家にあるのではない。無意識を一貫して強調し、分析主体に対する介入を、初めのうちは句読法や区切りだけにしぼることで、分析家は分析において起ることは何でもかんでもお見通しであるかのような者として振舞わないようにする。[5]それでも、無意識の現れにおそらく初めて注意を向けている**分析主体**は、**分析家を無意識のあらゆる現れの代理ないしは媒介と見る傾向がある**。分析主体はそうした無意識の現れを自分自身で引き受けることはせず、逆にそれを拒否する。責任を分析家に押しつけるのである。そして分析家は、いまだ知られていないそうした現れの場所にあえて身をおかねばならない。したがって、**分析主体の**無意識ではなく、むしろ分析主体**を通じて**現れた無意識こそが、最終的な権威なのである。というのも、そうした無意識の現れは分析主体にとっては異質の、あるいは他者のものであり、彼ら自身のものではないからである。

したがって分析家は、分析主体の発話に現れる無意識、すなわちこの理解できない現れ、未知なるもの、すなわちxと、迂遠な仕方で関係する。**知を想定された主体は、分析主体の「なかにwithin」ある無意識的なものなのだが、分析主体はそれを拒絶し、分析家へと投射する。**分析家は無意識の場所に身をおくこと、あるいはそのなかに立つ（もしくは座を占める）ことに同意せねばならず、また自身の現前を通じて無意識を現前させねばならない。

分析家のなかの「人間」

分析家によっては、こうしたことを奨励することもあるだろうし、奨励しないこともあるだろう。はっきりしているのは、分析家が自分の人格を分析関係から引き離すことをためらっている限り（すなわち分析主体の無意識のプレースホルダーないし代弁者であることに**抵抗**する限り）、新たに治療を始める分析主体が抱きがちな、「分析家も人間として自分たちとたいして変わらないだろう」という思いこみを強めてしまう。

予備面接のあいだに、分析家は分析主体に頭の切り替えをさせなければならない。すなわち分析主体の頭のなかで、分析家は他の人間 an other person から他の~~人間~~ an other ~~person~~（斜線を引かれた「人間」）へと切り替わらなくてはならない。つまり、分析家が無意識の代理となろうとするなら、分析家のなかの「人間」は消え去らなくてはならないのである。分析家はもっと抽象的な他者、すなわち分析主体の語らいのなかに現れる言い間違いやわずかな声の変化を通じて、不意に話し出すような他者でなければならない。要するに、分析家はラカンが言う大文字の《他者》（英語では the Other。これは象徴的な他者を意味し、想像的な他者を意味する小文字の他者 other とは区別される。以降、本訳書では大文字の他者は《他者》と表記する）を代理しなければならない。そして分析主体はこの《他者》を、根本的に異質で見知らぬ「私ではない」ものとみなすのである。

後述するように、これは分析家が最終的にとどまる位置ではない。しかし、分析家が自分の感情や性格的傾向を治療から引き離し、普段の自分や自分の習慣、好き嫌いなどをできる限り晒さないようにすべき理由は、すでに明らかになったと思う。分析家の個人的な人物像すべてが分析主体の投射の妨げになる。分析家が分析主体にとってより具体性を欠き、目立ったところのない者であればあるほど、分析家を何もないスクリーンとして利用することがより容易になる[6]。

分析家がどこにでもいるただの人、すなわち、分析主体とおなじ人間である、と分析主体が考えるとき、彼は分析家のなかに自分自身をみたり、分析家を真似たり、しまいには分析家と競ったりして、自分を分析家と比べようとするものである。こうした状況で生じる関係をラカンはすぐれて想像的 imaginary なものと特徴づけた。「想像的なもの」と特徴づけることで、ラカンはその関係が存在しないと言っているのではない。その関係が分析主体の自己イメージや、彼らが分析家に対して形成するイメージに支配されていると言っているのである。分析主体が分析家のイメージを自己のイメージに似せて作る限り、分析家は分析主体によって愛される。また、分析家のイメージが分析主体の自己イメージと異なっている限り、分析家は嫌われる。分析主体が、分析家に対して自分が抱いているイメージを参照して自分**自身**を評価するとき、まず問題となるのは「私は分析家にくらべて良いのか悪いのか、優越しているのか劣っているのか」ということである。**想像的関係は競争に支配されている**。それは、私たちの多くが知っている兄弟間の競争とよく似た種類の関係である。

知の主人としての役割を演じようとする分析家は、分析主体によって——失墜させられるとまではいかなくとも——試されることになるが、それはまさに、想像的関係の水準においてである。そうした分析家は無意識の代弁者としての権威というものを、相手に対する優位を保つような権威と取り違えているのである[7]。言いかえれば、この種の分析家は、分析における最終的な権威は、自分という人間におかれている、と考えてしまっている。そのため彼らは分析主体よりも多くのことを知っているということを彼らに対して証明し始めたり、その知にもとづいて自分の力を確立しようとするのである。

ほとんどの分析家が「逆転移」と呼んでいるものを、ラカンは想像的なものの水準に位置づけている。この想像的な水準において、分析家は自分を分析主体と比較し、自分の言説によって分析主体の言説を評価するという同じ土俵に乗ったゲームに熱中してしまう。たとえば、「ここで生じていることをより理解しているのは自分なのか、彼らなのか」、「彼らは私の希望に従順であるか」、「私はこの状況をコントロールできているか」、「どうしてこの人物は私をここまで自己嫌悪に陥れるのか」などのように。第一章で述べたように、ラカンは逆転移感情が存在しないと考えているわけではなく、むしろそうした感情は想像的な水準に位置しているので、分析家はこれを避けなければならないと考えるのである。分析主体に対して逆転移感情を顕わにしてはならない。なぜなら、そうすると分析家と分析主体を同じ水準に置き、お互いが相手にとっての想像的な他者となり、両者とも同じような感情、行き詰まり、不安を持つことになる場合が多いからである。(8) こうした関係になると、分析主体は分析家を《他者》の役割に置くことができなくなってしまう。

多くの場合、分析主体にとっては、分析家とは普段自分が交わっている他の人びとと同じように自分とつき合うような人間だ、という思いを捨てることは容易ではない。しかし、分析家が自分の立場を常に維持するならば、たいていの想像的現象は背景に退き始める。私がスーパーヴァイズしていたある治療者の患者は、この治療者に「じゃあ、あなたは私の**女**にならないということなんですね」と言った。このとき、彼はこの〈分析家と分析主体という〉通常とは違った種類の関係を不承不承に受け入れたのである。そのときまで彼は、分析家であるその女性を、他の女性と同様、どこかで会って関係を持つようになる相手であるかのように振舞い、彼女をコーヒーや昼食、夕食などに誘っていたのである。ここにきて彼は、彼女が他のいかなる人とも異なった《他者》であるという事実を、最終的に受け入れたように思われる。

象徴的関係

ラカンの仕事の初期においては、分析の目標は、想像的なものによって象徴的関係のなかに生じた妨害を取り除くことであった。言いかえると、分析主体が自分の問題を携えて《他者》に直面できるよう、想像的な葛藤を取り去ることであった。

象徴的関係とは何だろうか。これは簡単に言って、人と《法》the Law との関係であると考えればよい。すなわち、親、教師、宗教、国家などによって課される法と人との関係である。人びとは、両親や学校、メディア、言語、さらに成績や学位、ステイタスシンボルなどに具体化される社会全般から**理想**を押しつけられる。あるいは、彼らがこれらの理想に対処する仕方が、象徴的関係であると考えてもよい。彼らは自分たちに推奨された対象や目標を追い求めることを禁じられてはいないだろうか？ また、強迫的にこれらのものを追い求めてはいないだろうか？ さらに、落ちこぼれることによって、それらを追求することを全面的に避けてはいないだろうか？(9) あるいは、それをただ迂遠な方法で追求するだけで、腹をくくって**本気で努力していない**のではないか？ また、捕まることをひそかに望みながら、人目を忍んで法を破っているのではないか？ また、結婚して子どもを産もうと考えながらも（このことは人生の理想的なあり方として広く擁護されている）、その人生行路に不安を抱き、それをひたすら先延ばししてはいないだろうか？ 彼らは仕事に就き、社会的経済的成功を目指しつつも、その際確実に失敗するような方法をとってはいないだろうか？ 要するに、《他者》たる親・教育・社会によって割り当てられた理想的対象に対して、彼らが取る態度はどのようなものだろうか？

象徴的関係は、精神分析で「去勢不安」と一般に呼ばれているものと結びついたあらゆる葛藤を含んでいる。たとえば、分析主体は自分が追求したいと主張する事柄をまっすぐに追求できない。それは、そうした事柄を求

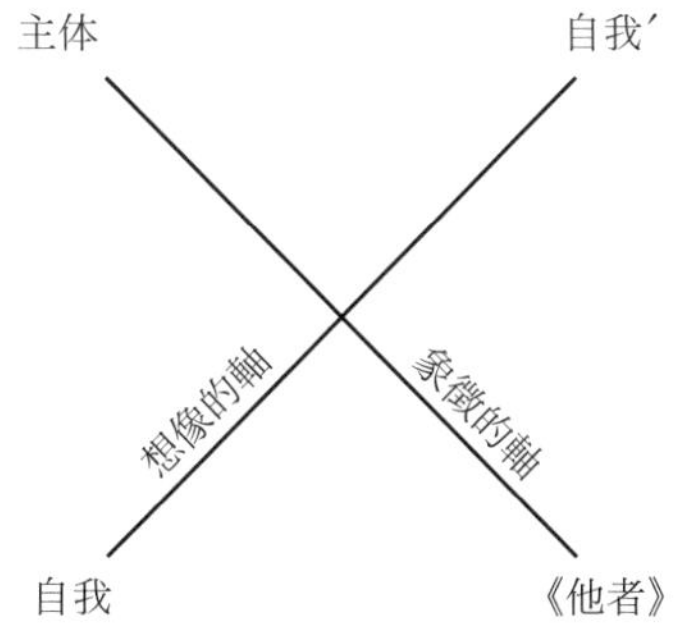

図 3・1　ラカンのシェーマLを簡略化した図

めることが、自分の両親が自分にして欲しいと期待している（と彼らが思っている）ことに屈するという意味を含んでいるからである。したがって、特定の目標に達することは、分析主体の心のなかでは、両親の願いを満足させることに等しいのである。そして「それだけはごめんだ」「とんでもない」「オレはあいつらにはそんな喜びを与えてやるもんか」ということになる。彼らは生涯通じて、両親という《他者》に従うようなことをするよりもむしろ、両親という《他者》からの要求や、与えられた理想に反対して生きるようになる。[10] したがって、ある意味では彼らの行動すべては、抗議なのだ。つまり《他者》の願望にひそかにあるいは公然と反抗しているのである。もちろん意識的には、彼らは自分の行為にあらゆる種類の根拠があって、それらの行動は彼らの両親や社会的理想に対する反逆などとは関係がないと信じているかもしれない。それにもかかわらず、彼らは自らを反抗の生きた象徴にしているのである。

一九五〇年代初期以後の仕事において、ラカンは分析の目標の一つを、分析主体の象徴的関係、すなわち《他者》（両親という《他者》、法、社会的理想など）との関係における分析主体の位置を明確化し、変容させることであると考えた。彼は想像的なものと象徴的なものという二つの単純なカテゴリーを使って、分析状況のモデルを提示した（図3・1）。象徴的関係では、無意識的なもの（したがって左上の「主体」という語）と《他者》が関係し、一方、想像的関係では分析主体の自我すなわち自己イメージと、彼に似た他の人びととの自我（これは右上の「自我′」）が関係していることを示している。[11] 分析は、分析主体とその友人、同僚、兄弟姉妹とのあいだの想像的関係（分析の初期段階では、分析主体はもっぱらこうした関係のことで頭が一杯になることが多い[12]）を、連想という作業を通じて次々に解消してゆくことをめざす。これは「徹底作業」として知られるものであるが、ラカンがしばしば言ったように、「転移の作業」[13]ともよべる。この作業によって、分析主体の象徴的関係に焦点が合わせられる。事実、分析主体の想像的関係の鍵は多くの場合、象徴的なものにある。たとえばある人が、自分の兄弟とのあいだで激しいライバル関係にあるとき、それは両親（つまり両親という《他者》）がその兄弟を特別に待遇したり、その兄弟のほうが頭が良くてかわいいと考えたりしたことから生じている可能性はおおいにある。そして、同年齢の誰かに対して彼が抱く同性愛的な愛着は、象徴的な《他者》、たとえば年上の教師やスーパーヴァイザーなどに対する同様の態度と関係している場合がおおいにあり得る。

　したがって、分析の目標は、ラカンが一九五〇年代初期に概念化したように、象徴的なものをおおい隠している想像的な次元を刺し貫き、分析主体と《他者》との諸々の関係にしっかりと直面させることである。想像的なものと象徴的なものは、概念化においては互いに食い違う[14]。象徴的なものを強調することによって想像的なものの重要性は減じる。ところが、もし分析家が分析主体に似た誰か（象徴的な《他者》とは逆の、想像的な他者）の役割を演じることを自らに許してしまうと、想像的な軸において分析主体の自我に対置される場所には、分析家の自我が位置するようになり、分析はライバル同士の競争や同一化にはまりこんでしまう。想像的同一化の罠に陥ることで、分析家は、ラカンが言う「治癒への唯一の方向」である象徴的な方向を見失うのである。

裁く者としての分析家

分析家とは誰でしょう。それは転移を利用することで解釈をおこなう者なのでしょうか。転移を抵抗として分析する者なのでしょうか。それとも現実性について自分が持っている観念を押しつける者なのでしょうか。[15]

——ラカン『エクリ』五九二頁〔邦訳第三巻一二頁〕

分析主体との関係において、自分を想像的他者の位置に据えてしまうという落とし穴を注意深く避けたとしても、さらなる落とし穴が待ち構えていることを分析家は自覚しておかねばならない。誰でもそうなのだが、分析主体は両親あるいは権威ある人物に対して、賛同や不支持、認知、罰といったもの、ひとことで言えば**裁き**を期待するようになるのである。

分析主体が裁きを期待するのみならず、それを要求したとしても無理はない！　というのも、分析主体に同類のように見られる罠（そして自分自身を分析主体と比較する罠）をかろうじて避けることに成功した分析家が、こんどは聖職者のような人とみなされるようになるからである。そんな分析家に対して人は自らの罪を告白し、懺悔と償いを強要されるのを待つのである。ここで分析家は神のような位置に投射されているのかもしれない。つまり、正常と異常、正しいことと誤ったこと、善と悪などのすべての問題を審議するのにふさわしい、全知の《他者》としての神である。

そうした問題を熟考するのには分析家はまったくふさわしくない。だがそれを別にしても、そのような裁きを下すことは治療にとって有害である。分析主体に対して、この思考や幻想は悪いだの、あの衝動や欲望は異常であるなどと伝えるならば、分析主体は治療状況の外ではそうしたことにこだわっているにもかかわらず、治療では話すのをやめてしまうという事態を招きやすい。分析主体にほかの思考や幻想なら良いだとか正常だなどという場合も、同じ結果をもたらす。というのも、分析主体自身のほうでは、そうしたものを良いとか正常だとか考えていない場合、彼がそう考えないことの理由をすべて話すことが妨げられてしまうからである。自分では問題だと思っていたことについて、権威を持った者に正常だと思うと言われると、分析主体は最初は安心して喜ぶかもしれない。しかし、暗示によるこの健全な効果のために、分析主体はこれらの思考や幻想について自分が抱いていた懸念や留保を徹底的に掘り下げて考えることをやめてしまう。そして、話すことが治療の唯一の手段である以上、分析主体が何かについて話すのをやめるやいなや、分析家はこの領域に関してなにがしかの変化をもたらすことを一切期待できなくなる。分析家が分析主体の経験の一つの側面を肯定的あるいは否定的に判断し、そのため分析主体がそれについて話すのをやめるなら、分析は分析主体にとって何にもならない。それどころか、人生のある側面に関して考えることを抑えてしまうならば、他の側面にかかわる治療者の努力もまた、すべて水泡に帰してしまうことが多い。

これらよりもさらに問題なのは、たいへん用心深い分析家のもとでさえ、分析家のため息、咳、沈黙などを、しばしば分析家の不満や検閲のしるしであると分析主体が解釈してしまうことである。分析主体は両親や学校、あるいは法的な《他者》によって裁かれることにすっかり慣れきっているので、分析家が裁くつもりのないときでさえ、また分析家がどんな意味でも、またどんな形でも裁きを言い渡しているわけではない場合でさえも、自分自身の心のなかで自ら裁きを与えてしまうのである。裁きは完全に内面化されているので、それが下されるには、分析家の側では何の行動も必要ではない。

言いかえれば、分析家は不満を表に出さないように注意しなければならないだけでなく、分析家が不満に思っているのと考えてしまう分析主体の傾向を用心深く阻止、ないしは無効化しなければならない。分析家が何かについて不満を抱いている、という感じを分析主体が表現するときには、つねに分析家はそれを解釈の問題にしてゆくべきである。つまり、分析家はその投射を受け入れたり拒絶したりするのでなく、それを連想、心的加工、そして解釈のための実り豊かな領域とみなすのである。分析家はその場合、そのような態度を分析家に投射するのは分析主体であること（分析家が意識的あるいは無意識的にそうした態度をとらなかったと仮定すれば、の話だが）を明確に示唆して、分析主体に対して、なぜ**その特定の態度**を投射したのかについて、疑問を抱かせるように刺激するのである。分析家は、自分に投射されたそのような態度を自分は取っていない、と直接否定することはせず、代わりに解釈に焦点をおく。それによって分析家は、分析主体にその後さらなる投射が生じることを妨げないように努める。なぜなら、もしそれを妨げてしまうと、葛藤関係の徹底的な分析にとって本質的である転移を霧散させてしまうであろうからである。逆に、分析家は転移的な投射を生じるがままにさせておき、**転移の事実**（「あなたは私にその態度を投射しているのだよ」）**は解釈せずに、その内容**、つまり転移されたり投射されたりしたものを解釈する。そうして分析家はその転移や投射とその根源ないし原点とを、新たに関連づける。(16)

分析という仕事の性質上、分析家は、分析主体の目からは、多くの場合、体制側の価値観と結びつけて見られる。勤勉さ、学問的成功、真剣さ、資本主義などなど。分析家がある特定の服装をして、町のある場所に住み、自宅かオフィスをあるスタイルに装飾し、待合室にある特定の雑誌を定期購読している、という一連の事実によって、分析主体は分析家を特定の価値の代弁者としてみる。そうした諸価値に対して分析主体は全面的に拒否するかもしれないし、それを自分のものにしようとして失敗するかもしれない。また、それを追い求めることに成功したりするかもしれない。もっとも、そうした追求のただ中で疎外されていると感じながらだが。そうした諸価値は明らかに「人間としての分析家」、つまり個人としての分析家に付属しているものである。分析主体は、分析家が分析家としての役割にあるときでさえ、こうした価値を分析家が携えていると思いがちなのである。したがって、分析家はそうした分析主体の思いこみを解釈の対象とし得るものとみなして、つまり、分析家についてよりも分析主体自身についてより多くを語るものとみなして、油断せずに注意を向けねばならない。

同じことは、分析主体が分析家に対して行う肯定的な判断についてもあてはまる。分析家は分析主体の行動を是認するためにそこにいるのではない。しかし、分析主体は実にしばしば分析家の承認をかちとろうとして、そのために分析家の価値観を先読みし、それらを実現しようと試みたり、分析家の欲望を先読みしてそれを満たそうとしたり、分析家は自分にこうなって欲しいのだろう、と彼自身が考える対象になろうとしたりする。しかし、これはもう一つの神経症的戦略に過ぎない。それは主体を《他者》から分離させる代わりに、《他者》へのよりいっそうの依存をもたらす。こうした依存関係は一般に両親という《他者》との以前の関係の反復である。以前の関係において、主体は両親を満足させようとしながら、のちにひそかに逆らい、失望させるということをしたり、自分自身を犠牲にして彼らを満足させるということをしていたのである。

意識しているいないにかかわらず、分析主体に対して彼らを承認するようなそぶりを分析家が示すとき、その効果はしばしば純粋な暗示に等しいものとなる。分析主体は自分が正しいことをしているとか、良くなっている、などと思うようになり、承認された行動を積み重ねてゆこうとする。しかし、《他者》の意見に依存していることに変わりはない。それゆえ、もし分析主体が分析家の意見を支持しないような人びとと休暇を過ごしたならば、彼は奴隷のように他人の意見に左右され、結局すべてを問いなおすことになってしまう。そうした場合の問いとは、「分析家と友達とでは、どちらの影響が強いか?」というものになるが、それは結局、誤った問いなのである。暗示の効果は分析家との関係が続く限り保たれるが、それも分析家が分析主体の人生に最も大きな影響力を持つと仮定してのことである。

私がスーパーヴィジョンをしているある治療者は、彼女の患者の一人が奇跡のように良くなったように見えることにいささか驚いていた。それに先立つ時期に、この治療者はその患者に対して、治療とは治療者が患者に力を貸して、友達のように患者を支援することではなく、いわば患者が自分自身を支援できるようにすることだと告げていた。そして、その次のセッションには、それまで患者にみられた、助けて欲しいというしつこいほどの訴えはすでにやんでおり、続く四回のセッションのあいだに、この患者は新たに見出した自立と幸福の感覚を報告したのである。こうした解決は患者に即効的な治療的価値をもたらしはするが、この患者の状態改善は、基本的には暗示によるものである。そして、その患者の改善は一過性のものであることは明白であった[17]。患者は治療者が彼女に求めていたものの一面を摑んだのであり、それを証明しようとしたのだ。そうすることで、自分自身の欲望を分析家の欲望に従属させてしまったのである。

原因としての分析家

分析家が想像的な他者の役割を放棄すると、分析主体によってしばしば裁く者の役割を充てられる。しかし、分析家はこの立場をも放棄しなければならない[18]。分析のセッションのあいだ、何が強調すべきことで何がそうでないかについてしっかりと識別し、ある事柄について話し、他の事柄について話さないように分析主体を励ましつつも、分析家は「外の世界」での分析主体の行動や分析主体の幻想や思考については裁きを下すことを慎まなければならない。では、分析家に残された役割とは想像的他者でも象徴的《他者》でもないならば、何であろうか。

すでに述べたように、分析を始めて日の浅い分析主体の多くは、自分たちの言い間違いに責任を取ろうとせずに、分析家に責任を押しつける傾向がある。ある患者は女性の治療者に「あんたって人は、私が言うことすべてに汚らしいものを見ようとするのね」と言ったそうである。初めのうち分析主体は言い間違いを、舌の筋肉の制御やちょっとした不注意による単純な問題としか思わない[19]。分析家はそこに、ある《他の》意味を認めるのである。

しかし、時間が経つにつれて、分析主体自身がそうした言い間違いに意味を認め始める。そして分析家は無意識、すなわち謎めいた《他者》の語らいを代理する者としてよりもむしろ、その原因であるとみなされてしまう。たとえば、「私はここに今朝あなたに会いに来ることを知っていたので、昨夜夢を見ました」というように。分析でよく耳にするこの種の発言においては、分析家は分析主体の夢の原因という役目を割り当てられている。「あなたがいなかったら、こんな夢は見なかった」、「この夢はあなたのために見ました」、「昨夜の夢にあなたがでてきました」といったふうに。夢や幻想、言い間違いなどの無意識の形成物は分析家のために、分析家に詳しく話すために、分析家に何かを言うために生み出されるのである。この意味で分析家はそれらの背景にあり、それらの産出の理由であり、ひとことで言えば、原因なのである。

分析家が分析主体と同類の他者として見られているとき、分析家は分析主体にとって想像的な対象ないしは他者とみなされ得る(ラカンはこれを *a'* と書いた。「*a*」とはフランス語で「他者」にあたる *autre* の頭文字である。ラカンはそれが想像的であることを示すためにイタリックにした。*a'* に対して、主体自身の自我は *a* で表記される)。分析家が裁判官や両親とみなされるとき、分析家は分析主体にとってある種の象徴的な対象ないしは《他者 Other》(フランス語では大文字の他者 *Autre* の頭文字であるAによって示される)とみなされている。分析家が分析主体の無意識の形成物の原因と見られているとき、分析家は分析主体にとって「現実的な real」対象とみなされている(これは「対象 *a*」と表記される)。

いったん、分析家が分析主体によって原因(分析主体の夢の原因、および彼らが満たす願望の原因、要するに分析主体の欲望の原因)の位置に置かれるように操作できたら、たいてい分析の初期段階に生じやすい転移性恋愛や「陽性転移」の出現は脇に退き、「陽性」の色合いのより弱いものに取って代わられるようになる。[20] 分析主体は、分析家がイライラさせる刺激物のように「自分の肌の下に」いるようだという感覚を表現し始める。分析の初めには、心地よくしてリラックスしているように見えた分析主体（もっとも、そういう人は決して多くはない）は、不快や緊張を見せたり、これを口にし始めたりし、さらに新しい配役、つまり分析家が彼らの生活や幻想において演じる役割に反抗的になるような兆しまで見せるようになる。分析家はあまりに重要になり過ぎて、彼らの白昼夢や自慰幻想、重要な他人との関係などに姿を見せ始めるほどになる。

人が精神分析を受けに行くときに、そんなことになるなど予想だにしないだろう。事実、ラカン的でない分析ではこうした状況にまでなることはないといってよい。ある種の分析主体は、分析家が自分の生活に「ズカズカと入り込んできている」ような役割を果たしていると感じたとき、治療を放棄することが多い。そして多くの分析家は、そうした感情（「陰性治療反応」などと言われている）を招いたり、引き受けたり、扱うことに気が進まない思いをする。それどころか、そうした分析家たちの金科玉条によれば、相手の生活に侵入していくような役割は非生産的なものなのである。ラカンは反対に、それを**分析におけるアルキメデスの点**と考える。つまり、分析家が症状をテコで動かすことができる点なのである。分析主体にとって欲望の**原因**の位置にある分析家は、ラカンによれば、**分析の原動力**である。言葉をかえれば、それこそが分析家の占めるべき位置なのである。分析家への同一化（分析家への同一化はある種の分析家たちによって分析の目標とみなされている）ということ以上の何かへと、つまり分析の最終地点へと転移を導いてゆくために、分析家がその場所を占めねばならないのである。

「陰性転移」は、分析主体が分析家を欲望の原因とみなしていることを示す本質的な指標では決してない。それは単に、分析主体の欲望の原因の一つの現れに過ぎない。とはいえ、治療者たちが陰性転移[21]——愛と憎しみはすべての情緒の本質的両価性を通じて密接に関連している以上、結局のところそれは転移性恋愛の一側面に過ぎない——の現れを避けて通ろうとしたり、すぐさまそれを中和しようと試みるならば、それは、患者が攻撃性や怒りの感情を治療者に対して投射することは不適切だと言っているのと同じである。こうして患者は治療中に攻撃性や怒りを表現しないようになってしまう。かりに表現したとしても、治療者は患者が投射しているということ、つまり、その怒りや攻撃性は**治療者に対して本当に向けられているわけではない**のだと即座に指摘してしまうならば、それによって、感情の強度は弱まり、投射の治療的な活用可能性が水泡に帰してしまうのである。かくして怒りや攻撃性は、治療者とともに分析的な作業に付されることはまったくなく、むしろ「合理的に」検討されてしまう。

以上のようなやり方と、フロイトが分析を分析家と分析主体との格闘あるいは闘争として特徴づけた、次の記述とを比較してみよう。

> 患者は無意識の蠢《うごめ》きの覚醒による生産物を、そのときに起こった現実のことがらとみなす。彼は現実的状況を考慮することなしに情緒を行動へと移す方途を探るのである。［これに引き続いて起こる］医師と患者との格闘は、……もっぱら転移という現象において演じられる。その領野においてこそ、勝利、つまり神経症の永続的な治癒という形で表現される勝利がかち取られねばならない。転移の現象を制御することは、精神分析家にとってひどく骨の折れることであることは否めない。しかし、患者の隠され、そして忘れ去られた愛の蠢《うごめ》きが直接的に感じられ、また顕在的になるという、計りしれない恩恵が私たちに与えられるのは、まさしくこの転移の現象を通じてである。というのも、結局のところ、何者であれ、不在であったり肖像画のままでは、これを破壊することは不可能であるからである。(SE XII, 108)〔邦訳著作集第九巻七七頁〕

言いかえれば、精神的葛藤——たとえば自分の両親に対する攻撃性や家族の誰かに対する憎悪など——を分析家との関係において**現前させる**ことによってのみ、患者はそれらの葛藤について徹底作業をすることができるのである。葛藤の徹底作業とは、それらの葛藤を知的に眺めたり「操作」したりするということではない。そうではなくて、むしろ以前の誰かに対する症状的な関係をはらんだ内的なリビードの葛藤が、分析家との関係において反復され、演じられねばならないのである。もし、言語化（物事を言葉にすること）が分析主体に許された唯一の方法であるならば、分析家あるいは分析からの真の分離は絶対に起こらない[22]。葛藤に満ちた関係のすべての本質的側面と、それに関連した回想と力動、また最大限の強度を伴う陽性、陰性の感情が表に出てくるよう、投射が可能となるようにしなければならない。外傷的事件を、それに伴った感情を発散せずに言語化してみても症状は無傷のままに残るということ、それはフロイトとブロイアーの『ヒステリー研究』で得られた、最も初期の教訓の一つである[23]。

転移を、（過去に人びとや出来事によって喚起された）**感情の、分析状況という今・ここへの転移**とみなすならば、それは分析家に対して、過去や現在における重要な人物との関係において感じられた一連の感情すべてを投射することができるようでなくてはならない。もし、分析家が「自分らしく」あることとか「よい父親（母親）」であることなどを気にし始めると、分析主体によって割り振られた役割から即座に距離をとろうと努め、「私はあなたの父親では**ない**」とか「あなたは投射しているのです」などと言ってしまいがちである。そうした発言には「私を彼と混同するな」だとか「投射するのはよくない」というメッセージが込められている。分析家は感情の転移によって誤った同一視が生じるのを促したり、やめさせたりしないほうがよい。そして、そのつど異なる人物が分析家へと投射されるにまかせるのがよい。もちろん、それが治療の継続そのものを危うくさせないかぎりでのことだが。

転移の**事実**を解釈したり、あなたは何かを投射したり転移しているなどと分析主体に指摘するよりも、分析家はその投射の**内容**（想定された感情的内容）に注意を向けて、分析主体にそれを言語化させるよう努めるべきである。それをごまかしたり、禁じたりすることなく、また投射について分析主体に罪悪感をおぼえさせたりするのではなく、それを話させるのである。ここでの分析家の仕事は、その内容（考えや感情）と、それらが最初に生じた人物、状況、関係との結びつきを再構築することである。[24] その際、しばしば解釈よりも質問のほうが多くなる。私は第八章での強迫神経症の事例で、このアプローチを具体的に示すつもりである。

原因（分析主体の言い間違い、夢、幻想の原因、分析主体の愛と憎しみの原因、ひとことで言えば分析主体の欲望の原因）としての分析家というここでの議論は、後で私が述べることをかなり先取りしている。私は第五章で、他の多くの概念を導入した後、この主題に戻ろう。欲望の原因という概念は、たとえば、ラカンの言う「根源的幻想」、すなわち、分析主体の主症状の背後にある満足を上演する幻想において、本質的な役割を演じている。幻想についての後述の議論で明らかになるように、分析家が分析主体の幻想において原因の位置に立ったときのみ、この幻想は変容をこうむるのである。

第四章　解釈——欲望の場所を開くこと

欲望はまさに人間の本質である。

——スピノザ『エチカ』〔邦訳『エチカ（上・下）』畠中尚志訳、岩波文庫、一九五一年、上巻二二九頁〕

私たちの技法は欲望を取り扱い、これに介入し、さらにはその流れを変えることにまでかかわります。

——ラカン『セミネールX』一九六三年五月二二日

要求 対 欲望

第二章で見たように、分析主体の要求は決して額面どおり受け取ってはならない。たとえば、患者が表面上、一週間当たりのセッションの回数を三回から二回へと減らすことを要求しているとする。しかしそれは彼女自身の欲望を表現しているのではなく、彼女の夫が、お金がかかることや彼女が変わり過ぎないか気にしており、この夫に促されるままに言っているだけなのかもしれない。また、当初のセッションの頻度が維持されなくなれば、分析家が自分とまったく意見が合わなくなったり、会うことをきっぱり拒絶さえすることを、彼女は、知ってか知らずか望んでいるのかもしれない。たとえ彼女が夫に言わされたのではなく、自分からセッションを減らすことを要求している場合でも、ある意味では分析家がそれを断ることを望んでいるかもしれないのである。(1)

セッションを少なくしたいという分析主体の要望に分析家が安易に譲歩したとする。そのとき分析家は、自分がその要望を「現実的な欲求」あるいは「率直な要求」とでもいうべき非常に単純なものとみなしており、拮抗するもろもろの思考や願望が背後に潜伏しているようなきわめて複雑な発言とはみなしていないことを、分析主体に対して示すことになる。(2)実際、分析家は分析主体のあらゆる言明を「単純な」要求の表現と解釈することもできるし、欲望や諸欲望間の関係の表現と解釈することもできる。

聴衆は、演者の話に笑うことで、それをジョークにすることができるし、逆に、演者のジョークを無表情に聞き続けることで、退屈な話に変えることもできる。母親は赤ん坊が泣くたびに食べ物を与えることで、子どもが発するあらゆる泣き声を食べ物の要求にしてしまうことができる。まったく同様に、聞き手としての分析家は、分析主体が言うことを、要求 demand としても、あるいは欲望 desire の表現としても聞き取ることができる。聞き手はある人が何を言ったかを決定する力を持っている。話者が「言わんとしている means」ことや「言うつもりでいること means to say」と、聞き手が聞き取ったことのあいだには、明らかな区別がある。意味は聞き手によって、すなわちラカンが言ったように、《他者》の場所において決定されるのである。何かをかなり限定して伝えようとするあなたの意識的な意図に関係なく、その言葉の意味は常に他の人びとによって、すなわち《他者》によって決定される。

政治家の言葉を「捻じ曲げて取る」ことで、当人が言わんとしていたこととは別のことを言ったことにしてしまう報道関係者や対立政党の手法は、政治家にとっては悪夢のようなものである。しかし、これが「コミュニケーション」というものの本質である。私たちは人びとに何かを表現するために話す。しかし、私たちが言わんとしたことの意味が何であるかを決定するのは**彼ら**であり、そのため私たちはしばしば狼狽させられる。時には、私たちが言ったことが**彼ら**の立場から解釈され、それにもとづいて重大な決定がなされることもある。このように、聞き手の力というものは相当なものである。[3]

同様に、聞き手としての分析家の力もまた相当なものである。分析家は、分析主体の言明を常に「単純な」要求以外の何物かとして「聞く」ことによって、その要求の奥底もしくは背後に隠れている欲望を垣間見ることのできる場所を開く。実際、第二章で言及したように、分析のきわめて重要な目標は、要求の恒常性や固着を越えて、欲望の可変性や可動性へと向かうことである。すなわち、分析主体の欲望を「弁証法化」することである。あらゆる言明、あらゆる要求、そして分析主体が「純粋かつ単純な」要求のつもりで発するあらゆるものの背後に存在する潜在的な欲望に耳をすますこと、これは分析家が意のままに使える手段の一つである。[4]

私自身、長年分析を受けてきたので、この方法が時にはどれほど激しく分析主体を怒らせるものかを知っている。しかし、これが分析主体に自分の動機をより深く探索させるための鍵なのである。分析主体という立場ならば、自分の分析家はもともとスペードをスペードと呼ぶことができない人なのだ〔言葉を文字通り受け取ることが出来ない人だ〕という印象や、仕事やお金や健康の問題などのように、治療に影響を与える**現実的な**事情があることを認められない人だという印象をもつだろう。しかし、**分析家は抵抗を匂わせるあらゆるものに対して、頑とした態度を取りつづけなければならない**。実際、ほとんどの分析主体は、後で振りかえってみて、セッションを休みたいとかセッションの回数を少なくしたいなどといった、初めは「単純な要求」であると思われていたものの背後に、しばしば別の動機が存在していたということをおそらく肯定するであろう。[5]

このように、患者の要求を「満たさないままにする」という周知の戦略は、「分析の状況に適した節度を保つ」ためにというより、むしろ、欲望を前面へと出現させるために採用される。患者が口にした要求を単純な要求だと解釈してそれに応じるならば、その背後に潜伏し、表現を捜し求めていたかもしれないあらゆる欲望を沈黙させてしまうことになる。また患者のあらゆる要求に譲歩したならば、結局は患者に不安を抱かせてしまうことにさえなる。なぜなら、欠如がないならば、すなわち要求されたものをすべて明け渡してしまうならば、欲望は窮地に追い込まれるからである。そこでは何も欲望されないままとなる。

解釈——欲望のなかの欠如を前面に出現させること

快の支配下にあって欲望は消失する。
——ラカン『エクリ』七七三—七七四頁〔邦訳第三巻二六八頁〕

人が手に入れたいと思うものは、現に彼に欠けているものである。
——アリストテレス『ニコマコス倫理学』一一五九b一四〔邦訳『ニコマコス倫理学（上・下）』高田三郎訳、岩波文庫、一九七一—一九七三年、上巻八九頁〕

欲望は欠如に由来する。求めたものがすべて与えられたならば、それ以上何かを求めることはありえない。要求するものはいつでもすべて与えられて甘やかされる子どもは、きまって退屈をかこつものである。かつてマリリン・モンローが歌っていた古い歌の歌詞には「あなたは欲しいものを手に入れた後は、もうそれを欲しがらない」とあった。満足は欲望を埋もれさせてしまうのである。(6)

ある種の解釈もまた同様の結果を生んでしまう。第二章で私は予備セッションの段階で分析家が自由に使うことのできる介入方法について、句読法や区切りを含めて何種類か論じた。その際、解釈はほとんどの患者において、次の段階に到達するまでは何ら有益な効果を持たないか、あるいはほとんど持たないことを示唆しておいた。とはいえ、**あらゆる解釈を十把一絡げにするわけにはいかない**。

私の経験によると、現代の精神療法および精神分析において最も一般的な解釈の形式は、つぎのようなものである。すなわち、治療者は患者に対して、患者の思考や夢、幻想、あるいは症状の意味であると考えられるものをはっきりと告げる。治療者のなかには、患者が自分と同じ解釈にまさに辿り着く瞬間まで待ち、それによって患者が自分の解釈を多少とも直接に理解できるようにしようと配慮するものもいる。それでも、聞き手としての、すなわち《他者》としての治療者が通常、非常に限定された意味を付与し、**これこそが**真の意味であると患者に伝える点では変わりはない。

解釈をこのような仕方で理解するならば、それは自分の子どもが悪夢を見たときに、その悪夢を彼のために解釈してやることで子どもを落ち着かせる一部の親にありがちなやり方と変わるところがない。こういった親は、子どもの神経をなだめ、その悪夢に関係のある何か具体的なものを子どもに提供しようと考え、単純で励ますような解釈を与えようとする。この具体的なものとは、たとえばその日に見たテレビのショーやおとぎ話の登場人物などといったものである。このような解釈をする親は知ってか知らずか、その夢を可能な連想のうちの一つのものだけに結びつけることによって、他の連想（たとえば夢に出てきた恐ろしいおとぎ話の登場人物が、子どもの心のなかでは、その父親と連想によってつながっているということなど）へと通じる道を塞いでいる。いずれにせよ、彼らの最も重要な関心は、非常に実際的なものである。つまり、子どもをなだめることなのである。(7)

神託的発話としての解釈

もたらされる効果が理解されるような解釈は、精神分析的な解釈とは言えない。

――ラカン『分析のためのノート三』(一九六六年)一三頁
(『オートル・ゼクリ』(二〇〇一年)二一一頁)

この種の解釈は、すでにあげた例から明らかなように、その射程がかなり限定されているものであり、たとえば自分の子どもをすぐにまた眠らせるといった直接的な目的に役立つにすぎない。ラカンによれば、分析状況における解釈は、通常これとはまったく異なった目的に使用すべきものである。**精神分析における解釈は、ある特定の意味に限定するのではなく、むしろ無数の意味を示唆するようなものであるべきである。**解釈をただ一つの意味に限定するならば、分析主体の自我における「調整」とでも呼ぶべき事態をもたらす。つまり、分析主体は、分析家がある特定の仕方で自分のことを見ている、あるいは自分の夢を理解していると知る。そしてこれを自分の自己像に適合させようと努める。分析主体は、自分が何者であるかについての意識的な考えを、分析家の考えに合わせて調整するのである。(8)

分析家はこのとき《他者》の役割、すなわち分析主体が言ったことの意味を決定する聞き手の役割を果たしている。このような分析家は、分析主体の無意識に《他者》の役割を与えることはせず、むしろ、その役割を奪い取っている。一方、ラカン的な立場からすれば、分析家とは、分析主体の要求のうちに、単なる要求以上の何かを聞き取る《他者》の役割を演ずると同時に、いざ解釈の段になればその役割を放棄するのでなければならない。分析主体に対して明快でわかりやすい意味づけを与えるならば、ある種の依存を引き起こしてしまい、これを放棄させるのは非常に困難である。つまり分析主体は、自分は解釈を要求してそれを受け取りさえすればよいと心得るようになり、分析家は中身の詰まった壺のように知識を持った者であるとみなされ、分析主体のほうは空の壺のようなものであり、分析家に伝えられること以外には何も知らない、というぐあいになってしまう(9)。分析主体と分析家のあいだに、これほど親と子、教師と生徒のような関係を作り出してしまう事態はほかにない。また、これほど強く依存心を呼び起こし、分析の初めから分析主体を幼児化し、分析を構造的に終わりのない養育的もしくは教育的な過程へと変えてしまうこともない。さらに、これは何にもまして、分析主体の要求を即座に満たし、分析主体からの要求と分析家からの応答、作用と反作用の悪循環へと導いてしまう。その結果、分析家が分析主体の思うままに操られるといったような事態をもたらすのである。次のセッションで分析主体に提供するためのものを入手しようとして、セッション以外にも膨大な時間を割いてまでその事例を解釈しはじめたなら、これは分析が今述べたような袋小路に陥っていることを示す典型的な徴候である。匙で食物を与えてやるようなこうした一方向的な意味づけは、それがいかに鮮やかで洞察に満ちたものであろうとも、分析家がすべきことではない。分析家はむしろ、分析主体の好奇心を喚起し、彼の連想の過程を始動させなければならない。解釈は分析主体がその意味を推測しようとして必死にならざるを得ないような仕方でなされなければならない。

このことは、謎めいた多義的な解釈を施すことによってなされる。分析主体はこれらを意識的な水準で理解しようとすることを余儀なくされるだけでなく、無意識的な水準においてもまたそうなるのである。このような解釈は**反響**をひきおこす。つまり無意識が動き出すのである。あいまいさや多義性を拒絶する意識的思考の諸過程は、常に**ただ一つの真の意味**があるはずだという信念へと委ねられているが、すぐに欲求不満に陥り、身動きが取れなくなる。しかし無意識が動き出せば、分析家が口にする謎めいた言葉は、それに引き続いて産出される夢や幻想のなかに道を見出すのである。つまり、「理性的な思考」が退き、無意識の欲望の連想過程がこれにとって代わるのである。

解釈は真か偽か、正しいか間違っているかよりもむしろ、生産的であるか否かが問題であるとフロイトは考えていた。[10]この考えをじつに多くの精神分析家が受け入れている。しかしここで問題になっている生産性とは、無意識的な形成物の水準での生産性であって、自我の言説における生産性ではない（後者の例としては「私はきのうあなたが言ったことについて考えていました。ある点については同意します。しかし……」などのような言明が挙げられる）。私たちが関心を引かれるのは、分析主体の無意識が解釈のうちに何を見出すかである。すなわち、《他者》（ここでは知っている者としての《他者》）の役割をするものが与えられたとき、分析主体の無意識によって何が見られ投射されるか、なのである。

それゆえ、ラカンは真正の分析的解釈の特徴は「神託的発話」[11]であると述べた。ちょうどデルフォイの神託のように、分析家は実に多義的な言葉を発する。そのため、かりに理解されなくともそれは反響し、なぜ分析家はそのようなことを言ったのかを知ろうとする好奇心や欲望を喚起する。さらには、あらたな投射をも呼び起こす。

かつて私がスーパーヴィジョンをしていた人がおこなった、まったく神託的でない解釈を用いて、ラカンの論旨を説明してみよう。この解釈はほぼ意味の水準においてのみ、すなわち治療者が素朴に分析主体の発話の意味を伝えるような水準においてのみ作用していた。患者は「男ども」と一緒に車座になってマリファナの吸引を楽しむ若い女性だった。この患者に対して治療者は、「あなたはマリファナを逃避の手段として使っている」と告げた。彼女の語らいのなかには、そのような解釈を示唆するようなものがまだ何も見出されておらず、この解釈は患者のおかれている状況よりはむしろ、治療者の偏見を反映しているものだった。それに加えて、この治療者の言明は、麻薬の経験の口唇的水準や男どもが性的・社会的な意味合いを持っている可能性を無視していた。この解釈は、個別的な意味とは対照的な、因習的で型にはまった意味を強調しただけではない。意味の創出過程を開くことなく、むしろこれを閉じてしまうことさえしたのである。なるほど、「逃避」という語は多くのことを暗示し得るのは確かである。しかし、「マリファナを逃避として使っている」という言葉はそうではない。この解釈はある特定の意味に判を押しているのであり、当然、それは受容も拒絶もされる。それは長い**意識的な**思考過程を引き起こし、分析主体はしぶしぶながらついにはそれを受け入れるかもしれないし、あるいは即座に拒絶し、後になって最終的に受け入れるかもしれない。しかしそれは無意識的な水準においてはさほど影響を与えない。そのためあまり生産的ではない。逆に非生産的ですらあり得る。なぜなら、治療者によって意味が明確に規定されればされるほど、患者にとっては治療者を特定の見解や意見あるいは理論と同一視したり、意識的な水準においてそれに反抗したりすることがいっそう容易になるからである。治療者は社会的・経済的・政治的・精神分析的などの特定のパースペクティブを意味するものとなる。それは、患者がこのパースペクティブに対して賛成か反対かに関係なく、分析の進展を妨げるものとなる。

分析家が身動きを取れなくなったり、ある特定の分析的解釈に対して責任を負いつづけることを防ぐために、何事も決して直接的に言ってはならない、などと言いたいのではない。重要なのは、分析主体についてあまり多くのことを知らない時点では、分析家は断定的な言い方を避けるべきだ、ということである。つまり、治療の初期の段階においては、言い方がより直接的であればあるほど、そのとき分析家はひどく見当違いな非難をしていることが多く、そのため分析主体の目にはただの遠慮のない人と映ってしまいがちとなる。逆に、言い方があいまいであるとき、分析家は分析主体がそれをどのように取り上げるか、そのうちに何を読み取るのかを見ることができる。

したがって、解釈のタイミングは非常に重要である。解釈は、予備セッションや予備質問のあいだは絶対に避けるべきである。また、解釈は分析の多くの場合、一義的なものよりは多義的なものでありつづけるべきである。比較的直接的であいまいさのない解釈は、かりにそれが存在する余地があるとしても、分析が構築の段階に至るまでは控えるべきである。これについては、のちに第八章の事例研究で検討する。

「患者はマリファナを逃避のために使用している」という先ほどの解釈は、治療のあまりにも早い時期になされたが、この解釈によって表現されたようなことは患者が知らなかったはずはない。なぜなら、今日の私たちの社会での支配的な言説は、薬物を逃避の手段とみなしているからである。解釈とはこうしたものではなく、分析主体の一連の日常的思考を驚かせ、脱線させるようなものであるべきである。かりに口唇的な快や男どもとの関係のような、患者が問題にしたがらない性的要素を強調するような解釈がなされる場合であっても、解釈が予言的になり、分析家が何に関心を集中させるのかが常に前もって分析主体に知られるようになってはならない。もしそうなると、結局のところほとんどの分析主体は、分析家が繰り返し強調する性的な主題を受け入れ、外部から何の助けもなくても、自分でこの種のテーマを強調し始めるようになる。しかし、**分析主体には理解できない何かが常に存在するのである。**

解釈は現実的なものを打つ

解釈についてのラカンの最も注目すべき見解の一つは、解釈は現実的なものを打つ[12]、というものである。彼がこの見解によっていわんとすることの一つは、解釈は分析主体が明確に言葉にすることができないままその周囲を堂々めぐりしていたものを打つ、ということである。分析家は時折、次のような感覚を持つ。すなわち、分析主体が何かに無数の角度から接近し、再三再四そこに戻ってくるが、彼らはそれについて自分が言ったことに一度も満足を感じていないようだ、という感覚である。患者の語らいのなかに現れる、ラカン的な意味での現実的なものとは、同一の主題や出来事、観念などへと繰り返し分析主体を戻ってこさせ、その周りを際限なく堂々めぐりさせ、そこから先には進むことができないと感じさせるようなものである。患者はそれについてくどくどと述べ、行き詰まったと感じ、本質的な何かが述べられぬままに残されるのである。

このような場合、分析主体がその周りを堂々めぐりしているものが何であるかについて分析家が正しく見当をつけているならば、それを示そうとする解釈を提供できるだろう。何年ものあいだ母親を父親のかんしゃくの犠牲者として哀れんできたあげく、母親に対して急に腹を立てるようになった分析主体（この事例の分析は、第八章である程度くわしく記載した）に対して、私は次のような解釈を与えた。「お母さんがあなたをお父さんに対して背かせたのですね。Your mother turned you against your father」。その時期のセッションでは、長いあいだ抑圧されていた父親への愛が視界に現れてきていた。また、母親への怒りが何回ものセッションで中心的な話題となっていった。しかし、父親への愛および母親への怒りというこの二つのテーマは、一度も関連づけられたことはなかった。分析主体は母親に対する怒りを特定のあれこれの出来事に関連づけていたが、自分の説明に満足してはいなかった。先の解釈は、分析主体の思考や感情の連鎖の失われた環を復元するものであった。この解釈はそれまで一度も言語化されなかった何かを言語化した（あるいは象徴化した）という意味において、「現実的なものを打った」と言い得るものだった。この何かは怒りの**原因**の役割をしていたのであり、この怒りは、その何かが象徴化されることなしには解消されることはありえなかっただろう。むろん、彼女の怒りがすぐに消失したわけでは決してない。しかしこれによって、娘を父親に敵対させて自分の味方につけ、そうすることで娘を父親から引き離そうとする母親の試みのほうに焦点が合うようになった。そのため、母親への怒りで分析主体のセッションが独占されることはもはやなくなった。

むろん、私は単に彼女の怒りの意味を伝え、そして彼女は自分の自我を私の見解にあわせて調整し、私が正しいことを証明しようとし始めたのだとも言い得る。この主張を論駁するには非常に多くの事例材料が提示されねばならないだろう。私は第八章でそれ呈示しようと思う。ここではただ、ほかならぬ「お母さんがあなたをお父さんに対して背かせたのですね Your mother turned you against your father」という解釈の言い回しが、ほとんどあらゆる言い回しと同様、あいまいなものであったということに注目するにとどめたい。この言い回しは、たとえばベッドのなかで父親と接触するような仕方で寝返りを打つという、文字どおり物理的な意味でのturnであると受け取られる可能性もあった。このような意味は読者の頭には最初に浮かんでこなかったかもしれない。しかし、この分析主体の頭には、セッションとセッションのあいだの期間にたしかに浮かんできたのである。そして、彼女の人生における諸々の出来事についての多くの興味深い連想が生じた（むろん、それらの出来事のなかには、彼女がすでに私に話していたものもあった）。重要なのは、分析主体がその周りを堂々めぐりしていた何かをきわめて直接的に指していたこの解釈にさえ、それでも何か神託的なものがあったということである。この解釈は、比喩的な水準と文字どおりの水準、および感情的な水準と物理的な水準というそれぞれ二つの水準で、同時に意図的に働きかけたのである。

したがって、神託的発話としての解釈といっても、分析主体が**まったく**理解できないような解釈ではない。そうではなく、解釈が述べられるまさにそのことによって、複数の意味ambiguitiesが互いに拮抗させられるということなのである。分析家は自分の言いたいことを伝えるさいに、故意に刺激的かつ喚起的な仕方で表現しようとする。たとえば、分析主体の語らいのなかには重要な意味を持つ単語や名前がある。分析家はこれらの言葉のとくに重要な部分の音を含んでいる言い回しを好んで使う。

分析主体のなかには、神託的な言葉を与えられると我慢ができなくなるタイプの人もいる。しかし、もしその意味を説明してくれという要求に分析家が譲歩するならば、分析家自身のねらいを挫折させるだけである。そうした説明をしてしまうと、分析家の介入の理由を思案させるよう、分析主体を促すことにならない。むしろ分析主体の要求を満たすことになり、さらなる要求を生み出してしまうだけである。

以上私が述べてきたように、現実的なものとは、いまだ言語化されたり明確に述べられたりしたことのないものである。ある意味でそれは、これまで抑圧の下にあり、したがって復元されねばならない二つの思考間の関連、もしくはつながりであると考えられる。(13)また、それはフロイトが外傷と呼んでいるものとも考えられる。すなわち、決して語り尽くされず、言葉にされず、言語化されることのなかった外傷的な出来事である。これは通常は性的なもの、すなわち当の主体によってリビード備給を受けてきた人びとに関係している。ラカンによれば、この現実的なものは分析によって象徴化されねばならない。それは語られ、「シニフィアン化」されねばならない。ジャック＝アラン・ミレールが言ったように、分析とは、現実的なものを徐々に「水を抜いて干拓」し象徴的なものにする行為を意味している。(14)解釈は現実的なものに狙いを定め、分析主体の欲望を固着させ行き詰まらせていたものを、言葉にするのを助けるのである。

第五章　欲望の弁証法

主体化は欲望の弁証法の設立において常にその本質的な契機なのです。
——ラカン『セミネールⅧ』二五一頁

人は実にさまざまな状態で分析にやってくる。ある人は、自分はもはや何も欲しくないし、もはやほとんどベッドから這い出ることすらできないと言う。またある人は、自分が望む何かのために非常に興奮していて、もはや集中することも夜眠ることもできない。しかし、彼らがいかなる特定の状態にあろうとも、それは欲望と享楽の観点から見て問題を孕んでいる。

多くの事例において、分析家は、新たに訪れる分析主体が陥っている苦境を、ある種のリビード停滞として理解することができる。つまり、**彼らの欲望が固着しているか、停滞しているかなのである**。たとえば、ある男性の分析主体について考えてみよう。彼が繰り返し「夢中になる」のは、彼の誘いを断り、彼に関心を示さず、彼を厄介払いするような女性である。彼はパーティでこうしたタイプの女性と知り合い、何となく彼女に惹かれ、二、三度彼女を誘い出した。彼女がもう会いたくないと言い出す日まで、彼女に対して彼はさほど関心があるわけではなかった。しかし彼女が会わないと言い出すやいなや、急に彼は活気づいた。すなわち、彼女を情熱的に欲望し、彼女を執拗に追いまわしたのである。彼女はすべての注意、すべての愛、すべての欲望の焦点となった。彼女は、彼にとって**たった一人の、かけがえのない人**となる。そして彼女が彼を拒絶し、無関心のままでいればいるほど、ますます彼の欲望は開花したのである。

彼の欲望は、拒絶される前は半分眠っており、かろうじて活動しているだけであった。この女性による拒絶は、**彼の欲望が熱烈に求める対象**というよりはむしろ、**彼の欲望を呼び起こし、それに生命を与えるもの**である。それは彼の欲望の**原因**なのである。彼の欲望は、当初は眠っていたにもかかわらず、拒絶されることによって彼は罠にかかり、虜になってしまうのである。彼を虜にしたのは**彼女自身**、すなわち現実の、生きた、肉と血でできた女性としての彼女自身ではない。そのことを立証するのは次の事実である。彼女を取り戻そうと、彼は不屈の努力をしたが、これに対して彼女が屈するやいなや「彼女は過去の人」になってしまったのである。つまり、彼はもう彼女に何の用もなくなってしまったのだ。彼女が拒絶してくれる限りにおいて、あるいは接近を許してもすぐに彼を突っぱねる限りにおいて、彼女は彼の心を燃え上がらせ、彼の愛を燃え立たせた。しかし実際に受け入れられるやいなや、彼の欲望は消失した。つまり、愛の原因はなくなってしまい、愛はもはや手近にあるその対象を利用できなくなったのである。

私たちは、あたかも彼の欲望が、彼の人生においてあらかじめ与えられている、ある種の構造的な力であるかのように考え、彼を動かし女性を見つけさせたのはこの欲望なのだ、と考えたい誘惑に駆られるかもしれない。しかし実際には、偶然女性に出会い、十分な確信もないままにこれらの女性とかかわるようになり、彼女が拒絶したり、はねつけようとしたりするときになって初めて惚れ込んだのである。

彼が原因（女性による拒絶）をある対象（特定の女性）に結びつける限り、はた目からは彼の欲望がその対象によって掻き立てられているように見える。すなわち、この欲望は特定の対象に関係しており、その対象に手を伸ばしたように見える。しかし、やがて原因と対象とのこの結びつきが壊れる。つまり彼は手近にいるその対象のなかに彼を夢中にさせる特性ないしは特徴——すなわち、拒絶という要素——を託すことができなくなる。そうなった途端、対象——すなわち彼が言い寄っている特定の女性——が問題なのではなく、彼の欲望を呼び覚ます拒絶という特性ないしは特徴こそが問題なのだと私たちは知るのである。

このように欲望は対象のほうへと**牽引される**（欲望→対象）というよりも、むしろ、特定の愛の対象のうちに時折読み取れるある特徴**によって顕在化される**のである。つまり、欲望は引っぱられるのではなく、押される（原因→欲望）のである。しばらくは、対象は原因を「内包している」と見える。つまりこの分析主体の欲望を刺激する特性ないしは特徴を「持っている」ようにみえる。しかしながら、ある時点でこの原因は突然対象から取り外され、対象はすぐに捨てられるのである。[1]

欲望はいかなる対象も持たない

私はこれまで、特定の一事例について話してきたが、ラカンの議論はこれよりはるかに一般的なものである。**人間の欲望は厳密に言えばいかなる対象も持たない**、と彼は言っている。それどころか、欲望は対象をどう扱えばよいかをよく知らない。欲しいものを手に入れたならば、それをすでに持っているがゆえに、あなたはもはやそれを**欲しがる** want ことはできない。欲望はその対象とみえるものを獲得するときに消失するのである。先ほどの分析主体の場合で言えば、女性が彼のたび重なる懇願と哀願に対して、誰かがそこまで熱心に自分を求めていることを誇らしく思って歩み寄りを見せるとき、彼の欲望はどこかに消えてしまう。第四章で述べたように、満足は欲望を殺してしまうのである。欲しいものを手に入れることは、欲望を生かしておくためには最上の策とは言えない。

実際、ヒステリーと強迫神経症は自分の欲望を生かしつづけるための二種類の戦略であると理解できる。強迫神経症者は、獲得することのできない何かを欲望する。そのため彼の欲望の実現は構造的に不可能である。それに対して、ヒステリー者はある種の欲望を満足しないままにしつづけるよう努める。フロイトはこれを願望が満たされないことへの願望と呼ぶ。またラカンはこれを、欲望が満たされないことへの欲望と呼ぶ。[2] ヒステリーと強迫神経症の双方において、欲望を実現させるあらゆる可能性の途上に障害が置かれている（もっとも、夢や幻想、あるいは白昼夢の場合は例外である。**これらのものが演ずる**願望充足は欲望の消失へと導かない）。

このように、欲望は満足を求めない。それはむしろそれ自体の持続と促進を求める。つまり、欲望は単に欲望しつづけようと努めるのである。[3]「それは神経症においてのみあてはまることだ。なぜなら神経症者は制止や恐怖、不安、罪責感、そして反感などがあるために、自らの欲望を追求することができないからだ」。このような反論がなされるかもしれない。しかしラカンの主張によれば、「成功した分析」の後でさえ、欲望はそれ自体の持続を求めることをその本質とする。もっともこの場合は、欲望の原因との関係において、主体の位置が組み替えられることによってである。あとで見るように、このとき欲望はもはや主体が満足を追求するのを妨げはしないのである。[4]

欲望の原因を示すラカンの用語は「対象 a」である。[5] もし欲望が対象ではなくむしろ原因を持っているとするなら、なぜラカンは「対象」という用語を使いつづけるのか、疑問を呈する向きもあるかもしれない。これは一つには、年月の経過とともに彼自身の考えが進化したことに関係していると思われる（一九五〇年代の初期には、彼はカール・アブラハムの部分対象という考えやウィニコットの移行対象という考えに影響されていた）。また、精神分析理論において「対象」の名で一般的に通用しているものについての議論を無効化しようとする試みにも関係しているようにも思われる。というのも、一部のクライン派精神分析や対象関係論のような立場から研究された対象は、ラカンにとってはせいぜい二次的な重要性しか持たないものであったからである。つまり、それは原因というものを視野に入れていない。欲望に関係のある唯一の対象は、（あくまでそれを対象という名で呼ぶとすれば）欲望の**原因**としての「対象」"object" which *causes* desire である。[6]

原因への固着

対象aはさまざまに異なった姿をとり得る。それは、誰かがあなたに向けるある種の視線であるかもしれないし、誰かの声音、肌の白さや感触や匂いなどであるかもしれない。また、誰かの目の色や話し方であるかもしれない。こういったものは列挙していけばきりがない。これら欲望の原因の特徴は人によってさまざまだが、いずれにせよそれは非常に具体的なものであり、何物も容易にそれに取って代わることはない。欲望はこの原因に、しかもこの原因のみに固着している。

人間関係がまずくなりつつあるにもかかわらず、必死にその関係にしがみつこうとして分析にやってくる人がいる。その場合、その分析主体に特有の原因を託されている相手は、たいていその人のパートナーである。すなわち、パートナーが、その原因を持っていたり内包しているとみなされており、そのため、欲望は他のどこにも見出されないというのが実情である。このパートナーを手放すということはすなわち、欲望を完全に手放すことである。たとえばパートナーから完全に引導をわたされることで断念を強いられた場合などは、分析主体の欲望がリビードの煉獄〔地獄と天国との間にあり、キリスト教に接する機会のなかった善人または洗礼を受けなかった小児などの霊魂がとどまる場所。転じて、宙ぶらりんの状態〕の沼地へと向かうのは当然である。そこは欲望が失われ、分析主体が目的を失ってさまよう冥府である。

分析主体がこの原因に固着していることによって、欲望の危機あるいは欲望における危機がもたらされる。[7] 分析家は分析主体の欲望を活性化させようとし、分析主体がほかのことについて一切考えられなくなっているときに、その固着を揺るがそうとする。そして、分析主体の欲望が見た目にも元に戻れないほど減退したときに生じる停滞を解消しようとする。分析家は、無意識のあらゆる現れに対して分析主体の好奇心を喚起し、自分の決定や選択、人間関係、経歴について、なぜそうなのか、疑念を抱かせようとする。第二章で述べたように、欲望とは問いである。分析家は分析主体に物事を疑問視させる。それによって分析主体に、何かを知り、何かを発見したいと思わせる。また、無意識的なものが何を言っているのか、言い間違いや夢や幻想のうちに分析家は何を見ているのか、句読法や区切りや解釈などの際に分析家は何を言わんとしているのか、などを理解したいと思わせる。分析家がこれらすべてのものに意味があるとみなすことによって、分析家は、分析主体の疑念や熟考、反芻、夢、そして思索の原因となる。簡単に言えば、分析主体の欲望の原因となるのである。[8]

分析主体は、分析の開始の時点では自分にとって原因としての役割を果たしていたものに、それほど固着しなくなってゆく。そして分析を、さらには分析家を、原因とみなし始める。[9] これによって新たな固着が確立される。しかしこれはフロイトが言っているように、「私たちの介入にとっては、あらゆる点で扱いやすいもの」である。初めの固着は転移固着となり、以前に存在していた神経症は「転移神経症」となったのである（SE XII, 154）〔邦訳著作集第六巻五六頁〕。

原因としての《他者》の欲望

分析家が一度でも分析主体の原因の場所へうまく入れたなら、つまり、分析主体にとっての想像的な他者（分析主体に似た誰か）でも、裁き手や崇拝対象などのような象徴的な《他者》でもなく、分析主体の欲望の現実的な原因となることができたなら、そのとき本当の分析作業が開始される。すなわち、「転移の作業」あるいは徹底作業である。分析家は原因への分析主体の固着に揺さぶりをかけようと努力する。

しかし、ここで問題としている過程を記述するためには、まずこの原因や、それがどのようにして生じるのかについて、理解を深めなければならない。言いかえれば、私たちはまず、人間の欲望の本性と発展について検討しなければならない。私は別の箇所でこのテーマについて詳しく書いたことがあるので、ここでの私の議論はいくぶん図式的なものとなるだろう。[10]

幼児期には、最初に私たちを世話する人たちは、私たちにとって計りしれないほど重要であり、私たちの生と彼らの生は密接に結びついている。私たちは彼らにさまざまな要求をする。反対に彼らは私たちが特定の仕方で振舞い、違う振舞い方をしないことを要求する。また、多くのことを学ぶよう要求する。すなわち、彼らの使っている言語（その語彙や表現、文法は私たち自身が作ったものではない）を話すことや、栄養や体温管理、排泄などの欲求を、彼らの都合にあわせて調整することなどである。私たちにとって彼らは世話と愛情の第一の源泉であり、私たちはしばしば、彼らの願いに従うことによって、是認や愛をかち取ろうとする。より上手に彼らの要求を満足させるほど、獲得できる是認はそれだけ多くなる。彼らの願望をより完全に満足させればさせるほど、それだけいっそう彼らからの愛をかちとれる。

しかし、彼らは何を求めているのかをいつも私たちに言うとは限らない。彼らはしばしば、何を求め**ない**かを言うだけであり、ことが起こってしまった後になって、その過失を理由に私たちを罰する。彼らの好意を獲得し罰と否認を避けるために、私たちは彼らの好きなものや嫌いなもの、願望が何なのかを読み取ろうと努める。「いったい彼らは何が欲しいのだろう？」「彼らは私に何を求めているのだろう？」というように。

「あなたは大きくなったら弁護士になるのよ。それが目標よ！」といったように、彼らの求めることが実際に私たちに伝えられる場合ですら、このメッセージは見かけほど平明ではない。私たちはこのような願いを受け入れることを選べるし、これに抗議して彼らに反抗することもできる。しかし、そういう事実は別にしても、私たちは自分の両親がそれを口にし、あるいはそれを要求さえしながらも、本当は何か別のことを望んでいるのだろうと感じることがある。それは、「お前には、私たちが望みながらもなれなかったものになって欲しい」ということかもしれない。あるいは逆に、「私たちがなれなかったものにお前ごときがなってしまったら、私たちの立つ瀬がないじゃないか。だからお前のことは私たちと同じような『凡人』だと思いたいし、お前には私たちがなれなかったものになって欲しくないんだ」ということかもしれない。

私たちは、彼らの求めるものを読み取ろうとするなかで、次のような事実に直面する。すなわち、人はいつも本音を言うとは限らない、つまり、彼らは自ら欲しいと言っているものを本当にいつも求めているわけではないという事実、彼らは要求するものをいつも欲望しているとは限らないという事実である。人間の言語活動というものは、ある一つのことを言いながら、別のことを意味することができる。親が何かを欲しがっているとき、よその親がそれを熱心に欲しがっているのをただ口真似しているだけかもしれない。私たちはこのことを感知し、親が「本当に求めているもの」は何なのか、という問いを抱く。

両親の欲望は、私たち自身の欲望の主な動機となる。私たちは、彼らが何を欲しているのかを知りたいと思う。それは、彼らを十全に満足させるため、あるいは彼らの目的を阻むためであり、彼らの図式や計画のどこに身を置くべきかを見つけるためである。また、彼らの欲望のうちに私たち自身の居場所を見出すために、私たちは彼らによって欲望されることを欲するのである。ラカンが言ったように、「人間の欲望は《他者》(ここでは、親という《他者》)によって欲望されることである」[11]。

私たちの欲望を目覚めさせるのは、多くの場合きわめて不明瞭で謎めいた彼らの欲望である。すなわち、両親の欲望によって、私たち自身の好奇心や決意が目覚め、何か物事をつきとめ、世界を探索し、ジェスチャーや行動、声の調子、わざと私たちには聞こえず理解できないようにされた会話などを読み取り解釈しようとする。彼らの欲望が私たちを動かし、世界のなかで物事をおこなわせる、つまり私たちの欲望に命を吹き込むのである。

こうした彼らの欲望——以下では《他者》の欲望(親という《他者》の欲望)[12]と呼ぼう——を識別しようとする試みにおいて、私たちは、何らかの対象が《他者》によって熱望されているということに気づき、《他者》の欲望を私たちの欲望のモデルとする。それによって私たち自身がそうした対象を求めるようになる。私たちは《他者》の欲望が、自分へ向けられること、つまり《他者》の欲望の対象、とりわけ最も重要な対象となることを求めるだけではない。それに加えて、《他者》がするのと同じように欲望するようにもなる。つまり、私たちは《他者》の欲望を私たち自身の欲望として受け取るのである。[13]

母親が自分の幼い娘の前で、ある俳優を、女性へのアプローチの仕方が自信に満ちていて真摯だと言って賞賛するとき(たとえばシェイクスピアの『じゃじゃ馬ならし』のように)、娘がそうした特性を彼女自身の理想の男性像へと取り込むことがよくある。このような特性は、何年ものちに娘の幻想を分析する途上で発見された場合、その娘に憤りと疎外の感覚を引き起こすことがしばしばである。「私が**彼女の**幻想を採用したなどということがどうしてあるものか」とか、「何て嫌なこと! 私の幻想までもが、本当は私自身のものでないなんて」といったように。

《他者》の欲望への同化は、欲望の形成のためには不可欠の側面である。しかしそれは、のちに侵入や冒瀆として経験される。《他者》は、私のなかにこれを植え込み、私を現にあるようにし、私にあれではなくこれを欲しがるように仕向けたのだ、私の欲望すら私自身のものではないのだ、といったように。《他者》の欲望は、私たちの欲望の原因となる。私たちがときに最も個人的で内密なものであると考えていたものが、よそから、どこか外部の源泉からやってきたことが判明するのである。しかもそれは、任意の源泉からではなく、すべての人びとのなかでも、まさに私たちの親からなのである!

《他者》の欲望からの分離

思春期の最も重要な課題は親からの分離であり、神経症者はこの課題を達成するのに失敗している、とフロイトは言っている。(14) これは、ラカンの用語に直せば、神経症者は《他者》の欲望に縛りつけられたままでいる、ということである。両親の欲望は彼ら自身の欲望の原因として機能し続ける。両親の欲望は、彼らのうちであたかも彼ら自身の欲望であるかのように作動し続けており、神経症者が求めるものは、彼らの両親が求めていたものに完全に依存し続けるのである。神経症者が彼らの時間と精力のすべてを、彼らの両親が欲することとは正反対のことへと捧げているときですら、彼らの生は徹頭徹尾《他者》の欲望との対立によって構成され、すっかりそれに依存し続けている。もし、《他者》の欲望がなかったなら、彼らの生は焦点を失い、**存在理由**を失う。したがって神経症者にとって最も重要な課題は、《他者》から分離すること、《他者》の欲望から分離することである。

しかし、《他者》の欲望からの分離は、必ずしも分析の初期にとりかかるべき最初の課題ではない。なぜなら、多くの人は自分が求めているものが何か、ほとんどわからないと訴えて分析にやってくるからである。彼らは自分自身の願望について、自分が求めるものの正統性について、そして求めること一般についてさえ、確信できないという気持ちを表明する。こうした場合、分析の初期段階は、分析主体が求めるものに焦点が合ってくる移行過程、すなわち、埋もれて忘れられ知られていなかった願望が前面に出てくる発見過程を必要とする。

しかしながら、彼らは、自分の求めるものが、彼らの人生で重要な意味を持つ他者が現に求めているもの、あるいは、かつて求めていたものと密接に関わっていることにだんだん気づき始める。つまり、彼らは自分たちが「疎外されていた」こと、すなわち彼らの欲望は自分が考えていたのとは違って、自分自身のものではないことを悟るようになる。自分の最も内密の欲望さえもが、彼ら自身の欲望となる以前は、誰かほかの人の欲望であったということがしばしば明らかになる。あるいは、それがそもそも誰かを満足させたり、支持したりするためにつくられていると思われてくる。

主体を《他者》の欲望から分離するというこの目標は、他の事例では、最大の関心事ではない場合もあると思われる。たとえば、自分が制止されていたり内気であることに、分析主体が本質的に不満を抱いている場合などである。「私は自分が求めているものを知っています。でもそれを追い求められないのです。そうしようとするといつも、罪悪感を覚えるのです。誰かを裏切っているとか、何か恐ろしいことが起こるのではと感じるのです」。こういう事例では、神経症者が単に自分の欲望のうちに結び目をもっているだけである、すなわち彼らは何かを求めているのだが、矛盾する願望や力（たとえば、彼らが侵犯しようとはしない、両親に由来する禁止など）があるために、それを追求することが抑制されているのだ、と私たちは考えがちである。実際フロイトが言うように、あらゆる症状はすくなくとも二つの矛盾する欲望や力、あるいは衝動から生まれる。たとえば、愛と憎しみ、渇望とその抑制である。（SE XVI, 349, 358-359）〔邦訳著作集第一巻二八八頁、二九五頁〕。このような事例においては、分析は分析主体の欲望のなかにある結び目を解きほぐしさえすればよいように思われる。

しかし、神経症者の《他者》への服従 subjection、従属 submission、あるいは屈従 subjugation は、「欲望のなかにある結び目を解く」といった隠喩によって暗示されるよりもはるかに重大なものである。何よりもまず神経症者の欲望は彼ら「自身」の欲望ではない。というのも、それは決して一度も主体化されたことがないからである。原因の主体化、つまり、原因としての《他者》の欲望の**主体化こそが分析の目標である。**

根源的幻想

ラカンは原因への分析主体の固着を「根源的幻想」とよんでいる。これは、主体（自我ではない）とそれが選択する原因とのあいだの根源的な関係であり、ここでいう主体とは原因との関係において位置づけられるものである。これを表すラカンの定式 $\$ \diamond a$ においては、斜線を引かれた主体 $\$$ は意識と無意識とに分割されたものとしての主体を表している。また、a は欲望の原因を表している。そして菱形は両者の関係を表している。[15]

幻想が上演するのは、主体が原因との関係において（すなわち原因としての《他者》の欲望との関係において）自分自身を想像する仕方以外の何物でもない。もし、ある男性がある女性をとくに無礼な仕方で見たために、最も深いレベルで彼女のうちに欲望が生じたとする。その場合、彼女の幻想はそのような無礼な仕方で見られている自分の存在を描く。つまり、幻想が、その視線と見られている彼女自身（それは性的に挑発するような態度をとっているかもしれないし、あるいは逆らわずに受身になっているかもしれない）を、一つの光景にまとめるのである。[16] フロイトが論じている意識的ないしは前意識的幻想の事例、つまり「子どもがぶたれる」の事例では、主体が欠けているように見える。しかしこの事例でも、「私は父にぶたれている」（SE XVII, 179-186〔邦訳著作集第十一巻七一―一三頁〕という無意識的な幻想が働いていることを再構築できる。この幻想には、《他者》の内部に想定された（罰したいという）欲望と主体との関係が含まれている。

人びとが多くの異なった幻想を持っていることは明らかだが、これらのうちあるものは意識的ないしは前意識的なものである。つまり私たちは、注意すればそれらを意識することができる。またあるものは無意識的な幻想であり、多くの場合、夢という王道を経由することによってのみ、接近できる。ラカンは、一つの幻想だけは――それはほとんどの人間にとって無意識的幻想だが――、絶対的に根源的であると述べている。この考えは、「原光景」――分析主体の性行動と生一般の構成において、根源的な役割を果たす光景――についてのフロイトの理論と関係している。子どものときに、現実的あるいは想像上の光景に反応した仕方が、その人の存在全体を特徴づけ、その人の両親や恋人との関係、性的嗜好、性的満足の能力を決定づける（第八章の「ヒステリーの事例」でこのような光景の一例について議論する）。

分析家が分析主体の欲望の原因としての役割を引き受けるとき、分析主体は自分の幻想を分析家の上へ転置する。分析家との関係は、分析主体の根源的幻想の特徴や性質を帯びたものとなる。つまり、分析主体の根源的幻想は「今、ここ」へと投射され、分析主体は、自分がこれまでいつも解釈してきたような《他者》の欲望に、分析家の欲望が一致することを期待する。つまり、分析主体は、《他者》の欲望は自分の経験ではいつも同じで変わらないものであると思いこみ、(親という)他者の世界を見たり、それと関係したりする自分の習慣的な仕方へと陥るのである。分析主体は、《他者》の欲望との関係でのいつもの立場や位置をとりはじめる。たとえば、状況に応じて《他者》の欲望を満足させようとしたり、妨害しようとしたり、《他者》の欲望の対象であろうとしたり、それを傷つけようとしたりする。

分析家は血筋、慰め、哀れみ、その他何であれ両親が望んだものと同じ物を望んでいるとみなされる。《他者》が何を欲するかについての分析主体の観念が何度も繰り返し投射される。しかし分析家は分析主体が期待する場所にいないことによって、たえずこの観念を打ち砕き、揺さぶりをかける。分析家は原因としての《他者》の欲望を体現し、分析的なセッティングのなかでそれを代理し、分析主体が期待する振舞いや応答、介入などに合わせることはない。分析主体は、分析家が特定の言葉や特定の箇所を強調し、特別な声の調子や言明を発したところでセッションを打ちきるだろうと予期している。なぜなら、分析家が興味や関心を持っているのはそこだと、分析主体が考えるからである。しかし、分析家はそうはしない。「結局のところ、夢は無意識への王道」だから、分析家は一つひとつの夢をすべて聴きたがっているはずだ、と分析主体が思っているまさにそのとき、分析家は進路を変更する。分析家が何回ものセッションを費やして奨励してきたこれらすべてのもの(夢、幻想、白昼夢、言い間違い、性、父親、母親、家族など)についての議論が、機械的で自動的、非生産的なものとなり、《他者》の欲望に対処するために動員された防衛の役割を果たすこともある。つまり、「もし私が《他者》に、《他者》が要求しているものをあげれば、おそらく私は、自分の欲望やそこから何とか引き出せるわずかながらの快を手放さないでいられるだろう」というわけである。分析がルーティン化してしまうことや、《他者》の欲望に対する防衛として幻想が進行中の作業に影響を与えてしまうことに対して、分析家は絶えず警戒していなければならない。

分析主体は、幻想のなかでの自分の立場を《他者》の欲望との関係においてたえず作り直し、自分の話が分析家にとって非常に興味深いものだと確信したり、不満足なものではないかと心配したりする。また、部屋に分析家がいることをまったく無視するかとおもえば、寝椅子のうしろから聞こえてくるあらゆる物音を注意深く聞いていたりする。このように分析主体は分析家が何を求めているか、さまざまに想定するわけだが、分析家はそれに対抗して、分析主体が期待していることとは別のことに関心があることを表明する。こうすることによって、《他者》の欲望は疑問符のなかへ投げ込まれる。《他者》の欲望は、分析主体がこれまで想定してきたものではない。それどころか分析主体がいつも想定していたようなものであったことは**おそらく一度もない**。それはおそらく分析主体の側の想像物ないしは構築物なのであり、分析主体が自分の両親の欲望の謎に対して出した答えを表している。

一例として、「鼠男」に関するフロイトの仕事について考察しよう。この事例はフロイトの有名な論文「強迫神経症の一事例についての考察」で詳細に記述されている（SE X, 155-249）〔邦訳著作集第九巻二一三―二八二頁〕。事例の材料全体はこの事例研究のなかでフロイトによって与えられているので、私のここでの注釈はかなり図式的なものとなろう。しかし、紛れもなく明らかなのは、鼠男の問題はすべて彼の父に密接に関係しているという点だと思われる。彼が述べる症状は多岐にわたる。それらは、「**もしお父さんが死ねば**、自分が愛されたいと思っている少女に振り向いてもらえ、哀れんでもらえるだろう」という子ども時代の観念にはじまり、彼が耳にしたある刑罰（鼠が罪人の肛門を食い破って中にはいって行く刑）が**父親に対して執行されつつある**という「恐るべき」観念に至るまで、さまざまである。だが、これらの症状の中心にあるのは、父親に復讐したいという欲望である。鼠男の父親が鼠男の怒りや憤り、そして復讐の欲望の**原因**だと結論しても過言ではない。

フロイトとの分析作業が経過するうちに、鼠男は知らず知らずのうちに怒りをぶちまけ始め、フロイトやその家族に対して「実に不快で汚らしい悪罵を投げつけた」。彼はそうしているあいだ、フロイトが座っているところから身を離すことができるよう、ソファから起きあがっていた。鼠男はやがて、父親がしばしばそうであったように、フロイトが彼を殴るのではないかと恐れていたのだと自ら結論した。「カッとなる気性」であった彼の父は、怒り出したら止まらないことがときどきあった（SE X, 209）〔邦訳著作集第九巻二五四頁〕。フロイトは鼠男の父親の位置におかれ、逆襲し、激怒の発作をおこし、そしてはげしく復讐したいという鼠男の欲望の原因という役割を演じるようになったのだった。同時に鼠男は、こうした怒りの表現に対して、父親がそうしたように、フロイトが彼を叩くという仕方で反応することを十分に期待したのである。

私たちはここで、根源的幻想そのものではないにせよ、ある決定的な幻想を目にしている。つまり、鼠男は父親から手荒い扱いを受けることを期待しつつ、挑発的な振舞いをしているのである。父親は息子を叩きたがっていると想定されている。実際、つい「カッとなって」止まらなくなる傾向があったと思われることから考えて、彼の父親はおそらく息子を叩くことを享楽していたと思われる。フロイトのオフィスは、対象に対する主体の関係が上演される場所となった。つまり、息子を殴りたいという父親の欲望を鼠男が挑発的に引き出す場所となったのである。もしかするとこれは、鼠男が父親の気を引くために取り得る数少ない方法の一つだったのかもしれない。ともあれこのように、幻想は治療の場で再演され、フロイトは鼠男の欲望の原因である父親の役割を演じているのである。

もちろんフロイトはこの鼠男の幻想の上演に対して、鼠男が期待したとおりに反応することはなかった。フロイトは、分析主体が口にする口汚い見解は自分の役割にむけて発せられているのであって、固有の特徴や、威厳、生活史をもった個人としてのフロイトに向けられているのではないと考えた。したがってフロイトは分析主体を拒絶して自分を「人間として」尊敬することを要求したり、分析主体を期待どおりに叩いたりすることによってではなく、解釈することによって鼠男に応答することができたのである。こうしてフロイトは、鼠男を殴ることが常に《他者》の欲望であるとは限らないことを示し、鼠男が《他者》の欲望について抱いている考えに疑問を抱く可能性を開いたのである。「ひょっとすると、父親が叩くことを欲望したのではなく、むしろ私がそれを父親に押しつけたのでは……」。鼠男がこのような疑いを持ったとフロイトが書いているわけではない。しかし、このような疑問を持つことは、フロイトの介入によって可能となった。つまり、鼠男は父親の言動を解釈するときの自分自身の役割を問うことが可能になったのである。おそらく実際、父親の欲望は自分を殴ることであるという彼の解釈は、ある意味で利己的なものであった。なぜなら、おそらく彼にとっては、そうした視点から物事を見るほうが、快適であり、好都合であったからだ。[17] 私は次の節で、根源的幻想と主体との関わり合いというこの考えへ戻り、それからもう一度鼠男の事例へと戻るつもりである。

ここで以下の考えだけ繰り返し述べておきたい。《他者》の欲望についての分析主体の解釈や構築に疑いが向けられるのは、分析家が分析主体の期待どおりには反応せず、自分の手のうちを見せない、すなわち、自分の欲望を分析主体に読み取らせない限りにおいてである。分析家は謎めいた欲望という位置を維持しなければならない。

分析家がセッションで分析主体をどれだけの時間引き留めておくかについて、分析主体のほうが予測できるようであってはならない。分析家の介入や解釈についても同様であり、予測できるものであってはならない。分析主体は時折、「どの時点でセッションを終わらせるつもりなのか、私はわかっていますよ」とか、「あなたはこう言おうと思っているのでしょう」などと言うことがある。これは分析家の実践のスタイルがあまりにも見えすいたものになってしまっており、驚きの要素がなくなっている徴候である。分析家の関心や好奇心、欲望などは、分析主体が読み取ったりつきとめたりすることが困難なものでなくてはならない。それゆえ分析家は、分析主体が期待している場所に存在していてはならない。さもないと、根源的幻想が疑問に付されることも、揺さぶりをかけられることも、組み替えられることも決してありえない。

根源的幻想の組み替え

分析治療は、症状を取り除くことを第一の課題とはしない。

——フロイト（SE XVI, 436）〔邦訳著作集第一巻三五九頁〕

分析家は分析主体が健康になることも、正常になることも求めない。分析家は何も要求せず、何も課さない。分析家が存在するのは、分析主体が彼自身の欲望の真実へと近づくことができるようにするためであり、《他者》の要求に応答できるようになるためではない。

——アニー・コルディエ『劣等生は存在しない』二九九頁〔邦訳『劣等生は存在しない』向井雅明訳、情況出版、一九九九年、三一七頁〕

あらゆる発話は要求である。(18)
あらゆる要求は愛の要求である。

——ラカン『エクリ』八一三頁〔邦訳第三巻三二三頁〕

私はここまでの根源的幻想についての紹介のなかで、ラカンの見解を簡略化して示してきたわけだが、ほかにもいくつもの点を取り上げねばならない。たとえば私は、神経症者の欲望は完全に分析に先だって構成されているかのように語ってきた。しかし、これは自明の事柄ではない。ラカンによれば、神経症者は相当な程度、欲望をためらう水準、つまり要求の水準にとどまっているからである[19]。

ラカンはこのことを、分析の初期には、神経症者の根源的幻想は《他者》の欲望に対する主体の態度よりはむしろ、《他者》の要求に対する態度に関係する、という言い方で述べている[20]。純粋かつ単純な《他者》の欲望そのもの desirousness と関係することよりも、自分にあれこれのことをしろとか、あれこれのものになれという、《他者》の要求に関係することのほうを主体ははるかに好む（第八章の「強迫神経症の事例」において、その臨床的な実例を見る）。神経症者は、《他者》が何を欲望しているのかについては確信が得られぬまま、《他者》[21]が何か非常に恐ろしいことを求めており、神経症者に対して、何か非常に厄介で不愉快なことを要求していると考えることをむしろ好むのである。

《他者》の欲望と出会うことは、不安を引き起こす。この点を説明するために、ラカンは動物の行動の一例を借用している。すなわち交尾の最中にパートナーのオスの頭を噛みきってしまうメスのカマキリの行動である。ラカンはつぎのような仮説的状況を想像してみるよう促している（実のところ、これを実験してみることは容易ではないが）。すなわち、あなたは雌もしくは雄のカマキリの仮面をかぶっている。しかしそれが雄雌どちらなのかはあなた自身にはわからない。そこで雌のカマキリが近づいてきて、あなたは非常に不安になる。自分が雄の格好をしていることを知っている場合に比べて、雄か雌かがわから**ない**場合のほうが、この不安が強くなるのは当然である（なぜなら、前者の場合に実際あなたが経験するのは、やがてあなたに降りかかる特定の運命への**恐怖** fear に過ぎないからである）。したがってあなたは、事実がどうかはっきりしなくても、「自分は雄の格好をしているから死が間近に迫っている」と**思い込み**、**決めこむ**ことをむしろ選ぶかもしれない。ここで、雌のカマキリを（象徴的ではなく現実的な）《他者》[22]であるとするなら、あなたは不安を抱えて落ち着かないままでいるより、《他者》が自分を捕らえにきたのだと思う、つまり、あなたは自分が《他者》にとって何ものであり、《他者》の欲望においてどのような対象であるかを知っていると思うほうを選ぶだろう。なぜなら、前者の形の不安は、確実な死を待つこと（これはフロイトが「現実的不安」すなわち恐怖と呼んでいるものである）よりも、はるかに人を狼狽させ落ち着かなくさせるからだ。この前者の不安をラカンは angst（*angoisse*）と呼んでいる。[23]

自分が何であるかがわかるのを不安を抱えながら待っているよりも、むしろあなたは《他者》があなたの何を求めているか、あなたから何を求めているのか、などについてすぐに結論に飛びつきたいと思うかもしれない。この場合、《他者》の欲望の正体がわからないのは耐え難いことである。あなたは、それを謎のままにしておくより、むしろいかなる特性であれ、それに何らかの特性を押しつけたいと思う。あなたはそれを拘束し、それに名前を与えて、この不安を引き起こす不確実性にけりをつけることを選ぶ。いったんこれに名前をつけて、《他者》があなたに関して求めていることは**これ**だと――たとえば、自分はいなくなることを望まれているのだと――結論したなら、不安は軽減する。そしてあなたはその場から姿をくらまそうとすることができる。

このように結論へと飛びつくことによって、厳密に言えばいかなる対象も持たない《他者》の欲望は、非常に明確な対象を持ったものに変形する。つまり、**《他者》の欲望が要求**（今の例で言えば「うせろ」という要求）**へと、すなわち、名づけをしたこの分析主体に向けられた要求へと変形する**。欲望は対象を持たないが、要求は対象を持つのである。

主体は《他者》の欲望を解釈することによって、もともと名づけられていない欲することそのもの wanting、熱望そのもの longing、欲望そのもの desiring を受け取り、それを具体的な欲望 desire、特定の要望 want、要するに非常に具体的なものの要求 demand に変える。このような要求なら、子どもはうまく処理し取り扱うことができる。つまりこうした要求はそれほど不安を引き起こさず、子どもに方向性を与えるのである。実際、子どもはこの要求に従うことによって――先の例で言えば、その場から立ち去ることによって――愛と是認を獲得できると考える。両親が子どもを愛したり是認したりするのは、子どもがその場から立ち去る限りにおいてのみだからだ。あるいは親が自分に注意を向けるのは、自分がそこにいるときだけだと子どもが思ったならば、子どもはたとえ罰という形でしか注意を向けられないとしても、大人の注意を引くために、できる限り邪魔なところにいるという戦略を取るだろう。

臨床の場では、両親が自分に何を求めたかについて、神経症者たちからあらゆる種類の主張が聞かれる。両親の要望 wants についての彼らの解釈は、しばしば彼らの双子の兄弟や姉妹、他のきょうだいたちの解釈とは著しく異なっている。異なった解釈がきょうだいのそれぞれによってなされるし、たいていそれは、親から分け隔てなく育てられたように見える子どもたちの間でさえ、同様である。以上からはっきりするのは、両親の要望は、決して無条件に「知られる」ことはないという事実である。**それは、ただ解釈され得るのみである**。神経症者は、両親が自分たちのことを愛すべきもの、あるいは、注意を払うに値するものとみなす理由を、同定しようと努める。そしてそれを自分のものとして引き受けようとする。要するに、彼らは自分自身を、両親が自分をこのように見ていると彼らが信じるような仕方で見るのであり、両親が自分をこのように評価していると彼らが考えるような仕方で評価し、両親が自分にこうなって欲しいと彼らが考えるものになろうと試みるのである。彼らは両親の理想に同一化し、その理想にしたがって自身を判断するのである。

フロイトの用語で言えば、神経症者が自分の両親の要求を見分けたいと思う関心は、自我理想（*Ichideal*）の形成に関係している。人は自分のためにこの理想を設定し、それに照らして自分自身の（たいていは不適切な）行為に評価を下す。フロイトは自我理想を超自我と同一視して、それを「個人の最初の、そして最も重要な同一化、すなわち両親への同一化」であると述べている（SE XIX, 31）〔邦訳全集第十八巻二五九頁、著作集第六巻二七八頁〕[24]。

神経症者がかつて親に同一化したのと同様に、分析家に同一化しようとしても驚くにはあたらない。彼らは分析家の欲望の行間を読もうとし、要求や評価、理想を見分けようとする。分析家が何に価値をおき、自分に何を求めているのかがわかると、神経症者は分析家の要求や評価に従うことによって（あるいはこの場合は、違った形で注意を引きたいと思い、それらに反抗することによって）、愛嬌をみせ、分析家の御機嫌を取ることができると信じる。彼らはこうして分析家の自我理想を自分自身の自我理想として採用し、分析家のようになろうとする。たしかに自我理想の形成は、子どもの精神発達の過程で不可避なものである（のちに第七章において、ラカンが鏡像段階論の一九六〇年における改訂版の観点から、このことをどう説明しているかを見る）。しかし、**《他者》の自我理想を採り入れようと繰り返す神経症者の試みは、まさに彼らの神経症の核にあるのである。**彼らは《他者》の要求に固執し、分析において彼らは、自分に対して分析家が何を求めているかを知りたがる。彼らは、分析家が自分に何を求めているのか教えて欲しいと要求さえしてくる。もっともその際、彼らは**自分が**何を求めているのかを自問しなさいとだけは分析家に言ってもらいたくないのだが[25]。

一部の精神分析の考え方では、分析主体は、自らの「弱い自我」を支えるべく、分析家の「強い自我」**に同一化**することを奨励される。つまり、神経症者は要求の構造の悪循環から引き離されることは決してないのである。そこでは、分析主体を《他者》の欲望の謎に直面させないので、それによって分析主体自身の欲望が生じるということが起こらない。逆に、分析主体は自分自身を分析家の目を通じてみるようになり、分析家の価値観や理想を採り入れるようになる。分析家やその研究所、もしくは精神分析そのものを分析主体が《他者》の位置に置き続ける限り、ある種の安定は見られるかもしれない（もっとも分析主体は、神経症的な仕方で繰り返し分析家や研究所、精神分析雑誌や協会などからの是認や承認を求めるかもしれないが）。しかし、たとえばもしそれほど分析家に同一化しきっておらず、感銘を与えてくれる上司や、その他見習うべき成功した職業人が存在する別の職業を求めることがまだ可能である場合などには、《他者》を代理する何か別のものが新たに現れるやいなや、分析家とのあいだで起こったのとまったく同じ問題が起こりやすい。つまり神経症者は、この新しい《他者》が自分に求めるものを見分け、それに従ったりあるいはまったく同じように反抗しようとする。

分析家の欲望に関してラカンが展開させた考えの重要な眼目は、なぜ分析の目標が、分析家への同一化や、分析家の自我の「健康な部分」への同一化であってはならず、また分析家の他のいかなる部分への同一化であってもなら**ない**のかを示したところにある。このようなことを分析の目標とするならば、フロイトが「転移の解消」と呼び、ラカンが「知を想定された主体の失墜」と呼んだもの――これは分析主体が、自分にとって有益で価値のありそうな知識はすべて分析家が持っているともはや想定しなくなる状況である――ではなく、逆に分析家への恒久的な転移という事態をもたらす。あるいはそうでなければ、別の文脈で同じ問題が回帰してくるだけである。つまり神経症者は、来たるべき次なる《他者》の是認や承認を探し求めるのである。

分析の外部で、神経症者は自分の両親に対し、自分が何をすべきかを告げるよう要求する。また、自分たちの先生、上司、配偶者、そのほか誰であれ彼らにとって《他者》を体現する人物に対して、同じことを要求する。神経症者は、《他者》が自分に要求をするよう、促したり、おだてたり、あるいは（ほかのあらゆる手段が駄目ならば）強要さえして、《他者》の欲望にまつわる不安をかろうじて食いとめる。このとき出される要求は、具体的なものであるほど良い。たとえば、ある分析主体の事例をみてみよう。彼はある女性と関係を持つようになる以前は、基本的には自分のことは自分でしていたが、関係をもった後は、この新しい恋人に対して、急に子どもじみた頼りない態度をとり、自分が何をすべきか、いちいち言ってもらわなければ駄目な男であるという印象を彼女に与えようとした。彼は彼女を巧みに操り、ついには彼女が支配権を握り、たとえば雑用を一覧表に列挙してやらせるというように、彼に非常に事細かな要求をするまでとなった。

おそらく、これより馴染み深いのは「女房の尻にしかれている夫」の例であろう。夫は妻に対して、誕生日や夜の営みなどにおいて彼女が何をして欲しいかを正確に言うよういちいち要求し、彼女のことをカカア天下呼ばわりする。彼がそうする理由は、多くの場合、妻の謎めいた欲望――「気まぐれ fickle」で「移り気 fleeting」で「一貫しない inconsistent」、そして「不可解な incomprehensible」欲望（ここに挙げたのは比較的丁寧な形容詞である)[26]――に対処できないか、対処しようという気になれないためである。妻にすれば、夫が自分(妻)の「欲望を読む」ことがまったくできないように思えて狼狽する。つまり、彼女が夫に求めているのは、**夫が**自分をどう見ているのか、**夫は**自分に何を求めているのか、**夫が**自分にどういう欲望を抱いているかを表すものなのだが、夫がそのことにまったくが気がついていないと思われて、彼女は心配するのである。[27] 夫は、自分自身のどんな欲望も二人の関係のなかで表に出すことができないと嘆く(これは、彼の幻想生活のために取りおかれており、そこで妻は何の役割も演じていない)。しかし実際には、このことは夫自身が知らず知らずのうちに、そうなるよう自ら画策したことなのである。

神経症者は《他者》の欲望の謎を扱えず、《他者》が自分に特定の要求をしてくることを要求する。そして要求はさらなる要求を生み、ある種の悪循環に陥る。神経症者は、欲望というものが自分が持っている何かではなく、自分が持っていない何かだということを知らない。欲望は欠如 lack に由来し、何ら固有の対象を持っていない。そのため、自分が本当に何を求めているのかを言うことは誰にもできない。[28] 一方、要求とは、あいまいで茫漠とした欲望それ自体 want*ing* ではなく、ある特定の要望 want である。それは食欲という生物学的な欲求のように、人が「持っている」と思われる何かである。神経症者が耐えられないのは、《他者》の欲望それ自体 wanting、ラカンの言葉で言えば「《他者》のなかの欠如」、すなわち《他者》の不完全性なのである。特定の要望 want は、いわば財産のようなものであり、《他者》はそれに関しては乏しくなく、むしろ富んでいるように思われる。しかし、欲望それ自体 wanting はこれとは違っている。それは、ある種の欠如や不能、あるいは不十分さを暗示する。[29] 神経症者は、それをまるで疫病のように避けるのである。

分析主体が分析家の欲望をつきとめ、識別し、名づけることを、分析家が拒絶するとき、《他者》の欲望それ自体 wanting に直面することが、もはや妨害されず、現在化し、目前の事態となる。この直面化は分析セッションの突然の終了によって最もよく示される。分析家は、分析主体の話した最後の言葉のところで区切りをつけ、予期せぬときにセッションを終了する。そのとき分析主体は、そのような事態をもたらした、謎めいた欲望を持つものとしての分析家に直面するのである。

分析主体はここで、分析家の欲望そのもの desirousness に面と向かうことになる。この欲望の現れは、容易には識別したり予見はできない。というのも、もしそうでないなら、それは何らかの要求として読まれるであろうし、さらには、分析主体が承認するか拒絶するか、部分的に受け入れるか、あるいは何とかして回避するかを選べるような、そういう要求としてさえ読まれるであろう。分析家は隘路をたどらねばならない。つまり、一方では無意識的な材料を夢や幻想、白昼夢などのかたちで引き出しつつ治療を主導しなければならないが、他方では、分析主体が「ああ、これが分析家が私に話して欲しいと思っていることなんだ」と、推測できるような状態が長く続き過ぎるようであってはならないのである。分析主体は分析家の要求の一つ（たとえば夢についてもっと話して欲しいという要求）にしがみついて離れず、自分自身をその要求との関係において再構成し、それを満足させたり、わざと満足させなかったりする。しかし、このようなときにはいつでも、分析家は態度を一変させ、自らの欲望が患者にとって未知であるような状態を維持しなければならない[30]。これによって要求の悪循環は断たれる。分析主体は、要求の悪循環のなかで、症状から解放されること、解釈を与えられること、治療されることを要求し、そのために何をすべきか、自分が分析家に愛されるための条件は何かを言うよう要求してくる（あらゆる要求は、ラカンによれば究極的には愛の要求である。「あなたの愛をかち取るために私が何をしなければならないか、あなたが告げてくれることを要求する」というわけである）。この悪循環が断たれることによって、神経症者にとって非常に外傷的で、彼らの固着の核心にある《他者》の欲望を彼らは扱わなければならなくなる。

したがってある意味では、ここで転移の仕事には二つの段階がある。すなわち、㈠分析家は、《他者》の欲望の束縛のなかにあって窒息しかかっている分析主体の欲望を前面に出させるために、分析主体の要求から身をかわし、$\$\Diamond D$から$\$\Diamond a$への切り替えを示唆しなければならない。そして、(二)分析家は分析主体による《他者》の欲望の解釈を改訂しなければならないし、またこの解釈の上に成り立っている主体としての彼らの位置を転換させせなければならない。第一の段階は（欲望の）**弁証法化**、第二の段階は（根源的幻想の）**組み替え**（あるいは横断）と呼べるかもしれない。第十章で見るように、この二つの段階は「主体化」の決定的な論理的モメントを構成する。そしてこの主体化によって、分析主体は要求の主体から欲望の主体へと（同様に、《他者》の要求への従属から《他者》の欲望への従属へと）移行し、その後享楽の主体になる。そのとき、もはや主体は《他者》に従属していない。

フロイトの用いたアナロジーがここで役に立つかもしれない。『快原理の彼岸』のなかでフロイトは、戦争神経症の兵士たちが夢（悪夢）のなかで何度も繰り返して外傷体験を反復するのはなぜかを説明するために、さまざまな理論を提示している。そこでフロイトは、精神が外傷をよみがえらせるのは、その外傷を違った仕方で経験しなおそうと試みるためではないかと言っている。つまり、この著作の初めの箇所で、外傷的な光景の反復は死の欲動の純粋な表現としてよりは、その事件をもう一度違った仕方で「生きる」ための精神の努力であると見なされているのである。フロイトがここで提出している一つの仮説は、私たちは準備や用意の一形態としての不安を、何もなかった初めの状況に挿入しようと試みるのではないか、というものである。つまり、私たちは自分がその出来事を経験した仕方を、ある種の距離、すなわち不安が提供する距離によって、遡及的に変更しようとするというわけである。

フロイトはこの理論を（同じ著作で述べられている「拘束」の理論と同様）、末尾のほうでは放棄しているように見える。しかしこの理論は症状形成の事後的な活動というフロイトのモデルときれいに一致するものである。つまり、最初の出来事が、後年の二度目の出来事の効果によって遡及的な仕方で外傷的なものになり得る

（そうして症状形成に至る)[31]。おそらく、精神は自然にこれと逆のことを試みるのかもしれない。すなわち、外傷的な出来事の悪質な効果を**遡及的に**無効にするのかもしれない。

いずれにせよ、フロイトが破棄した一九二〇年の理論は、ラカンがここで提起していることのアナロジーとして役に立つ。**固着を残した《他者》の欲望と分析主体との遭遇をたえず再活性化することによって、遡及的に一定の距離を導入することを分析家はめざす。**たしかにそれは、時に不安を喚起する過程となり得る。しかし、それが効果的であることについては、非常に多くの報告がある。[32]実際、これはフロイトが去勢の「岩盤」と呼んだものを越えて行くのに際して、多くの分析家によって有効だと考えられている唯一のアプローチである。[33]

去勢と根源的幻想

神経症者が望まず、分析の終結に至るまで、正面から取り組むのをどうしても拒むことがある。それは、自分の去勢を《他者》の享楽へ犠牲として捧げ、《他者》に仕えることである。

——ラカン『エクリ』八二六頁〔邦訳第三巻三四一頁〕

根源的幻想についてのラカンの考えは、フロイト理論の二つの複雑な相を包含するものである。すなわちフロイトが初期に強調した、神経症の起源にある「性的な過負荷」という相（第八章を参照)[34]、そしてフロイトがのちに強調した、性的な快の喪失という相である。子どもの「教育」の過程で、両親は多くの犠牲を課す。すなわち、食事や排泄の要求を即座に満足することは抑制され罰せられる。また、自体愛的 autoerotic な行動は次第にやめさせられる（たとえば、初めは許されていた指しゃぶりはついには許されなくなり、罰せられるようにさえなる。また、人前で自分の性器を触ることはおそらく、幼児期には許されるが、学童期には禁じられる）。ラカンが「去勢」と呼ぶのは、自体愛的なものであれ、母親など他の人間にかかわる他愛的 alloerotic なものであれ、この満足の喪失なのである。

ある意味で、この喪失は**押しつけられる**ものである。しかし子どものほうも、この喪失に関わる両親の要求に対して、何らかの立場を**選び取る**。ある子どもは、両親の要求をものともせず、ひそかに指しゃぶりや性器への接触を続ける。他の子どもは、この満足を完全に手放すことを拒絶する。他の子どもは、この満足をさまざまな理由から完全に手放す。つまり、この満足を完全に手放すことを拒絶する。他の子どもは、この満足をさまざまな理由から完全に手放す。フロイトが言うように、それは、両親が口にする実に露骨な去勢威嚇が原因であるかもしれない（私が分析した多くの人たちの話から、今日でもまだ、とりわけ下層階級や中流の下のほうの階級でこうした威嚇が口にされていることを私は確信している）。また、幼い男児の場合なら、性器から得られる心地よい感覚を永久に失ってしまう恐れからそうするのかもしれない（彼らは性器的な快のすべてを失う恐れゆえに、自体愛的な快を放棄する）。あるいは、両親による愛と評価を失うことを恐れるゆえかもしれない。

ラカンが「去勢」と呼ぶ、この満足ないし享楽の喪失は、神経症者によってある程度までは**受容される**。このとき、さほど選択の余地があったとは思われないが、彼らが去勢を受け入れることによって、両親や教師、その他の社会秩序の代弁者が提示した問題に対して、一つの**解決策**が構成される。「もし私がこの満足を放棄すれば、何か別のものを保持できるようになる」というものである。とはいえ、このように犠牲にされる享楽は、どの水準においても、それほど容易に手放されるわけではない。主体は、この享楽喪失に対しどのような立場をとるのかによって自分自身を構成する。対象 a は、あの享楽をかつて与えた（今は失われている）対象として、すなわち、あの失われた享楽を思い出させる一種の名残り rem(a)inder として理解できる。[35]

放棄された快は、今では失われているがゆえに（自分がそれを十分に享受していたということがわからなかったと思うがゆえに）、いっそう価値あるものと感じられる。また第一章で見たように、禁止というプロセスは、たとえば自体愛的な行為に由来する「単純な」満足や快を、厳密な意味での享楽へと変形させる。快は両親によって禁止されると、さらなる意味を、すなわち両親や両親の欲望に関わる意味を帯びるからである。「素朴」で「単純」な身体的快は、禁止によって享楽、つまり、はるかにエロチックで猥褻で、邪悪で、**真に**エキサイティングなものへと変形される。禁止は性愛化の作用を持つ。禁止が強ければ強いほど、禁止された特定の行為はそのぶんエロチックな備給を受けるようになる。

根源的幻想は、今では禁止されているこの満足をかつて与えてくれた喪失対象と主体との関係を上演する。[36] 根源的幻想によって表現され支えられた欲望は、禁止され断念された満足によって決定され、条件づけられる。ここで私たちは、なぜ禁止がこれほどまでに欲望にとって中心的なのかがわかる。つまり、禁止は欲望を条件づけ、禁止されたものの上に欲望を固定するのである。ラカンが『カントとサド』で言っているように、「法と抑圧された欲望は一つのものであり、同一である」(『エクリ』七八二頁〔邦訳第三巻二八〇頁〕)。満足の喪失としての去勢と欲望とのあいだの密接な関係についても理解できる。私は、まさに私が犠牲として捧げたものを欲望するのである。

ここで、フロイトの鼠男事例をもう一度例として使おう。分析の経過において、鼠男はとても小さいころ、自分の家で働いていた乳母にしたある種の性的な悪戯(かみつき)に夢中になっていたことが原因で、父親からひどく殴られたという事実が明らかになった。もっともこの出来事の正確なところは決して実際にはつきとめられなかった(SE X, 205-208)〔邦訳著作集第九巻二五〇—二五三頁〕。鼠男はこの懲罰から、父親がたんに乳母や母親とのそうした接触だけでなく、**あらゆる**女性との**あらゆる**性的接触も断念させようと意図したのだ、と結論したようである。この日以降、彼が父親を「自分の性的享楽の妨害者」(205)〔邦訳著作集第九巻二五〇頁〕とみなしている事実がこのことを立証している。彼は叩かれる以前のようには、家にいる女性たちへの愛情を自然に表現することができなくなった。父親は、女性に関する彼のあらゆる考えのなかで、女性たちとの関係を邪魔するものとして立ち現れてきた（163, 178–179）〔邦訳著作集第九巻二一九頁、二三〇―二三二頁〕。自慰行為はその後やんだように思われたが、鼠男が二十一歳のとき、父親が死んだ際に復活した。そしてその数年後、初めて女性と性的関係を持ったとき、彼は「これはすばらしい！　このためなら誰でも父親を殺しかねない」と考えている（201）〔邦訳著作集第九巻二四八頁〕。

鼠男が問題にする一つの主要な症状――実はこれは彼を治療へと駆り立てた、より大きな一連の症状の一部である――は、彼が興味を抱いている女性に関して、決断できないことに関係している。両親はともに、彼が「良い結婚」をすべきだと考え、彼の将来の妻として、あるまたいとこを選んでいた。この娘の家族は実業界に良いコネを持っていたのである。表面上、彼はこの娘には興味がわかず、彼の父親が認めず、彼の求婚をいつも断るひとりの「女性」に、ある期間、自分の関心を捧げている。ある日、陸軍の軍事演習に出ているとき、鼠男はその「女性」が住んでいるウィーンに戻るか、自分に好意をもっていると彼が思っている二人の女性がいる町（事例研究ではZ市と呼ばれている。この二人とは、宿屋の娘および彼の眼鏡の代金を立て替えてくれた郵便局の女性である）へ行くかの選択に直面した。

鼠男のここでの優柔不断はいくつもの要因によって規定されていたが、ここで作用している重要な要因は、彼に「ちゃんとした家柄の娘」と結婚して欲しいという父親の欲望（彼には父親がそう望んでいると感じられた）と、父親を喜ばせたい、かつ嘲弄したいという鼠男の二重になった願望である。彼の父親は生前、ウィーンに住んでいるほうの女性は息子の結婚相手として認めていなかった。したがって、彼女に会いにウィーンに行くという選択肢も認めていなかったことになる。また、Z市にいる二人の女性は自分よりも低い社会階級に属しているので、彼女たちをものにすることで、あらゆる性的満足を禁止してきた父親に対し面当てが出来るだろうと彼は考えた[37]。

このように、鼠男は自ら知らず知らずのうちに、（彼が感じ取ったところの）父の《法》Law、すなわち息子が女性との性的な満足を得ることに対する禁止に、ある意味ではきちんと随順する状況を自ら作り出していた。というのも、鼠男は、ウィーンに行くかZ市に行くかを選ぶことができず、何一つ具体的な行動を取れなかったのである。その代わりに、自らを苛むことで「代理満足」を引き出していた。これはある種の精神的な自慰行為である。彼の欲望は、父親が**禁じている**と彼が感じているものの周囲をぐるぐる回っていた。

彼の結婚相手として選ばれたまたいとこは、この症状において何の役割も果たしていない。もっとも、鼠男が病気になっているのは、この少女の父親が結婚の条件として提示した学業の修了を先延ばしするためであった（198-199）〔邦訳著作集第九巻二四六頁〕。この行動は父親の要求に従うことへの拒絶、すなわち父親を喜ばせることの拒絶を示している。実際、彼の強迫的思考の多くは、父親を罰したり死なせたりすることを意味している。

鼠男は生活のなかで直接的な性的快の大部分を断念しているにもかかわらず、少しはそれを手に入れようとあちこちで努力し続けた。彼は、そうした快を保証してくれる相手と結婚することによって、亡き父の願望に対して真っ向から反対することまではできなかった(38)。しかし彼は、おそらく水治療法を受けていた施設の看護婦や、たまに召使の少女やウェイトレスとひそかに関係をもっていた。それでも彼は父親からの評価をかち取ることを幻想した。たとえば夜遅くまで勉強しているとき、彼はときどき、父親の幽霊が会いにきて、自分が一生懸命勉強しているのを見るという情景を想像して、玄関のドアを開けたりしている。しかし、同時に自分自身の性行動を主張しようともした。自分が勉強しているところを父親が見ているというこの幻想のなかで、彼は鏡の前に立ち、自分の勃起したペニスを見るのである（204）〔邦訳著作集第九巻二五〇頁〕。これらの行動や幻想のすべて（実際には私がここで示したよりもはるかに複雑で何重もの層からなっているが）からわかるのは、鼠男がかつて犠牲に供した性的な快に未練を持ちつづけているということである。彼は、いかなる意味でも自らの去勢と和解していない。

「終わりある分析と終わりなき分析」〔邦訳著作集第六巻三七七―四一三頁〕のなかでフロイトは、神経症者とともに進めることのできる限界まで分析が実行されたとき、「去勢の岩盤」に突き当たると言っている。これは、分析的探求を多くの場合それ以上先へは貫通させない岩盤である。分析は私たちを去勢、すなわち両親の命令による満足の断念を発見する地点に導く。しかし、しばしばそれ以上先へは進むことができない[39]。

これをラカンの用語で言い直せば、分析主体は親という《他者》parental Otherへある享楽を明け渡したのだが、未練は決して断ちきれないらしい、ということである。分析主体はその喪失に固執し続け、自分が手放したものを《他者》が享楽すること、犠牲に供された享楽を《他者》が利用することを（自己の心的経済においてて）認めない。「たしかに私はそれをあきらめた。しかし今後、私はあんたに頼まれたことは、どんなことであれ、決してしてしない！」というわけである。神経症者は両親の要求（結婚、子どもを持つこと、両親が彼らに「押しつけた」職業を選ぶなど）にきちんと従うだろう。しかし、そのことを両親にはわからせない。「私はあなたに言われたとおりにした。しかし、あなたにそのことを知らせて満足させることは決してしない」というわけだ。恨みは決して忘れられない。「両親は私から貴重なものを奪った。しかし、あいつらにはたっぷりし返しをしてやった。両親がこのことを苦にするようにし向けてやった。この話を持ち出して彼らを何十年間も非難し、決してあいつらにこのことを忘れさせなかった」というわけである。

どの神経症も《他者》の満足に対して、このような恨みに満ちた態度を伴っている。神経症者は犠牲を払っている（第七章で見るように精神病者とは異なっている）。しかし《他者》にかまわず、代理満足を奪い取ろうとする。自慰、窃盗、詐欺、スピード違反、法律違反、法の網目をかいくぐること。これらは神経症者が見出すことのできる不正な満足の一部である。これらの満足は、彼らの心的経済においては、《他者》からの喪失した享楽の奪還、すなわち、こうむった喪失についての、《他者》から主体への補償、賠償、償いを意味する。たとえば「私の両親は私に十分な愛や承認、是認を与えてくれなかった」といったように、《他者》に対する神経症者の要求には際限がない。彼らは《他者》の評価を期待して享楽を手放したが、期待していたほどには評価を得られなかったというわけである。[40] フロイトの言い方を借りれば、女性は母親が自分からペニスを奪ったことに対して、恨むことをやめない。愛と評価は、想像的な喪失に対する補償という仕方で与えられるが、それが不十分なものとみなされる。男性は重大な人生の決定であると認めるものを前にして去勢不安を決して克服できず、また、自分が為すことが何であろうと、自分は決して父親の期待・要求・基準・理想を満足させることはできないと感じる。父親が与えた是認は、常に達成の度合いに応じたものであるとみなされる。そして男性はどれほど多くのことを成し遂げようとも、決して休むことはできないのである。

フロイトやその他多くの分析家によれば、精神分析が分析主体をこのような態度を乗り越えるところまで導くことはほとんどない。去勢に対する神経症者の反抗、すなわち満足の放棄に対する反抗は、通常乗り越えることができず、克服できないものである。

しかしラカンの考え方は違っていた。一枚岩の強固さをもつ「去勢の岩盤」と解釈されてきたものに対するラカンの答えは、分析家の欲望と対峙することによって幻想の横断 traverse が可能となる、というものである。セッションの区切りなど、分析家のさまざまな介入によって、分析主体の根源的幻想が新たに組み替えられ、《他者》、すなわち《他者》の欲望や享楽との新たな関係（《他者》について選び取られる新たな立場や姿勢）に導かれる。分析主体の欲望の原初的な固着は揺るぎ、分析主体の欲望はもはや、満足追求の代理や障害として機能することはない。[41]

根源的幻想は、それ自体として分析に先だって存在するというより、むしろ、分析の経過のなかで構築され、再構築される。このことに注意しなければならない。ある意味で根源的幻想は、分析の経過のなかで明らかになる幻想のネットワーク全体から蒸留されてくるものである。分析の十分な進展ののちに、**この根源的幻想こそ**、自らの選択や行動の非常に多くのものの原因との関わりで、主体が選択した立場や姿勢であることが理解できる。

そうした立場や姿勢が分析においてはっきりしてくるまでに、この根源的幻想はもちろんすでにある程度変化している。同じことはフロイトが「原光景」と呼んだものに関してもあてはまる。それはある特定の瞬間に子どもが目撃した現実の光景であるというよりむしろ、おそらく観察したり盗み聞きしたり想像したりした無数の光景にもとづき、子どもが構築したものである。それが分析の経過のなかで再構築され、また同時に変形されるのである。(42)

分析家からの分離

分析における究極の闘いは、分析主体に、去勢に対する補償を《他者》から要求させずに、去勢に対する責任を引き受けさせることである。この闘いは、分析主体と《他者》の代理である（また同時に失われた対象の代理でもある）分析家とのあいだで展開される。分析主体は自らの困難の責任を分析家、すなわち対象としての、あるいは《他者》としての分析家になすりつけることをせず、もはや補償や返報を求めなくなる地点まで導かれねばならない。同時に分析主体は、分析を続けさせようとする分析家の恒常的な欲望に向き合いながら、分析家の願望が自分に対していかなる支配力も持たなくなる地点にまで到達しなければならない。

分析の終結において作用する諸力の関連が実際にこのようなものならば——フロイトもラカンもたしかにそう示唆していると思われるが——そのとき私たちは、分析が終結するのはある種の苦闘ないしは戦闘によってであることを知っても驚くべきではない。すなわちそれは、去勢や犠牲にした享楽に対する分析主体の態度が変化し、喪失対象が最終的に放棄されるに至る戦いなのである。喪失対象が手放されるのは、諦念 resignation によってではなく、むしろ、ラカンが「落下 precipitation」と呼ぶもの、すなわち事態の急激な反転、根源的幻想の組み替えにおいてである。この過程は冷静で平穏で落ち着いたものではなく、むしろ、複雑で厄介な、扱いに困るようなものであるのが普通である。フロイトが言うように「結局のところ、何者であれ、**不在であったり、肖像画のままでは**、破壊することはできない」〔邦訳著作集第九巻七七頁〕。このことは対象であっても事情は変わらない。分離は現在において生じるものであり、そこで賭されているものは非常に生々しいものである。

平穏かつ友好的な仕方で分析を終え、その後分析家の友達となった、という分析主体の話を聞くことがある。そこでは、まるでかつての自分の分析家を友として選んだことが他意のない選択のようであったり、この世に友達になるべき人がほかにいないかのようである。こういう話を耳にすると、私はいつもいささか困惑してしまう。もし自分の問題や自分の運命の責任を《他者》になすりつけるような段階を乗り越えているとするなら、友情というもの自体、まったく生じる余地はない[43]。そういうものが生じているとすれば、それは、《他者》に対する何らかの要求、承認や是認、要するにつまり愛の要求がまだ十分解消されていない可能性を示唆している。分析の平和な「終結」といったものは、**去勢を越えるのに必要となる、あの骨の折れる断念** renunciation **の際に生じる位置の転換** reversal of position とはおよそ調和し難いものと思われる。

第二部　診断と分析家の位置

第六章　診断に対するラカン派のアプローチ

診断に対するラカン派のアプローチは、DSM-ⅢやDSM-Ⅳで教育を受けた人びとには間違いなく変わったものだと思われるだろう。現在の心理学、精神医学の世界で多く使われている診断基準と比べると、それはある意味ではるかに単純であり、ある意味ではより鑑別力がある。ラカン派の診断基準は主にフロイトの仕事に基づいており、その概念の若干の**解釈**と**拡張**を伴っている。さらに、フランス、ドイツの数人の精神科医、とりわけ、クレペリン Emil Kraepelin、クレランボー Gaëtin Gatian de Clérambault の仕事にも依拠している。臨床的に見出される新たな症状や症状群を取り上げて、「何々障害」という個別の障害を作りだし、診断のカテゴリーの数をどんどんと増やすことはなく、むしろ、ラカン派の診断図式は明らかにシンプルである。そこには三つの主要カテゴリーしかない。すなわち、神経症、精神病、倒錯である。DSM-Ⅳで展開されているカテゴリーは、それぞれに異なるカテゴリーの患者に対してどのように取り組むか、という点では、治療者にほとんど具体的な方向づけを与えてくれない。これとは異なり、ラカン派の診断は、臨床家のさまざまな目的にとっての指針を決定したり、転移における治療者のとるべき位置を示すのにも、直接使うことができる。

最も基本的なレベルのことだが、ラカン派の理論は、神経症者の治療での目的や技法のなかには、精神病者に適用できないものがあることを示している。それらは単に適用できないだけでなく、危険であり、精神病の発症を招きかねないのである。(1) ラカン派の見地からは、診断とは各種機関や保険会社に出さねばならない機械的な事務作業をおこなうことではない。診断は、個々の患者の治療に際して、治療者の一般的なアプローチを決定し、転移において治療者自身を正確に位置づけ、特定の介入をするのに重要なのである。

だからといってラカン派の治療者がいつでもすぐに正確な診断が下せるということではない。臨床家ならたいてい知っているように、個人の心的経済の最も基本的な機制を何とか見分けられるまで、非常に長い時間がかかることもある。しかし、神経症的か精神病的かといった患者の予備的な位置づけは非常に重要である。このレベルで患者を位置づけることが**できない**臨床家は、予備面接の間に慎重な態度をとらない傾向があるに違いない。

ラカンは、診断カテゴリーに関するフロイトの仕事を体系化しようとして、フロイトの用語上の違いをより強調している。フロイト自身は、神経症の特徴は抑圧（*Verdrängung*）であり、倒錯の基本的機制の特徴は否認（*Verleugnung*）であるという理論化をおこない、神経症と倒錯を区別している。ラカンの指摘によれば、さらにフロイトは理論的には詳述していないが、もう一つ別の用語――排除（*Verwerfung*）――を使って、より根本的な機制について語っている。この言葉はフロイトの著作のいくつかの文脈で用いられているが、ラカンはそれを精神病を特徴づける基本的機制として理解できると述べている。とりわけフロイトの一九二五年の論文「否定」〔邦訳著作集第三巻三五八―三六一頁〕の詳細な読解を通して、ラカンはそう指摘している。ラカンはこの言葉を最初「拒絶 rejection」と訳し、後に「排除 forclosure」と訳した。この用語については第七章で十分な紙幅を費やして論じよう。ここでは、フロイトはこの用語を何かが自我から、あるいは自我によって単に拒絶されること（この場合なら、抑圧ということだろう）、あるいは何にせよ記憶のなかにある何かを認めることを拒否すること（この場合、否認ということだろう）を説明するのに用いたのではない、そうではなくて「現実性 reality」の一部が放逐される、それも単に自我からでなく、その人自身から放逐されることを説明するのに用いたのだと指摘しておけば十分である。

こうしてラカンが用いるこの三つの診断カテゴリーは、根本的に異なった三つの機制にもとづく**構造的**カテゴリーであり、それらは三つの根本的に異なる否定（*Verneinung*）の形式と言えるだろう。

カテゴリー	**機制**
神経症	抑圧
倒錯	否認
精神病	排除

これら三つの機制が根本的に異なり、三つの根底的に異なったカテゴリーを定義するものとして認めるかどうかはさておき、**ここでのラカンの企図は本質的にはフロイトから着想を得たものであり**、精神構造の最も基本的な違いを見極めようとするフロイトの試みと直接つながっていることは明らかであろう（第八章では、フロイトによる強迫神経症とヒステリーの区別の試みについて考察する。この試みのほうが、おそらく読者にはよりなじみの深いものであろう）。

こうした根本的機制、つまり彼らが何かを否定する様式に基づいて患者を区分できれば、診断上大きく寄与するであろうことは即座にわかると思う。治療者には、臨床的特徴のどれが相対的に重要なのかを測り、それをＤＳＭ-Ⅳなどのマニュアルにある病像のリストと比較することを越えて、その機制を**定義する**こと、つまり単一の決定的な特徴に焦点を当てることができるのである。フロイトが述べたように、抑圧は神経症の**原因**cause である。つまり、抑圧は単に神経症に結びつけられるだけではなく、神経症を構成するのである。人は抑圧のために神経症的になるのである。同様に、ラカンは因果論的議論をおしすすめ、排除は精神病の原因であるとしている。それは単に精神病と関連づけられるというだけのものではなく、精神病を構成するのである。

この構造的アプローチがもたらす重要な帰結は、そこに三つの主要構造だけがあるということである（もちろん、さまざまな下位区分はある。たとえば、神経症の下位区分にはヒステリー、強迫、恐怖症があり、三つの神経症があることになる）。俗に「ノーマル」と言われる人びとは自分自身の特徴的な構造はほとんど持っていない。臨床的に言えば彼らは一般的に神経症であり、その基本的機制は抑圧である。フロイト自身が言ったように「理論的な視点を取り上げて、量的な問題を無視すれば、私たちは**誰もが**病的である、つまり神経症的であると言うこともまったく正当であろう。なぜなら、症状形成の前提条件［つまり抑圧］は正常な人びとにもまた見られるものだからである」[7]。もちろん、これら以外の否定の形式が見つかり、四つ目の、ないしはそれ以上の主要構造が導き出されることも考えられよう。しかし最近の研究と理論に基づけば、この三つによって心理的事象の全体をカバーしているように思われる。したがって、**「境界例」はラカン派の精神分析では真性の診断カテゴリーを構成しないし、それに対応する特定の機制も持たない。**

しかし、ラカン派の分析家がつねに迷わず診断を下しているというわけではない。たとえば、患者の精神病的な病像をいくつか記述したとしても、真性の精神病構造の存在を確信しているとは限らない。つまり患者が神経症的なのか、精神病的なのかと自問することも十分あり得る。しかしラカン派の分析家は、このあいまいさは自分自身が確かな診断を下せないから生じたのだと考える。患者が二つの臨床構造の境界線上にいるのではない。境界線上で迷っているのは、診断を考えている臨床家のほうである[8]。

三つの主要な臨床構造の特徴的機制については、続く章で詳細に検討する。ここではいくつかを指摘するにとどめたい。こうした構造に対する理論的理解がいかに洗練されているとしても、個々の患者の事例でどの機制が働いているのかを決定するには、やはり多くの臨床経験や専門技術を必要とするのである。排除は抑圧と同様、臨床家が直接に「見る」ことのできるものではない。すなわち知覚から得られるものではなく、それは分析家に差し出され、聞き出すことのできる臨床材料から推測されなければならない。ラカンはセミネールIII『精神病』

を講義したとき、すでに非常に経験を積んだ臨床家であった（彼は当時五十四歳であり、少なくとも二十五年間、精神病者の治療に携わっていた）。しかしこの講義のなかで、精神病であることがよりはっきりしているように思われる事例においてさえ、精神病の「印 signature」[9]、すなわち患者が精神病であることが絶対的に明らかである特徴を引き出すことが如何に難しいかを証言している。

神経症、精神病、倒錯を**理論的に**うまく区別することができても、臨床的な困難が解消されるわけではない。しかし、ラカンも、たとえば排除にかかわる重要な臨床的特徴を詳述しており、その特徴によって、分析家は十分な確信を持って精神病と診断できると私には思われる。こうしたいくつかの本質的な臨床的特徴は、ある患者の場合には即座に明らかになるかもしれない。また、別の患者では臨床家の側が十分な質問や調査を必要とするかもしれない。しかしながら、分析家がそれらの特徴に精通してゆくにしたがって、区別はより容易になるのである。

第七章　精神病

排除と父性機能

排除とは、象徴的秩序（すなわち言語活動）から、任意のある要素ではなく、ある特定の要素――象徴的秩序をある意味で全体として根拠づけ、固定する要素――が根本的に廃棄されることである。この要素が排除されると、象徴的秩序全体が影響を被る。たとえば、統合失調症に関する膨大な文献において示されてきたように、精神病において言語活動は、神経症の場合とはかなり異なった形で作用する。ラカンによれば、精神病において排除される要素は、父というものに緊密に関わっている。彼はそれを「父の名 Name-of-the-Father」と呼んでいる（これから見てゆくように、フランス語の「*Nom-du-Père*」という表現はさらに示唆に富む）。さしあたり、「父の機能 father function」、あるいは「父性機能 paternal function」に関して述べていこう。両者ともほぼ同じような問題に及んでいるからである。後者の用語はフロイトの著作のなかに時折見られるが、それを厳密に定式化しているのがラカンである(1)。

父性機能の欠如は、ある個人を精神病者だと診断する際に考慮すべき、唯一にして最も重要な基準である。しかしそれは大多数の事例において、見てすぐにわかるものでは決してない。父性機能とは、その個人の父親が果たす機能ということではないし、その父親の個性、人格、家族のなかでの役割などとも関係ない。生身の父親がそのまま自動的に父性機能を満たすということではない。また、現実の生きている父親がいないと、父性機能が自動的に確実に欠如するということもまったくない。たとえ父親が戦争で早死にしたり、離婚のためにいないとしても、父性機能は十分に働くだろう。「父親代わり」になる誰か別の人間によって父性機能が満たされるだろうし、もちろんそれ以外のさまざまな仕方によっても、そうなり得るだろう。

父性機能を完全に理解するには、言語活動と隠喩についてのラカンの仕事をかなり知っていることが必要である。しかし、ここでは、さしあたり次のことだけ言っておこう。核家族のなかで父性機能を具現する父親は一般に、母親と子どもとの間に出現して、子どもが母親のほうへ完全に引っ張り込まれないようにしたり、母親が子どもを飲み込んでしまわないようにしているのである。ラカンは何も、母親なら誰でも子どもを息苦しく圧迫し、食い尽くし破滅させやすいと主張しているわけではない（もちろんそのような母親もいるが）。むしろ彼が言いたいのは、子どもは、《母親》mOther〔第三章の原注8を参照〕の欲望を、危険で脅迫してくるものとして「知覚している perceive」ということである。この「知覚 perception」には、母親に自分（子ども）を究極の目的と思って欲しいという子どもの願望（それによって、結局子どもは母親から分離したものとして存在できなくなるのだが）が反映される場合もあれば、他では得られない満足を自分（子ども）から得ようとする母親の紛れもない傾向に対する、子どもの側からの反発が反映される場合もある。

どちらの場合でも結果は同じである。父親は子どもを母親から一定の距離に置くことによって、子どもが母親と一体になろうとすることや、母親のもとに永遠に止まろうとすることを阻んだり、母親が子どもからある種の満足を得ることを禁じるのである。言いかえれば、父親は「母親（へ）の欲望 *le désir de la mère*」（母親への子どもの欲望と、母親自身の欲望の両方を意味する）、つまり、一つの潜在的な危険から、子どもを守るのである。父親は制止し、禁止し、遮り、守る者として、すなわち、何が許され何が許されないことかを子どもと母親とに伝え、家庭に掟をもたらす者として現れる。かくして子どもを、欲望としての母親（欲望する母親、欲望される対象としての母親）から守るのである。

このように説明できる父親は、今日ではますます見かけなくなった紋切り型の父親像である（少なくとも、社会学者によれば）。こうした父親は「家長」であり、家庭での権威であり、自分の命令の根拠を示す必要がない自分の城の主である。父親は自分が命令する理由を話す場合でも、「**俺**がそう言うんだからそうしろ」と言って、どんな反論でもいつもやめさせることができるのである。

こうした物の言い方には私たちは慣れている。実に多くの状況で使われているからである。左翼の政治経済研究では、論証におけるある特定のくだりは証明なしに単に示されるだけで、例の決定的な言葉、「このことはマルクスが『資本論』第三巻でいっているとおりである」がそれに続くのである。これは「権威に依拠した議論」として知られているが、精神分析においても、また政治学、哲学など、事実上すべての領域でおこなわれている。私自身の著作でも、生きた個人としての「フロイト」や「ラカン」に訴えているわけではなく、彼らの名に訴えている。彼らの名前によって権威の重みが与えられるのである（もちろん、彼らを権威として受け入れている者に対してのみだが）。

同様に、父親が「**俺**がそういったのだからお前はそうしろ」と言うとき、そこには多くの場合、「俺は父親であり、父親には従うものだ」という含みがある。現代の西洋社会では「父親には従うものだ」という原則に対して多くの批判があるが、この原則は何世紀にもわたり広く受け入れられてきたと思われ、依然としてこの原則に訴えることはごく普通である。重要なのは次の点である。多くの家庭で父親が権威ある立場として認められているのは、父親が「真の主人」――あらゆる尊敬に値し、本当に権威があり、立派で、感激させる人物――だからではなく、父親がまさに父親であり、いわゆる「父親」に（多くの人の心のなかで）結びつけられている役割を担うことを求められているからである。

父性機能とは**象徴機能**である。その機能は、父親が一時不在のときも、目の前にいるときと同様に有効なものである。母親が子どもに向かって「お父さんが帰ってきたら叱られますよ」という場合、母親は審判する者、叱る者としての父親に訴えている。しかし、母親が「あなたたちがあれこれしたのをお父さんが見つけたら、お父さんはどうするか、何ておっしゃるか考えてみなさい」と子どもに言う場合、母親はより抽象的な機能としての父親を引き合いに出しているのである。こうしたとき、母親は、一つの名として、さまざまな特定の観念に結びつく一つの言葉、すなわち一つのシニフィアンとしての父親に訴えているのである。夫を亡くした女性を考えてみよう。彼女は「お父さんだったらどう思ったでしょうね」、「お父さんはそんなことちっとも好きじゃなかったのよ」などといって、子どもの心のなかに父親を生き続けさせることができる。つまり、こうした場合に、**発話の一部分、すなわち、母親の語らいの一要素としての父親**の機能をみることができる。ここで母親が**自分を越えた権威**、彼女自身の願望を越えた理念（彼女が単に自分の願望を正当化したり、信じ込ませるために、父親に訴えることも時にはあるだろうが）として父親について口にする限り、父性機能は「父親」という名詞によって担われる。

英語で「父の名 Name-of-the-Father」と訳されたラカンの用語は、原語のフランス語ではさらに示唆に富んでいる。フランス語では *Nom-du-Père* であるが、*Nom* には「名前」と「名詞」という両方の意味があり、この表現によって、ラカンは、㈠父親の名前（たとえばジョン・ドウとか）、㈡父親の役割を果たしている限りでの名前（たとえば、自分の誕生以前に父親が死んでしまった子どもの場合でも、母親が父親の名前を口にすることで母親の語らいのなかで一定の位置を占めるならば、それが父性機能として働く）、㈢母親の語らいに現れる「お父さん」という名詞（たとえば、「お前のお父さんはお前のことをとても誇りに思っていましたよ」など）のことを言っているのである。[2] ラカンはまた、フランス語では *nom* と発音がまったく同じである「ノー」を意味する *non* を掛けている。*Non* から、父親の「ノー」、つまり父親の禁止が喚起されるのである。

さて母親は、子どもに「これはお父さんに言わないようにしようね、いいわね」とか、「お前のお父さんは自分でも何を言ってるのかわかってないのよ」などと絶えず言い立てたり、自分の夫がいなくなるとすぐに、夫の言いつけをすべて無視することによって、夫の立場を下げることもできる。こうした場合には、子どもの父親が明らかに存在していても、父性機能は決して作用しなくなるだろう——父性機能は、子どもが生まれたときから父親がいなくとも成立するものだが。患者の臨床像において父親が現実に居るかいないかは、直接の指標にはならない[3]。以下では、まず父性機能が働かない場合の帰結を論じてから、父性機能とそれが果たす目的について説明しよう。

父性機能不全の帰結

父の形成機能に何らかの欠如が生じたとき、何が起こるでしょう。

——ラカン『セミネールIII』二三〇頁〔邦訳下巻七九頁〕

ラカン派の精神分析では、父性機能はオール・オア・ナッシングであると考えられている。父親が（名詞noun、名前name、「否（No!)」として）、問題の象徴機能を担うことができているのか、いないのか、どちらかである。その中間はない[4]。

同様に、父性機能はある年齢までに作用するか、しないかのどちらかである。ラカン派の精神分析では、もちろん精神病者を援助することを目的としているが、精神病の構造を変化させることはできない。ひとたび精神病者となれば、いつまでも精神病者なのである。もちろん父性機能が設立され得る年齢の上限、すなわち、精神病構造をもはや修正できなくなる年齢については、まだ議論の余地がある。子どもに対する適切な精神分析的作業によって、父性機能をある程度までは確立させることができると思われる。

しかし、成人の場合には、ラカンによれば、分析やそれ以外の方法をどのようにおこなおうと、精神病構造を変えることはできない。こうした作業によって、患者の臨床像から、ある程度精神病の特徴を軽減させ、精神病の症状がさらに発現するのを防ぎ、患者が世の中で生活してゆくことはできる。しかし、精神病構造の根本的変化(たとえば、精神病を神経症に変える、など)という意味では、精神病の「治癒」ということはない。

精神病へのこの構造的アプローチでは、十三歳で精神病を「発症」した患者は、すでに常に精神病構造を持っていたのであり、その発症は単に「引き金が引かれた」だけだということになる。理論的には、その患者は明らかな発症、つまり明確な精神病現象が起こるずっと以前から、臨床家によって精神病と診断され得ただろう。

父性機能の不全による帰結は、臨床的には多種多様に観察されるので、臨床家が診断を確定する場合、それらを注意して見極めなければならない。以下で最もよく知られた精神病的現象、すなわち、幻覚を取りあげ、次に、それほどよく知られてはいない現象だが、未発の精神病、つまり精神病をまだ「発症」していない事例を診断する際に有益と考えられる現象を取り上げよう。

幻　覚

幻覚とは**最広義には**、父性機能の欠損による結果ではない。フロイトは、幻覚とは子どもが満足を見出す最初の手段であると述べている。たとえば、子どもは空腹時でも、はじめのうちはそれ以前の満足の経験を幻覚するのであり、たとえば泣き叫ぶというような運動をして、両親の注意を引き、食べ物をもらおうとしたりはしない。幻覚は一次過程の「思考」の典型的な形態であり、白昼夢、幻想、夢でその役割を発揮する。それゆえ、幻覚は、すべての構造的カテゴリー、すなわち神経症、倒錯、そして精神病において存在する。

このように幻覚を最も広義にとれば、それは精神病の基準では**ない**。幻覚があるからといって、その患者が精神病者である決定的な証拠になるわけではないし、幻覚がないからといって、患者が精神病でない決定的な証拠となるわけでもない。ジャック゠アラン・ミレールの言葉を借りれば、「幻覚はヒステリーでも精神病でも［見出される］」がゆえに、「［それは］それ自体では構造を立証するものではない……。幻覚のような要素が見つかったとしても、さらに適切な問いかけをして、さまざまな構造的カテゴリーの区別をしなければならない」[5]。

しかしながら、ラカンは狭義の幻覚を理解する手段も提供してくれている。幻覚のような何か漠然としたものを報告する人びとを即座に精神病者（あるいは少なくとも境界例）に分類し、薬物を処方し入院させるという合衆国での現代の傾向を考えると、**すべての幻覚が同じというわけではない**と主張することが重要だと思う。精神病の幻覚――それを真性の幻覚と呼ぼう――と、非常に多くの非精神病者が報告する、ありふれた声や幻とを区別するのは正当なことであると思われる[6]。

私がスーパーヴァイズしている臨床家がみていた患者が以前、玄関ホールに先妻がたっているのを見たという感じがしたことがあったと言ったことがある。治療者は自分の記録に、「幻覚」という臨床特徴を付け加えることもできたろうし、実際、彼の別のスーパーヴァイザーはそうしたのだった。しかし、患者は決して「幻覚」という言葉は使わなかった。仮に患者がその言葉を使ったとしても、それはおそらく、以前、かかりつけの精神科医が彼の前でその言葉を使ったことがあったからだろう。

この経験の主観的特性を探っていくと、多くの際だった特徴がはっきりしてくる。たとえば、患者はこのイメージないし幻に驚いて、こうつぶやいたのだった。「**私に気づかれずに**、**先妻が家のなかに入れたはずがないだろう**」。こうして患者は自分の経験（イメージあるいは見たもの）自体の現実性ではなく、イメージの内容の現実性を疑ったのである。彼は隣に座っていた二人の人に目をやってから、もう一度玄関ホールのほうを見返すと、先妻はいなくなっていた。彼は、**現実**に誰かがそこにいたとは一度も信じなかった。彼は自分が何か「幻」を見たとは思ったが、**それ**を信じることはなかったのである[7]。彼はそこに現れたものが現実だとは思わなかったし、それを現実とみなすべきだという訴えもしなかった。平たく言えば、彼は幻想（心的現実）と現実性（彼がそれまでの人生で同化してきた社会的物理的現実に関する西洋的観念）とを区別できていたということである。しかし、幻想と現実性という観点から議論を展開すると、神経症と精神病を明確に区別することができなくなる。多くの神経症者も、ある時点では、幻想と現実性（に関して社会的に構成された私たちの観念）を見分けられないのである。最もはっきりした例は、ヒステリーの場合だろう（フロイトとブロイアーの『ヒステリー研究』を参照）。彼女たちの幻想は自分の過去の歴史的な説明を書き直してしまうほど、真に迫ったものとなったのである。神経症者も精神病者も、心的現実と社会的に構成された現実とを区別するのに困難を覚えるだろう。実際、この区別の妥当性自体に対して大きな疑問を呈することができよう。たとえば、社会的に構成された現実性について誰の観念が優先されるべきか。患者のそれか、分析家のそれか？ 心的なものと社会的なものの間に、はっきりした分水嶺があるのか？(8)

こうした認識論的問題は別の機会に譲り、その代わり、ラカンが提言したことを強調しておこう。すなわち「現実性 reality」は、幻覚と幻想を、あるいは神経症と精神病とを区別するのに役立つような概念では決してない。はるかに有益な概念は「確信 certainty」である。(9)

確信は精神病に特徴的であるが、疑いはそうではない。精神病者は、自分が見聞きするものの「現実性」を必ずしも確信するわけではないが、それが何かを意味し、その意味が自分に関係しているという事実を確信するのである。精神病者が、自分の見聞きしたものが他人には見えなかったり聞こえなかったりしたことを認めることもあろうが、このことによって自分の見聞きしたものが、精神病者にとってそれだけ特別なものとなるのである。自分はそれを見聞きするべく、他のすべての人びとのなかから**選ばれた**のだ、あるいは、それは自分だけに関係しているのだ、というように。たとえば、「合衆国大統領が脳波を通じて個人的に**私に**コンタクトをとろうとしている」。「神が私を使者として**お選びに**なったのだ」など。主体はそのメッセージ（自分が見聞きした内容）と、それが自分自身に向けられていることについて確信している。精神病者は、経験のなかで自分にとって「真実」や「現実性」であることは自分へのメッセージだったのだ、と表明する。「彼らは私を捕まえようとしている」。「彼らは私の脳を欲しがっている」。そこに間違いや誤解の余地はない。経験の意味は自明なのである。

反対に、神経症の場合に臨床像を支配するのは疑いである。**疑いがまさしく神経症の証明なのである。**[10]神経症者は確信しない。誰かがそこにいたかもしれないし、いなかったかもしれない。外から声が聞こえたのかもしれないし、そうでないかもしれない。その声に何か意味があるかもしれないし、ないかもしれない。その意味は誰かに関係しているようにも思えるが、おそらく勘違いしているのだろう。神経症者は知りたがる。「そんなものを見る（聞く）なんて、私は狂っているのだろうか？　正常だろうか。この経験をどんなふうに考えるべきなのだろうか？」神経症者はこれらのことから何らかの距離を持つ。こうしたことが生じて、どれほど彼らの心をとらえ不安を引き起こすとしても、事態の大枠のなかでそれらがどんな意義をもち、何を意味するのか、決して完全に明確になることはない。「神が私に話しかけてきた、それは私が彼の使者となるべきである、ということなのか？　神は私に何を欲しておられるのか？」

これに対し、精神病者は知っているのである。たとえば、「神が私を妻にしようとなさっている」こと[11]、「悪魔が私を思い通りにしたい」こと、「火星人は私の脳を持ち去って、研究したいのだ。そうすれば、彼らが私の思考をすべてコントロールできる」ことを。

玄関ホールで自分の先妻を見たという印象を持った男性の例では、彼の「幻」は、私が真性の幻覚と呼んだものではなく、むしろ覚醒時の幻想か白昼夢のようなレベルにあるものである。彼女に会いたいという欲望が非常に強かったので、彼女が彼の前に「現れた」のである。彼が訴えた幻覚にみられる迫害的な調子（この幻のなかで先妻は「あなたを捕まえにきたわ」と言った）は、先妻に復讐したいという彼自身の願望を示しているように思われる。そしてその願望が**彼女が彼を**傷つけるのではという恐怖に変形したのである。これは恐怖によって願望を隠すという神経症の典型的な機制である。[12] もし彼女が彼を傷つけようとするのなら、彼は、自分が彼女を殴り返すことも正当化できる、と感じるだろう（おそらく、彼が過去に腹を立て誰か他の人物にそうしたように、彼女を叩くのである）。

以上から、この患者の経験は幻覚というより、幻想や白昼夢といってよいと私は思う。実際、フロイトも、ヒステリー者は時に幻覚を見ると言っているが、彼が言わんとしているのは、ヒステリー者の思考や願望は非常に強烈なので（過剰に備給されているので、つまりエネルギーやリビードが膨大に備給されているので）、ヒステリー者はそれらを、あたかも目の前で演じられ実現されているかのように、「見聞きする」のだということである。あまりに強烈に幻想するため、その出来事は触知できたり、現実であるかのように思われるのである。しかし、彼らは依然として、幻想化されたその出来事を心のなかではいくらか疑っている。実際、彼らはそれが現実であるか、そうでないかを断言するのが難しいことに気づいているのである。

強迫神経症者もまた、時に幻覚におそわれる。[13] 彼らの「幻覚」は一般的に聴覚的である。彼らの聴覚的経験はふつう、罰を下す超自我の声として理解できる。「お前なんかくずだ」、「お前のせいだ。お前のせいで何もかもめちゃくちゃだ」、「お前なんかくだらない」、「だからお前は罰を受けるだろうさ」などと言う声が聞こえるという訴えがあっても、すぐにパラノイアという診断に飛びつく必要はない。懲罰的な超自我はよく知られた、実証された現象であって、患者は多くの場合、その声を父親の声と認め、またその言葉は父親がよく言っていたこと（あるいは父親が考えていたと思えること）だと認めるのである。

神経症者が聴きとる、病的とはほとんど考えられないさまざまな声をすべて余すところなく集めることはどんな著作によっても難しいだろう。たとえば、患者にせよ、患者でない者にせよ、日常生活のなかで自分に伴う一種の実況放送として彼らが述べること――「今彼女はレストランに入っていくところ、そして、今カウンターの後ろにいる人物に微笑んでいる……」――は、鏡像段階に関するラカンの著作に基づいて理解することができる。[14] 自我が本質的に、「自分自身」によって（鏡のなかの姿のように）**見られる**自己、すなわちあたかも誰か他の人から見られるような自己、誰か別の人によって外側から見られる自己である以上、実況放送が、**自己**-意識、すなわち世界で何かをしている自己についての意識という形で与えられるのは当然である。[15] 哲学者なら、自分の思考過程を他人の思考過程のように観察することもできるだろう。また他人と接している自己を、あたかも他人の自己のように観察することもできる。「自己意識という神秘」は、夥しい数の人間の脳内連結に依存する進化の贈り物で、そのうちコンピュータのチップによって複製できるものだと考える人もいるが、それは、自我のもつ性格、すなわち内化された、あるいは取り入れられた主体の外面的な見かけ・イメージによって説明できる（私の用語法では、自我は「自己 self」と同じものである）。[16] 自我はこうして一つの対象であり、[17] 意識は、自我を他の対象と同じように観察されるべき対象として用いるのである。[18]

神経症者はあらゆる類のことを見聞きするだろう――幻を見たり何かを聞いたり何かに触ったり何かを嗅いだりするだろう。だが、真性の幻覚を持つことはない。彼らは幻想し、超自我の声を聞き、心の内の声を聞くだろう。しかし、真性の幻覚の場合は、患者の側が主観的確信を抱いていて、外部の作用 agency のせいにされていなければならない。そして真性の幻覚は、排除された何かが外部から回帰することに関連しているのである。[19]

以上の議論の一つの結論は、幻覚があると患者が言ってきても、臨床家はそれを額面通りに受け取ってはならず、その経験の性質を探るのに時間を費やさねばならないということである。臨床家が説得力ある証拠を何らかの仕方で見つけることができない、つまり真性の幻覚かどうか決定できない事例では、以下に述べるような**別の**診断基準に重きを置くべきである。

言語活動の障害

精神病の診断をする前に、［言語活動の］障害が存在するかどうか確かめねばなりません。

――ラカン『セミネールIII』一〇六頁〔邦訳上巻一五二頁〕

神経症者は言語活動のなかに住んでいますが、精神病者は言語活動に住みつかれ、所有されているのです。

――ラカン『セミネールIII』二八四頁〔邦訳下巻一五八頁〕

私たちは、私たち自身が作り出したものではない、ある言語活動のなかに生まれる。私たちが周囲の人びとに自分を表現しようとするなら、どうしてもその人びとの言語活動――私たちの両親の言語活動であり、それを本書では《他者》の語らいと呼んでいる――を習得しなければならないし、その過程でその言語活動のほうが私たちをつくるのである。それが私たちの思考、要求、そして欲望を形作る。私たちは時に、言いたいことを言うための言葉が見つからない感じや、私たちが使っている言葉では帯に短したすきに長しで、ポイントがつかめない感じを抱くことがある。しかし、こうした言葉なしには、意味の領域そのものが私たちにとってまったく存在しないだろう。こうしたことを、ラカンは、言語活動における私たちの**疎外**と呼んでいる。[20]

私たちが直面する問題は、どのように言語活動のなかに参入するか、どのようにそのなかで自分の位置を見出し、最大限にそれを自分自身のものとすることができるのか、ということである。私たちは、そのときの権力によって、排除され軽蔑され抑圧された語彙を見つけ出し、用いるかもしれない。たとえば、反抗的な息子はいわゆる四文字言葉を多用したスラングを使うかもしれないし、アナーキストは権力の言語から自由な隠語を、フェミニストは家父長的でない語彙を使うだろう。サブカルチャー的な言い回しで話したり、一定のアクセントをつけて話すとき、私たちはより自分らしく感じるのかもしれない。さらに徹底的な場合、私たちは、両親や自分が毛嫌いする（教育的、宗教的、政治的などの）言説を母国語と結びつけて、ほぼ完全に母国語を捨ててしまい、外国語で話すときだけ安らぐということもあろう。[21]

神経症者は、程度の差はあれ、言語活動のなかに参入し、その部分集合のなかに住まうことはできる（ほとんどの自然な言語活動がそうであるように、多様に発展したある言語活動の全体のなかに住まうことは決して誰もできない）。疎外は決して完全には克服できないが、少なくとも言語活動はある程度、結果的に「主体化」され、自分自身のものとなる。私たちのほとんどが認めたがらないことだが、言語活動が私たち**を通して**話すのであり、私たちは、自分たちを取り巻く語らいの単なる伝達者や中継器に過ぎないように思われる。[22] また私たちは、自分自身の口から不意に出た（言い間違い、不明瞭な発話などの）言葉を最初は認めないこともある。しかし、それでも普段は、自分が言語活動のなかに生きており、言語活動によって単に生かされているのではないという感じを抱いているものである。

他方、精神病者は、「語らいという現象に全面的に隷属させられている」（『セミネールIII』二三五頁）〔邦訳下巻八七頁〕。私たちは皆、ある種の異物としての言語活動のなかに住まわされているが、[23] 精神病者は、自分の内からではなく外からやって来るかのように、ある言語活動によって所有されていると感じるのである。心に浮ぶ思考は外部の力、外部の存在によって植え付けられたとみなされる。鼠男は、自分の心に浮んでくるいくつかの考えは自分に由来するものではないと否定しているが、それでも彼は、大まかに言って、自分の外からの作用のせいには決してしていない。

ラカンのテーゼは、**言語活動への精神病者の関係は、全体として、神経症者のそれとは異なっている**というものである。このテーゼを理解するために、私たちは、ラカンの定義した想像的な秩序と象徴的な秩序についてより詳細に吟味し、神経症と精神病において、それらが異なった役割を果たしていることを考察しなければならない。

想像的なものに象徴的なものを上書きできないこと

英語圏でこれまでのラカンの著作で最も知られているのは、ラカンが一九三六年に発表した概念、「鏡像段階」[24]である。簡単に言えば、鏡像段階は、協調運動はほとんど不完全で、統一を欠いた知覚と感覚の束に過ぎない子どもの生の一時期に対応している。ラカンによれば、自分の鏡像こそが、その子どもが発達的に獲得してきたものを越えて、自分自身の統一的なイメージをその子どもに与えるのである。鏡像は、子どもによって大喜びでリビード備給され内化され、子どもの自我の核、芯、母体、鋳型となる。両親、教師、その他の人びとによって繰り返し映し返される「自己像」が子どもの周囲に結晶するのである。ラカンは鏡像段階を、構造化するイメージ、知覚や感覚の先立つカオスに秩序をもたらすイメージを与えるものとみなしている。鏡像段階によって、自己という感覚が発達し、やがて実現されるべき統一感や自己同一性といえるものを先取りするのである。そしてそのおかげで、子どもは最終的に「私 I」と言えるのである。

しかし、この初期の鏡像段階の記述よりさらに重要なのは、ラカンによる一九六〇年代の鏡像段階の**再定式化**である（これは現在、フランス語でしか読めない[25]）。ここでラカンは、鏡像が内化され、リビードを備給されるのは、鏡の前で子どもを抱きかかえる（あるいは鏡のなかの自分をのぞきこむ子どもを見ている）両親が、その鏡像を承認する仕草をするからだと述べている。つまり、**鏡像段階は、両親の承認、認証、是認の結果として重要なのである。**両親の承認は、すでに象徴的な意味を持つうなずきの仕草で表されたり、両親が夢中になったり、感嘆したり、ただじっとみつめながら、よく口にする「はーい、坊や、これ、あなたよ」のような表現で表される。この点で鏡像段階は、動物界でのイメージの力とは異なるのである。たとえば、雌のハトは、性腺が成熟するためには、別のハトの像（ルアーか、自分自身の鏡像でもよい）を見なければならない（『エクリ』九五頁）〔邦訳第一巻一二七―一二八頁〕が、発達的に重要な過程が生じるためにも、その像だけで十分なのである。人間の場合、鏡像は、チンパンジーと同じように、ある年齢となると興味の対象になるだろうが、子どもにとって大切な人物がその鏡像を**認可**[26]しないかぎり、鏡像が自我や自己感覚を形成するようにはならないのである。

ラカンはこの認可をフロイトが自我理想（*Ichideal*）と呼んでいるものと結びつけている。子どもは両親の理想（象徴的に表現された目標）を内化し、その理想にしたがって自分を判断する。実際、子どもは、自分に対する両親の見方（と子ども自身によって感受されたもの）を自分のなかへ引き入れ、両親が見るのと同じように自分を見るようになる。子どもは、自分の行動を、両親がそれを理解するのと同じ仕方で理解し、両親が自分をほめたり冷笑するものとして判断する（と子どもが思う）のと同じ仕方で、判断するようになる。

新しい秩序全体がこのようにして組み入れられる。再組織化（あるいは最初の組織化）が、知覚と感覚、感情と印象のカオスのなかで生じるのである。想像的な領域（視覚像、聴覚、嗅覚そのほかすべての感覚受容、そして幻想の領域）が、象徴的なものによって、つまり、両親が子どもをどう見ているか、それを表現するために使う語や句によって、再構築され、書き直され、「上書きされる」のである。[27]新たな象徴的秩序、言語的秩序が、それまでの想像的秩序に取って代わる。それゆえ、ラカンは、人間の経験における言語活動の支配とその決定的な性格について語るのである。ラカンが対象関係論のいくつかの議論を批判している要点はここにある。[28]ラカンによれば、対象関係論は想像的秩序、一連の想像的関係に焦点を合わせている。しかし想像的秩序は、実際には象徴的なものによって取って代わられており、発話を唯一の媒介とする精神分析には接近不可能なのである。

想像的なものに、象徴的なもの（「正常な」ないしは「ふつうの神経症的」経路）を上書きすることによって、（第三章で議論したように）競争と攻撃という特徴をもつ想像的な関係が抑制されるか、あるいは少なくとも、そうした想像的な関係が、理想や権威像、法、能力や業績、罪などとの関係によって支配される象徴的関係に従属するようになる。この上書きは、フロイトによる去勢コンプレクスの観念に関連している。去勢コンプレクスは、男の子の場合、性器的領域の支配（フロイトの言葉を使えば、「専制」[29]）下での欲動の秩序付け、階層化をもたらす。男の子の快活で多様な性行動は、母親へのエディプス的愛着に対する抑圧をもたらす父親の機能によって、組織化されるようになる。父親——フロイトの著作のなかでは優れて象徴的な父であり、要求し禁止する父である——が、男の子の性行動の社会化をもたらすのである。父親は男の子に、自分の性行動を文化的に（すなわち、象徴的に）受け入れられる規範のもとに従属させることを要求するのである。

フロイトによれば、以上のことは倒錯者の場合でさえ生起する。彼らの多様な性行動は性器的領域ではない領域、たとえば、口唇的、肛門的、視覚的などの領域の支配のもとではあるが、諸欲動の階層化を被るのである。同様に、ラカンによれば、倒錯者における想像的なものは、何らかの象徴的な上書きを被る。それは神経症における書き換えと同じではないが、それでも、書き換えは書き換えであり、想像的なものの秩序化、あるいは構造化を示しているのである（第九章を参照）。

精神病では、この書き換えは生じない。理論的なレベルでは、それは、自我理想が成立していない、父性隠喩が機能していない、去勢コンプレクスが生じていない、その他諸々のことによると考えられる。ここでのポイントは、精神病では想像的なものが支配し続け、同化された象徴的なものも「想像化」されてしまうことである。つまり、象徴的なものは、想像的なものを再構造化する根本的に異なる秩序としてでは**なく**、単に他人を模倣することによって同化されるのである。

自我理想とは、自己感覚をつなぎ止め、それを《他者》としての親の是認や承認に結びつけるものとして作用する。したがって、自我理想が欠如すると、自己感覚は不安定なものになり、何らかの危機を迎えたとき、自己イメージは収縮し消散してしまうことになる。レイチェル・コーデイは『導きの糸をなくして』(Insight Media, 1993) というタイトルのきわめて示唆に富むビデオテープを制作した精神病者であるが、そのなかで彼女は自らの直接の精神病体験を詳細に物語っている。そこで彼女は、精神病の発症時に「自分を失う」ということを何度も繰り返し述べている。彼女は自己を、空に上がって消えてしまい、もう取り戻せない風船に例えている。そして彼女は、自分には、関係づけを行う私(I)もなく、もはや認識できる意図の中心もないために、自分以外の物事に関わることができないと語る。「現実のすべてが崩壊しているのです。私自身の体もです」、そう彼女は言い、「会社の社長CEO」がいなければ動くことがどれほど困難なのかを事細かに語っている。この「社長」とは自我として知られる小人のことであり、それが私たちに、私たちの身体が全体で一つのユニットとして調和して動くよう組織されているという感覚を与えるのである。彼女の身体の神経、筋肉、腱は依然として同じ連携を保ち、以前と同様に複雑な動きをすることはできたが、彼女の身体を一つの全体として機能させる自己感覚は消失しているのである。[30]

コーデイは自分がよく「しっかりしなきゃ〔自分にしがみつけ get hold of yourself〕」と自分自身に言い聞かせると語っている。これは他の多くの患者にもあることで(たとえば、「ラカン的精神病」でラカンにインタビューされたジェラール・プリモー[31])、彼らも自分の自己が滑り落ちてゆく感覚について語るとき、まさに同じ言葉を使うのである。自我の解体は精神病において、常に完全であるわけではないが、おそらく、自己と他者が混同されたり、誰がしゃべっているのか決定しにくいことはよく認められる。コーデイが言うように、「自分の声がどこからやって来るのかわからない」のである。自我の「境界」が、神経症においてしばしば言われるように、単に柔軟であるというのではなく、実質的に存在しないのであり、その結果、別の人物や力が自分の場所を奪おうとしている危機的な感じをもつのである。[32] 言語活動は、その構造が単に模倣されているのではなく同化されている場合、名づけ、境界を定める機能を持つのだが、そうした言語活動の助けがないときには、これから少し見ていくように、想像的関係が支配的になる。(33)

新たな隠喩を創造できないこと

シュレーバーはたしかに書き手ですが、詩人ではありません。彼が私たちを経験の新たな次元へと導くことはないのです。

――ラカン『セミネールIII』九一頁〔邦訳上巻一二八頁〕

言語活動の本質的な構造は、精神病者には同化できないものであるという事実は、彼らが、神経症者のようには隠喩を**創造する**ことができないという事実によって証明される。隠喩はあらゆる自然言語の重要部分である以上、精神病者もたしかに隠喩を**使っている**。彼らは、周囲の人間が使う隠喩や、本で見つけた隠喩などを用いることはたしかにできる。しかし、彼らは新たな隠喩を作り出すことはできないのである。

したがって同様に、たとえば名詞、動詞、目的語といった、まさしく言語活動の構造そのものも同化されてはいないと思われる。言語活動の構造によって、名詞を別な名詞に、たとえば「子宮」という言葉を「舞台」という言葉に、あるいは「月経の舞台」という句に置き換えて隠喩を作るなどということが可能になるのである（これは「置き換えによる隠喩」という種類の隠喩として知られている）。(34) 精神病者の語らいには奇妙なほどにオリジナルな隠喩が欠けており、とくに新たな意味を生み出す詩的な技巧に欠けている。模倣することで、精神病者は他の人たちの話し方を学ぶことはできるものの（『セミネールIII』二八五頁）〔邦訳下巻一五九頁〕、言語活動の本質的な構造は同じように統合されてはいないのである。

言語活動の隠喩的な扱い方は、精神病者には手に入れることのできないものである。ラカンによれば、それは

本質的な隠喩、すなわち父性隠喩の不全によるものであるとされる。ラカンは父性機能を（置き換えによる）隠喩の構造を持つものと述べている。ここでは、下に置かれている語が、上に置いてある語によって置き換えられる、あるいは抹消される。

$$\frac{\text{父の名}}{\text{欲望としての母親}}$$

あるいはもっと簡単に

$$\frac{\text{父親}}{\text{母親}}$$

父親とは名前 name であり、名詞 noun であり、否 no! と告げるものである。それが（欲望する、あるいは欲望されるものとしての）母親を抹消し、中和し、置き換える。大まかに言って、父親とは母親の代わりに自らを名前として、あるいは禁止として置き直すものである。このように言えば、父性隠喩は去勢コンプレクスと近いところがあると考えることができるだろう。フロイトが説明しているように、子どもは父親の要求、威嚇のせいで、母親との間に持っている何らかの享楽、関係を断念するよう強いられる。手短に言えば、これはフロイトのいう「原抑圧 primal repression」に相当する。これを「最初の抑圧 first repression」と呼ぶこともできるだろう。[35]

子どもは母親や最初の養育者の世界のなかに迎え入れられるものだと仮定しよう。これは多くの場合、重要な

図 7・1

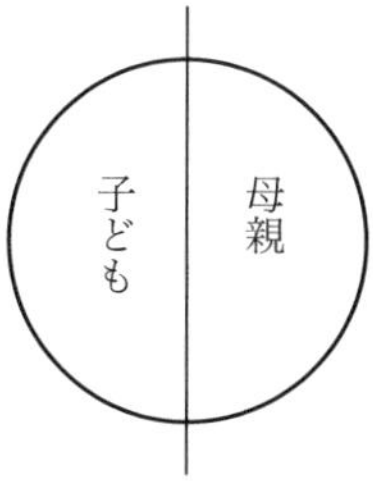

図 7・2

仮定である。それは小児自閉症の極端な事例を見ればわかる。母親の世界のなかにいかなる場所も許されていない子どももいるし、初めから望まれていない子どももいる。最低限の生理的欲求の世話をされるだけで（それも両親によってでなく、無関心な雇われ介護者によって、ということも多い）、人と話したり、関わろうとしても、大声で怒鳴られ叩かれてしまったりする子どももいる。[36] 図7・1は子どもが母親の世界のなかに何らかの場所を与えられて**いる** *is* という状況を表している。

西洋文化における核家族では、母子関係に邪魔しに入るのは、典型的には父親である。[37] もしそうでなければ母子関係は排他的となる。子どもにとって多くの場合、父親は、母親に近づくことを四六時中邪魔し、遮る者として体験される。実際、父親は、「お前はもう大きくなった、ママが必要なのは赤ん坊だけだ」などと言って、母親から得られる満足を制限する者として体験される。

直截に言えば、ここで父は分離の機能として働いているということである。父親は、母親と子どもの間を隔てる柵や障壁として行動し、子どもが**母親の延長部分**に過ぎない存在であることを拒否するのである（図7・2参照）。母子の結びつきをできるだけ緊密に維持したいという願望は、子どもの願望であったり、母親の願望であったり、あるいは両者の願望であるかもしれない（厳密にいえば、妨害されて初めて、それは「願望」となる）。どの場合でも、父親はここで子どもを、満足の（典型的には）最初の源泉から分離する者として働くのである。こうして父親は享楽を禁止するものとして機能するのである。

父の否！
享楽の源泉としての母親

これまで見てきたように禁止が欲望を作り出す。私への何かが拒否されたときのみ、私は、私が欲しいもの、私に欠けているもの、私が得ることができないものを初めて知るのである。父親の禁止によって、母親から得られる快（体に触りたい、なでて欲しい、優しく抱きしめて欲しい、声が聞きたい、優しい顔を見たい、などなど）への欲望が作り出される。しかしこの欲望は地下に潜行しなければならない。それは父親という人物には承認してもらえないものであり、心から追い出されるべきものである。こうして最初の抑圧は、男の子にとっても女の子にとっても、母親から何らかの満足を得たいという欲望を忘れることを意味している。この抑圧は男の子の場合のほうが女の子の場合よりも強い。というのも、父親は一般に（ライバルとして）息子を母親から分離することに、より力を注ぐものだからである。そして多くの場合、娘には、はるかに長い間、母親とかなり緊密な関係を保つことを許す。しかしそれでも子どもが母親から（あるいは母親が子どもから）得られる満足に対しては限界が設けられ、抑圧が生じる。これが証拠立てられるのは、多くの場合、子どもが母親になでられたり抱きしめられることを、気に食わない、うんざりする、みっともないなどと思い始めたときである。これらはすべて、抑圧が生じていることの明白な印である。棒線の下に抑圧されているものを置き、抑圧を図式化してみよう。

父の否！
享楽としての母親

だが父性隠喩は別の契機をも意味する。この点は別の章で改めて論じる機会があろう[38]。ここで強調しておきたいのは、この最初の契機がすでに言葉と意味を結びつけているという点である（意味とは社会的・言語的に構成された私たちの現実の「物 stuff」である。すなわち私たちがそれについて語るがゆえに私たちが共有している現実の物である）。第一部で見てきたように、意味とはこの事実の後に決定され、子どもと母親との関係は、父親の禁止によって意味を与えられる。この意味は「最初の意味」と言えるだろうし、それが、はっきりと宣言された禁止と、親密さへの漠然とした熱望（これが禁止の結果、母親への欲望へと変形される）とを厳然と結びつけるのである。父性隠喩によってもたらされた最初の意味、根源的意味は、母親への私の熱望は間違いであるという意味である。後になって、それについて、それとは異なった仕方で考えるようになるかもしれない。たとえば、父の禁止に屈するべきではなかった、父は見返りに何一つ提供してくれたわけでも、代わりの満足を与えてくれたわけでもなかった、といった具合に。しかし後になってどのように考えるにせよ、最初の意味はいったん確定されると、揺ぎのない、取り消すことのできないものとなる。

その他のすべてのことは自由に判断できるし、手に入れることもできる。そして母子の関係をめぐる何かを父親が禁止する場合でさえ、それを誤解する余地があるのも確かである。「ママの抱っこの仕方が良くないのかな？　僕が抱きつくやり方が悪いのかな？　それとも僕たちがやかましくする音が駄目なのかな？」といった具

図 7・3

合に。父親が禁止しているのがある種のお触りや愛撫なのだ、と子どもが結論するとは限らない。しかし父親がきちんと気を配り（あるいは単に運よく）、何が禁止されているのかを子どもを納得させることができるとしたら、言語活動と意味（社会的に構成されたものとしての現実）、シニフィアンとシニフィエの間の結びつきは確定し、決して壊れないものとなろう。

これはラカンが「ボタン綴《と》じ button tie」（原語ではクッションの綴じ目 *point de capiton*、時に「投錨点 anchoring point」や「キルトの綴じ目 quilting point」と訳される）と呼んでいるものである。ボタン綴じとは、家具職人が使う言葉で、ボタンでソファーや椅子の布地と詰め物をしっかりと留める方法の一種である。ボタンと布地は木枠や鉄枠に固定されるのではなく、お互いで固定しあうのである。厳密にいえば投錨点というのは正確ではない。錨という言葉は、動かざる堅固な大地に何かが固定されているというイメージを連想させるからである。しかし、父性隠喩の場合は、絶対的な指示物との関わりなしに（つまり、言語活動によって現実的なもの the real を切り刻んで作られた現実性 the reality を越えたところに、神話的な絶対的現実性を措定することなしに）、ある特定の意味を特定の語に結びつけるのである。父性隠喩は一つの根源的で揺ぎない意味を生み出すのである。[39]

後に、ほかのすべてのことが、さらにはこの根本的意味の拠り所が疑問にさらされるのは、まさにこのボタン綴じ（一種の結び目）が最初の場所に結びつけられているからこそである。言語活動の**構造**を同化できるのは、この最初のひと縫いがあるからなのである。これがなければ、何一つなされ得ない。レイチェル・コーデイが述べているように、たとえば自己の感覚を一方で寄せ集めようとしても、他方でいつもほぐれていってしまう。彼女の自己という織物は、最も重要なひと縫いがないままに、ほぐれてしまうのである。そのため彼女はかなりしばしば、「導きの糸を見失う」[40]のである。

中断された文と言語新作

精神病では父性隠喩が機能しなくなり、(隠喩的置き換えを可能にする)言語構造が同化されない。言語活動がこの構造も持たないまま機能する場合、別の形の障害も生じることになる。たとえば、精神病者に聞こえてくる声は多くの場合、中断された句や文で語りかけてくる。つまり、最も重要な言葉が話される直前で途切れてしまう。患者は文のなかの欠落した部分を埋め合わせなくてはならないと感じるのである。

最後の言葉が口にされて初めて一つの文が十分な意味を持つということが、発話の構造の要である。一つの文中の語や句はどれも、その後に続くことになる語への道を開き、また、それに先行している語との関連を生み出す。「一番大事なことは……The most important thing is……」といった不完全な文で、動詞は主語に従い三人称単数として決定される。そして、その動詞を主語と関係づければ、話し手が重要と考える一つの事柄や行為(たとえば「……自分が楽しむことだ to please yourself」など)が次にくることを**予期できる**。動詞は主語につながり、形容詞はそれが修飾する名詞につながり、文末の言い方は文頭の構造につながっている。各要素はこのようにすべて互いに関連し合っている。この意味で文は一つの**連鎖**として理解できる。ある要素は別の要素への方向を準備し、完全に独立している要素はまったくない。各要素がすべて「鎖でつながりあって」いる(それゆえラカンは「シニフィアンの連鎖」という言葉を使うのである)。

文の最初だけでは意味は十全にはわからない。文末になって初めて意味は明確になる(もちろんその意味がそもそも明確である場合だが)。予期的動きや遡及的動きが意味を作り出すことはラカンのボタン綴じ[41]の図に示されているが、こうした動きは隠喩化を通して新たな意味が作られる過程とも関連がある。ここではさしあたり次のように言っておけば十分である。精神病者に聞こえてくる声が発する文が中断されると、そこで形成されつつあった連鎖は切断され、文の個々の構成要素は連鎖の輪ではなく、孤立した単位、つまり物として打ち捨てられることになる。[42] このことは、意味形成の通常の過程に障害があることを示唆しており、精神病者にとって、**語は物である** *words are things* ということに関係している。

私がスーパーヴァイズしている治療者の担当だったある患者が、精神病者では言語活動に対する関係が根本的に異質であることを例証していた。それは彼女が次のように話し出したときだった。彼女は誰かが「私から遺産を奪おう strip」としている、とその恐怖を話し始め、次いでその発言と「ストリップ地区 Strip District」(彼女が当時いたピッツバーグの市場がある地区)、「ニューヨーク風ストリップ・ステーキ New York Strip Steak」(最近彼女がメニューで見た)との間に奇妙なつながりがあると言った。彼女は「ストリップ strip」という言葉が持ついろいろな**意味**(たとえば性的な意味合い)に関心をもったのではなく、単に、生活のなかでその言葉が異なる三つの状況で現れたことに好奇心をそそられたのだった。彼女の「連想」は関連する語(たとえば、stripe, trip, tripe のような)や別の語義へ向かうのではなく、単に、物としての同一の語が現れたことに向いている。この患者はまた、デヴィッド・レターマン David *Letter*man と、『新約聖書』のパウロ書簡 *letters* に興味を持っているというデヴィッド氏との間に「宇宙的な結びつき」を見たのである。私自身の患者のなかにも、自分にとって言葉がどれほど大切かを次のように語った患者〔アメリカのテレビ司会者〕がいた。「言葉は私にとって戴冠式の宝石だ。誰も小便をひっかけちゃいけない no one should piss on」。つまり、彼にとって**言葉は物であり、小便をひっかけることだってできる**ということになる。

精神病者は言語新作を偏愛するとしばしば指摘されてきた。同じ言葉を使いながら、隠喩によって新しい意味を作り出すことができないため、精神病者は新しい言葉を作らざるを得なくなり、しかも多くの場合、その言葉の意味は言いようがない、伝えられないと言うのである。私たちが使う言葉は既知の言葉でその意味を明確にできるが、そうした言葉と違い、こうした言語新作は説明もできなければ意味を明確にすることもできない。普通の語や表現の意味は、常に別の意味と関連しているが、精神病者が使う語は、別の既知の意味や説明可能な意味にまったく関連づけられないのである。ラカンは言語新作を精神病の「印」の一つであると述べている（『セミネールIII』四三―四四頁〔邦訳上巻五一頁〕）。

想像的関係の優位

初めにライバル関係ありき……人間の世界がそれ自体として生じるのは……根本的なライバル関係においてです。

――ラカン『セミネールIII』五一頁〔邦訳上巻六四頁〕

ラカン派は想像的なものと象徴的なものとを基本的に区別するが、この区別は精神病と神経症を区別するきわめて有効な臨床上の手立てである。神経症者は、友人や同僚――すなわち、自分自身と似た他者たち――とのそれなりに意味のある葛藤をいろいろ持ち出してくることが多いのだが、それによって、多くの場合、最初の数度のセッションによって、治療者は彼らの不平の根が象徴的《他者》との関わりにあることを知ることができる。こうしたことは、両親や権威をもつ人物、社会的期待、自己評価などをめぐっての愚痴を通して表出されるだろう。こうした愚痴が示唆しているのは、患者の葛藤が、《他者》の理想という観点から、自分自身を不十分、未達成、罪を犯しているなどとみなす水準、すなわち彼らの自我理想や超自我の水準での葛藤だということである。

一方、精神病者は違う形で事態を示す。葛藤は、ライバルや競争相手、恋人といった自分と同年代の他者と関わっているようにみえる。しかし、この場合、彼ら他者が同じ権威ある人物から承認を得ようとしているのではなく、むしろ彼らのなかの一人がその精神病者の位置を奪おうとしているのである。[43]

よく知られた**迫害妄想**は明らかに想像的関係というカテゴリーに分類されるものであり、パラノイア（精神病の一つ）に優勢な特徴である。ラカンがいうように、「［患者が］［象徴的］《他者》［基底となる構造をもった言語活動］を獲得していない限りにおいて、彼が出会うのは純粋に想像的な他者である。この他者は患者を否定し、文字通り殺すのである」（『セミネールIII』二三六頁）〔邦訳下巻八八頁〕。しかしそれでも、ラカンは、誰かが自分に危害を加えようとしていると患者が苦情を言うだけでは、その患者を精神病だと機械的には決められないことも指摘している。その苦情は真実かもしれないし、あまりに無茶苦茶なので明らかにウソだということもあろう。多くの場合、それほど簡単には言えないのである。このことをふまえてラカンは、患者が精神病であるかを確かめるには、「言語活動の障害がなければならない」と繰り返し述べている（『セミネールIII』一〇六頁）〔邦訳上巻一五二頁〕[44]。

享楽の侵入

精神病では想像的なものが象徴的なものによって上書きされることがない。同様に模倣による以外には諸欲動も身体において階層化されない。つまり、見かけ上の階層は改変できないのである。その階層は、神経症者が社会化を通して経験する階層化――ここではリビードは身体全体から性感帯へ（ほぼ完全に）集中する――のようには、享楽の犠牲を決定的なものとしては示さない。

ラカンは、神経症では身体は本質的には死んでいると主張している。[45] 身体にはシニフィアンが書き込まれている。つまり身体は象徴的なものによって上書きされコード化されている。生物学的有機体としての身体はラカンが「現実的なもの」と呼んでいるものであり、その身体は、リビードがごくわずかな領域、つまり性感帯以外のすべてから退却するところまで、徐々に社会化され「飼い慣らされる」のである。[46] 性感帯の領域でのみ身体はなおも生きているのであり、ある意味でそれは「現実的なもの」である。この場合、リビード（あるいは享楽）は、方向づけられ、抑えられている。しかし精神病の場合はそうではない。想像的な仕方で作り上げられた欲動の階層は、それを支える想像的な秩序が揺らぐときに崩れ去る。享楽をほとんど免れていた身体が、突然享楽で水浸しにされ侵入される。享楽が激しく戻ってくるのだといってよい。というのも、精神病者はおそらく、享楽を攻撃、侵害、不法侵入として経験しているであろうからである。

したがって、患者が、シュレーバーがそうしているように[47]、自分の身体の「官能性」や、言葉にできないエクスタシー、あるいは「全身に感じる電撃的な感覚」（私の患者の一人がこのように述べた）、耐え難い走るような痛み（その生物学的な原因は見つからない）について語るとき、治療者は精神病の指標となり得るものを見出したという確信をもつことができる。だが、（それほど圧倒的な数ではないが）宗教的神秘主義者も時に同様の経験を報告しているので、それは決定的な証拠ではない。しかしそれは、象徴的なものが身体を書き直すことができていないこと、そして想像的なものによって生じていたどんなリビードの組織化も崩壊していることを示す適切な第一級の指標ではある。

欲動のコントロールの欠如

神経症では一般に、自我と超自我が欲動を広範囲にコントロールしていることが特徴である。神経症者が本当に身体的な攻撃的行為をおこなった場合でも、それは普通、彼らが酔っ払っていたり、あるいはいつもと違う何らかの状態（たとえば、誰かに何度も腹立たしい思いをさせられた、限界まで追い込まれていた、睡眠不足だった、薬物を使っていたなど）にいたからだろう。神経症者はそうした状態になって初めて、意識の制御がはずれて、直接行動に出るのである。事実、神経症者にとって直接、実際に行動することは最も難しいことなのである[48]。

父性機能の欠如はあらゆる象徴的機能に影響を及ぼす。したがってそれが、私たちが普通に道徳や良心と結びつけることすべてに影響するとしても不思議ではない。しかし、だからといって精神病者がいつも「道徳に反して」行動するということではない。むしろ、ほんのちょっとしたことにも精神病者はひどく苛酷な行動にでてしまうということである。神経症者は切望や攻撃性を他者へ表す前に、その代わりとなるものを苦労して考量する。「教育」や社会化、エディプス化、脱エディプス化の過程でおこなわれる、神経症者によるこうした欲動の支配は精神病者では持続して生じることがない。それゆえ精神病者は誰かを病院送りにしたり、誰かを殺したり、誰かをレイプしたりといったように、直接的な行動をしがちとなる。あるいはその他の犯罪を犯した後でも、ほとんど罪悪感によって悩まされることはない。精神病者は恥ずかしさを示すことはあっても、罪悪感を表すことはない。罪悪感には抑圧が必要なのである。つまり、罪悪感を感じることができるのは、密かに危害を加えたいと願ったこと、あるいはそうすることで享楽したことを知っている場合だけである。精神病では、何一つ抑圧されておらず、自分から離しておく秘密は何もないのである。

女性化

男性における精神病の興味深い側面は、しばしば見られる女性化である。シュレーバーは妄想の過程で自分を神の妻だと考え始める。精神病の他のいくらかの事例では、性転換、そしてそのための手術の度重なる要求、同性愛的行動への傾向などが認められる。[49] フロイトはシュレーバーの精神病を同性愛への不適切な防衛を示すものとして分析したが、ラカンはシュレーバーの女性化は精神病の本質そのものによって生じていると言っている。[50]

精神病は、家族に父親が物理的に存在していないことから直接結果するわけでは決してない。すでに述べたように、父親とは一つの象徴的機能であり、この機能は家族やその周辺の父親以外の人びとによって、つまり母親の語らいによっても与えられるのである。精神病は、患者の幼年期に父親や父親像が不在である場合、もちろん、より生じやすい。臨床家が父親の物理的、心理的不在の程度を感じ取ろうとすることは常に大切である。しかし、父親や父親像が存在している場合でも、精神病は生じるのである。

ラカンが言っていることだが、制御されない野望、「たがのはずれた権威主義」（『セミネールIII』二三〇頁〔邦訳下巻八〇頁〕）を特徴とする父親たち――多くの場合、社会的に非常に成功している――がおり、彼らはとくに息子たちとのあいだに、象徴的契約による関係ではなく、競争や敵対による関係を作りあげている。**想像的なものは戦争であり、象徴的なものは平和である。**象徴的なもの――法――はものごとを、これはお前のもので、あれは私のものだというように区別して、公正な分配を提供する。法を具現した父親――**象徴的父親**――はこう語る。「お前の母は私のものだ。お前は他の女を手に入れなさい」、「これは私の寝室と私のベッドだ。お前には自分の部屋とベッドがある」。象徴的な父親は息子と暗黙の契約を交わすのである。「一日のうちこれだけの時間は宿題をやりなさい、あとの時間はお前がしたいことをやればいい」、「これはお前がやらなければならないことだ、それ以外は自分の好きにしなさい」。

対照的に、たがのはずれた父親は息子に対して一方的に振舞い、たとえば、息子がやったことの息子なりの理由にはまったく耳を貸さずに息子を懲らしめるのである。こうした父親の要求には際限がない、つまり要求する者と要求される者との境界を明示し定める象徴的基準が存在していない。したがって両者は共に決して満足できないのである。父親は怪物とみなされるのであり、ラカンが言うように、こうした父親との唯一可能な関係は、競争的で性的興奮を伴う緊張を特徴とする想像的な関係である。[51] エディプス的な三者関係は形成されず、子どもは支配的で恐るべき父親、つまり想像的な父親との関係において女性的な立場を引き受けることになる。[52]

男性の精神病者は兄弟や友人たちに同一化し、男らしく振舞おうと彼らを模倣するので、この女性的な立場は長期にわたり表に現れないかもしれない。しかし精神病を発症すると、[53] 患者の想像的な同一化、「想像的松葉杖」

（『セミネールIII』二三一頁）〔邦訳下巻八一頁〕は崩壊し、彼の本質的な女性的立場が再出現し、彼に無理やり押しつけられる。別の事例では、男性精神病者が、自分は小さいころから女であると感じてきたと主張することがある。[54] こうした男性の精神病者が性転換手術を最も要求しがちな患者となる。

したがって、精神病における女性化は、子どもの家族のなかに現実の父親がまったく居なかったことを示しているのではなく、自分の息子と象徴的関係ではなく想像的関係しか築けなかった父親が（少なくともときどきは）存在していたことを示しているのである。非常に興味深いことだが、精神病者は、自分自身が言語活動それ自体と女性的、受動的関係のなかにあり、言語活動へ受動的に従い、言語活動に侵入され、言語活動に所有されている、とも言う。[55]

ラカンの後期の著作では、女性化はより構造的な理由によっても生じ、父親と想像的な関係しか築けなかった男性精神病者に必ずしも限定しなくてよいことが明確にされている。本書ではラカンがセミネールXVIIIからXXIで男性および女性の構造について展開している諸概念をすべて取り上げることはできない。いささか本題から離れ過ぎるだろうし、別の著書ですでに取り上げているからである。[56] 非常に手短にいえば、ラカンによれば、男性の構造は（男の子に制限を課す）象徴的父によってもたらされた一種の「全体化」に関係があり、女性の構造は一種の非全体化（すべてではない *pas tout*）、つまり全体化の不可能性に関係がある。父性機能が男の子の人生において見つからない場合、全体化は生じず、男の子は女性の構造のいくつかの要素を身につけることになる。[57]

しかし、精神病者にとって、女性の構造に特有な「《他者》の享楽」が、絶えず続く経験ではないにしても、非常に長期に渡り持続するもの（侵入的という特徴をもつ）となることが多い。一方、女性の構造を持つ神経症者にとって、享楽のこの特異な形態はもっと偶然的で、一時的なものである。

問いの欠如

神経症者が自分自身に問いかけていることは確かです。精神病者の場合、それがはっきりしません。

――ラカン『セミネールIII』二二七頁〔邦訳下巻七五頁〕

第二章の終わりで、私は、分析主体が自分自身に投げかける問いらしきものを治療者は必ずしも見分けられないことを指摘した。通常のセッションが数か月続いた後でさえ、分析主体によっては、何も疑問を口にすることは決してなく、自分があのときなぜそうしたのか、自分の夢の意味は何か、なぜいつも同じように反応してしまうのかなど、疑問を持っている（持った）とは決して言わない。何ものも彼らの人生で心に疑問を生じさせることがなく、理解できないことは何もないように思われるし、いかなる動機にも疑いをさしはさむことがない。考えるべき事柄がないのである。

ラカンによれば、欲望とは問いである。いま述べたような状況が示唆するのは、欲望が現れたり生じたりするための場所を分析家がつくり出すことができないでいるか、あるいは、神経症の場合に見られるようなかたちの欲望が存在していないか、どちらかである。擬人的に動物や生命のない対象も持っているとされるような欲望（たとえば、「リスが秋に埋めたどんぐりを見つけたいと望んでいる」、「太陽が現れようとしている」）とは違い、人間の欲望は言語活動において形成され、言語活動においてのみ存在する。つまり欲望は言語活動に特有な弁証法や運動に従属しているのである。

行為、欲望、価値観といったものの弁証法的可変性が人間行動の特徴であることが忘れられています。それらはその可変性によって移ろいやすくなっています。ある時から次の時へというだけでなく、絶えず変化し続けるのであり、まったく正反対の価値へ変わることさえあります。……欲望、愛着、あるいは人間的活動における最も永続的な意味でさえ、いつでも問い直される可能性があるのです。……このことは、この次元を忘れていると思うことに無感覚になってしまうくらい、ありふれた経験なのです。(『セミネールⅢ』三二一頁)
〔邦訳上巻三六頁〕。

私たちは、神経症者との作業では、治療過程で彼らの欲望、幻想、価値観や信念が変化することを見慣れている。もちろん、時には、彼らの人生の一定領域に見出される変わらなさに落胆することもある。しかし、少し前まで自分の「人格」の中心にあると思っていたアイデンティティや考えを簡単に捨てることができたことに驚きを表す神経症者のほうがはるかに普通である。マッチョを激しく擁護する者がすぐに自分のなかにある同性愛の傾向を認めたり、堅固に家族の絆を唱道する者がわけなく自分の両親と仲違いしたりするのである。自我の同一化が崩れて、新たな同一化が形成され、欲望は常に、より徹底的に自分の道を探求することができるのである。

一方、精神病者の場合は、動かないこと、つまり自分の思考や関心の動きや弁証法が欠如していることが特徴である。強迫神経症者もいつも同じ考えが浮かんできてしまうと訴えるが、普通、治療の過程で少なくとも彼らのいくつかの考えはすぐに変化するのである。もちろん、緊密に症状に結びついている思考は、変わるのも非常にゆっくりである。しかし精神病者は同じ言い回しを何度も何度も繰り返す。「欲望の弁証法」の余地はない。精神病者には、人間固有の欲望がまったく存在しないのである。言語活動の構造がないところに、欲望はない。抑圧のないところ、すなわち自分自身の考えや感覚の透明性が抑圧によって失われ不透明になっていないところでは、問いを発することや疑うこともなくなる。自分の過去、自分の動機、そして自分の思考や夢にさえ疑問をさしはさむことができない。それらは単に存在するだけなのである。

精神病の治療——ある事例の分析

最も特殊な事例とは、最も普遍的な価値を持つ事例です。

——ラカン『セミネールⅥ』一九五九年二月一一日の講義より

ラカンは精神病を理解するためのまったく新しい方法を私たちに提供しているだけではない。彼は精神病治療を基礎づけることにも貢献している。しかし、これまで述べてきたように、このことは、精神病を緩和したり治すことができる、つまり父性機能が根付かなかった患者にそれを植え付けることができるとラカンが考えたということではない。たとえば、二十年したら母親の欲望あるいは母親への欲望に名を与え、それが禁止され、抑圧を必要とするものとして構成されるといった希望をラカンが私たちに与えているわけではない。

決定的要素（父の名）を欠いた象徴的秩序は、少なくとも私たちの知る限りでは、構造的には修復できない。しかし、別の秩序によって支えたり、（ラカンの言葉を使えば）「補塡する」ことはできる。ラカン初期の著作では、象徴的なものの穴を覆うのは想像的なものである。実際、ラカンによれば、精神病者が多くの場合、精神病の発症や「エピソード」を経験せずに二十代、三十代まで過ごすことができるのは、想像的なもの——この場合では、精神病者による周囲の他者の模倣——によってである。表面的に言えば、治療目標は、想像的なものを精神病の発症に先立つ安定した状態に戻すことである。(58)

精神病治療へのラカンのアプローチについて、ここではそのすべてを詳細に論じることはできない。そのためにはあまりに多くの新しい概念を紹介することが必要となろう。その代わりに、私は、二人の精神療法家による治療を受けたある精神病者の経過を手短に紹介しよう。この事例は精神病についてのラカンの数多くの主張と、その治療の可能性を例証しているからである。

フロイトのシュレーバー研究とは異なり、この事例は完全に同時代のもので、一九六〇年代後半から七〇年代前半にかけてのものである。私自身の事例ではないが、ここであえて紹介することにしたのは、この事例が本章で焦点を当てた多くのポイントを例証しており、また（あまり知られていないが）英語でもすぐに読めるし、長さも十一頁しかないものだからである。この事例報告はジャン＝クロード・シェツェルによって（フランス語で）書かれたもので、『ブロンズヘルメット、あるいはある精神病者の精神療法の道程』と題されている。[59] この事例研究には伝記的情報が十分には記されてはいないが、その代わりに患者の治療過程で生じたことに焦点が当てられている。

シェツェルはこのフランス人の患者をロジェ・ブロンズヘルメットと呼んでいる。これは仮名だが、しかし患者の姓は、もともとの語源であるスラブの言語で文字通り「ブロンズのヘルメット」を意味している。これから見ていくのだが、ロジェの姓、つまりロジェが父親から受け継いだ名は彼の個人史において非常に重要な意味を持っている。ロジェの家族についてシェツェルが述べているところによれば、ロジェの父親は完全に妻の母親のいいなりであり、ロジェがその母方の祖母を家族の「父親」だと思い込んでいたほどだという。妻の母親が死んだとき（ロジェは四歳）、ロジェの父親はアルコール依存症になり、以前に妻の母に支配されていたように、今度は自分の妻に完全に支配されるがままとなった。父親はロジェの七歳年上の姉を大事にして、母親の関心はすべてロジェに注がれていた。ロジェは一九四三年生まれだが、少年期から十代の間、精神医学的な病歴や、記録に残るような困難などはない。一九六〇年代半ば、大学生のころに初めて、ロジェははっきりした障害の徴候を示し始めたのである。

少年のとき、ロジェは姉と「性的な遊び」をしていたが、それがどのようなものだったかははっきりしない。彼がひどく混乱したのは、彼が大人として性的な出会いをまさに初めてしようとするときであった。そのころ盲人の夫を事故で亡くしたばかりの同じアパートに住む一人の女性が、ロジェを自分の部屋に誘ったのである。彼女の目的は明らかに性的なものであったようである。約束のときが近づくにつれ、ロジェは不安になりアパートから逃げ出し、自分の教授を捜しに大学へ行った。それは「彼に自分が完全に混乱していることを伝えるため」(一八五頁) だった。そこにいた助手がロジェの苦境を目にして、彼をソーシャルワーカーのところへ行かせた。そしてそのソーシャルワーカーが精神療法家の治療を受けるよう、ロジェに指示したのである。

ここでとくに関係があるのは、治療の過程でロジェが語り、おこなっている一連の事柄である。それは彼の父親および父親の名に関係することである。「父には僕のような名前がない」、彼は治療者にそう言っている。[60] ロジェは自分の父親を「密猟者」、破廉恥な「ペテン師」だと言い、自分たちが「法律に引っかからないよう見張りをしておく」(一八七頁) 役目を自分にさせたがったのだと語っている。自分と自分の息子が共に従うべき法を定める父親とはかなりの隔たりがある。治療中に生じた出来事は、ロジェの人生でいかに父親からの承認や注意がなかったかを示唆している。たとえば、父親との関係を立てなおし、新たなスタートを願い、ロジェは過去は後に置いて行こうと父親に頼み、こう言うのである。「生きるためには、息子が父親を必要とするように、父親も息子が必要なんだよ」。しかし父親はこう答えるだけだった。「犬のほうがいいよ」[61]。

父親と関係を作ろうとするロジェの試みは、一見すると、神経症者の試み、すなわち父親は自分を十分にほめなかった、認めなかった、愛してくれなかったと感じている神経症者が、父親との関係を新たなものにしようとする、ごく普通にある試みとそれほど変わらない。しかし、ロジェの探求はより包括的でより重大なものである。父親に拒絶されて、ロジェは、母親と暮らすこの「破廉恥な」男が本当の父親のはずがないと確信するようになる。彼は故郷の公文書保管所へ行き、自分の出生証明書と両親の結婚許可証を調べ、それらに署名した男の名、つまり自分の本当の父親の名を自分の目で確認するのである。しかし、実際に見ても、まだ彼は、そこにはっきり書かれている名前の男の息子が自分であり、彼が見た名前が母親と暮らすやくざ者の名前と同じだとは依然として信じられない。つまり、彼は自分がその男の息子だとは確信がもてないままなのである。彼は何としても自分で父方の系譜を作り上げて、身元を明らかにし、誰かの息子として自分の場所を見つけなければならないと思うのである。神経症者も、自分の父親が違っていたらと願ったり、父親を憎んだり軽蔑したり、別の父親(実際ほかの誰でもいいのだが)がいればと願ったりするだろう。しかし普通は、こんなふうに誰が自分の父親かを問うことはしない[62]。

さて、このきわめて具体的な事例を通して理解できるのは、父親とは私たちが一般に社会のなかでそれを理解しているように、生物学的な(現実的な、身体的な、遺伝的な)機能なのではなく、一つの象徴的な機能だということである。父親とは子どもの人生のなかである特定の役割を果たす者のことであり、単に紙切れ(公認のものかどうかにかかわらず)に書かれた名前の人物のことではない。ある男がロジェの母親に精液を与え、ロジェが生まれたことは確かだが、ロジェは自分を誰の息子でもない、父親はいないと感じているのである。

ロジェはアイデンティティを必要とし、「自分が生きてゆく根拠となる秘密の名前」(一八八頁)を自分で作り続ける。ロジェは、自分は自分自身と治療者のあいだから生まれるのだと感じ、自分の名の文字と治療者の姓の文字とを組み合わせている(この組み合わせは治療者の名前の単純なアナグラムになっている)。ロジェは本当の出生証明書だと考える紙切れにこの名前を書き付け(フランス語の出生証明書 *acte de naissance* という言葉は、出産という行為、生まれたという事実も喚起する)、その紙切れを自宅の土台にある一つの穴へ突っ込み、その穴を塞いだ。この日彼が感じた喜びは言葉にできないほどだった。一つの名前だけが主体の誕生をもたらすのであり、家系や血筋という象徴的世界に出現する一つの場所を与えるのである。ロジェはその場所を持っていない。つまり、ブロンズヘルメットという彼の名前は、心のなかでは本当の名前になり得ていない。なぜなら、彼のいわゆる父親が彼より犬のほうがましだと言っているからである。

ロジェは二年間、最初の治療者とのセッションに漫然と通っている。このとき、彼は自分が書いたものを山のように持っていき、こまごまと自分の夢を書き記し、それを分類し記憶し、そしてセッションの間、それを朗読するのである（この種の多産な「文学的」産出は、精神病ではごく普通にある）。治療者はこの書き物を手放さず、長い間、治療中にロジェに夢を読み上げさせている。しかしある日、ロジェが「バラがまき散らされた」金ピカの檻のなかに自分がいて、「治療者に見つめられている」（一八六頁）という夢を朗読した後で、治療者は「その夢は今のあなたの人生のイメージなのかもしれない」――つまり、おそらくロジェはあたかも、すべてがバラ色である金ピカの檻のなかから、世界を見ているのであり、治療者が彼に見とれているのだろう――と言ったのである。

この解釈に十分な根拠があるのか、ないのかという問題は取り上げずに、私たちはまずそれがもたらした効果に注目する必要がある。**この言葉が精神病の発症をひき起こしたのである。**治療者は一種の解釈を与えることで、ロジェに、夢には自分が気づかない意味があることを示唆している。ロジェはそれまで、自分の夢を、とても楽しいと感じられるきれいなイメージや物語だとしか考えていなかった。この介入で治療者は、自分自身を立会人の位置、患者の夢や書き物や思考を喜んで引き受ける貯蔵庫の位置ではなく、《他者》の場所――意味が決定される場所――に位置づけようとしたのである。

これまでの章で見てきたように、神経症者との作業では、治療者は、自分自身を《他者》として、つまり神経症者が意識的に言おうとしたことではない何かを、彼らが語ることのなかから聞く《他者》として、位置づけなければならない。というのも、そうすることによって、意味は疑わしいものとなり、自分が言っていることを自分は必ずしも知っているとは限らないことを分析主体が実感するからである。神経症者の場合には、**この場所つまり位置はすでに存在しており、**治療者は、神経症者によって初めからそこに位置づけられるわけではないとしても、単にその場所を占めるように進めればよい。しかし、精神病者の場合には、この場所が存在しないのである。ロジェの治療者がこの介入によって、それまで**先例のない象徴的な役割**を引き受けようとしたのだ、と理解

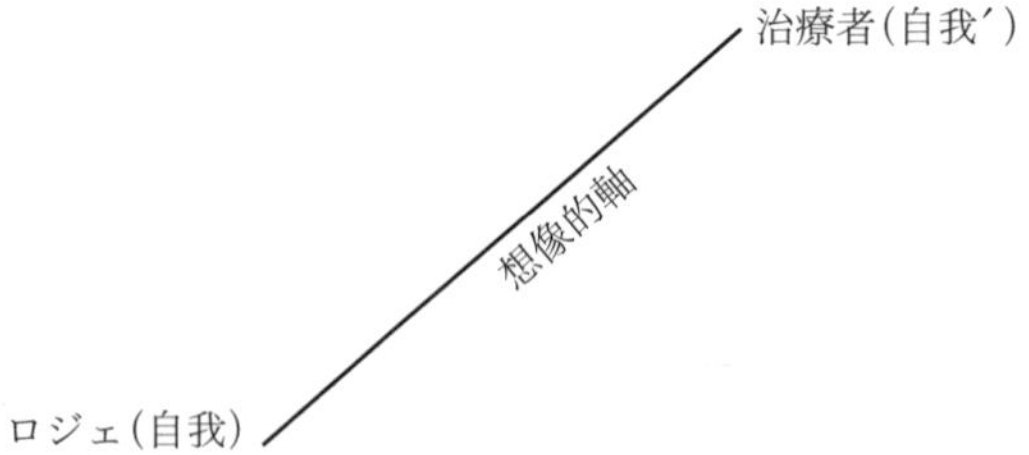

図 7・4　シェーマL(想像的軸のみ)

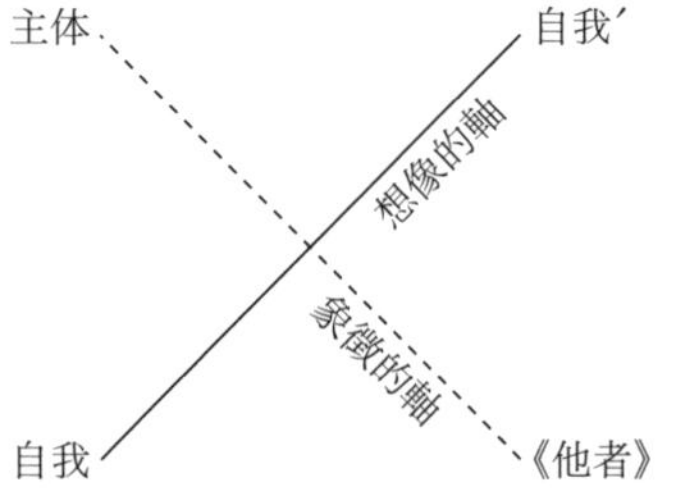

図 7・5　シェーマL(想像的軸と象徴的軸)

できよう。治療者は、ロジェの場合にそれまですべてを位置づけていた想像的な軸を越えようとし、想像的なものと「象徴的なものとの対立」のなかに何かをもたらそうとしている。つまり、治療者は三者関係化、すなわち二者関係に「外部」を導入しようとしているのである。[63]

第三章で紹介したシェーマLの用語を使えば、ロジェと治療者は、彼らの関係を意味する唯一の軸、つまり想像的軸の両端に位置づけられる(図7・4)。しかし治療者は、むろん知らず知らずに、**見出すべき主体が存在しない事例において**、主体に対し象徴的に対立する場所を占めようとする(図7・5の象徴的軸に沿って)。つまり、治療者はロジェに対する象徴的な関係のなかに自分を位置づけようとするのだが、しかしそのとき、ロジェには主体と《他者》という場所はないのである。[64]《他者》に答える主体ではなく、そこに現れているものは巨大な穴、真空である。意味の主体――父性隠喩によって作り出される最初の意味に根ざす主体――の不在のなかでロジェは、あらゆる事柄に、威嚇的な意味をあてがい始める。これは治療者の解釈以前にはなかった意味である。待合室に偶然置いたままになっていたハンマーをみて、ロジェは突然、治療者が自分のことを「ねじがゆるんでいる」と思っているのだと判断してしまう[65]。待合室にあった雑誌の表紙にある一つの問い、「学生たちは狂っているのか?」(大学生の不平不満に関する記事の見出し)を見てロジェは、その問いかけは自分に直接向けられていて、自分のためにとくに書かれたものだと信じ込む。つまり、絶対の確信を伴うさまざまな解釈がロジェの頭に浮かんでくる。すなわちロジェは妄想を抱き始めるのである。

ここで心に留めておかなければならないのは、ロジェは治療者の名前のアナグラムを洗礼名として名乗ることで、治療者を父親像として立てようとしていると思えるのだが、ロジェはシェツェル(二人目の治療者)には、最初の治療者は「私にとっては母親のようでした」と述べていることである。かつて彼は自分の母親の写真を治療者の診察室に置いておこうとさえした。治療者がそれを保管し、治療者は母親のようであるべきだと治療者が思うようにロジェが仕向けたのである。ロジェは、世界のなかでの自分の空間・場所、特定の血統での役割を与えてくれる新たな家系を何とか自分で作り出そうとする。しかしロジェは治療者を象徴的な父親とすることはない。むしろ、彼は治療者を、一種の支えてくれる母親とみなしているのである。治療者がよりいっそう、象徴的父親のようになろうとし、「自分自身を想像的な *a-a'*(自我と他我)の対に基づく関係における第三の位置に自らを位置づけ」(『エクリ』五七七頁)〔邦訳第二巻三四六頁〕ようとし始めると、ロジェは治療者がいても安心感は得られなくなる。ラカンはこうした父親を *Un-père* ――「ある父親 A-father」、あるいは「一人の父親 One-father」と言うほうが良いかもしれない――と呼んでいる[66]。この役割には、ただ年上の男性ならばよいというわけではなく、二者関係(通常、母子間)に介入して、精神病者と純粋に象徴的な関係を築こうとする男性という意味がある。

純粋な象徴的機能としての父親 the Father、つまり一人の父親 the One-father との出会い[67](多くの場合、男にせよ女にせよ象徴的な役割を担う、あるいは担おうとする特定の人物との出会いという形をとる）によって、精神病への引き金が引かれる、つまり精神病が発症するのである。ラカンはこれをきわめて一般的なテーゼとみなし、精神病発症という発端でのこうした「一人の父親」との劇的な出会いを**すべての事例**で探求することによって、そのテーゼを検証するよう促している。たとえば、「夫の面前でちょうど出産したばかりの女性、聴罪師に自分の罪を告白する告解者、あるいは『恋人の父親』に出会ったときの恋する少女」（『エクリ』五七八頁）〔邦訳第二巻三四六頁〕などの場合に、そのテーゼが見出されるかどうか。純粋な象徴的機能としての父親との出会いは、他の人間が介在しなくても起こり得る。たとえば、自分がもうすぐ父親になるのだとわかったとき、あるいは社会的、政治的、法律的な父親像を担うよう求められたときなどである（『セミネールIII』三四四―三四五頁）〔邦訳下巻二六〇―二六二頁〕。後者の例ではラカンはシュレーバーを念頭に置いている）。

ロジェの事例では、こうした出会いの直接的結果の一つは、彼が新たな名前、自分自身を存在させてくれる新たな秘密の名前を求め始めたことである。治療者の名前を基にして彼が作り上げた最初の秘密の名前は、治療者の解釈によって象徴的秩序の主体、すなわちシニフィアンの主体の位置に投げ込まれたとき、「僕はここにいる」とロジェが答えられるほど、しっかりした名前ではなかった。つまりロジェは言語活動の主体として、すなわち自分の夢の隠れた意味に責任を持つ主体として存在するように求められると、秘密の名前は崩壊したのである。したがって、ロジェが新たな名前を探し求めて、自分の治療者である分析家の名前、自分自身の治療者の精神的象徴的父親を見つけようとするのはたしかに論理的ではあるが、ロジェのその努力は失敗に終わるのである。次に彼は、「一番のビッグネーム」と彼が言う、自分の大学で最も有名な教授と話そうとするが[68]、このことがロジェに、治療を続けること、それも今度は自分で選んだ治療者と治療を続けることを暗示したのである。

ロジェはこうして新しい治療者、ジャン=クロード・シェツェルを選ぶのである。その理由はよくわからないが、その治療者の姓が、父親に熱烈に愛されていた姉に対してロジェが使っていたニックネームのように聞こえるからだとみてほぼ間違いないようである。最初のセッションの前に、シェツェルは運良くロジェの最初の治療者による事例報告を見ることができた。したがってロジェが精神病者であり、妄想の傾向があり、彼が自分の文学的産出をかなり重要視していることを十分承知していた。シェツェルはロジェの書き物を拒否することは一度もなく、セッションのときにいつもロジェにそれを読み上げさせている。しかしシェツェルが介入に際して優先するのは、ロジェが腰掛ける前後にふともらす「何気ないコメント」や、シェツェルに手渡す書き物には書かれていない自分の夢に関するロジェの自発的と思えるコメントである。明らかにロジェはシェツェルに気楽に話せる感じになり、次のようなことをうち明けている。「言葉が私をびっくりさせるのです。いつも書きたいと思っていますが、ものに言葉を充てることがうまくできませんでした。……言葉がものから滑り落ちてしまうようでした。……それで思ったのですが、辞書をAからZまで勉強して、知らない言葉を書きとめておけば、それらを全部自分のものにできて、言いたいことは何でも言えるのではないでしょうか」(一九〇―一九一頁)。もちろんロジェは、そうした言葉を全部「所有」する、つまり言葉が「ものから滑り落ち」ないようにすることはできない。彼には、言葉とものとを、より正確に言えば、シニフィアンとシニフィエとを結びつけておく投錨点がないのである。父の名、父の「ノー」と母親の欲望を結びつける根本的なボタン綴じがないために、言葉と意味、シニフィアンとシニフィエはあてもなくさまよわなければならない。しかしロジェは、書くことはある程度意味を固定したり凍結することができる(ものはこうして、石にはならないにしても、「型には嵌る」)ので、ものごとを書き留めておけば、すこしは安心できると感じている。ロジェは、話すことは意味が滑っていくので危険だと感じており、意味を捕まえたり縛り付けておくことは自分には絶対できないと思っているのである。

シェツェルはロジェとのセッションを辛抱づよく続けて、ロジェのより自発的なコメントに注意を払い、ロジェが以前のセッションで何気なく言ったことをその後のセッションで繰り返すことによって、シェツェルは、自分のことを「話し相手になる人間だ」(一九一頁)とロジェに思わせるようにしている。最初の治療者と違ってシェツェルが（すでに心のなかではあいまいになっている）ロジェの発話の意味を詮索したり、ロジェが意図していない意味まで引き出したりほのめかそうとしないことに気がついてから、ロジェが夢を読み上げることはほとんどなくなっている。

シェツェルはこうした雰囲気のなかでロジェがある夢を詳しく話したとき、重要な介入をおこなっている。その夢の主役は「二〇三男」[69]であるが、この二〇三（*deux cent trois*）という数字は、フランス語では「三がない二」（*deux sans trois*）とまったく同じ発音である。最初の治療者がロジェと自分（二）との二者関係に第三の立場、三を導入しようとして引き起こした問題にシェツェルは気がついて、「3がない2もあります」と言って介入している。この言葉が示唆しているのは、三を含まない二があっても構わないことや、治療者と二者関係、つまり母-子的な関係を持つことで満足しているロジェに対して治療者が「一人の父親」の役割を担おうとしているわけではない、ということである。ちょっとの沈黙の後、ロジェが言う。「母親といるみたいです。……僕は、まるで父親がいないみたいに、いつも母親と一緒でした」（一九三頁）。

実際、ロジェは現実的（生物学的）父親や想像的父親しか持っておらず、「お前の母親のところへは立ち入り禁止だ。俺が母親を最初に見つけたんだ。自分の女を見つけろ」と言って法を宣言する父親、つまり象徴的父親は持っていない。ロジェの子ども時代を通して三のない二があったのであり、これはもう手遅れである。ロジェの年齢で外部（三）を導入しようとするのは、妄想や自滅的な抑鬱をもたらすだけだろう。父の名は、父の禁止と同様、ロジェには決して受け入れられなかったし、最初にロジェに課せられることもなかった。そして一つの場としての《他者》が存在することは決してなかった。原抑圧が起こらなかったのである。ここからラカンが、父の名あるいは父の「ノー（否）」の排除と呼ぶものをロジェの事例から理解できる。「排除」という言葉は何かを拒絶し却下する能動的な試みを示唆するが、非常に多くの場合そうであるように、ここでわかることは、父の禁止がまったく「ない」ことであり、そのために象徴的な《他者》としての父が刻み込まれていない、根付いていないのである。ロジェは自分の父親に象徴的役割を認めることを懸命に**拒絶している**ようには見えない。むしろ、彼にはそれを受け入れる機会も、拒否する機会も与えられていないのである。事実、彼はむなしく父親の名前を他の誰かの名前と取り替えようとしている。治療者の名前（アナグラムという形で）や「ビッグネーム」、教授の名前であったりするが、どれも「定着」しない。いわば、先例のないものの役割を果たせるものは何もないのである。彼は父の名に訴え、要求するが、その甲斐がまったくない。そこには答えるものが何もないのである。今や治療者は三者関係をつくることを望めない。治療者は自分の努力のすべてを、すでに存在し、働いている想像的な範域に傾けて、それをできるだけ頑強で堅固なものにしなければならない。

このことはロジェの事例において正確には何を意味しているのだろう。ロジェはシェツェルに、自分に「何が起きたのかを理解」したいと言っている（一九三頁）。そしてこのことこそ、まさに治療者が精神病者とともに達成できると期待しうること、つまり患者が**一つの理解を構築すること**を助けること、患者個人が生き、自分の場所を見つけることを可能にする意味世界を啓発することである。意味が想像的なものであることは第二章で見てきたが、精神病者がうまく治療に取り組めるのはこの水準においてなのである。神経症者の場合には治療者は、彼らがあまりに早く理解しないよう懸命にならなければならない。それというのも、彼らは自分の見たいものを見て、理解して楽しいことを理解するからである。自我はあらゆる新しい意味、あらゆる新しい理解の周囲に自分を再結晶化し、再構築するので、治療者は自我ではなく、無意識に影響を与えることを期待しつつ、神経症者のあまりに早過ぎる都合のよい意味形成の活動を妨げようとする。しかし、精神病者の場合には、治療者はこうした意味形成活動を促進しなくてはならない。なぜなら、精神病者の自我だけが一緒に作業できる唯一のものだからである。治療者は、自己という感覚を精神病者のなかに築き、それによって精神病者が、自分は誰であり、世界のなかで自分がどこに位置しているのかを明確にするようにしなければならない。

ロジェの場合、最初の治療者が解釈を提示した後、妄想に苦しんだが、彼の妄想的活動は、たとえばシュレーバーの場合のような新たな宇宙論や世界観を決して誘発していない。妄想的活動が治療者の介入によって沈黙させられずに、そのまま経過する場合、その妄想的活動はラカンが「妄想性隠喩」（『エクリ』五七七頁）〔邦訳第二巻三四六頁〕と呼んでいるものを、おそらくその過程には数年を要するだろうが、必然的に作り上げるに至る。この「妄想性隠喩」という新たな起点にもとづいて、精神病者は世界の意味、世界のすべてを設立するのである。[70] ロジェの場合、この新たな起点は一つの妄想的系譜かもしれず、それによって彼が実は、たとえば神の子（神の妻でないなら）であることや、彼の母親と父親の家系が一緒になるよう運命づけられていたことが説明されているのかもしれない。ラカンがこうした新たな世界観を妄想的隠喩と呼ぶのは、ある一定の観点からはこの妄想的隠喩が父性隠喩の代理になっており、それによって比較的安定した持続的な仕方で言葉と意味が結びついていられるからである。たとえば、シュレーバーは何年も費やし、新たに、非常に特異な宇宙論を作り上げたが、その最終結果は安定した意味の世界の成立――それは多数の人間が共有する意味ではなく、どうでもよい意味だが――であり、そこにおいてシュレーバーに一つの空間、耐えることのできる一つの役割が約束されるのである。シュレーバーは最後に、何とか自分で作った世界のなかで自分のための一つの場所を見つけるのである。ラカンはこれをシュレーバーの「精神病過程」の「最終」地点であると呼んでいる（『エクリ』五七一頁）〔邦訳第二巻三三八頁〕。

第九章で見ていくように、父性隠喩は一つの説明原理として役立つのであり、私たちを生みだす《他者》の欲望（私たちは**主体としては**両親の欲望から生まれるのであり、彼らの身体から生まれるのではない）を説明したり、なぜ私たちはここにいるのか、なぜ、どれほど私たちは欲望されたのか、などについて説明する。このような説明原理を持たない精神病者は、妄想の過程によって、自分なりの説明原理を作り上げようとするのである。

これとは対照的に、ロジェの妄想活動は治療者の介入によって、大部分止められている。シェツェルは、シュレーバーのように宇宙全体を再創造しないでも、生きてゆくうえで自分を支えることのできる意味をロジェが構築できるよう手助けすることに着手している。シェツェルは、ロジェの場合に作り出された意味の体系がどのようなものかは、彼の事例報告が二年間だけの作業に関するものなので、説明していない。しかし、その報告には、今後シェツェルが何年間かはおこなうことになろうロジェとの作業についてどう思い描いているか、その良い着想がみられる。精神病治療へのラカンのアプローチについてさらに踏み込んで議論するには、いずれにせよ、さらに理論的な資料を紹介しなければならないだろう。とくに幻覚的な活動を軽減し、精神病者が新たな意味システムを構築するのを手助けする方法としてラカンが提唱した介入法の核心を示し、それを根拠づける必要があろう。私は本書の続編でそうした資料を提示するつもりである。

ロジェについてはさらに多くのことが言えただろう。たとえば、さまざまな問題が、ある女性（盲人の夫を亡くしたばかりの女性）とのセックスの可能性が出てきたときに始まっているように思われるのはなぜか、私は何も言わなかった。この苦難は自分の姉――大人になるまで、父親に近づく唯一の手段だった娘――との小さいころの性的な遊びに関連しているのだろうか？　またロジェにおける女性化の問題も取り上げなかった。もっとも、十分な背景的情報をシェツェルは提供していないので、こうした問題については推測する以上のことはできないと思われる。主としてロジェの事例は、父の名の排除が何を意味するのかを例示し、精神病者を治療する際の治療者の役割は、神経症者を治療する場合とは根本的に異なることを理解するのに役立つ事例なのである。

父親からさらに悪いものへ

社会学者や歴史家たちは昨今の西洋社会における父親の役割の衰退を告げている。しかしこれは割引いて聞いておくべきだと私には思われる。何といってもテレンシウスやプラウトゥスの古代喜劇が、今日私たちが身の回りで目にすることをそのまま彷彿させる形で父親を描いている。しかし、家族構造の変化（今日の片親家庭の増加など）、性的役割に関するイデオロギーや言説の変化は、家族のなかでの男性の重要性や父親としての象徴的役割の重要性が今まで以上に広範に疑われていることを示唆している。

公然と三者構造（たとえば母子の二者関係における第三項、外部、象徴的《他者》の導入、すなわち父性隠喩の設立）の重要性を拒否して、あえて独身のままで子どもを持とうとする女性はますます増えている。子どもを養育するレズビアンのカップルはますます増えており、父親の重要性を避けたり軽視したりしているように見える。離婚率が実際上昇しており、母親だけに育てられる子どもの数が恒常的に上昇していることや、男性の間でも子どもに対する態度が反権威主義的になってきていること（現代のフェミニストの言説のなかに、少なくともそれをある程度奨励する向きがあることは間違いない）が一緒になって、父性の役割がある一定の社会環境においては死滅の危機にあるように思われる。

ラカンは、父性ないし父親の役割、すなわち母親を越える権威の役割を担う父親像の設立が家族構造の頂点であると主張しているわけではない。彼の言説は、ダン・クエールとマーフィー・ブラウンとが戦わせた「家族の価値」論争などではない。私たちの社会では父親を支持するべきだとラカンが主張しているわけではない。むしろ彼は、父親の役割を拒否し、現在父親が持っている象徴的機能を傷つけても、何もよい結果をもたらさないだろう、つまりその結果は、父性機能自体がもたらすものよりさらに悪い結果を招くだけで、精神病の発病率を増大させるだけだと警告しているのである。このことは、ラカンが一九七一年、セミネールXIXに『……ou pire（あるいは、さらに悪いもの）』（*père*（父親）という語の母音置換語の一つが pire である）というタイトルをつけたときに念頭に置いていたことの一つなのである。父親を二つの悪のうち、より小さい悪であるとみなすなら、その父親を拒否することは、より大きい悪を選択することになる。

ラカンが父性機能の除去を奨励する言説に対して異議を唱えるとしたら、次のように言うだろう。「シニフィアンとシニフィエ、言語活動と意味との根源的結びつきを提供する父性隠喩のようなものを、象徴的機能としての父親なしに根づかせることができるのか？　もしできるとするなら、どうやって？もしできないとすると、外部を導入する、つまり母子関係を三者化し精神病を避けるための別の方法があるのか？　象徴的秩序やその力に頼らずに、想像的な次元での競争や戦争の世界を仲裁することができるのか？　一方の性が象徴的代理という役割を持たなくてよいのか？」

同じ効果が得られる別の方法が見つからない限り、父性機能の除去を奨励する言説に由来する実践は、精神病の発症率を増大させる危険を冒すことになる、[71]とラカンの著作は示唆していると思われる。

第八章　神経症

幻想は、欲望に特有の快を与える。
——ラカン『エクリ』七七三頁〔邦訳第三巻二六八頁〕

本書ではすでに神経症の多くの特徴について述べてきた。最初の五つの章で概略した分析へのアプローチは、とくに神経症へ適用されるものである。第七章で言及した精神病の場合には別のアプローチが必要となる。次の第九章で扱うように、倒錯の場合に要求されるアプローチも、神経症の場合とはいくつかの点で異なっている。

言うまでもなく、神経症はさまざまに特徴づけられるが、精神病との対比では、神経症は次のようなことを示している。父性機能の設立。言語活動の本質的構造への同化。確信よりも疑いが優位であること。法の制定は制止されていないが、対照的に諸欲動がかなり制止を受けていること。[1] 直接的な性的接触よりも幻想において快を見出す傾向。排除に対立するものとしての抑圧の機制。フロイト的言い間違いや錯誤行為、症状などのような、抑圧されたものの内部からの回帰など、枚挙にいとまがない。また神経症は、倒錯とは次の点で異なっている。性器帯が他の性感帯よりも優位を占めていること。興奮させるものは何かに関して一定の不確かさがあること。興奮させるものがわかっている場合でもそれを求めるのにかなりの困難があること。《他者》の享楽の原因であることを拒絶すること、など。

抑圧

無意識について最初に言うべきことは、……フロイトがそれについて述べていること、つまり無意識は思考から成る、ということである。

——ラカン『シリセット1』(一九六八年)三五頁

抑圧の本質は、……情動が禁圧されることではなく、それが置き換えられ、誤認されることなのです。

——ラカン『セミネールXVII』一六八頁

神経症を定義する根本的な機制は抑圧である。精神病者は自分の「汚れた洗濯物」すべてを恥じらいもせずに他人に晒してしまい、他の人ならば恥ずかしがるようなきわどい感情や行動をすべて知らせてしまうが、神経症者はそうしたことを視野から、他者から、自分自身から隠し続ける。これらのことはすべて抑圧の作用による。ラカンは精神病者の状況について、彼らの無意識は世間の人びとに見えるよう(公然と *à ciel ouvert*)晒されているまで述べている。(2) 実際、ある意味で**精神病においては無意識はない**、なぜなら無意識は抑圧の結果であるから。(3)

抑圧の原動力については、自己像や自分の道徳的原則と折り合わない考えないし願望が、自我や超自我によって締め出されることとして説明されるか、あるいは、最初に抑圧された材料の「核」へ、その核に結びつく諸要素が引きつけられることとして説明される。場合によってはその両方の説明がなされる。しかし、それがどのように記述されようと、フロイトに従うなら、抑圧とは、何らかの知覚や頭をよぎった考えが分離されて書き込まれ、記録されることなのである。こうして抑圧は、排除として理解されるような、知覚や思考の完全な抹消を伴っていない。フロイトが「否定」(一九二五年)で述べているように、抑圧は、たとえば、ある場面の知覚など、問題になっている現実がすでに精神によって、あるレベルで受け入れられ、肯定されていないかぎり、生じない。(4) 精神病では、問題の現実は決して肯定されたり、認められたりはせず、それは排除され、拒絶され、拒否される。神経症では、現実はきわめて根本的な意味で肯定されているのだが、意識から締め出されているのである。

フロイトが夢の顕在内容と潜在内容を二つの異なった言語に喩えている(SE IV, 277)〔邦訳著作集第二巻二三二頁〕ように、ラカンは、無意識を一つの言語活動、それもすぐには読み取ることができない一種の外国語である(『セミネールIII』二〇頁)〔邦訳上巻一七頁〕と言っている。「抑圧」(一九一五年)におけるフロイトの最も厳密な定式化は至る所で何度も繰り返されているのだが、ラカンはそれに従って、**抑圧されているものは、知覚でも情動でもなく、知覚に結びついた思考、**(5) **情動が付着している思考である**ということを確認している。言いかえれば、無意識は思考によって構成されており、思考は言葉によって、すなわちシニフィアンによって、表現されたり、形成されるしかない。情動と思考は、一般に初めから結びつけられている。しかし抑圧が生じると、情動と思考は互いに切り離され、思考は意識から締め出されるのである。

こうしたわけで、気分が沈んで、憂鬱、不安で悲しいと訴え、罪悪感に圧倒されているがその理由は皆目わからないという患者に臨床家は出会うのである。そして、患者たち自身による説明は、彼らを圧倒する情動の力と、どうみても釣り合いがとれていないのである。情動は多くの場合、それに結びついていた思考が抑圧されてもそのままとどまり、それを何とか理解しようと困惑する者は自らその情動についてその場しのぎの説明を求めがちとなる。(6) 情動は持続していながら思考を「忘却」することは、ヒステリーにおいてよくみられる。

強迫神経症にかなり認められるのは、ある思考、たとえば、子ども時代のある特定の出来事は、かなりよく意識に上ってくるのだが、情動はまったく喚起されないという例である。強迫神経症者はその出来事を思い出すのだが、そのときの自分の反応や感情は思い出さない。こうした場合、本質的には、その思考とそれに初めは結びついていた情動との結びつきを断つことによって、抑圧が働いているのである。このようなとき、分析家は、患者が今ここでの分析的関係のなかに、切り離された情動を転移させるようにしなければならない。このことは、示唆や非難によってもたらされるのではなく、分析家自らができる限り白紙のスクリーンの役割を担い、陽性の投射も陰性の投射も引き受けることによってもたらされる。

例を挙げよう。鼠男の分析でフロイトは当初より、鼠男が子どものころ、密かに父親に憎しみの感情を抱いたのだと確信したが、そのような情動は、子ども時代のどのような記憶によっても喚起されなかった。しかしフロイトは分析の状況下で、「特性のない男」〔ムージルの小説『特性のない男』を踏まえていると思われる〕を体現し、鼠男の父親の代わりをかなり忍耐強く務めることによって、分析主体はそうした感情を再び産出し、フロイトに悪口を浴びせた。こうした（父親から分析家への）置き換えによって、情動は前面に出てくることができたのである。

抑圧されたものの回帰

ある思考は一度抑圧されても、眠ったままでいるわけではない。それは関係ある他の思考と結びつき、可能であればいつでも表現を求めて、夢や言い間違い、錯誤行為、症状となる。「抑圧されたものと抑圧されたものの回帰はまったく同じものである」(7)とラカンは述べている。つまり、抑圧された観念は、フロイト的言い間違い、名前の度忘れ、「偶然に」花瓶を壊すことなど、回帰の形式が何にせよ、偽装された仕方で表現される観念と同じものである。たとえば、母親の愛撫への不快感は、子どもが母親への欲望を抑圧していることを示す、など。実際、抑圧されたものが存在していることの唯一の「証拠」は、破綻や中断などの形式で表れる回帰なのである。たとえば、顔の一部の痙攣様の動きなどの症状が、精神分析にとって必要な、抑圧という概念についての唯一の証拠なのである。[8] チックは抑圧された敵意、あるいはもっと見たいという抑圧された願望から生じているのかもしれない。どちらの場合も、ある願望が抑えられ、脇へ押しやられるのである。「神経症の症状は、抑圧を表現できる言語（*langue*）の役割を担っている」（『セミネールIII』七二頁）〔邦訳上巻九九頁〕。症状は《他者》へのメッセージなのである。

身体に表現された症状（体の方々のちょっとした痛み、胸の締め付け、うずきの感覚、やけつくような感覚、めまいから、偏頭痛、麻痺、盲、語唖、聾という範囲にまで及ぶ）を転換症状と呼ぶが、その場合に症状が採用する媒体は、言語活動によって書き込まれた身体、シニフィアンによって上書きされた身体である。会話療法の発明者アンナ・O Anna O（実名はベルタ・パッペンハイム Bertha Pappenheim であり、ヨーゼフ・ブロイアー Joseph Breuer によって治療された）[9] には、時折右手の硬直がみられた。それは、彼女の父親が蛇に威されていると（「覚醒夢」で）彼女が信じこんだとき、父親を守らなかったのが右腕であったからである。言いかえれば、彼女の肉体的、身体的症状が、父親との関係や、胸中では嫌っていた父親に対して抱いていた、来るべき死への願望を「物語るものだった」のである。彼女は身体の神経路に関する医学的知識をすべて無視する別の症状も示した。彼女は大腿の一部にするどい痛みを感じ始めたが、結局のところ、その部位は彼女が父親の足の治療をするとき、父親が足をのせたちょうどその場所だったのである。

強迫神経症では、抑圧されたものが心のなかへ回帰することが特徴だが、ヒステリーでは抑圧されたものが身体へ回帰するのが特徴である。強迫神経症者は思考が乱されること（見た目は無意味、強迫的、迫害的でさえある思考）によって悩まされ、ヒステリー者は時期によってかなり変化する身体的な不快に悩まされるということは真実だが、これは絶対確実な規則というわけではなく、強迫神経症とヒステリーとの信頼できる区別を提供するものではない。強迫神経症者が「ストレス関連の」――この言葉は心身症患者にとっては近代医学の決まり文句であるに過ぎない――身体疾患に圧倒されることがますます多くなってきたようだが、このことは単に、ヒステリー者の心身症的症状がかつてそうであったように、彼らが身体の当該患部を選択することによって**伝えている**ということに過ぎないのである。たとえば、強迫神経症者の「身体化」が消化管や排泄器官にあれほど強い偏愛を示すのは偶然だろうか（「過敏性腸障害」のような新たな「症状群」はもちろん、現在診断される多くの「ストレス性」胃腸障害を想起されたい）。

結局、強迫神経症とヒステリーを区別できるのは、抑圧されたものの回帰の場所が、患者の思考か、それとも身体か、といった違いによるのではない。思考も身体も言語活動によって支配されているので、両者は「《他者》の場」に支配されていると言えるのである。[10] ある患者の臨床像で転換症状が**優位**であるならば、ヒステリーと診断するのが妥当かもしれない。しかし、さらに検討する必要がある。転換症状のような特定の特徴はほとんど決定要因にはならないのである。マゾヒズムの傾向のように、転換症状は多くの異なる臨床カテゴリーでも見出されるからである。

ラカン的主体の位置

神経症という大きな構造的カテゴリー内での種々の「臨床構造」（つまり診断カテゴリー）――それらはすべて抑圧の機制によって定義される――は、ラカンによれば、症状の違いではなく、主体の位置の違いに対応している。アメリカの精神医学者、精神分析家、心理学者は、神経症内部の分類と診断カテゴリーをさらに細かくしようとしているようである（もちろん、彼らが神経症という一つ上のカテゴリー自体を認めていればの話だが）。

主要カテゴリー：	神経症	精神病	倒錯
下位カテゴリー：	ヒステリー　強迫神経症　恐怖症		

たとえば、次のような具合である。「抑うつ障害 depressive disorders」、「双極性障害 bipolar disorder」、「多動 hyperactivity」、「類催眠状態 hypnoid states」、「気分変調症 dysthymia」、「多物質依存 polysubstance dependance」[11]。これらのカテゴリーはどれも、ある一定の時期に個人が示す特定の症状、あるいは一連の症状にレッテルを貼っているに過ぎない。どのカテゴリーも、ある人の総体的な心理学的な成り立ちのなかの微細な症状あるいは小さなパターンしか表現していない。

ラカンの見方によれば、「嗜癖人格 addictive personalities」、「内向型 introverts」、「外向型 extroverts」、「愛し過ぎる女 women who love too much」、「親密さを恐れる男 men who are afraid of intimacy」、「共依存者 codependents」などというカテゴリーより、はるかに根本的な諸構造が存在する。アメリカの心理学や精神医学は、直接目に見えるものだけを扱う傾向があり、精神分析的探求の源である「より深層の」構造という概念を捨てている。こうして彼らは、多くの場合、アメリカ流の科学的思考において主流を占めている、陳腐で愚直な発想――**各個撃破せよ**――に屈服している。各パターンを分離できる最小の部分に砕き、それらに新たな名前をつけ、論理的に分離した「障害」として治療しようとする（可能な場合、投薬や特別な「治療技法」も用いられる）のである。事実、大衆的心理学によるカテゴリーは、結局「医学」が普及させたカテゴリーと比べても五十歩百歩である。どちらのカテゴリーも症候群ごと、症状ごとのアプローチをとっている。

拒食症の女性は正当にも「摂食障害」と分類されるが、それは、彼女が拒食であると聞けば、すぐにわかることである。しかし彼女が「ヒステリー」と診断されれば、彼女の「摂食障害」の役割をまず、彼女の精神構造という広い文脈のなかに位置づけることができる。たとえば、彼女が十代のころに拒食症が果たしていた役割を、子どものころには嘔吐が、二十代前半のころには万引きが、後には株式仲買人としての高度にストレスがかかる高額の取り引きが、それぞれ果たしてきたに違いないと考えられる。

ラカンの精神分析では、神経症の診断的下位分類も構造的なカテゴリーである。それらは特定のセットになった症状に基づくものではない。同じ症状がまったく違う種類の人たちにも見出せるからである。

主要な診断的構造と神経症の下位カテゴリーは前頁の図のように図式的に表される。ここで次のことが問題となる。神経症内のこれらの「より深い構造」はどのように定義されるのだろうか？

ヒステリーと強迫神経症

フロイトは初期の著作で、人が早期の（最初の）性的経験へ反応する際の特異性にもとづいて、強迫神経症とヒステリーの定義づけを何度か試みている。彼が提案した定義のうち最も印象的なものは、強迫神経症者は罪悪感 guilt と嫌悪 aversion によって反応し、ヒステリー者は不快感 disgust と反感 revulsion によって反応する、という定義である。[12] 最も広義のフロイト的意味で性行動をきわめて重要なものとみなし続ける臨床家にとって、性に対する姿勢の基本的な相違に基づいて患者を区別できることは、診断的寄与の要となる。[13] というのは、現実の臨床作業では、強迫的な儀式や身体症状などといった、強迫神経症やヒステリーのより表面的な指標は必ずしも決定的なものではないからである。たとえば、通常、ヒステリーの特徴とみなされる転換症状や心身症的問題は強迫神経症的な人にも認められるし、逆に強迫神経症の特徴が、ヒステリー的と思われる人にも見られる。実際、私がスーパーヴァイズした事例では、ある拒食症的傾向（たいていはヒステリーと関連する）を示した患者が、罪悪感（こちらは強迫神経症と関連する）を主訴として連れてこられた。彼女は母親に罪の意識を感じれば感じるほど、カロリー摂取をより厳しく制限したのである。[14]

もし治療者がヒステリーの「真の定義」を持っていれば、彼らはたとえば患者の臨床像に見られる強迫的現象の背後に、当人の心的経済を真に制御しているより根本的な機制を見据えることができるだろう。こうした定義があれば、治療者は、他の臨床構造に特有の諸特徴が「迷い込んで」きているのを見逃したり、無視せず、それらの諸特徴を患者の最も基本的な機制の作用として転移のなかに位置づけられるであろう。

ヒステリーにこうした唯一の明快な定義を与えることが、明らかに一八九〇年代後半のフロイトの目標だったが、彼はそうすることができるとは決して思っていなかった。フリースへの手紙のなかで、[15]彼は、すべてを説明するヒステリーについての決定的な著作を書くつもりだと書いている。しかし彼は結局その本を書かなかった。現在の私たちには、必ずしも内的に一貫性のない、ヒステリーと強迫神経症の暫定的な定義が多く残されている。これらの定義は臨床家にはきわめて役に立つが、より重要な問題は未解決のままである。なぜ主要な神経症が二つなのか？　たとえば、なぜ四つ、あるいは六つや七つではないのか？（私たちは恐怖症を含めているので、[16]実際は三つである）。

精神分析の発展におけるヒステリーと強迫神経症というカテゴリーの歴史的重要性は脇に置くとしても、これらのカテゴリーに従って仕事をし臨床経験を理解することのない人びとに、完全な定義のない状況のもとで、それらの重要性を伝えるのは難しい。というのも、およそどのような分類図式でも、ある程度の期間、使っていれば、臨床家にとってそれなりの有効性と意義を持つことになるのである。なぜなら、その臨床家が同一カテゴリーに分類される患者たちの間に共通の特徴を見ようとし始めるからである。しかし、精神分析のカテゴリーは、他の分類よりも**有益である**がゆえに、より妥当性を持っているといえるだろう。なぜならそれによって臨床家は、転移において自分をいかに位置づけるか、見通しはどうか、あるいは、おそらく初めは見えないが治療の過程で表面化してきやすい諸特徴の広がりはどの程度かなどについて、適切な考え方を持つことができるからである。本章で私が述べるように、精神分析の分類は、さまざまな患者に対する実践家の介入を**方向づける**のに役立つ限り、他の診断体系を凌駕していると言えよう。

しかしラカンによって、精神分析のカテゴリーを擁護する議論をさらに強力に展開できる。彼は、それらが深層の構造的なレベルで**定義可能な**ことを示している。ラカンは生涯をかけ、フロイトの仕事を形式化し拡大しようと試みたが、そのなかでフロイト自身が与えなかった強迫神経症とヒステリーの構造的理解の基礎を提供しているのである。

構造的定義

「すべては他者のため」と強迫神経症者は言い、そしてそれが彼のなすことでもあります。なぜなら、彼は、他者を破壊するという絶え間ない目まぐるしさ（めまい）のなかにいるために、他者が存在し続けることを保証することすらできないからです。

——ラカン『セミネールⅧ』二四一頁

ラカンによるヒステリーと強迫神経症の最も包括的な区別を把握するためには、第五章で紹介した、根源的幻想 fundamental fantasy という彼の考え方に戻らなければならない。その最も基本的な形式は、主体と対象 a の関係（$\mathcal{S} \lozenge a$）である。**しかし、ヒステリーの根源的幻想の構造は、強迫神経症に見出される根源的幻想とは根本的に異なっている。**かなり単純化して言えば、強迫神経症者の幻想は対象との関係を伴っているが、強迫神経症者はその対象が《他者》と関連していることを認めない。ラカンによれば、主体が《他者》から分離するとき、脱落するものとして、あるいは失われるものとして、常に対象は生じるのだが（図8・1参照）、強迫神経

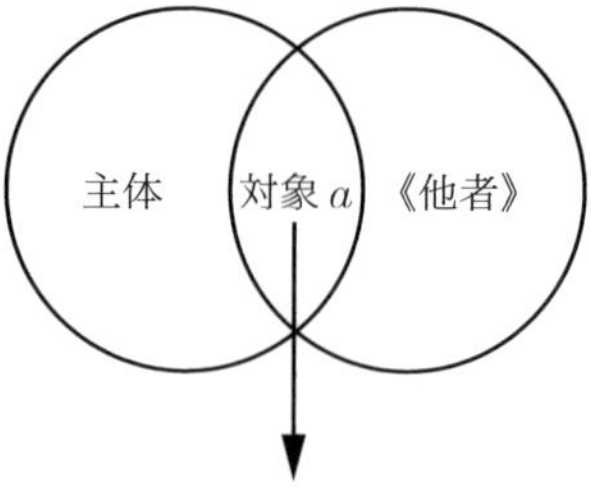

図 8・1

症者はその対象と《他者》の間のいかなる類似関係も認めないのである。[17]

きわめて単純なフロイト的、ラカン的な例をあげよう。母親の乳房は初め幼児の満足の主要な源泉である（母乳で育てられている幼児の場合）。図8・1では、子どもが左側の円、《母親》mOther は右側の円であり、乳房はその二つの円の交差部分に相当する。はじめ、幼児は乳房を自分自身から離れているものとしてではなく、むしろ「自分自身」（初めは「自己」という感覚はなく、ある人物や対象がどこで終わり、別の人物がどこから始まるのかという感覚もない）の重要な部分であるとみなしている。経験は区別され分離された実体ではなく、連続体の形式を取っている。一度幼児が、母親から自分自身が分離していることに気づくようになると、乳房をまったく同じようには「所有」できなくなる。というのは、それがもたらす最初の満足は、自己-他者、主体-対象の区別に先立つ時期に結びついているからである。[18]幼児は乳房を、誰か別の人のものとは考えていなかった（実際、所属や所有の概念はまだ知られていないから）わけだが、乳離れ——これは大雑把に言えば、分離の一つの形式である——の過程で、それをもぎとられたり、失われたものとして経験する。分離の過程で子どもが喪失するのはエロチックな対象としての《母親》というよりも、むしろ多量の快を与えた乳房という対象である。[19]子どもは受動的にこの喪失を被っているわけではない。子どもはその喪失に対して、対象の修復を試みたり、喪失そのものを償おうとする。

強迫神経症者の幻想では（強迫神経症者の大多数は男性なので、本書では強迫神経症者を「彼」と呼ぶことにする）、彼の欲望の原因として機能する乳房との

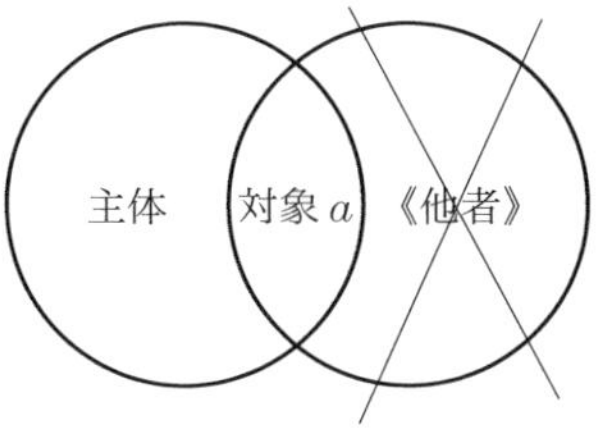

図 8・2

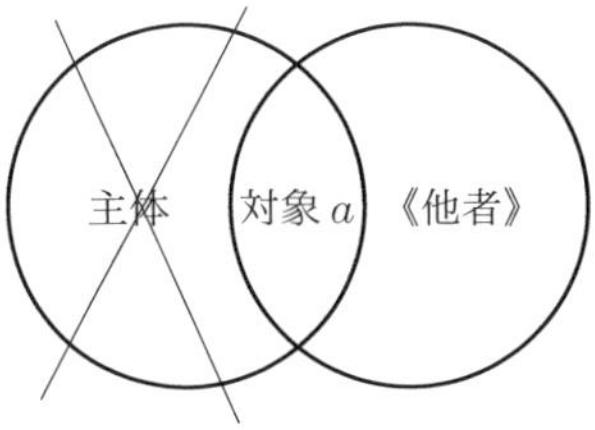

図 8・3

関連で主体が自分を構成するとき、分離は克服され、埋め合わされる。一致や全体性は、対象を加えることによって、主体に回復される。しかし強迫神経症者は、乳房が《母親》の部分であり、母親からやって来ること、あるいは乳房が彼のセックスのパートナーとなる現実の女性との関係を支えていることを認めようとしないのである。

図8・2のように、強迫神経症者は、対象を自分自身とみなし、《他者》の存在、ましてや《他者》の欲望を認めようとしない。こうして、強迫神経症者が《他者》を中性化、無効にしようとすることを理解すれば、強迫神経症者の根源的幻想は、ラカンの根源的幻想の一般的定式（$\$ \Diamond a$）を用いて十分に形式化できる。[20]

一方、ヒステリーの幻想では（ヒステリー者の大多数は女性なので、本書ではヒステリー者を「彼女」と呼ぼう）、分離が克服されるのは、主体が自らを、彼女が喪失したエロティックな対象との関連においてではなく、《他者》が失っている対象として構成するときである。分離によって、ヒステリー者は自分自身の喪失を、《母親》の喪失という点から、すなわち、かつて自分がそれであったところの対象の《母親》からの脱落という点から把握することになる。彼女は、自分の母親が子どもなしには《母親》として完全ではないと感じており、自分自身を、《母親》を全体あるいは完全にするために必要な対象（《母親》の欲望を塞ぐ対象）として構成する。[21] この関係は父の名によって三者化されないと、精神病が生じるかもしれないが、三者化されれば、ヒステリー者は自分を《他者》に欲望させる対象として構成するのである。《他者》が欲望する限り、対象としての彼女の位置は保障される。

《他者》のなかに、ヒステリー者にとっての一つの場が保証される。

　強迫神経症の場合、対象を自分自身とみなすが、ヒステリー者はむしろ《他者》の欲望を見抜こうとし、自分が存在していないときに、《他者》に自分への欲望を生じさせるような特定の対象になろうとする。彼女は、主体の側において自分自身を対象aと「同等視」することによって構成する（図8・3）。根源的幻想は分離に対する反応であるとみなすことができる。ここで次のようなことがわかる。強迫神経症者は**主体**の側で、分離の効果を克服あるいは破棄しようとする。一方、ヒステリー者は、**《他者》**の側で、分離の効果を克服、破棄しようとするのである[22]。

　これまで素描した捉え方について以下で具体的に説明していくが、まずは次の点を指摘しなければならない。ヒステリー者の根源的幻想は、ラカンの一般的な定式（$\$$◇a）を使っても十分には定式化**できない**。◇の左側の位置――いわば「主体スロット」、主体の位置が示されているスロット――に、ヒステリー者はある対象、すなわち対象aと同一化して現れる。そして彼女が根源的幻想において関係する対象――◇の右側の位置、「対象スロット」において示される――は、強迫神経症のように喪失した対象ではなく、欠如としての《他者》である。それをラカンは、分割された、あるいは欠如している《他者》であることを示すために、A（フランス語で《他者》を意味する*Autre*）に斜線をひき、Ⱥと名づけている。それゆえ、ヒステリー者の対象あるいは「パートナー」は想像的な他者――彼女が自分自身のようだとみなす者――でも、彼女の欲望の原因として役立つ現実的な対象（たとえば、声や眼差し）でもない。むしろそれは象徴的な《他者》あるいは主人――男にせよ女にせよ、知と権力がしみ込んでいる誰か――である。こうしてヒステリー者の根源的幻想はa◇Ⱥと書くことができるだろう[23]。

　こうした定式については詳細に検討できるだろうが、ここでは読者のために少しずつその意味を考えてゆくにとどめよう。最初から心に留めておくべき重要な点は、ラカンの鋭い（しかし複雑な）概念――すなわち主体、対象、《他者》――を使えば、**ヒステリーと強迫神経症の差異は、主体の位置の根本的な差異として定義でき、**

両者において《他者》および対象への関係が対立的である、ということである。

私が強迫神経症とヒステリーについて与えた定式（つまり「マテーム（分析素）[24]」――ラカンはこう呼んでいる）は、ラカンが彼の仕事のさまざまな機会に与えた定式とは正確には同じでないことに留意すべきである。彼が提示したさまざまな定式は一九六〇年と一九六一年[25]にさかのぼり、彼の一九七〇年代の仕事によって、それらはある程度変更されているように思える。本書での私の目的は、ラカンの仕事の展開について歴史的に説明することではなく、臨床家にとって最も価値があると思われることを要約して提供することにあるので、ラカンのマテームに関する網羅的な注釈はあえてしていない。そういったことを検討することがつまらないからではなく、単にそうした検討が長くなりすぎて私の説明が埋もれてしまわないようにするためである[26]。

ここで問題にしている構造とは、因果的な観察によって発見されるような「パターン」（時にそれは明白に見て取れるのだが）や、分析の最初のセッションで報告されるような表層的な「パターン」ではない。経験豊富な臨床家は少しの時間で、あれこれの構造を持つ徴候が現れるのを見て取るだろうが、信頼できる診断に到達するには、しばしばセッションを重ねることが必要となる。

思考のなかのいること（強迫神経症）と原因であること（ヒステリー）

ラカンは、神経症における根本的疑問は存在に関する問い――「私は何者か？」――であるとみなしている。第五章で示したように、この問いは結局、子どもが両親（《他者》）の欲望を探求することのうちに反映される。「なぜ彼らは私を産んだのか？」、「彼らは私から何を望んでいるのか？」。こうした問いは、両親の欲望において子どもが占める位置と関係しているのである。子どもが直接両親にこれらの問いを尋ねても、彼らの答えはほとんどあいまいである（たとえば、ママとパパはお互いに大好きだったの、そしてあなたがやって来たの、など）。子どもは、両親の語らいや行動に一貫性がないために、自分の存在の理由をあれこれ考えなくてはならなくなる。その答えが根源的幻想によって与えられるのである。

強迫神経症者とヒステリー者は、異なった仕方で存在の問いに真剣に取り組む。その問いはヒステリーや強迫神経症においてそれぞれに変形されるからである。存在に関するヒステリー者の根本的な問いは、「私は男か女か」であり、強迫神経症者のそれは「私は生きているのか、死んでいるのか」である。強迫神経症者は、彼が意識的に考えているときのみ、自分である、自分が存在すると確信する。[27] もし彼が幻想や沈思黙考のなかに陥ったり、たとえばオルガスムの間、まったく思考が止まるとすると、彼は存在の確信をまったく喪失する。存在する、あるいは存在し続けようとするためには、意識し考える主体――自我――であることが必要であり、自分の思考や欲望のある部分に気づかない分割された主体であってはならないのである。彼は自分を自分自身の運命の主人であると信じている。

意識的に考える者としての強迫神経症者は、無意識を故意に無視する。無意識とは、私たちの内なる外来の語らいであり、私たちの母語における言葉のあいまいで多義的な意味を利用し、私たちが統御しない、そして統御できない語らいのことであり、その無意識によって私たちは意識的に言おうとしたことの反対を言ったり、意識的にしようとしたことの反対のことをしてしまうのである。[28] 強迫神経症者は、その見知らぬ声と自分がおなじマウスピースを使うという考えには我慢ならないのであり、その見知らぬ声を押し込めたり、少なくとも聞こえる距離から追い出そうと懸命になる。彼は、そうではない証拠が出そろっているにもかかわらず、無意識が存在しないかのように行動するのである。教室では、強迫神経症者は第一に無意識という観念を受け入れない学生であり、言い間違いには意味がなく、また自分の考えすべてを意識でき、自分は自らの考えに意識的になるために、誰かほかの人は必要ないと確信している。彼が自分の考えを変えようとする場合でも、彼はいやいやながらそうするのであり、それは精神分析理論のレベルのことに過ぎないと考えるのである。

強迫神経症者はこうして自分を一つの全体的な主体であるとみなすのである（それは斜線で貫かれていないS

で示される)。彼は自分を、自分が言っていることや望んでいることにしばしば確信がもてないような人間、つまり欠如をこうむっている人間とはみなさない。彼は勇敢にも自分を《他者》に頼っている者として理解することを拒み、誰にも依存せずに欲望の原因との幻想的な関係を維持しようと試みる。それゆえ彼は他人を必要としないマスターベーションを好む傾向をもっている。強迫神経症者は自分自身に対しては完璧である。この意味で、私たちは強迫神経症者の幻想における主体の斜線を取り除くことができる。そして S◇a と書き直すことができるのである。したがって彼が他者と性的な関係をもつ場合でも、他者を皆、対象 a の偶発的な「容器」あるいは「媒介物」とみなすことを好む傾向もみられる。どのパートナーも代替可能、つまり誰とでも交換できるのである。[29] 彼は、他者が性的興奮を引き起こす原因ではないことを確実にしようと、どんな現実のパートナーをも無化するのである。その代わりに、人間のパートナーは彼の心のなかでは母親の姿――母親としての愛を与えるものであり、子どもが愛情を向ける固有な対象――にしばしば変形されている。これはフロイトが「愛の領域における価値低減」(SE XI, 179ff)〔邦訳著作集第十巻一八四頁以降〕と呼ぶものに関係している。こうして、強迫神経症者は二つのクラスの女性、聖母マリアと売春婦、つまり愛され熱望され得る母親の姿と、母性愛をもつ対象とはならずに対象 a を具現する刺激的な女性とを生み出すのである。[30]

一方、ヒステリー者はパートナー、つまり《他者》を強調し、それを支配するために自らを《他者》の欲望の対象とする。《他者》は、ヒステリー者の幻想では、欲望する主体であり、それは通常、欲望の対象となるヒステリー者を、そのヒステリー者にとってふさわしいと思うときにふさわしいと思うとおりのやり方で欲望するパートナー(恋人か配偶者)である。実際、ヒステリー者は自分をいつまでも対象としての役割のままにしておき、《他者》の欲望が満足しないことが確実となるような方法によって事態を統御するのである。ここでは欲望する主体としての《他者》は操り人形でしかない。ヒステリー者が欲望される対象、欲望の〔なかの〕欠如としての役割を維持できるように、《他者》の欲望はヒステリー者によって満足させられないままとなるのである。

ヒステリー者が、よく知られている「満たされぬ欲望への（彼女自身の）欲望」によっても特徴づけられることを後にみよう。ラカンは、ヒステリーは**満たされぬ欲望** *unsatisfied desire* によって特徴づけられるとさえ述べている（『セミネールⅧ』、四二五頁）。

満たされぬ欲望（ヒステリー）と不可能な欲望（強迫神経症）

（欲望の）原点は、本質的に不可能性にある。[31]

――ラカン『エクリ』八五二頁〔邦訳第三巻三八一頁〕

ヒステリー者と著しく対照的だが、強迫神経症者は**不可能な欲望** *impossible desire* によって特徴づけられる（『セミネールⅧ』四二五頁）。このことをみごとに描き出しているコレット・ソレルの例を引用しよう。[32] ある強迫神経症者が一人の女性に出会う。彼は彼女に大変魅せられ、彼女を誘い、正式に愛し合うようになる。彼は彼女のなかに、欲望を引き起こさせる対象をみる。しかし彼はいつセックスするかについて予定を立てたり、まさにセックスするそのときに自分に電話をかけるよう、別の女性に頼まずにはいられないのである。彼は電話を鳴ったままにしておくこともせず、またその電話に出てセックスをやめることもしない。そうではなく彼は電話に出て、恋人とセックスをしている**間でも**電話の相手と話をするのである。彼のパートナーはこうして無化され、無効にされる。とにかく彼は、彼女に、つまり自分に対する彼女の欲望に依存していると考える必要はいささかもなくなる。[33] オルガスムは、少なくとも一瞬の思考の中断、思考の束の間の終結をもたらすものだが、[34] 強迫神経症者は別の女性と電話で話し続けることによって、彼は意識的な考える主体としての自分を一秒たりとも消失させないのである。

このように極端に思考を維持しようとする強迫神経症者はほとんどいないが、《他者》（この例では、強迫神経症者にとって《他者》である女性だが）の無化あるいは否定は、強迫神経症の場合、ごく普通である。このことは、後述する強迫神経症の事例検討でわかるように、女性関係についての強迫神経症者の意識的信念においてよりも、女性に関係する彼の具体的行動においてはるかに理解しやすい。セックスの間、男性の強迫神経症者は誰か別の人物とセックスしていると幻想しやすく、それによって現に彼と一緒にいる女性の重要性を否定するのである。[35] **欲望は強迫神経症においては不可能である。**なぜなら強迫神経症者が自分の欲望の実現（たとえば、誰かとセックスすること）に近づけば近づくほど、《他者》が彼よりもますます優位にたち、主体としての彼を凌駕しようとするからである。《他者》の現前によって、ラカンが「消失 aphanisis」と呼ぶもの、すなわち主体としての消失がもたらされ、強迫神経症者を脅かすのである。[36] その現前を避けるために強迫神経症者がおこなう極端で典型的な一つの方略は、まったく完全に近づきがたい誰かと恋に落ちるか、あるいは誰も適う者がいないほど身持ちの堅い愛人を基準にすることである。

ヒステリー者の幻想では、欲望するのは《他者》（Ⓐ）——一般的には、ヒステリー者のパートナー、たとえば異性愛のカップルでは夫やボーイフレンド——である。したがって一見、ヒステリー者自身はいかなる欲望の位置も占めておらず、男の欲望の対象に過ぎないようにみえる。実際、社会一般と同様に、精神分析は女性に対して、欲望する主体としての位置を譲渡していない、つまり精神分析は女性を対象化していると主張するフェミニストがいる。しかし**ラカンは記述しているのであり、規定しているのではない**。彼の第一の主張は、臨床経験から、ヒステリー者が対象として、ある一定の位置を**採用している**ことがわかるということである。ヒステリー者が、多くの場合に女性の社会的地位のゆえにそのようにしているのかどうか、この文脈では議論の余地のある問題点である。ラカンの目的は非難したり賛同したりということにはないからである。彼は単に、それは臨床家が日々の臨床で出会うことだと言っているに過ぎない。彼は強迫神経症がヒステリーよりも良いものだと主張しているのではないことは確かである（むしろ、逆である！）。他のところで私が議論したように、女性と対象との関連についてのラカンの観点は、象徴的次元（シニフィアン、言語活動）の本性やその物質的媒体にも議論がおよんでおり、きわめて意味深いものと思われる(37)。

ここで強調しておきたいのは、対象としてのヒステリー者の位置は、この所説の一側面に過ぎないということである。というのは、ヒステリー者は自分の男性のパートナーと同一化しており、**彼女は彼であるかのように**欲望するからである。つまり彼女は、彼の位置にいるかのように、あるいは男性であるかのように欲望するのである。ラカンが「人間の欲望は《他者》の欲望である」と言うとき、彼の言いたいことの一つは、私たちは《他者》の欲望を自分自身のものとして取り入れるということである。私たちは誰か他の者であるかのように欲望する。ヒステリー者は、自分が《他者》――この場合では自分の男性のパートナー――であるかのように欲望するのである。

このことを例証するために、肉屋の女房の事例を考察しよう。これはフロイトが『夢解釈』（SE IV, 146-151〔邦訳全集第四巻九六―二〇二頁、著作集第二巻一二五―一二九頁〕）で記述し、ラカンが「治療の指導とその能力の諸原則(38)」で一つの範例として取り上げている事例である。フロイトの患者（フロイトが彼女をもっぱら「肉屋の女房」としているのは効果的である）は、夫が自分に非常に惚れていて、二人の関係にすべて満足しているようにみえるのだが、にもかかわらず、夫が彼の好みでは決してないひとりの女性（彼女は非常に痩せており、彼は自分の妻のようにぶっきらぼうな女性にだけ惹かれることが多いのだが）に関心を持っていることに気がついていた。夢のなかで彼女はフロイトに語った。その夢は、あらゆる夢は願望の充足であるというフロイトの理論を反駁するために彼女が語った「反-願望」の夢である。彼女は、夫が欲望した痩せた女に同一化し、自分を文字通りその女の位置におく。つまり彼女は、以前には思いもよらない欲望を（同一化によって）発見し、その対象になろうとするのである。このことが彼女に、存在の感覚、誰か或る者――つまり、《他者》が失った対象、《他者》を完全にするために必要とされる対象――である感覚を与えている。

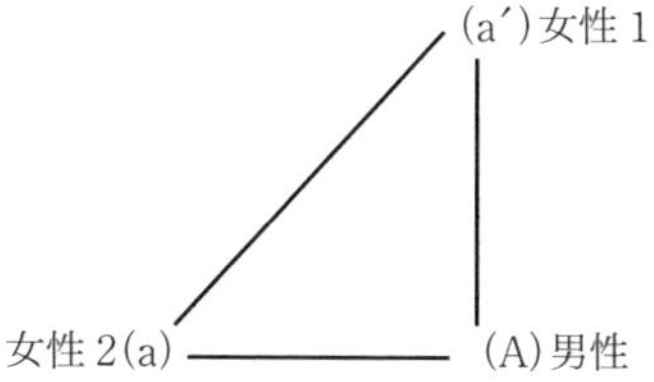

図 8・4

しかしさらなる要素がある。夫への同一化によって、彼女自身が自分の女友達を欲望するのである。「人間の欲望は《他者》の欲望である」から、彼女の欲望は彼の欲望と同一になる。彼女は彼が欲望するように欲望し、彼が欲望するものと同じものを欲望する。彼の欲望が彼女自身の欲望への道を指し示す。ヒステリーに関する議論でしばしば言及される「他なる女性」は、《他者》によって欲望された女性である。ヒステリー者が作り出し、成長させる複雑な「愛の三角形」（図8・4）はすべて、一人の男性をめぐっている。欲望する主体としてのヒステリー者の位置は、《他者》の欲望に依存している。つまり、それは一人の男性を介した回り道を意味している。[39] 彼女はここで男性のように欲望するのである。

ラカンは「ヒステリー者は男性をつくる／男性になる L'hystérique fait l'homme」（『セミネールXX』七九頁）という定式化によって、ヒステリー者を特徴づけている。この定式は二様の意味に理解できる。ヒステリー者は男性をつくる、あるいはヒステリー者は男性の役割を演じる、と。彼女は男性の欠如／欲望を明らかにし、まさに男性をほんとうの男性にするのである。それと同時に、彼女は男性の位置を奪い、男性の代わりに彼の役割を演じる。[40] 肉屋の女房の事例では、彼女は、夫の欲望の謎の対象としての女友達**にも**、そして女友達への夫の欲望というレベルで夫**にも**同一化している。ここでヒステリー者の問い「私は男なのか？　女なのか？」が適切な問いであることを理解できる。ヒステリー者は、両者の位置——つまり欲望の謎めいた対象と、夫が見たところは充足しているために謎めいてみえる欲望性——に同一化することによって、自らの性をどのように位置づけるのであろうか？

私は、強迫神経症者が自分の性について思い悩んでいないと言いたいわけではない。というのは、フロイトが『精神分析入門』(SE XVI, 307)〔邦訳著作集第一巻二五三頁〕のなかで述べているように、神経症者は皆、同性愛の傾向があるし、また『自我とエス』(SE XIX, 第三章〔邦訳全集第十八巻二三―三七頁、著作集第六巻二七六―二八四頁〕で述べているように、子どもは常に男親、女親の両方(もちろん、彼らが共に親である場合だが)に、いくつかの点で同一化する。つまり「私は男か？ 女か？」の問いはすべての神経症者にとっての問いなのである。しかし、強迫神経症者にとって、「私は死んでいるのか、生きているのか」という問いがより切迫し侵襲的な問いであるように、ヒステリー者にとっては、「私は男か? 女か?」の問いがよりきびしく現前する問いなのである。

肉屋の女房の事例へ戻ろう。フロイトの議論からわかるのは、彼女が自分自身のある欲望を、満たされないままにしようとしていることである。実際、彼女はフロイトに、「私はキャビアが欲しい、でも自分のためにそれは買わないで、と言って夫をキャビアのことで『悩ませています』」とはっきりと告げている。つまり彼女は、キャビアを望むということによってのみ、そして自分からキャビアが奪われることによって、快を得ているのである(自己剝奪による快は、ヒステリーにおいては重要であり、拒食症で重要な役割を担っているように、決して過小評価すべきではない[41])。彼女は自分が満たされぬ願望への願望、すなわち無意識的な願望を抱いていることをかなりよく承知している。ラカンはこれを満たされぬ欲望への(前意識的な)欲望と定義づけている。

同時に、夫の欲望に自分をどうにか関わらせるために、肉屋の女房は、夫を悩ませ、刺激して、彼が過剰な満足を得られないようにし、夫の欲望を生き続けさせねばならないのである。というのは、満足は欲望を鎮静させてしまうからである。ラカンが言うように、「欲望が、(ヒステリー者にとって《他者》を体現している人物において)維持されるのは、(ヒステリー者が)対象としては姿を消し、彼に与える満足を欠如させることによってのみである」(『エクリ』八二四頁)〔邦訳第三巻三三八頁[42]〕。キャビアをめぐる彼女の方略を考えてみよう。彼女は夫に「一日一つ、キャビア入りのサンドウィッチを食べるのが好き」と言って、彼女に必要なキャビアを買おうという欲望を彼のなかに引き起こす。しかしそのとき、彼女は、自分のためにあまりお金を使わないで、と彼に言う（「彼女は出費をしぶる」）。彼女は夫のなかに、まず（与えたいという）欲望を生じさせ、それから、それを満足させるなと要求するのだ！　実際、日ごとにそのことで夫を悩ませ、彼のなかに与える願望、彼女が彼のなかに作り上げた欠如を思い出させるのである。

肉屋の女房は、その他の点では申し分のない夫が、別の女性への、つまり彼女の女友達への欲望を抱いていることに**気がついている**。そして彼女はその必要があると思えば、その欲望を**つくりだす**こともできる。ヒステリー者は、夫が最も満足すると思われるそのときに、彼のなかに、何か他のものへの欲望、あるいは誰か他の者への欲望さえも引き起こすやり方を見つけ出すのである。肉屋の女房の事例では、別の女性はいわばいつでも利用できる存在だった。しかし他の事例では、ヒステリー者は故意に（普通は意識的に意図しているわけではないが）別の女性を探し求めようとするように思われる。彼女はその女性とともに**欲望の三角回路**のなかに彼女のパートナーを巻き込み、罠にかけることができるのである。[43]

《他者》の享楽に関する神経症者の位置

ヒステリー者は、三角回路を巧みに組織化し、《他者》の欲望の主人——**彼の欲望の原因**——になるが、同時に彼女は、《他者》が《他者》自身の欲望を満たす人物になることを避けようとする。彼女は、彼の享楽の対象であることを避けるために、彼の欲望を不満足なままにしておくのである。フロイトと同様、ラカンにとっても、ヒステリー者は《他者》の性的満足を不愉快なものと思い、《他者》が自分という対象によってイクことを避けようとする者である。彼女は彼の享楽の原因であることを拒絶する。彼女は彼の欲望の原因でありたいのであって、**彼の享楽の原因**であることは望んでいない。[44]　このことは、彼女が男性との性的活動をすべて拒否しているということではない（時折そうなるが）。むしろ、彼女は、性的行為をするとき、誰か他の女性が彼とベッドにいる、自分は誰か他の人物で、何処か他の場所にいる、あるいは彼は別の人だ、などと想像しやすいのである。彼女は心のなかでは、彼の享楽の原因ではない。なぜなら誰か他の者が少なくとも思考のなかに存在し、**自分はそこにいない**のだから。

さてここで、強迫神経症者とヒステリー者が一緒にベッドのなかにいるとしよう。思考する主体として強迫神経症者は、自分にとって《他者》を具体化する女性に直面して消えてゆくことを拒否する。そして別の女性のことを考えたり、セックスしている間、他の女性と話したりさえする（彼は彼女のなかに対象aを見出し、手に入れようと望み、《他者》をその対象aへと還元しようとするのである）[45]。ヒステリー者は男性のパートナーの性的満足の原因であることを拒否し、彼の欲望を不満足なままにして、自分ではない誰か別の女性がベッドにいると想像する。以上は、ラカンがよく繰り返す「性的関係はない」という主張のよい例示となっている。強迫神経症者は目の前の女性を無効にして、自分の対象aに関わり、ヒステリー者はセックスの間、精神的にどこか他の場所にいることによって、自分の欲望を生かしておくのである。これはたしかに普通の意味の「関係」ではない！[46]

欲望と享楽の区別がここで最も重要である。これまで見てきたように、女性のヒステリー者は多くの場合、自分の欲望を生かしておくために、一人の男性を含んだ三角関係を必要とし、この回路から性的な満足を排除しようとする。にもかかわらず、女性のヒステリー者は、女性たち（ラカンが言うような、男女両性にとっての《他者》の性 the Other sex）を介して、マスターベーション、食べること、薬物やアルコール摂取、その他の活動によって大きな性的満足を見出しているかもしれない。ヒステリー者がまったく同一の関係から性的満足と欲望とを見つけられないのは、偶然ではなく、**構造的なもの**であろう。分析家は、自らの目標を、いかなる意味でも、欲望と性的満足の二者が一致できる地点へ患者を持っていくことだとみなしてはならない[47]。

ラカンは、アメリカの精神分析家たちが患者を「異性との間の正常な性器的」満足[48]へと方向づけ、患者の愛の対象と性的対象とを融合させることができるし、またそうすべきだと信じているとして、彼らをしばしば批判した。ラカンは、患者の神経症は同じパートナーに愛と性的興奮とを見出せないことによるのだという彼らの見方を非難した。ラカンの考え方は対照的である。愛、欲望そして享楽は構造的に異なる水準にある。分析家は治療の方向を、分析主体のエロスをより大きくするほうへ向けるのであり、分析主体にとって良いと分析家自身が信じることに向けるのではない(『セミネールVIII』一八頁)。そうである以上、問題は、分析主体が愛、欲望、性的興奮のすべてを同じ場所で見出せないことにあるわけではない。むしろ分析主体が、「完全な愛」のような理想のために、欲望と性的興奮の追求を断念していることが問題なのである。

神経症者は多くの場合、彼らの周囲の人びとが「正常」と考えることについて気にし過ぎる。そのためたとえば強迫神経症者は、自分の妻が出てこない幻想はすべて切り捨てようとするかもしれない。そしてなぜ自分のリビードは萎えて、死んだように感じるのかと考えるかもしれない。ヒステリー者は何らかのときに、女性を介して経験した満足を犠牲にするかもしれない。なぜならそれが、男性との愛の関係はどうあるべきかという彼女の観念にそぐわないからである。そして彼女は自分の人生がなぜこれほどまでに空虚で窮屈なのかと思い悩むかもしれない。分析家は、分析主体に対して、何が善で何が悪かという既成の観念はいかなるものでも当てはめてはならない。そうではなく、分析主体の欲望の弁証法化を促し、《他者》からの分析主体の分離を促進することだけをすればよい。

享楽に対するヒステリー者の位置(ヒステリー者は《他者》の享楽の原因であることを拒絶する)ということに話を戻すが、同じことが強迫神経症者にもあてはまることに注意しよう。彼の性的関心は本来自慰的であり、《他者》は無化されている。彼の戦略はヒステリー者のそれのように、「《他者》には享楽はない!」として特徴づけられる。倒錯者は、ラカンによれば、自分が《他者》をイかせる get off 対象であることに(少なくとも幻想では)身を捧げるが、神経症者のモットーは「《他者》は決して私ではイかない!」[49]である。こうして神経症は、ある意味で享楽、すなわち《他者》の享楽(50)に対する一つのストラテジーとして理解することができる。ヒステリー者も強迫神経症者も共に、《他者》の享楽の原因であることを拒絶するのである。

皮肉にも、ラカンはそれにもかかわらず神経症者の根源的幻想は「《他者》の享楽を保証するという超越的な機能を引き受けている」(51)と述べている。主体の位置はまさしく拒絶の位置かもしれないが、にもかかわらず根源的幻想は、「《法》において、この連鎖（根源的幻想は一つの連鎖、繋がりとみなされる）を私へ伝える」《他者》への反応によって、すなわち象徴的な父あるいは超自我に対する反応として形成される。私たちは《法》と調和しながら欲望するのである。禁止はエロティシズム化するものであり、幻想の構成へと導く。だが幻想自体のなかに一種の**閾値**が存在する。それを越えると恐怖に変わるのである。この閾値は夢によって、私たちもたいていよく承知しているものである。夢のなかで私たちが最も快を与えてくれるものを追い求めていると思われるまさにそのときに、それが突然まったく別の、非常に恐ろしいものに変化するときがある。純正の欲望が一種の**卑猥な享楽**の方向へ変わるのである。

ここでは複雑な弁証法の検討に入っていくことはできないが、超自我の過酷さ――しばしば意識の内的な声に還元されるが――は現実には享楽の手段である、というラカンの定式（たとえば、『カントとサド』で議論されている）にそれは関係している。強迫神経症者の超自我の声は、それについて考えるだけでおかしくないくらい興奮することをせよ、と彼に命令しているかもしれない。実際、ラカンは超自我によって発せられる本質的な命令を「**享楽せよ**」として定式化している。それは、主体に享楽させ、満足させるような命令である。たとえば、鼠男の事例では、彼はいろいろな**命令**が聞こえてくるとフロイトに告げるが、あるレベルではそれらは実質的にはすべて、彼がしたいと思うことを正確になせという命令――復讐心をもやせ、攻撃的であれ、など――である。奇妙にも超自我は、私たちに欲動を満足させるように命じる。やや直感に反するかもしれないが、超自我は、私たちの内なるサディスティックな《他者》である超自我そのものを満足させるよう命じてくる。明らかに私たちは、ある意味で「私たち自身」を同時に満足させている。私たちがそれを満足だと感じるのは、自我や自己のレベルではないことは確かだが。私たちがこうした超自我の命令に従うとき、それはあたかも、私たちが「私たち自身」のためではなく、**《他者》のために**享楽を得ているかのようである。[52]

ある意味で、今日のためではなく、「後世の人びと」のために生きている強迫神経症者は、《他者》に――すなわち彼が作家なら、彼の著作を評価し彼を死後も長く生きさせる未来の読者連中皆に――すべての享楽を転移しているのである。強迫神経症者は死後に生きる――自分の名のためにすべて（今ここでのすべての満足）を犠牲にして。そして自分の名を生き続けさせるのである。名――父の名である名、父親から譲渡された名――はある意味で、法を伝える《他者》であり、強迫神経症者の出版物、肩書き、金、財産、報酬などによってその享楽が保証される他者である。これは神経症者が、他者の原因であることを避けるように自分自身を位置づけるにせよ、いかに嫌々ながらも享楽を生贄として他者へ捧げているか、その一つの例証に過ぎない。私たちが自分自身の満足を犠牲にして、私たちの理想に自分自身を一致させざるを得ないときはいつでも、私たちは《他者》の享楽を保証することになるのである。以下にあげるヒステリーの事例で、こうした形で起きていることの一例をみることができるであろう。

この短い概説を補うためにたくさんのディテールを加えることができるだろう。実際、精神分析の主要な概念のすべて――転移、強迫行為、症状形成、諸欲動、など――について、ヒステリーと強迫神経症を分類する視点から、検証することは有益である。しかし、本書は入門書、とくに臨床の入門書なので、ここでは、それらの主要概念の一つである転移の観点からのみ、ヒステリーと強迫神経症を議論することにしたい。

分析における強迫神経症とヒステリー

強迫神経症者は《他者》を無化しようとする。彼が強迫的であればあるほど、分析へ入ってこようとはしない。分析へ入ることは、他人――一般的には、専門知識を持っていると考えられる者、すなわち象徴的な《他者》――の援助を受けることだからである。強迫神経症者とは、フロイトの理論や実践の授業に何週間も出席した後でも、「人は自分で自分の問題を考えぬくことができるはずだと私はまだ考えている」と言い続ける人のことである。彼は知的には、無意識の存在を受け入れるようになるかもしれない。しかし誰か他の人の手助けなしには無意識には近づけないのだという考えを彼は受け入れない。彼は自分が問題を抱えているということはわかっているが、「自己分析」や日記をつけること、夢を書き留めること、などだけに熱心なのである。

もっと日常的な状況においても、強迫神経症者は他人に助けられることを拒む。「私は**自分で**できる」と『ツール・タイム』*Tool Time* のティム・テイラー Tim Taylor（『ツールマン Tool Man』を演じる）は言う。彼は常に援助、実際それも専門的援助を必要としているのだが。『コーチ』*Coach* の主役は、屋根裏部屋から六〇〇ポンドの重さの装置が天井を突き破って、居間に落ちてきてつぶれたとき、こうつぶやいている。「自分でこの暖房装置を取り付けることができるのだから、どうして電気屋を呼ぶ必要があろうか」（『ツール・タイム』『コーチ』はいずれもアメリカのテレビドラマ）。完璧な強迫神経症者はアイン・ラディアンである。彼は誰にも何にも頼らず、自分の名声と富は、いかなる経済システム、政府、産業、人びとからも独立して、まったく非歴史的な文脈のなかで築いたものだと信じ込んでいる「自分の腕一本で成功した男」なのである。より典型的には強迫神経症者は、両親の願望の一つあるいはすべてに対する反乱の人生をまっとうとする。彼は自分がすることと、自分の両親が彼にさせたい、ならせたいと望んだこととの間にいかなる関係も認めないのである。彼の人生全体が《他者》の理想に対する抗議であるかもしれないが、彼は自分のしていることを自律的な言葉で鋳造しようとする。「私の両親が私に p をさせようとしたので、私は q をしている」というのではなく、「私は x、y、z を信じているから、そうする」のである。

強迫神経症者は《他者》からの独立を果敢に表明し、自らを分析にふさわしくない主体にしている。一般的に言って、彼が本当に分析に入ってくるのは、(分析的観点から見て)何か特別なことが起きた場合だけである。多くの強迫神経症者は二、三回セッションにやって来て、ちょっとした援助を求めるが、それは彼らに関わる重要な人物が治療に行くようにすすめたからであり、やがて彼らは来なくなる。強迫神経症者が分析を続けるときというのは、たいてい《他者》との意外な出会い——不安(おそらくその後何年も続く)を生じさせ、強迫神経症者の世界を揺り動かすような《他者》における欠如との出会い——があった場合である。鼠男の「残虐な大尉」(SE X, 166-169)〔邦訳著作集第九巻二二一—二二六頁〕——彼は他者に対して罰を加えたいという自分の欲望について遠慮なく口にする——との出会いはおそらくこのようなものであろう。あるいは強迫神経症者の両親のどちらかが、夫あるいは妻の死後すぐに情熱的な恋愛に陥ったことを彼が突然知ったような場合であろう。強迫神経症者は《他者》の欲望のこうした顕在化によって動揺し、もはや《他者》や《他者》への依存をたくみに無化することができなくなる。

このような出会いが通常、強迫神経症者が分析を始めたいという要求の発端にあり、その結果、《他者》へ開かれ、注目するように思われる。言いかえれば、こうした出会いが、強迫神経症者を若干ヒステリー者——ヒステリー者は《他者》の欠如に常に注目している——にするのである。ラカンの用語を使えば、強迫神経症者が「ヒステリー化」することで、《他者》へ開かれるのである。

問題は「ヒステリー化」は脆く、短命だということである。強迫神経症者はしばしばすぐに逆戻りし、《他者》を締め出し、いかなる依存も否定する。分析が強迫神経症者に対して効果をもつとするなら、分析家はヒステリー化を促さなければならない。分析家は分析主体によって《他者》の役割をあてがわれ、絶えず自らの欲望を(第一章から第五章であげたような、分析的な事柄すべてに)向けるようにしなければならない。そうでなければ必然的に「強迫神経症化」、つまり強迫神経症者を隔絶してしまうことは避けられないのである。[53]

こうして分析家の側に要求される第一に続けるべき「方略」は、強迫神経症者が常に分析家の欲望に直面するようにすることである。強迫神経症者と作業する分析家は、彼が分析家の句読法や解釈には注意を払わずに自分ですべてを連想し解釈する傾向、休まずに話す傾向にかなり慣れている。実際、分析家は、強迫神経症者が分析家の介入を強引に押しのけて進むのを止めさせるには、かなりの努力をしなければならない。彼は、分析家が押しつけがましく、自分の言いたかったことを邪魔するという感じを分析家に告げたりする。強迫神経症者は、分析家が黙ったままでいること、つまり現実には死んでいないのに死んだふりをすることを好むだろう。分析家が出す音すべて——分析家が椅子を動かす音、呼吸する音——が多過ぎて、彼は、むしろかえって忘れていたい分析家の存在を思い出すのである。

多くの分析家は死んだふりをして、沈黙を続け、患者の果てしない連想の連鎖に割り込まないようにする。しかし、ヒステリー化が維持されるのは、強迫神経症者のなかに侵入し、《他者》の存在、《他者》の欲望の存在を思い出させることによってだけである。分析家は強迫神経症者の幻想——《他者》がうまくごまかされ、無化される——に従わないようにしなければならないし、また分析家を使ってその幻想を繰り返そうとする強迫神経症者の試みを挫折させるようにしなければならない。

以上のように強迫神経症者を描くとすると、ヒステリー者は分析家の観点からは理想的な分析主体であると思われるかもしれない。つまり彼女は《他者》の欲望（$a \diamond A$）から自らの存在を引き出すがゆえに、彼女は極端にその《他者》の欲望に気を使う。しかし《他者》から、存在を期待することに加えて、彼女は知をも期待する。彼女は《他者》に頼り、彼女の存在の欠如（すなわち、存在したい）と知の欠如（知りたい）を満たそうとする。このために彼女は分析家の援助を安易に要求するのである——彼女は《他者》への自らの依存を認めている。しかしいったん彼女が分析に入ると、その作業をすることが困難となる。彼女は、パートナーのなかに欠如や欲望を見出そうとしたり、必要ならば、それらを引き起こしたりして、自分が欲望の対象として何であるかを

ヒステリー者の語らい　　　　分析家の語らい

$$\frac{\$}{a} \rightarrow \frac{S_1}{S_2} \quad \Rightarrow \quad \frac{a}{S_2} \rightarrow \frac{\$}{S_1}$$

知ろうとする。これと同様に、彼女は「私は何の病気なの？　先生、私はどこが悪いの？」など自分自身についての知を求め、分析家からその知を受け取ろうとする。

　仮に多くの分析家がするように、分析家が彼女の要求に応じて、彼女についての知識を提供しようと試みたとしても、この知識（たいてい、こうした知識は分析の初期段階では的はずれなものとなりがちである）は分析主体を一時的に喜ばせるのみである。その知識は分析家の知における欠如、穴、ギャップを探す分析主体によって瞬く間に疑問に付せられ、微に入り細を穿って検討され、評価される。なぜなら、そうすることによって、彼女は例外という役割、自分が分析家の知を補完あるいは完全にすることができるという生きた証拠を与えられるからである。分析家は、多くの場合、ヒステリー者と一緒に作業するのはとても骨の折れることだと知る。さらに、自分（分析家）がヒステリー者の状況理解よりも決して先んじておらず、ヒステリー者の飽くことのない欲求をやわらげるような新たな知もそれほど持っていないと感じてしまう。分析主体に知を送るというゲームをおこなう分析家は遅かれ早かれ、そのゲームに勝つのは常にヒステリー者だということを知るのである。彼女は分析家の知の主人になり、分析家にできるだけすばやくその知を生み出すようにさせるのである。分析家は、介入や解釈を通して、ヒステリー者にある症状を断念させ、ある症状を「解消する」ことに成功したとしても、ヒステリー者は次のセッションで、新たな症状を報告するだろう。[54]《他者》における欠如を指摘し、示す者としての彼女の位置において、彼女は生きた例外あるいは謎となり、いかなる既知の理論や技法よりも常に一歩先んじるのである。

　ヒステリー者は自分を分析家の知そして分析家の欲望の主人として治療の条件を設計し、分析家が分析主体に何を望まなくてはならないかを分析家に語る。したがってヒステリー者との作業で分析家に必要な方略は、形勢を逆転することである。ヒステリー者は「私自身について私に話してください、先生。私は何が問題なの？」と尋ねてくるが、分析家は彼女に次の質問を向けなければならない。「**あなたは**何を望んでいるのか？」。

この移行は、ラカンによって「ヒステリー者の語らい」から「分析家の語らい」へのシフトとして定式化されている（前頁の図）。これらについては他の所ですでに検討しているので、ここでは、これらの語らいに関するラカンの定式を繰り返し、二、三の点についてだけ言及しよう。(55)

ヒステリー者の語らいはヒステリー者が（斜線を引かれた主体$として）自発的に採用する語らいである。ヒステリー者は主人（S_1）、この場合では分析家に話しかけて（話しかけは矢印→によって示される）、分析家に知（S_2）を生み出させようとする。(56) 分析家の語らいでは、ヒステリー者あるいはヒステリー化した分析主体（$）は労働者の位置に置かれる（右上の位置は生産あるいは労働の位置である）。そしてその語らいを動かす能動者であるのは、分析家の謎めいた欲望（a）である（左上は動因の位置である）。

こうして、強迫神経症者は分析の初めからその過程を通してヒステリー化されなければならない。その一方で、ヒステリー者は**語らいを変化させられねばならず**、《他者》から知を得ようと待ったり、期待することをやめさせられねばならない。(57) このようにさまざまな神経症は分析家の側に対してさまざまな位置を要求するのである。分析家がヒステリー者を強迫神経症者に間違えると、分析家は要求——分析家の浴室を使わせろ、水を一杯飲みたい、セッションの時間を変えてくれ、座らずに立ってくれ、治療費を一週間待ってくれ、などあらゆる要求——を認めるかもしれない（いかなる場合も、そうすることは得策ではない）。そうすると、それ以後、分析主体の要求は十倍にも膨れ上がり、一つの要求が何倍もの要求となることに気づくだけである。そして分析家が要求を聞き入れることをまったくやめるか、過去の放縦をやめさせようとして一線を引こうとすると、分析家は矛盾していると非難されることが多い。「以前は私にそうさせたのに、なぜ今、私はxをすることができないの？」、「あなたが最初に私にそうさせたのは間違いだったの？」

分析家を試すこの種の行動は、分析家がよく承知しているものだが、それは分析家の欲望と知に探りを入れるヒステリー者の試みと関わるものである。ヒステリー者は、《他者》の欠如や原因になろうという仕方で自分自身を位置づけるために、《他者》の欲望を見分けようとする。彼女は分析家の欲望を習得し、掻き立て、そしてそれを挫折させることができるつもりなのだろうか？　分析家が自分の欲望を表現するまで、ヒステリー者は分析家をどれほどまで急き立てねばならないのだろうか。彼女は自分を位置づけるために、そのような表現を必要とする。そして分析家が自らの欲望について語らないとわかると、彼女は分析家を挑発する。それは巧みな場合もあれば、それほど巧みでない場合もあるだろうが。

分析家はヒステリー者を強迫神経症者に間違えると、すぐに寝椅子へ分析主体を促そうとしがちになる。アメリカでは、分析家や精神医学者は、誰に対しても初めからすぐに寝椅子につかせる傾向があり、予備面接と「本来の分析」との間も区別しないし、また、あいまいな不快を訴える患者が分析に来るというよくある事例と、ある種の行動や症状、快の出所が真に不思議な感じを与える事例もまったく区別しない。分析家が予備セッションと、分析家の「人格」（個人としての分析家）が徐々に背景にしりぞく後の段階との違いを把握しているなら、対面でのセッションは強迫神経症者よりも、ヒステリー者に対してより重要な意味をもたらすと分析家は考えていなければならない。ヒステリー者は特定の人のなかに体現されているものとしての《他者》の欲望に調子を合わせるので、白紙の壁に話しかけるのにそれほど耐えられず（絵や免状の貼ってある壁でも）、自分への《他者》の視線を感じることが必要であり、何らかの方法で支えられていると感じている必要がある。彼女は、自分が話す相手や、自分の言葉が有する効果を知ることなしには、自分の欲望の回路の秘密を探究するのが非常に難しいと思っているのである。

強迫神経症者は、反対にそれほど気にしていない。彼は自分にとって誰も《他者》を具現していないことを好み、分析の部屋ではすぐに独りでいるかのようになるので、彼は寝椅子を、対面の面接よりも便利な設定だと思うようである。実際、強迫神経症者をヒステリー化させておく重要性を考えるなら、この最初の設定はあまりにも彼にとって好都合である。強迫神経症者に唯我論を断念させるべきだとするならば、治療室での分析家の現前が初めから強調されねばならない。いったん、《他者》の欲望へとある程度開かれることが確認されれば、《他者》がさまざまな投射を支えるのに十分な空白となるように、彼を寝椅子に横たわらせてもよいであろう。

独身のヒステリー者が皆、自分の分析家を公然と試そうとすると私は言っているのではない。また強迫神経症者が皆、自分の分析家を露骨に寄せつけないと言っているのではない。こうしたことは心的構造の違いに基づく一般的な傾向であり、それらの表現は**非常にさまざま**である。しかしこれらは分析家が常に心にとめておくべき傾向である。

ここまで強迫神経症者を彼として、ヒステリー者を彼女として述べてきたが、女性の強迫神経症者も男性のヒステリー者も**いる**ことを指摘しておかねばならない。彼らの存在は、二十世紀には「境界例」という何でも入るカテゴリーに位置づけられたりするなど、多くの場合、近代精神医学を困惑させている（第六章で指摘したように、ラカンはこのカテゴリーについては、単にお手上げとあきらめて「私は何を見ているのかわからない」と言っているに過ぎないとして徹底的に否定している）。私自身の経験からは、ある一定数の男性の同性愛者や異性愛者は、ヒステリー者とみなすことができると思う。またフロイトは、かなり多くの女性を強迫神経症者と考えて記述しているように思われる（『精神分析入門』第十七章）。この種の典型的なカテゴリーの交配によって生じる複雑化は、ラカンによる男性の構造と女性の構造との区別によって、さらに複雑になる。男性と女性の構造は、彼によれば、生物学に対応しないし、また、かなりオーバーラップするにせよ、直接的に強迫神経症とヒステリーに対応するわけでもない（『セミネールXX』[58]）。

しかしここで、さらに理論を紹介するよりも、この章で概説してきた多くの理論的作業を詳細に例証する事例を示そう。私自身の二つの事例、一つは強迫神経症、もう一つはヒステリーの事例である。最初に事例素材を全般的に示し、次に詳細なコメントをつける形で提示したい。どちらの事例も典型的なものではないが、患者を同定できないようにするのは容易であった。

強迫神経症の事例

約一年間、私は一人の男性に対して、初めは一週間に二セッション、その後終結までは一週間に四セッションの頻度で分析治療をおこなった。患者は外国からやって来たのだが、彼の治療――私の見方では予備面接の段階を越えなかった――は時期尚早で終結し、本国へ戻った。この比較的短い治療経過で得られた素材は十分だが、数頁で読者に臨床像について筋の通った見解を提供できるほど、豊富ではない。なお人名や伝記的な詳細部分は患者のプライバシー保護のため修正を加えている。

患者――ロベールとする――は三十歳で、ハイテク機器の苦情窓口として働いていた。彼は前から治療を受けようと考えていたが、ようやく決断したのは、多くの要因が絡んだ危機的なときであった。それらの要因のうち最も目立つものは、彼が友人と一緒に始めた会社が駄目になったこと――自分の無能と怠惰によるものと彼は感じていた――であった。彼は、私に会いに来たその日に共同経営者の職を辞し、今後は自分の友人の部下として働かなくてはならないとの考えを受け入れていた。ロベール自身の言葉では「ついに相応のものを手に入れた」のであった。彼によれば、彼は生まれてから今まで何事にも決して傾倒することなく、また本当に何かに取り組むこともまったくなく、何の努力もせずやってきたという。彼は「詐欺師」、正体を見抜かれた「詐称者」、「ただ乗り」をした者であり、今や自分でも自分を理解できないのだった。彼はいつもどうにかこうにか「人をだましてきた」が、今や彼は友人によって「釈明を求め」られていたのだった。

ロベールは初め、この体験に動揺したが、二週間後、彼はようやく自分の行動に責任があるとみられて「楽しい」と言った。「うまくやれずにとがめられたのは初めてです」と彼は大喜びした。「私の給料が支払われなくなったら、私はゼロからスタートしなくてはなりませんし、すべてがより真実になるでしょう。運ではなく私自身の努力にかかってくるでしょうから」。ロベールは、誰も事態を収拾しないで――つまり、誰も自分の窮地を助けないで――、結局、自分で何かしなくてはならないことになるようにと願っていた。彼の両親が口出ししようとしないか、彼は気をもんだ。彼は両親に助けてほしくなかった。結局、ロベールの幻想は実現せず（誰も彼の給料を止めなかったし、やり直しさせなかった）、彼は無謀な他の方法を考えた。たとえば、ロベールは上司に休暇を請求する勇気がなかったが、自分の要求によって社長と衝突し自分が解雇されることを期待して、自分が計画していた（すでに旅費の支払いを済ませていた）国外旅行の二日前まで休暇を要求するのを延ばしたのである。

仕事ができないのはだいぶ前からだと彼は言った。「何でも、**努力**ということが関わってくるだけで、もう間に合わないのです」。努力するということは、失敗の可能性――実際には、事実上の確信――に自分をさらすことであった。誰か他の人が、彼に、自分が知る必要があったことを「スプーンで食べさせる」ようにお膳立てして教えてくれれば、すべて満足であった。そうでないとき、彼はただ初めから終りまで自分でやっているように見せかけるだけだった。彼が業務についてすでに知っていることは「つまらなくてうんざりする」ものだった。そして彼がまだ知らなかったことは、「不可能」であった。「それは私は決してわからないだろう、理解できないでしょう」と彼は言った。

最初、彼は私に対して、自分がぐずぐずしないで仕事を始められるよう援助して欲しいと要求した。そのあと、彼は自分が取りくめそうなちょっとした課題を与えてくれるように私に要求した。どんな課題かといえば、セッションを開始して一か月後に彼は「皿を洗う、掃除をする、机を片づける」などだと言った。そうした課題をするよう命じて欲しい理由は、自分が誰かに対して説明をし成果について報告することができるようになるためであった。しかし当然、私はそのような課題は何も出さず、その代わりに気にかかることを私に話し、夢、空想、白昼夢について語るよう要求した。二か月後、ロベールは、やらなければいけないリストがあってそれをこなしているだけでは「オートメーション」のように感じると私に言った。彼には「自由」がなかったのだろう。

ロベールは、行動を起こせないのは長年の問題でもあることをほのめかした。学生のころある女の子を好きになったが、彼はそれを彼女に言う気にはなれなかった。実際、彼は今でも女性のほうが話し始め、交際をほのめかすのを待っていることが多かった。彼は、この女性は「まさしく申し分のない女性だ」と確信できるようなことは決してなかった。彼はある夢――彼がある売春婦と一緒にいて、他の二人の売春婦がそれを見ており、おそらくそこに一緒に加わっている、という夢――の連想で、彼は「まるで一人では十分じゃないように」思えると言った。「果てしなくたくさんの可能性」があり（彼は、一般に女性についても、人生についてもそうだと言った）、彼は選択することができなかった。なぜなら彼は、もしそれらから一つを選んでしまうと、何かを失うだろうと感じるからだった。「あることに熱中しようとすると、他のこともできるのにと必ず考えてしまうのです」。彼はまた、「行動する前に、そこから派生するあらゆる結果を考えておく必要性」――これは明らかに不可能なことであり、これが彼に無気力さをもたらしている――について語った。自分に限界があると考えることは彼には「とても不愉快」であった。ロベールは「私が好きな女の子は皆、私のものにできる」と考えたかったのである。(59)

このときの彼の愛情生活は、さまざまな国に住み、時折一週間ほど彼を訪ねて来たり、あるいは彼が訪ねていく女性たちとの一時的な関係から成っていた。たいてい彼の生活には女性はいなかったが、いるときは同時に二、三人行きずりの愛人がいた。初めの二、三回のセッションでは話題にならなかったが、治療を始める直前の時期に、たびたび勃起障害に悩まされるようになっていたことが明らかになった。このことが、最近の女性――以下ではサンドラとする――との関係でもほとんどいつも悩みの種になっていた。サンドラは彼の妹の親友で、ロベールは彼女を、一緒になり身を固めたいような女性として考えていた。つまり、最も「ふさわしいパートナー」とつきあう場合には、彼はほとんどいつもインポテンツになってしまうのであった。一方、「売春婦同然の」女性とつきあう場合には、彼はそうした困難はなかったのである。

サンドラと一週間ほど過ごした後、ロベールは、彼女は「もう完璧ではなくなった」と言った。彼は彼女を「犯した」からである。彼女は何かを失い、彼女は以前持っていたものをもはや持っていなかった。彼が彼女と関係をもつ前は、もっと無傷で、もっと完璧だったと思われた。彼が彼女から何かを奪ってしまったかのように思われた。サンドラは、彼が以前長くつき合っていた大学時代のガールフレンドのように、「ふしだら過ぎる」女性になっていた。彼にとって、もう惹きつけるものは何もなく、彼はセックスに関心をなくした。彼はセックスするとき、いつも前もってシャワーを浴び、相手にもそうするように求めるのだった。

誰を愛すべきか（「申し分のない」女性は誰か）について迷うとき、ロベールは多くの場合、「他の男の女」にほれ込み、その女のことを空想した。そうした女性は彼の親友と関係している女性たちだが、ロベールは彼女たちを神聖不可侵とみなし、理想化するのだった。彼女たちは近づき難いがゆえに、彼は彼女たちについて、実際に「犯す」心配なしに、自由に夢想できた。しかし、夢のなかでは、彼女たちもサンドラと同じ運命に屈服するのだった。

ロベールは一つの夢を語った。自分が通りを歩いていたら、男が反対方向へ酔った女を引っ張って行く。彼女の「ブラウスはだぶだぶで、片方の乳房がむき出しになっていた」。ロベールはその乳房をひっつかみ、少しのあいだ愛撫した。この夢の連想で、ロベールは、普通ならこの衝動を我慢しただろうが、彼女が「誰か他の男の女」だったので、彼女はより刺激的に見えたし、彼女が酔っ払ってなすがままの状態だったので、彼女の乳房を「自分のものにできる」と思えたと言った。もし女性が活発で、我を張るような場合だったら、彼はそれをはげしく嫌悪し、女性を「所有」し、力で圧倒し、身動きできないようにしようとした。彼特有の性行動の一つは、

「女性を押さえつけ、動けないほど強く抱きしめる」ことだった。彼はたいてい相手の女性との共同作業が必要なことを悔しがった。彼は一人で女性を動けないようにできるほど体が強くなかったので、彼女が一緒にプレイしてくれなければならなかった。「完全な支配」こそ、彼が望むものだった。

この支配への関心が、彼が愛し気にかける女性の場合にはいつも生じた。しかし「売春婦同然の」女性の場合には、彼はそうした要求は感じなかった。彼は初め、そのような女性との関係は「彼女が下層階級だった」ため長続きしないだろうと思っていたが、彼らは二年間会い続けた。彼女との間では、それほど支配や勃起が問題になることもなかった。彼らの関係は、ロベールによれば、「たいていは体だけ」のものだった。ふたりが破局したのち、彼は偶然彼女に出会い、彼女を誘おうとした。そして当然だが、彼女が彼を押しのけようとしたとき、彼は「自分を抑えられなくなった」。彼は、そうはしなかったが彼女をレイプしたい誘惑にかられたと私に語った。

別の夢では、彼は「群集に囲まれていた黒いマントを着けた人物に石を投げつけていた」。それは女性のようだった。実際に彼の心に浮かんだ最初の女性は、彼の男友達の一人と生活しており、彼が理想化していた女性だった。彼は夢に出てきた投石という暴力に「ぞっとし」、彼女に石を投げた他の者たちに加わって一緒に同じことをしていた自分に「ひどく驚いた」。しかしこの夢を語っているときの彼の表情は、この夢に何か彼を妙に満足させるものがあることを物語っていた。

彼は女性との関係についていろいろ語ったにもかかわらず、自分の母親についてはほとんど話に出てこなかった。その代わり、彼はあらゆる「ふさわしいパートナー」のモデルとして自分の妹のことをいつも口にした。彼は妹との関係を、ほとんど近親相姦的に語ったが、それは夢のなかで彼女とかなり頻繁に性交していることによると思われた。彼は母親を「陰険だ」とみなしていた。彼の母親は、彼がしたことに不満だったり、彼に何かして欲しいときでも、何も話し合わなかった。彼女はただ「不満な身振りや顔」をするだけだった。彼がそのことで議論し、「あれこれ冗談を言い合える」ことはまったくなかった。彼女は、彼によれば「完全な支配」を望んだ。彼が彼女を「非難」することができる唯一の方法は、従わないこと、つまり、最初に彼がしたかったことをすることであった。

彼の父親は、崇高な道徳的教育的な理想をもつ厳格なカトリック教徒だったが、ロベールによれば、自分に非常に不満をもっていたにもかかわらず決して叩いたりせず、「本気で怒った」ことさえなかったという。ロベールは、父親が「すべて内にとどめ」、怒りを感じたり表したりできないため、その怒りを理解することさえなかった。彼の両親は「沈黙という陰謀」に固執し、ロベールに非言語的に忠告するのだった。

ロベールは、何か――勉強、仕事、掃除など――をどうしてもできないとき、自分は「ある種の内的な権威への抵抗を示している」のであり、それは「譲ることのできない、名誉に関わる問題」だと感じていた。この内的な闘争は、ロベールと私との関係において現れた。彼は、私としては何も意図していない――少なくとも意識的には――ときでも、いつも私の声に批判的な調子をすばやく聞き取り、彼はある程度、私を怒らせ、私に彼を叱責させようとしたことを認めた。彼は、セッションに遅刻するように、そしてまた、途中、銀行に寄って私へ支払うお金を引き出すことを困難にするために、わざと寝過ごしたことがあったと感じた。また、よくあることだが、彼は気がついてみると家を遅く出ていて、結局遅刻するのに、私のオフィスへ猛烈に飛び込んできて、彼が自分でそう言うようにある種の「瀬戸際政策」brinkmanship〔外交上の用語で、危険な状態をぎりぎりまで推し進める政策のこと〕をおこなうのだった。彼はこんなふうにして罰を求めていることはわかっていると言った。しかしそこから快も得ていると言った。

ロベールは、仕事の同僚や女友達を含む多方面の人びとからの批判を誘発した。彼の通常の方略は、まず批判を引き起こしてから、すぐに自分が悪いことを認め、その人を「なだめて」、「(その人の)うっ積した怒りの矛先から逃れ」、そして「(自分の)罪を洗い清める」ことが認められるような告白の態度をとるのである。彼がこの方略を説明する際、非常に多くの軍隊の比喩が使われた。たとえば、彼は「意志対意志の戦い」は彼に「闘争精神」をもたらしたと語った。この方法で批判を引き起こすことは、こうして「険悪だが興奮させる」ものだった。

　ロベールは、ある時点で私に料金を安くするよう頼んだので、私が彼に腹を立てるに違いないと思った。彼はまるで「不当に（私の）権威に挑戦して」、自分の欲望を私の欲望と対立させたかのように、後ろめたさを感じた。彼が今は一週間に三度ではなく四度、私のところへ来ており、私たちが、より低料金で合意したことを私は彼に思い出させた。しかし彼は、「元の料金を認めて」いさえすれば、事はもっと分析的に、もっと専門的に進んでいただろうとしつこく後悔を口にした。彼は「自分の分析に失敗している」——というのは、彼は依然として、無理にでも分析作業をする、ということもできなかったから——と感じ、また、それは自分自身のせいだと思ったのである。セッションの長さがその都度変わるのは、自分が支払うことになっている料金より、少ししか私に払わなかったからに違いない、と彼は感じていた。しかし、私は、とくに重要なポイントに来たらセッションを終わらせるのであり、セッションの長さは彼が私に支払った金額とは何も関係ないと繰り返し言った。

　そのため、彼が私を非難する水準が変わってきた。それは私が彼の「女性的な面」を拒絶しているという非難だった。彼は、私とのセッション中に泣いたら、私がセッションを切りあげ、自分を「荷造り」して送り返すだろうと確信していた。彼は泣きじゃくりたいと思っても、私の前では決してそうはできないだろうと感じていた。何人かの女性たちの前なら、彼は自分の弱さを見せ、泣くのだろうが、（私には）体裁を保たなければならず、「責任ある三十男」として振舞わなければならないと感じていた。私は、彼の「女性的な面」を私が不満に思っているという考えを、受け入れもしなかったし、否定もしなかった。また、彼が自分のなかでそれを真に認めていないのだということをすぐに示唆することもしなかった。代わりに私は「男たちはあなたの女性的な面を認めないのですか？」と尋ねた。彼は、父親が弱さや不完全さはすべて認めないと言って答えた。彼は続けて、彼の以前の愛人の一人が「あなたはどこか『男性的な面』もあるけど、それをそれほど見せないのだと思うわ」と自分に話したことがあると言った。

少年のころ、彼は父親を力の強い人物と思っていた。誰かが父親は仕事中だよと言うときにはいつも、彼が想像したのは、川へ丸太をころがし、次から次へジャンプしながら、丸太を川岸から遠く離しておく「カナダの材木切り出し人」だった。しかし大人になると彼は、父親を「無能、無力で、ぱっとしない」人物とみなし、多くの点で自分のようだと主張した。父親が自分に対しもっと権威主義的であったなら、自分はこれほどしつけができていないことはなかっただろう、とロベールは感じていた。父親が「もっと指示」を自分に与えてくれ、もっとオープンに思っていることをはっきり言ってくれたなら、自分はもっとはっきりと反抗できたであろう。ある日、自分の大学の恋人が父親と口論になったとき、ロベールは心を痛めたが、同時にひそかに満足でもあった。というのは彼女が、父親を「傷つきやすく、仮面をはがされ、馬鹿丸出しに」見えるようにしてくれたからである。

治療初期の数か月間、ロベールは、自分にとって私は「岩のようだ」と言った。彼は夢で私をある人物に結びつけた。「一人の司祭が足を広げ、しっかりと地面に立っていて、茶色の修道士の衣服を着ていた。風が彼のカソック（司祭平服）を吹き抜けている。彼はひるまず、風に体をそらしている」。彼は、このように私を、理想的でファリックな力強い人物、厳格で確固とした権威とみなし、また同時に、自分の罪を告白でき、解決をもたらしてくれる者だとみなした。一年が経過し、私に関する彼の見方は変化した。私は彼にとって、刺激しわざと怒らせることがあっても、分析が台無しになることはない、そのような対象となった。彼が自分の国へ帰る日が近づいてきたとき、私は国へ帰ってからすぐに治療を続けるよう促した。そして彼がそうしたと信ずべき理由もあった。

短くて明らかに不十分なこの事例に関する議論は、強迫神経症に固有な多くの特徴とともに、神経症に一般的な多くの特徴を例証している。ロベールが少なくとも二つの構成要素をもつ危機のために治療に来たことは明らかである。

第一に、初めは友人だったが、後に彼にとって「権威的人物」となった者、すなわち彼の仕事上のパートナーとの対立があった。ロベールが認めたように、「問題は彼の承認だった」。彼は自分のものぐさによって、この《他者》の欲望の表現を引き起こし、今やこの《他者》は彼が身を引き、償いをし、こつこつ働くことを望んだ。ロベールにとって気が動転するようなことだったが、同時にこの経験は、快い刺激でもあった。彼は何かを断念せざるを得なくなる——何か、つまり彼の給料を失う——と考えると、にわかに「上機嫌に」なった。この《他者》が自分に必要な犠牲を払うよう望み、自分を象徴的に去勢しようと望んでいる、そうロベールは受け取ったのである。(60)

第二には、彼が「申し分のない女性」と出会ったことである。それは彼の妹の親友のサンドラであり、彼にとって、《他者》なる理想的な女性である。彼女は彼と関係を持ちたいという欲望や、彼とセックスしたいという熱望を率直に表した。このため彼はインポテンツとなり、明らかに一種の「満足の危機」をもたらしたのである。

彼の根本的な内的葛藤の一つが、自分のなすべきこと、あるべき姿に関する非常に高度に展開された一連の理想と道徳律——つまり、懲罰的超自我あるいは自我理想——をめぐって、周期的に生じた。彼はその理想や道徳律に適った生活をしたいと望んだが、実際にはそれにもとづいて行動できなかった。(61)多くの強迫神経症者は「一つの真理」、「一つの真の道」、「申し分のない女性」などを求めて努力する。彼らの理想はあまりに気高く、実現できないのであり、理想の方向への本当のステップとなるような人間的に可能な努力などあり得ない。だから彼らは何もしないのである。ロベールの理想は、一部の強迫神経症者が表明するものほど壮大なものではないように思われたが、同じ特徴的な無気力さは、理想に対する反抗的な姿勢から生じていた。彼は両親の理想や道徳的価値をあまりにも明確に内面化していた(言いかえれば、《他者》がはっきりと設立されたのである)が、決してそれらを自分のものとはしなかったのである。両親と同様に、彼はあからさまに反抗する気にならず、両親の理想の周りで踊りながら、それらの理想に口先だけのお世辞を使い、また同時にそれらに抵抗していたのである。

ロベールのエネルギーの相当量がこの「踊り」に拘束されており、これによって、他者からの批判を挑発することが彼にとって「危険だが興奮させる」ものとなる。強迫神経症者は頭のなかにある勧告し批判する声を少しでも外面化できるとうれしいのである。このプロセスによって、彼は目指すべき外敵を得て、**生を回復させ**、いわばロベールが言っていた「意志対意志」において「闘争精神」を発揮できることになる。強迫神経症者の内的な葛藤はすべてを奪うほど独占的なので、他の活動はほとんど生気を失ってしまうのである——これが、強迫神経症者が多くの時間死んでいるように感じる理由である。ロベールの場合、少し活気が出てくるのは、仕事仲間にせよ分析家にせよ、外的に権威的な人物と出会ったときだけであった。

ロベールが権威的人物とみなす人びとを挑発することを、倒錯に特徴的である**《他者》を存在させるという試み**(次章で論じる)と混同してはならない。強迫神経症の場合、法は明らかに存在しており、それが主体を打ちひしぎ、抑圧しているのである。ロベールは**法との関係によって位置が決まるもの**——ラカンが初期の著作で、まさに主体を定義した仕方である——として出現していた[62]。ロベールは、他人を挑発することで、彼のなかにいつも存在している罪悪感をそこに結びつけられるような具体的な悪事を抱えこむことを目論んでいた。その罪悪感とは、すなわち、父親(そしてむろん母親)への憎悪に通じており、その起源はエディプス的葛藤に由来する罪悪感であることは疑いない。治療は彼の罪悪感の源を確かめるには至らなかったが、明らかに彼は、懲罰を誘発することによって、幾分意図的に実行された明確な「犯罪」に対する罪悪感を持ち、罪を告白し、それによって一時的にせよ罪悪感を和らげることができた。

罪悪感はこの時期、ロベールの生活に支配的な影響を及ぼしていた。それは普通、予定の仕事、毎日のベッドメーキング、部屋の掃除などができないということによって表現された[63]。彼は、自分に対して、両親が明確な規則や原則、両親と話し合える事柄を与えてくれず、いつも自分を批判するのに身振りや顔の表情に頼ることに不平を言っていたが、いくつかの命令は明らかにはっきりと口に出して言われていた。実際、ロベールがしなければならないと感じていた事柄にはある種の肛門性の徴候をたやすく見て取ることができる。この徴候は、彼が生活上の障害を特徴づける次のような仕方によって確かめられる。「大きな黒い玉石が狭い道を塞いでいます。あちこちで黒いものが光っています。玉石は丸くてころがりやすい。そばの流れのなかに落ちれば、下流へ流されるでしょう」。この話は、分析がほぼ一年経過した時点で語られたものだが、私のことを「岩のようだ」と言った彼の以前の見方と共鳴していた。おそらくこの時点で、私は彼の生活上の支障と結びつけられており、ある種の排泄欲求を引き起こす不快な原因となっていたのである[64]。

女性との関係について言えば、ロベールは明らかに「小文字の他者を破壊するという絶えざる旋風に」(『セミネールⅧ』二四一頁)、そして《他者》なる女性の絶えざる否定、中性化、無化に巻き込まれていた。彼は意識的な思考においては何人かの女性を理想化したが、それは、彼の夢のなかで通りを引きずり回された泥酔した女の乳房のように、夢のなかで彼女たちを犯し、彼女らを、受動的で生気がなく欲望を持たない対象に貶めるために過ぎなかった。女性は(彼の意識的思考のなかでは)、汚れのない、神聖で、聖母マリアのようである――それは彼の妹をモデルとしており、彼女の名前は、彼の宗教的背景にとって重要であるシニフィアンと第一音節が同じだった[65]――か、あるいは「ふしだらな女や売春婦」かのどちらかであった。これは古典的な強迫神経症的分割であり、ある女性が理想化にふさわしいかをロベールが知る方法は、普通の強迫神経症的な図式によっていた。すなわち彼女は《他者》なる男性の恋人 anOther man's woman でなければならなかった。女性に関する彼自身の判断は「不確かさで曇って」いた。それゆえ彼は、愛すべき女性が誰かを知るために、他の男性に頼らなければならなかった。ちょうど、彼の母親が《他者》なる男性（彼の父親）の妻であり、近づきがたかった限りにおいて、おそらく早くから理想化されていたように。ロベールは、強くて勤勉だとみなした男性と関係をもつ身近な女性を理想化した。彼が絶え間なく話題にしたある女性は、彼が仲良くしていた作家と暮らしていたが、この作家はロベールが書くことを邪魔しようとしても、ノーと言える術を心得ている人物だった。このような男は限界を定めることのできる父親といえるような人物であった。

この種の三者関係はヒステリーのそれと少し異なっている。ヒステリーの場合がそうであるように、強迫神経症者の欲望もまた《他者》の欲望である。しかし強迫神経症者の場合は、その《他者》は彼と同性なのである。ロベールは、あの「男らしい男」と同じことを欲望するのだが、その男の欲望がロベールの欲望に道を指し示すのである。「あたかも自分がその《他者》であるかのように」彼は欲望した――この定式化は、ロベールの自慰的な行動に常に伴う次のような性的幻想において奇妙な確証を見出すのだが――とさえ言えるかもしれない。「私か、**私に似た誰か**が、ある物――棒か人工ペニス――を女性に突き通しています。この間、私は多くの場合、傍観しています。時にそれをするのは機械的な装置の場合もあります」（強調は引用者による）。この幻想における窃視症的な特徴はロベールの具体的な性行動と著しく対照をなしているが、診断が違っているということではなく、単に「倒錯的特徴」――言いかえれば、神経症者の幻想にほとんど必ず見られる倒錯の痕跡――を示唆しているに過ぎない。

ロベールの幻想は、《他者》の女性に関して、少なくとも主体が二重の位置を占めていることを暗示している。ロベールは実行者（侵入者。ここでは性は確定されていないが、おそらく父親的人物として理解されるべきだろう。というのは、これらの幻想における女性が通常そうした権威的人物のパートナーだったから）であると同時に、傍観者あるいは目撃者でもある。実行者、つまり実際は死刑執行人として、彼はまったく受動的で言いなり（死んでいる？）のように見える女性に、取り外し可能な人工的な勃起物、決して萎えることのないファリックなものを突き通している。こうして彼はインポテンツと去勢の両方から守られ、自分自身において主体としての自己を見失っていない。彼は依然として「支配して」いるのである（すぐ後にみるように、彼が支配から解放されるのは、女性として、である）。

ここでも、ロベールは女性を介して父親的人物との関係を確立している、と感じられる。その関係は、従順だったり反抗的だったりする一種の同性愛的 homoerotic な緊張を示唆するものである。男友達の女性について、いつもそうするように幻想することによって、彼はいわば男友達の目の前で、ある一定の享楽を剝ぎ取っていたのである。この自慰的行為の快い刺激はしたがって、一部は父親的人物についての彼の挑発的な態度によるものだった。

さらにこの幻想において、ロベールは間違いなく別の位置も取っていた。一人の男に貫通され、別の男に見られている女性という位置である。この解釈は、「空想で、女性がイクと、たいてい私もイクんです」というロベールの言葉からその確証が得られる。この点で、ロベールは**女になる** *fait la femme* のである。彼は、なすがままに貫通され、見たところリモートコントロールされる状況を支配できていない女性を演じる。ここで享楽が生じることになる。[66] それは彼女の意志とは無関係であり、もちろん彼の意志とも関係ない。彼が女性を演じている限りにおいてのみ、彼は支配を放棄しオルガスムに達することができるのである。

以上から、この幻想はヒステリー的特徴を付すことができるように思われ、幻想がどれほど夢と似ているか私たちに気づかせる。幻想はきわめて複雑で、多元決定されており、その分析には確かな終着点がない。しかし、女性化して、男性との間に関係を持つことは、強迫神経症ではごく普通の特徴である。たとえば、鼠男でもそれが非常にはっきりしており、彼の性行動は父親との関係と分かちがたく結びついている。このように女性化して関係をもつことは、父親-息子関係から生じるようにみえるし、その父親-息子関係をリビード化する想像的な要素をどこかしら含まざるをえない。言いかえれば、女性化した関係は、懲罰的である父親との関係、つまり、父親による法の宣言に伴うと思われる「卑猥な享楽」（第九章参照）との関係から理解できるかもしれない。父親の批判が過酷であり、支配の手を広げてくる限り、父親との関係は（すでに超自我として内面化された後でも）性愛化される。

ロベールの自慰に伴う幻想[67]については、さらに多くのことが言えるだろうが、以下では彼と女性との現実的な関係に目を向けてみよう。ロベールはある女性たちによる性的満足を不可能なものにすることによって、彼女たちを母親的人物にし、理想化したのである（その関係はかなり近親相姦めいたところがある）。それによって、必ずしも、彼が彼女たちを熱心に欲望することが出来なかったということではない。実際は多くの場合、この理想化によって彼は彼女たちを欲望し続けることができた。それがなかったなら、彼の欲望は性的な満足のために消失したであろう（これはフロイトが性行為後のパートナーの「価値低減」として述べていることである）。性的欲動を追求できたのは「売春婦同然の」女性と交渉を持つときだけで、そのときは彼の欲望は、誇張された理想や価値もろとも放置されていた（そうした理想にみちた欲望が欲動の満足を制止してしまうことについては、第十章で詳細にとりあげている）。

ロベールは母親についてほとんど語らなかった（すでに見たように、彼女は自分のように、「陰険」で「すべてを支配」したがった、と言ったのは例外だが）ので、彼が女性に対して欲望と攻撃性を併せもつようになったことの起源についてはほとんど何も言えない。彼が幼年期に母親に極端に愛着し、彼の妹が生まれた後、母親が彼との間に以前より距離を置いたことに耐えられなかった、ということは考えられるだろう。「これをしなさい、あれはだめ」、「私のためにちゃんとやって」という母親の要求は、彼女が彼だけをもっと世話してくれるときは彼にも受け入れることができたであろうが、ほんの少ししか大事にしてくれなくなったときには、その要求はおそらく道理に合わず、我慢のできないものとなっただろう。実際、彼が、母親は自分より妹をかわいがっていると感じ、「愛情あるお兄ちゃんがするように」妹の世話をせざるを得なかったのももっともだろう。しかし、以上については、ロベールがこの生涯の重要な危機についてそれほど十分には語らなかったので、どうにも確証できなかった。

治療において私が直面した固有な問題は、ロベール自身の問いを定式化する地点、すなわち彼の行動の彼自身の動機を問題化する地点まで彼を導くことだったが、これは十分には達成されなかった。自分を「啓蒙」してくれ、自分が何をすべきか教えてくれという彼の要求は、定期的に繰り返された。分析作業の終了時でさえ、彼は、初め望んでいたようには「自分を広げる」ことができなかったと嘆いた。私は決して彼の要求に対して具体的な指示を出さなかったし、治療を六週間して「終り」にするという彼の話を額面通り受け取らなかった。したがって私は、彼が何かをはっきり要求してくることは拒否したが、それは彼を欲求不満にするためではなく、欲望の場を開くためであった。直接的な要求に直面した場合、私は、彼が今まで説明しなかったある特定の夢の要素や、まだ連想していない空想について、彼にさらに話すよう求め、私が注意深く彼の話に耳を傾け、彼の言葉を真剣に受け取っていることを彼にわからせることによって、その問題を避けた。彼の要求が「不適切」だとか「意味がない」などとは決して言わず、その代わり、私は彼に別のものを差し出した。すなわち私の耳、そこにいること、言葉などである。この言葉は、私に会いに来続けて欲しいという私の欲望に句読点を打ったり、それを口に出して言うという形で、差し出された。

彼の「女性的な面」に私が批判的であるなど、私が彼に対して手厳しい見方をしていると彼が思い込んでいるとき、私はそれを認めもせず拒否もせずという態度をとり、彼が、心中抱いている私への批判や反抗を投射し続けられるようにした。こうして私は、治療場面というコントロールされた環境下で、「すべてを外へ出させる」ためではなく、思考と情動を再び結びつけるために、彼が私への感情を和らげられるよう促したいと考えた。思考と情動の結びつきは、私が前に示したように、強迫神経症では多くの場合、解消されていたり、忘れ去られている。強迫神経症者は、自分の弱さを分析家が拒絶したことに対して怒りをぶつけ、それを彼に対する父親の厳しい態度と結びつけるところまで行かなければならない。ロベールの場合、抑圧の少なくとも一部は次のような形を取っている。すなわち、彼の反抗と幼年期における父親の忠告との間、そして父親への憎悪と彼に対する父親からの非難（たとえば、彼の弱さや「女性的な面」に対する）との間の結びつきが断ち切られているのである。「父親を破壊する」という仕事が、父親の人形を壊すことによってではなく、分析家との関係における共同作業の過程で始められたが、しかしそれは完遂しなかった。

ロベールの要求がときどき繰り返し現れたという事実は、彼の欲望がまったく前面に出なかったことを意味しているのではない。しかし、それはロベールにとって（どの神経症者の場合もそうだが）、《他者》の欲望より、《他者》の要求を扱うほうが楽なことを示唆している。なぜなら前者は結局明示的ではないし、いつも解釈に開かれているからである。彼に特定の課題を与えたとしたら、結局、私の眼にとって愛すべき者となるために彼がどうする必要があるか、それを彼に告げ、私から愛されたり嫌われたりするための努力をさせることになったであろう。そして、彼にさらなる不安を引き起こす疑問――「分析家は私に何を望んでいるのか」という問い――を起こさせないことになったであろう。彼がセッションに遅刻したり、料金を持たずに来たりしても私が咎めなかったとき、あるいは私が彼の過失について罰を与えるのではなく、単にそれについて話をするように求めたとき、私が探していた別の何か、欲していた別の何かがそこに存在していなければならなかったはずである。しかしそれを熟考することは、根源的幻想を問題とすることであった……。

ヒステリーの事例

三十七歳のフランス人女性が私のところで約三年半、分析治療を受けた。初めは週に一度、その後終了まで週に二度のペースでおこなった。彼女は以前フランスで約二年間治療を受けたが、そこでは幻想や夢を語ることはまったく求められなかった。彼女が治療を再開させたのは、夫の転勤で合衆国へ移住して六か月してからだった。分析が十分な強度に達したのは、私たちの共同作業が最後の一年になってからであった。ほとんどのセッションは対面でおこなった。私の考えでは、治療は彼女が合衆国を去った時点でも決して完了していなかった。ここでの私の説明は非常に選択的なもので、多くの問題を脇へ残さざるを得なかったが、読者には臨床像について納得できる見解を数頁で提供できるよう試みるつもりである。前の事例と同様、患者を同定できないよう、名前や伝記的な細部は変更している。

ジャンヌ(仮名)は初め、深刻な夫婦の問題のため治療にやって来た。彼女は夫以外の男性との情事にふけるまでになり、絶えず離婚を考えるようになっていた。彼女は仕事――彼女の業務は講演、会議などのイベントの企画であった――を通じてその男性と知り合い、自分の人生は紛糾してしまったと感じていた。彼女は二児の母でフルタイムの仕事をこなしており、離婚が最良の解決とは思っていなかった。

ジャンヌは最初の治療を、結婚がぎくしゃくしながらも何とか続くための支えとして利用したようであった。実際、彼女は「あの髭の心理士(最初の治療者)がいたから、夫のところに留まったの」と言った。初期の私との作業でも同じだった。彼女は決して週に一度以上は来ようとしなかった。これで彼女は夫への怒りを発散し、それほど動揺せずに苦悩をある程度話すことができていたようであった。私は当初から、もっと多く私のところへ来るように繰り返し要請していたが、治療を開始して二年半経過してようやく、週に二度面接することに同意した。

ジャンヌとの治療過程で、家族歴が多く語られた。四人姉妹の二番目として彼女はフランスの田舎で育った。両親とはジャンヌが七歳になるころまで一緒に暮らした(このときの実年齢については多少疑問が残る。四歳くらいまでしか両親と一緒に住まなかったという若干の記憶があるだけだったからである)。ほぼこの時期に、父親は母方からかなりの借金をしたが、破産した。彼は、妻と三人の娘たちに行き先も告げず、突然フランスから出て行った。家族は母親の両親をつれて引っ越さざるを得なくなり、一年経ってようやく母親はどうにか住居を定め、父親と連絡をとった。

それ以後、ジャンヌ、姉妹、母親はフランスで、ほとんど貧困と絶えざる不安定のなかで暮らしたのである。父親は徐々にだが北アフリカで商売を立て直した。しかし彼はかなり不定期に、しかも少ししか家族へ送金しなかった。彼は自分のためにかなり浪費したが、家族には苦しい生活をさせておいた。なお、父親に愛人がいたことにジャンヌが気がついたのは、分析中であった。年に一度、父親は夏の間、北アフリカに家族を呼び、一か月間、自分と一緒に過ごさせたが、いつ行けばよいか、その知らせはいつも直前になって来るのだった。

北アフリカについてのジャンヌの記憶には、男たちによって色目をつかわれ、悩まされたことが入り込んでいた。彼女は、ある男が姉妹の一人を、仲間と住んでいたビルのなかに誘拐しようとさえしたと言った。この環境で父親は妻と娘たちをいつものように遇した。家族に注がれる男たちの視線に用心し、酔っ払って口汚なく母親を罵り、彼の「女」四人を極端に守ろうとするのだった。ジャンヌは父親を、横暴で、かんしゃく持ちで、決して優しい言葉をかけてくれたことのない人と評した。彼は妻をいじめ、経済的な情けで囲い、悪意に満ちた激怒で当り散らし、浮気をした。実際、父親が臨終のとき、フランスに愛人と庶出の子どもまでいたことがわかったのである。

ジャンヌは、自分は父親のお気に入りだと思っていた。彼女は学校の成績が四姉妹のうち一番だったからである。このことが父親への彼女の同一化の根拠の一つとなった。父親は周囲で最も教養がある人びとのなかの一人だった。彼女は、父親は息子を欲したことを少しも隠さなかったと言い、セッションの間、彼女が子どものときの自分について語るとき、「quand j'étais petite」（「私が小さかったとき」、petite は形容詞 petit の女性形）とは言わないで、「quand j'étais petit」と男性形に言い間違うことがあった。彼女はある意味で、父親が決して持つことのできなかった息子だった。ジャンヌの実際の名前も一字だけで男の子の名前と区別されることは注目すべきだろう。それは彼女が「petite」を「petit」と言い間違ったときに省略した文字と同じである。

ジャンヌの母親は、父親がいないとき（つまり、ジャンヌが七歳を過ぎてからはほとんどだが）はいつも、父親をさかんに非難し、娘たちにも父親を軽蔑させようとした。母親のやり方は大体うまくいった。多くの場合、娘たちは母親の側につき、彼女に同情した（これが母親とのジャンヌの同一化の根拠の一つとなった）。母親は、父親が送金を約束したのに送ってこない、子どもがいなかったら離婚したいとたえず不平を言った。しかし彼女は、ほとんど不在の夫とのこの虐待的な関係をそのまま続け、北アフリカへの夏の旅行で四番目の娘を妊娠し、結局子どもたちが皆成長し、出て行った後もずっと父親のところへとどまった。母親は父親のひどい性格がわかっていたが、彼をわざと刺激し耳障りな言葉や議論を引き出していたようであった。

ジャンヌが十七歳のころ、父親がこれを最後にフランスへ戻ってきた。彼は家族をフランスのある場所から別のところへ追い立て、「すばらしい未来」をジャンヌに保証するために必要なことをしてやるつもりだと彼女に話した。彼女は父親が何かするまで三週間待った。その間、「彼はふらつき回って遊んでいた」。彼女はこのとき初めてマスターベーションを始めた（とにかくこれが、彼女が自慰をしたことを覚えている唯一の期間だった）。

父親は結局、いささか自分勝手に、そしてちょっと強引なやり方で、彼が前に通ったことのあるビジネススクールに彼女を入れた。彼は娘が美術が好きでビジネスにはまったく興味がないことを十分承知していた。しかし彼は、おまえは画家としては成功しないだろうと言い張った。ジャンヌは、ビジネススクールのある町へ引っ越したが、まったく勉強しないで、「ボーイフレンドと丸一年」過ごした。彼女はときどき家族のところへ戻ったが、父親は約束したお金をまったくくれなかった。結局、期限通り支払うことができず彼女は銀行や家主とよくトラブルとなった。十八歳のころ、父親とどこかへドライブに一度行ったとき、彼女は父親の無神経な態度に抗議して、走っている車から飛び出すようなことまでした。

父親は、娘たちが十代のとき、誰かとデートし始めるといつでも、大騒ぎをした。ジャンヌは北アフリカのホテルでの忘れられない出来事を思い出した。姉がそこである少年と会っていたら、大勢の人たちの前で父親が姉を売春婦呼ばわりしたのである。彼は怒鳴り立て、わめき、口汚い言葉を使い、公衆の面前で娘たち皆に恥ずかしい思いをさせた。

ジャンヌは、十代のとき、自分に関心を持つ男の子にはほとんど興味がなかったと言った。彼らの愛情は、簡単に得ることができるので何も価値がなく、彼女にとって何でもなかった。彼らへの関心も起こさせなかった。彼女は単に得意になり、「彼らをひっぱり回して楽しんだ」。彼女の激しい情熱をしばらくうまく掻き立てた一人の少年がいて、ついにある日、彼は手紙で彼女への愛を告白した。彼女はその手紙を読んだ瞬間から、もうその少年には興味がなくなったと断言した。しかし彼女はすぐにある男――ベルトランと呼ぼう――に惹かれた。彼は彼女と同年齢だが、彼女をより冷淡に、より無神経に扱った初めての男だった。**それが**彼女を燃え上がらせた。

彼女とベルトランの間で優位を巡る闘争が起き、その激しい関係のなかで彼らは結婚した。二人が喧嘩をして彼女が家を出ようとすると、ベルトランはよく体でドアを塞いだ。彼女が彼に腹を立て町へ出ていったときは、彼は自分たちを知っている人皆に電話をかけ彼女を見つけると、やって来て彼女を連れて帰るのだった。ジャンヌによれば、結局ベルトランが優位を得たのだった。そうなってからは、彼女の初めの熱愛は反感 revulsion に変わった。彼女はもう彼に触られるのも我慢できなかった。彼女は、女遊びをしたり家族の金を自分のためにすべて浪費するなど、父親が犯したあらゆる種類のことについて彼を疑い始めた。彼女は彼のもとを去ることを夢見たが、実際には決してそうしなかった。彼女は、自分はそうすることが「できなかった」と主張した。

身体症状が現れ始めた。そのいくつかは青年期に既往があるようだが、多くは、彼女が夫と父親を同一視していること（夫と父親が仲良くやっていたという事実も疑いなくそれを促した）から生じていると思われた。彼女は背中の痛み、肩の痛み、顎の痛み、舌の痛み、胸痛、喉の痛み、胃の痛みを訴え、消化器内科や指圧師、漢方医、鍼灸師などの所へ通ったが、すべて効果はなかった。

私とのジャンヌの治療が始まってすぐ、最初の葛藤は父親と夫を主要テーマにしていると思われた。しかし彼女は、初期のセッションでは、多くの時間を費やして、一番上の姉との競合関係について語った。彼女はその姉を、子どもっぽく一見できがいいようにみえるだけだと言って、よくからかっていた。姉たちとの競合的な同一化については、一年も経たずにおおよそ徹底的に分析され、背景に退いたと思われた。その後、父親と夫のことが彼女の思考を独占した。転移の観点から言えば、彼女は、私とほとんど同年齢だったが、私を彼女自身と似た他者（他人）の位置にはけっして置かないようだった。事実、彼女の想像的関係は大体女性に限られていた。最初から私は知っている者、つまり象徴的《他者》と同一視されていたようだった。実際、セッション中、父親あるいは後に母親に向けて表された怒りや非難が、私に対する転移的な態度として反映されることはなかった。私への怒りと思われるものは、常に夢のなかのちょっとした要素に示されるだけだった。良い父親（私）－悪い父親（ベルトラン）という一種の弁証法が展開したが、それは、分析の歩みを早めるものではなかった。

重要な転機がやって来たのは、私が促し続けて二年半経過して、ジャンヌが週に二度のセッションへの移行に同意したときであった。彼女が進んでそうしようとしたのは、疑いなく多元決定されたものだった。彼女の夫はますます仕事のほうへ向かい、ジャンヌによれば、夫は彼女が私に会うことに反対していた（彼は精神療法を信じていなかったし、それにお金を使いたがらなかった）。彼らは少し裕福になり、臨時の出費のことを夫に隠しておくのは簡単だとジャンヌはおそらく思ったのだろう。そして最も重要なことは、彼女の症状がだんだん重苦しいものになったことである。最初の二つの理由は次のことからも頷ける。夫が八か月してようやく家計をチェックして、週二回彼女が私に会うことについて大騒ぎしたときには、彼女は夫に逆らわず週一回に戻したということがあった。おそらく彼女の苦痛が最も激しいときだけ、彼の激怒を覚悟のうえで会いに来ていたのだろう。

新たな症状が出て、彼女の困難が強くなったことがわかった。夫がいないとき、彼女は時折全身が冷たくなるのを感じることがあり、温浴しても温まらないほどだった。この症状への連想は夏休み後治療を再開してすぐに言語化され、何年にもわたって引き出された多くの無意識的な素材同士を結びつけ、一種の「原光景」を喚起させた。

彼女が経験していた冷たさの感じが、おそらく七歳か八歳のときに見た光景を思い出させた。こうして彼女は初めは何か思い出せなかったことを再体験しているようだった(68)。北アフリカでは彼女の寝室(姉と一緒に使っていた)は両親の寝室の隣りだった。二つの部屋の間にはドアが一つがあったが、いつも閉まったままだった。彼女の寝室は分析中に彼女が見た多くの夢の場面であり、両親が寝室で言い争っているのをよくふと耳にしたことがジャンヌにはっきりわかってきた。

彼女は両親のけんかについて気楽に話し、隣の部屋で何をしているのか、よく「息を止めてこらえたまま、耳を傾けて」聞こうとしたと言った。彼女はたいてい、「それが終わる」まで眠れず、「それを聞くためにはじっとしなくてはならなかった」。彼女はそれが何なのか、今にも言いそうに思われたが、まるでそれを語れないかのようにいつもその周りを回るだけだった。そのようになったあるとき、彼女がいつもそれが終わるまで両親のけんかをずっと聞いていたと言った後に、私はあなたの両親は最後セックスして終わったのだろうという意味のことを一言付け加えた。

これは明らかに私による構築だった(これはフロイトの論文「分析における構成の仕事」(SE XXIII, 257-269) における意味での「構築」である〔邦訳著作集第九巻一四〇―一五一頁。なお邦訳フロイト著作集で「構成」と訳されているconstructionを、本書では構築と訳している〕)。つまりそれは両親の激しい関係をめぐるジャンヌの話を何年も聴いてきたことに基づく構築である。この介入後ジャンヌが述べた考えに彼女が初めから意識的、前意識的だったのか、単にそれを話す気になれなかったか、はっきり断言することはできない。私の介入によって、彼女がほとんど意味がわからなかった幼年期の光景を再構築した可能性もあるからだ[69]。いずれにせよ、この介入後すぐに、彼女は、両親が彼女の妹——北アフリカへの最初の夏旅行の九か月後に生まれた——を宿したことを聞いたと思うと言った。その次のセッションの間、彼女は私に、北アフリカでのある夜、玄関の広間に出たとき、足下の陶製タイルの床がとても**冷たく**感じられたと語った。両親の寝室のドアが半開きになっており、彼女が中をちょっとのぞいて見ると、「父親が、ペニスを勃起させ、母親の上に乗っている」のが見えたのだった。彼女によれば、彼女はショックで恐ろしくて、実にいやだった。

夜毎に感じていた冷たさは、私にその光景を話した後、消失した。そして別の症状——胸の圧迫感や痛み——も消えたのは、彼女がさらに細かく語ってからだった——彼女がその光景を見た位置からは、「父親が母親の胴体にひざをつけている」ように見えた。

両親の部屋から聞こえてくる彼らの言い合いとセックスに聞き耳を立てたとき、ジャンヌはいつも息をとめようとした（よく聞くため）だけではなく、まるで、今にも来そうな一撃（言葉および／あるいは身体による）から身を守り、「傷つけられ」ないよう身を守るかのように、体を緊張させこわばらせた。ある意味で、彼女は母親の立場に身を置き、自分が叩かれ、父親にセックスされることを想像したのである。彼女の背中、肩、首の痛みはたいてい、明らかにこの聞いているときの緊張に関係していると思われた。しかし私たちの共同作業は、この題材すべてをそれほど十分には明らかにしなかったので、それらの痛みを完全に和らげることはできなかった。

ジャンヌは、父親のひどい行動を詳しく語ることに治療の最初の一年を費やしたが、母親の役割については、時折問題にするだけだった。この時期の母親は純粋にひたすら犠牲者として語られた——母親はあんな男と結婚するという間違いを犯したが、「子どもたちのために」結婚をできるだけ利用しようとした。しかし治療の最後の一年は、ジャンヌは漠然としていた母親の真意に注意を向けた。

今や彼女の母親は受け身的で、自分に甘く、家事はすべて娘たちにやらせたと評された。母親は自分の友人たちだけに関心をもち、娘が父親を軽蔑するようわざと仕向けたとみられた。この企てによって、ジャンヌは父親への優しい気持ちや、ある点では憎む気持ちを隠さざるを得なかったが、彼女は、父親はある意味で母親に苦しめられ、愛されていなかったとも確信した。ジャンヌは母親が男たちと踊るのが好きだったことを思い出した。実際、ジャンヌは、母親は「父以外の男は皆」好きであると言った。ジャンヌは、自分は正反対だと主張した。彼女は「父親以外の男は誰も愛さなかった」。彼女は母親を憎み始めたが、それは自分が父親を好きになること、あるいはそう感じること、それに気づくこと、それを示すことを、母親が**禁じた**ためだった。

しかしジャンヌは依然として、ある水準では父親に誠実であり続けた。彼女は、父親が本当は自分を愛していると確信していたが、父親はそれを口に出さず、「それをどう言えばよいかも知らなかった」のだと言った。彼女は、日頃も父親が言ったことにいつも忠実だった。彼は彼女に、「おまえは結局ものにならないだろう」と言い、ジャンヌは父の予言を実現するようなかたちで、事を台無しにした。たとえば、彼女は三十代半ばになり、高校のとき以来やっていなかった油絵や水彩、陶芸などの活動を始め、その才能をよくほめられた。ところが小さな展覧会に作品を出した後、彼女に視力 (*la vue*)[70] の問題が生じ、彼女はそれを父親の予言に結びつけた。視力が良くなければ、彼女は絵を描けないだろうし、たいしたことはできないことになるだろう。父親は、彼女の人生はいつも不幸だろうと言ったが、彼女は知らないうちにその正しさを確かめているように感じた。人生に成功することは、外見上も内面的にも父親を裏切ることであった。

こうしてジャンヌの分析の過程で、ほとんど完全に見方が逆転した。初めは、彼女は父親を自分の人生の問題すべての原因だとみなし、母親との結束はほぼ完璧であると思われた。その後、彼女は父親を真に愛すべきものとみなし、母親を悪者とみなすようになった。ジャンヌは、夢のなかで自分が母親を殺害し、自分の娘——このとき十三歳くらいであった——が、自分の死を願っていると考え始めた。ジャンヌはあらゆることについて母親を非難し始めた。たとえば、母親は北アフリカでは娘たちを家に置きっぱなしにして、「私がいなくてもおとなしくしているのよ」と言って、女友達とよく出かけた。彼女は見てもやらないくせに、娘たちの成績に文句をつけた。彼女は娘たちにやたらと意地が悪かったのである。

ジャンヌはまた、北アフリカにいるとき、母親がある公園へ自分たちをつれて行き、自分たちがほったらかしにされ公園を歩き回っている間、母親がある友達と熱心に話し込んでいたことを思い出した。あるとき、ジャンヌと姉は公園の管理人に物置につれこまれ、そこでペニスを見せられた。ジャンヌは母親に守ってもらえなかった不平を言った（実際、それから数か月経たないうちに、彼女は、母親が自分たちのためにしてくれたことは、彼女の「悪魔のような夫」と暮らすことだけだと言った）。父親は「非常識なほど」過保護だった、少なくとも保護的であった。

この父親への回帰の過程で、ジャンヌは一つの夢を語った。その夢では、彼女は「海／母を通る passer par la mer/mère」、「海／母のそばの道をたどる」というより、むしろ父親に従って、狭くて風が吹いている山道を登って、危険な目にあったようであった（フランス語の *mer*「海」は、*mère*「母」と発音がまったく同じである）。父親は危険だったかもしれないが、母親はなお悪かった。別の夢では、ジャンヌは、自分の「二人の子どもが海（*mer/mère*）にいるところを見た。大波が子どもたちのほうへ押し寄せて来て、彼らを飲み込んだ。彼らは無事で、浜に打ち上げられた」。彼女によれば、波は父親であり、すべてを、ジャンヌの母親（*mère*）さえ、打ち倒す高潮の波だった。子どもたちは海から海岸へ流され、助かった。ジャンヌの父親が子どもたちを救い、子どもたちはジャンヌの手にもどり、ジャンヌは、子どもたちに彼への感謝を忘れないようにさせた。この意味では、「子どもたちは父親のものだった」。それゆえ彼女の父親は、幻想的な意味では、彼女の子どもたちの父親であった。

さらに別の夢。彼女には「三人の新しい子どもたち——みな男の子で、茶色の目をしている——がいた。最初は、三番目が男の子かどうかはっきりしなかったが、結局はそうみたい」。夢の連想では、「茶色」から、初めは何も浮かばなかったが、彼女は父親の私生の娘の写真を見たことを思い出した。この娘はジャンヌの父親のように、茶色の目をしていた。ジャンヌは、夢のなかの子どもたちは自分の夫の子どもではない、彼は青い目をしているから……と言った。

彼女はこうして、何事につけ、いつまでも父親へ忠実であり(71)、夫と彼女の関係は父親への忠誠が続いていることを暗示していた。彼女は、父親の欠点を夫へ投射しがちなことに気がつくようになったが、これは、依然として彼らの関係での主要なテーマであった。たとえば、夫が仕事へ行っている間、彼女は何枚かクレジットカードの請求書を見つけ、夫がかなりの額を使っているのを知り、ひどく腹を立てた。それは、すべて会社が返済する必要経費であることがわかったが、彼女はすぐに夫（彼女はときどき、彼を献身的に家族を大切にする男と表現していた）を、自由気ままで軽率で、金使いの荒い父親と同一視した。

自分の結婚について、ジャンヌは自分を母親のようにみなした。捨てられること（彼女は実際はそうでなかったが）、浮気されること（これは彼女に確証があるわけではなかったが）、など。つまり、夫は彼女の心のなかで父親と同一視され、彼女自身は自分を父の息子のようにみなすと同時に、母の立場にいたのである（すなわち、彼女は父親の妻であった）。

私との治療は、彼女の夫が再び転勤になったときに終了した。彼女は家族とともにフランスへ戻った。私は、彼女が引っ越した町にいる分析家の名前と電話番号を入手し、私たちが始めた作業を続けるようすすめた。

以上、ジャンヌの治療の手短な紹介は、不十分だが、いくつか重要なヒステリーの特徴を例証している。

第一に、自分や自分の人生についての彼女の語り方はいつも、他の人びと——重要な人物たち——に関係していた。彼女の語らいはロベールの語らいとまったく対照的であった。ロベールは、自分自身の世界に包まれ、自分を自分だけの島とみなす一人の強迫神経症者として、ほとんど自分についてだけいろいろ語った。ジャンヌの世界には人が住んでおり、ジャンヌは自分を人びととの関係によって示した。

ジャンヌの基本的な姿勢は、《他者》を完全にするという姿勢だった。父親が持てなかった息子になること。父親に対して忠実な妻になること、というのは、彼女の母親が父親より他の男たちすべてを好み（とりわけダンスのとき）、彼を裏切ったからである。そしてジャンヌは、母親のために一種の夫の代わりとなったが、それは、父親がフランスから出ていった数年間、母親が夫に捨てられ、冷遇されたと言ってうんざりするほど不平を言っていたときであった。後者の場合、ジャンヌは、「父親が母親にしなかったことを母親にしてあげる」ようにした。できるだけ母親が楽に楽しく暮らせるように、家事の大半をやり、できるだけ彼女には何もさせず、母親がお金を貯められるよう食費を切り詰めることもした。ジャンヌは、自分の人生において、不足し欠如している重要な《他者》とは何か、あるいは失われているものは何か、探そうとし、それになろうとした。

ロベールの性的位置は多層的だったが、彼女のそれはさらに多層的だった。彼女は母親と同一化したが、父親とも同一化している。結婚生活では、彼女は母親のように、捨てられ、酷使され、誤解された女性だった。多彩な心身症的症状において、彼女は、父親によって虐待され、セックスされた母親の位置に自分の身をおいていた。ある意味で、彼女は自分を、父親が決して持っていない忠実なる妻であると同時に、やはり彼が決して持っていない息子ともみなしていた（彼女は自分をおてんば娘、「できそこないの〔欠如した〕男の子 garçon manqué」と言った）。彼女は知的には父親のようであり、自分を父親のように強い意志をもち、強情だと考え、夢や言い間違いのなかでは、自分を男に仕立てた。たとえば、彼女がある夢を報告していて「たくさんの男性が（自分を）恋していた」と言ったとき、形容詞を男性形 *amoureux*（「恋して」）ではなく、女性形で使い、*amoureuses* と言ったのである。この言い間違いによって、男性が女性に替わっているが(72)、それは私には、彼女が父親のように男性、誘惑者、「女性を完全に自分のものにする」男性の立場に身を置いていたことを反映していると思われる。

ジャンヌの性的同一性はこうして半ば母親に、半ば父親にもとづいていた。ありきたりな言葉でいえば、幾分かは女らしく、幾分かは男らしかった(73)。彼女の性行動については、それほどはっきりしないままだったが、嫌悪、嫌気、直接的・身体的・性的な満足の拒絶に支配されているようだった。一人の大人として彼女は、夫の申し出をほとんど断り、マスターベーションもしないし、一度つかの間の恋をしたことがあるだけだと言った。夫との最初のころの激しい時期さえ、彼女によれば、自分自身の肉体的な切望や渇望の実現によってというより、むしろ誘惑や権力闘争の（非常に真剣な）ゲームから生じる欲望の情熱によって特徴づけられていたようだった。実際、彼女にとって、セックスはベルトランとの戦いの一つの武器に過ぎないようであった。（男との）性行動という観念自体は、彼女の語らいにおいて、食べ物や消化という領域から想像されるあらゆる比喩を誘発した。それは「むかつく disgusting」、「反感を催す revolting」、「吐き気を催す nauseating」、「気持ち悪い sickening」などであった。たとえば、ある夢で、夫は**彼女が**言い寄るのを断った。この夢の連想では、拒絶されること、そのまま達しないままでいられることは、性行動そのものよりも、彼女を興奮させた。この夢はこうして満たされぬ欲望への彼女の欲望を実現するように思われた(74)。

別の夢で、彼女は夫の友達の一人と寝ていた。その友達は、そのころ小耳に挟んだことだが、浮気をしていた。彼女は現実には、この男のことを気持ち悪いと思っていたが、「彼と一緒に寝ている」夢をみた（性行為そのものの夢の表象は一つもないようだった）。夢では彼女はある男の浮気相手のようであり、夫のような男が不貞を犯す相手であるようだった。彼女は、なぜ男が自分の妻以外の女と浮気するのかを知りたがった。ラカンが『エクリ』（六二六頁）〔邦訳第三巻五九―六一頁〕で定式化した肉屋の女房の問い、「別の女はどのように愛されるのかしら？」ということを知りたかったのである。彼女は別の女性の身になり、その女性に対する男の欲望を想像した。この夢の連想で、彼女は父親（あるいはさらに一般的に、男性）と自分との同一化を明確には喚起しなかったけれども、夫の友人に自分を見出し、他の女性（夢の顕在内容でジャンヌが演じた役割）と寝るというのはどのようなことかを想像するという意味もあったかもしれない。[75] 以上は、ヒステリーの複雑な「欲望の回路」として、すでに私が言及したことの一例である。

ジャンヌは、他の女性への関心を見つけ出そうとして、夫の欲望を徹底的に調べた。彼女によれば、夫は十四年の結婚生活を通して、見た目は誠実であったようだが、彼女は、仕事で出張のときはいつでも夫は誰かと情事にふけっていると想像せずにはいられず、いつもその証拠を見つけ出そうとした。彼女は彼の外見、文書や記録類を迷わず調べあげ、彼の滞在するホテルへいつでも構わず電話した。彼女は意識的には、彼が自分をだましているのではないかと「恐れた」が、他の女性への彼の欲望を見極めたいようだった。

そうした願望は、もちろん多元決定されているだろう。彼がもし情事にふけっていたなら、それによって、彼女は父親のような男によって、母親のように見捨てられるという感覚を確信したであろう。しかしそれによって、その女性を通じて、彼女の欲望の新たな回路が生じたであろう。ある夢について語っているとき、ジャンヌはこう言った。「ベルトランには女がいます。私は血まみれの手で電話をかけ、彼を呼び出し『愛しているわ』と言いました。私は自分に言い聞かせました。『さあこれで離婚できるわ。必要な証拠を握ったわ。でもできない。彼が私を離さない！』」。少なくとも、この夢の解釈の一つの水準によって、別の女性に対する彼の欲望は腹立たしいものだが、それが彼女にはともかく必要なようだという考えが引き出された。

ジャンヌが猜疑心によって作り上げた嫉妬に満ちた光景は、いくつかの点では、夫の欲望を活性化した状態に保っていたようだった。彼らの激しい戦いは決して完全には沈静しなかった。彼女はまた、彼の要求――自分がいない間に家事（洗濯、整頓、支払いなど）をやっておいて欲しいという要求や、セックスの要求――をほとんど満たさないことによって、おそらく彼の欲望をそのまま働かせておいた（それは必ずしも故意ではなかった）。彼の欲望の原因であろうとして、彼女は彼の欲望を**満足させる**ことを拒否し、彼の性的満足の対象になることを拒否した。満たされぬ欲望はヒステリーの両側、つまりヒステリー者とそのパートナーの側に見出される。ヒステリー者は、パートナーの欲望が彼女の存在を明確にするのに非常に重要であるがゆえに、パートナーを不満足のままにさせるのである。ジャンヌは、夫が自分への性的衝動を満足させることを自分が認めてしまったら、彼の欠如、欲望は少なくとも一時的に消えてしまうと感じるようだった。

しかし分析が三年経過して、ジャンヌは、「自分の行動に嫌気がさしている」と言った。彼女はベルトランとセックスすることを拒否し、四六時中彼と喧嘩することにうんざりしていると語ったのである。彼女が欲したことを自ら否定するとき、彼女は、少なくとも半ばは、母親との「一致」によって、そうしているように思われた。というのは、母親がジャンヌに、他の夫婦は皆幸せで一つになっていると、いつも言っていた。ジャンヌの母親と父親だけがそうではなかった。ジャンヌは、夫と結婚はしたが仲良くはしないことで、不満足、満足の欠如あるいは不幸という点で母親に同一化しているようだった。

この点で母親への同一化を強めていることがジャンヌの長年の心身症的な症状であった。母親がクリスマスに誰からのものかわからない花束をもらったとき、父親が嫉妬から激怒したことがあった。それ以後、ジャンヌは座骨神経の障害を発現させた。父親は、花束は母親の雇い主から贈られたものだと思いこんだ。その人物は指圧療法師であったが、母親と関係を持っているに違いないと父親は信じていたのである（実際は、花束はあるおばさんから贈られたものだった）。それ以来ずっと、ジャンヌは座骨神経に関係した痛み――それは母親が彼女にこぼしていた病気でもあった――や、さまざまな他の訴えを理由に、指圧療法師のところへよく通うようになった。彼女は、母親が欲望するタイプの男性（父親によれば）に接触しなければならなくなり、「病気」になったのであろう――たとえその欲望が決して満たされなかったとしても。ある意味で、指圧療法師は、父親とは違う男性、おそらくより良い男性への母親の満たされない熱望を表象するようになっていたのである（また指圧療法師は、父親の、騒ぎを起こすけれどもぞくぞくするような、うっとうしいが刺激的でもある、嫉妬に満ちた怒りとも結びつくようになった)。

しかし、ジャンヌは「私は自分の行動にうんざりしていた」と述べることによって、**自分が満たされぬ欲望には満足していない**、つまり欲望だけがすべてではないということを示唆した。「女は欲望のみに生くるにあらず」と言っているように思われた。そのことで彼女は、あらゆるレベルで満足に無関心なわけではないことも示唆していた。では彼女が関心をもっていたのはどのようなレベルなのか? ヒステリー者のなかには、男性と欲望のゲームをおこなうにもかかわらず、女性を介して性的衝動を満足させる者がいるが、私たちの分析作業では、同性愛的な傾向は一度も現れなかった。しかし、ジャンヌは、ロバート・レッドフォード主演の『幸福の条件』*Indecent Proposal* (1999) を見た後、一つの夢を見た。そのとき、別の傾向が現れたのである。その夢とは「ベルトランが四億五千万ドル儲けるために、何かをすることに応じた。いかがわしいやり方でお金を儲けようとするのは不安だったけれども、私は結局承諾した」というものだった。ジャンヌは、映画では大金のために男が、自分の妻とロバート・レッドフォードが寝ることに同意した、と付け加えた。ジャンヌは、自分はどんな場合にせよ「いかがわしいやり方」"de manière malhonnête" でお金を稼ぐという考えは嫌いだと言った。しかし *malhonnête* (いかがわしい) が、*mâle-honnête* すなわち「honest male まっとうな男」のようにも聞こえたことから、彼女のこの言葉の選択は、少し違う何かを示唆しているように思われた(76)。おそらく、何らかの良心のとがめ (すなわち、制止) から彼女の目をそらせてくれるロバート・レッドフォードのような「真にまっとうな男」に関する何かであった。しかし彼女は「そのような大金のためなら、夫を助けないわけにいかない」気がするとも語った。

以上について、売春婦になる――つまりセックスをしてお金を受け取る――ことへの彼女のある種の深い欲望として直ちに解釈してしまわずに、そこに、かなり一般的なヒステリーの特徴を見るべきだろう。それは、性的満足が非難されるようなものでなくなるためには、性行動を封じ込めている制止が、強大な力、多くの場合、徹底的な強制によって乗り越えられなくてはならない、という特徴である。制止のない性的享楽は、本人の力を越える無理強いがあるか、義務づけがあるとき、初めて可能になるように思われる。ヒステリー者の分析では、売春幻想は非常によく出て来るものだが、それは、世間では売春が極貧と強制によく結びつけられるからである。たとえば、捨てられた母親は子どもを養うために通りに出ているに違いないとか、教育のない若い女性が妹や弟を食べさせるためや、病気の両親を看病するために、極貧だが正直という素性から体を売っているのだろう、など[77]。ヒステリー者によくあるレイプ幻想でも共通の動機が働いており、そこには、**女性というものは性的行為をするしか選択肢がないのだ**という本質的な考えが存在している。

以上から、ヒステリーでは制止の果たす役割が非常に重要であることが示唆されよう。ジャンヌの事例では、制止は幾分、母親との一致と関係していると考えられる。実際にセックスを楽しむこと（単に母親の性的行為と結びついた転換症状から享楽を得るだけでなく）は、母親を裏切ることになるだろう。裏切りという問題は、それが母親、父親のどちらに関わるにせよ、いつも価値、原則そして理想——つまり自我理想、超自我——の問題である。ジャンヌは、ロベールのように不可能な理想によって動かされているわけではなかったが、彼女の内面では矛盾する理想がはっきりと存在していた。それは、女性とはこういうものと彼女が言われてきたこと、父親の「息子」として彼女が成し遂げることになっていたこと、母親の娘として彼女が母親に与えなければならなかったことや、後に結婚から期待できたであろうこと、である。

フロイトは、性行動への反感はヒステリーでは事実上、構造的あるいは先験的なものであり、また、自我理想は女性よりも男性のほうがはるかによく発達させている、とみなす傾向があった。しかしこの反感は、女性により典型的に見られる自我理想（西洋文化に典型的な）の**産物**であり、罪悪感は、男性により典型的に見られる自我理想の産物だと考えたほうがよいかもしれない。というのは、反感と罪悪感は欲動の満足に対する態度、社会化の過程で私たちに課される態度のように思われるからである。つまりそうした態度は、諸欲動の満足に関して、象徴的な水準（理想、価値、原則という水準）――欲望という水準――において取り入れた姿勢である。これらの態度は必ずしも諸欲動自体の特性ではない(78)。フロイトは理想を形成するものに関する考え方が極端に狭かったために、女性はそれほど高くない理想しか持っていないと誤解していたように思われる。そこでは広く受け入れられた社会的、経済的、政治的、知的、芸術的理想――これまで西洋社会の男性が主に教え込まれたような種類の理想――しか考えられていない。しかし理想とは、明確に表現された懇願や命令ならばどのようなものでも理想である。たとえば「娘はいつも母親を尊敬するものだ」のように普遍化できるものもあれば、「あなたのお父さんは私たちをゴミのように扱っている！　私たちはお互い以外に頼れるものはないのだから、結束しなくちゃ」のように普遍化できないものもある。特定の、文脈特異的な懇願は、「近頃はひとかどの者になろうとするなら、大学へ行かねばならない」というような、より普遍的な価値判断以上に重みがあるわけではないにしても、それと変わらぬ重みを持つこともあるだろう。有用な経験則としては「それが制止を生じさせるのなら、それは理想である」といえるであろう(79)。

ヒステリーと強迫神経症の構造的な相違――前者では《他者》の完成を通じて、後者では主体の完成を通じて、分離を克服しようとする――は社会的、性的理想に基づいており、それらの理想の多くは、それほど困難なく推測できることを指摘しておくべきであろう。ヒステリーと強迫神経症は、西洋の社会的文脈では、主体の位置に関して一つの大きな分岐点をなす「構造」であるが、それらは普遍的でも超越的な必然でもない。それらは、特定の（と言ってもきわめて広範に見られる）社会形態に基づいた偶然的構造なのである。

さて治療についてだが、私がおこなった特殊な介入、先に「構築」と名づけた介入について手短に説明しておきたい。すでに述べたように、私の介入後にジャンヌが語ったことについては、それらが初めからずっと意識的あるいは前意識的だったのであり、彼女は単に言いたくなかっただけであったのかどうか、確信は持てない。私の印象では、介入によって、彼女がほとんど理解していなかった過去のさまざまな光景が再構築されたと思われる。もしそうなら、この介入は（第四章で論じたような）「現実的なものを打つ」解釈の一例であったといえよう。現実的なものとは、分析主体にとって、まだ象徴化されていないもの、まだ言葉にされていないもののことである。つまり、あるときには、言い表せないもの（「言うことが不可能な」もの）である。もっとも分析家にとっては必ずしもそうではないが。ジャンヌが子どものころ、（おそらくは）セックスについてわかるようになる前に、聞いたり見たりしたことに名前を与えることによって、私は、象徴化を通じてそれを中性化する——つまり、その重い情動的負荷を流し出す——過程を開始させた。それが言い表されないままである限り、それが彼女を固着させていたのである。いったん語られると、固着は崩れはじめた。

解釈が現実的なものを打つものである以上、**それは真理を言い当てるというより、むしろ真理を創造するものである**。なぜなら真理は言語活動の内にしか存在せず（真理とは陳述の一つの特性であるから）、したがって、まだ語られ得ないものの真理は存在しないからである。真理は解釈によって「見出され」たり、「顕われ」たりするというより、それによって創造されるのである。しかしこのことは、解釈が好きなように発明をするという意味ではない。ジャンヌの事例では、週に一度、二年半の間、彼女の話を注意深く聞いた上で、そのような解釈を思い切って言うという方法をとった。それは、患者との、たかだか十分間の会話やわずかなセッションにもとづく最近の大多数の精神療法家や精神科医によってなされる「乱暴な解釈」とは際立った対照をなしている。解釈に先だつ何回ものセッションで、ジャンヌは、私が解釈で言ったこと以外のことをいろいろ話しながらも、その観念の周囲をぐるぐると巡っていたのである。したがって、私が解釈したときには、それに耳を傾ける準備はできていたのである。

こうした構築がジャンヌにとって主観的妥当性をもっていたことは、それは後続のセッションで彼女がもたらした素材により立証された。この構築と私の知り合いの精神科医によってなされた解釈との相違を考えてみよう。私がスーパーヴァイズしている精神療法家のもとで以前に二年間治療を受けていたある患者は、その精神科医のところに薬物治療を受けに数か月ごとに通っていた。あるとき、その患者が子どものころ三回、性的な虐待を受けたことを突然思い出したと言い出した。精神科医はその機会をとらえてこう言った。「あなたはそれを楽しんだに違いない」と。患者はこの解釈にかなりショックを受け、それ以後ほとんどまったく来なくなった。たしかに、精神分析理論にもとづけば、その精神科医が言ったことは多くの事例に当てはまるかもしれない。というのも、多くの人びとは、それほどはっきりとはしていなくても何らかの仕方でそのような性的経験を享楽しているからである。だがしかし、この主張は当の問題である個人の経験をまったく無視したものであり、その人にとっては、ほとんどあるいはまったく主観的な妥当性は有していない。**解釈が真理を創造する**という場合、そのための下地が準備されなければならない（植物が根を張り成長するよう期待する場合のように）。周辺の素材を明らかにしなければならないし、治療者との関係がしっかりしていなければならない。そうでなければ、それは（せいぜい）ショックを与えるという意味しかもたない。衝撃的な陳述は、教育の分野で、学生たちの慣習的な思考様式を振り払うことを目的とする場合なら、時に適当であるかもしれないが、治療ではほとんどその余地はない。(80)

私がジャンヌの場合におこなったような解釈は、あいまいで意味ありげな、本質的に何かを呼び起こすような、「神託的」な解釈ではまったくない。そういう解釈は、第四章で示したように、分析が比較的進んだ段階まで、つまり、分析家が分析主体についてかなり精通し、分析主体に分析家の解釈の効果を受け入れる準備ができるまで、使わずにおくべきである。そのような解釈は、ラカンが解釈とは“apophantic”であると述べた（『シリセット4』一九七三年、三〇頁）際に言いたかったことをかなり明確に示している。“apophantic”（ギリシャ語の *apophantikos* から）は「絶対的」、「宣言的」あるいは「独断的」という意味である。解釈は、本質的に「神託的」であるにせよ、一つの構築であるにせよ、ラカンのいう意味では、問いの形式で提示されるものではなく、また真実として提示されることもまったくない。解釈は分析家によって宣言的に述べられるものなのである。

ジャンヌの治療は、彼女がフランスへ戻った時点で、まったく完了していなかったことは明らかであった。彼女は、自分の問題を父親と母親のせいにすることは幾分すくなくなったが、彼らから分離することは決してなかった。ある水準では、彼女は依然として父親に対抗して母親に味方したが、同時に父親の予言（たとえば、ジャンヌはたいした者にならない）を実現することによって父親に忠実であり続けた。治療は転移を通して、こうした両親像——言いかえれば、ジャンヌを制止させていた彼らの禁止と理想——を「破壊」するのに必要な強度には達しなかった。ジャンヌは私に対して「過度に依存する」ようになるのを嫌い続けた。また、私のほうは、十分に彼女の興味を駆り立て、彼女自身や彼女の夫の抵抗に打ち勝つことができなかった。セッションの頻度は最後の一年にようやく多くなったが、ベルトランは、彼女が週に二度私に会いに来ていることを知って騒ぎ立てたため、私たちの分析作業の強度を保つことができなかった。[81] ジャンヌはこの点について彼に逆らうことはできないと感じていた。

ジャンヌは、自分が両親に対していろいろな選択をし、さまざまな態度を取ったことの意味を少し考え始めていた。たしかに、初めのうちは、彼女は自分の立場を単に押しつけられたもののように思えたが、それでも考え始めたのである。しかし、彼女はまだそのときは**自分が**望んだからそうしたのだと断言するまでには到らなかった。主体化——すなわち《他者》が原因であると考えられるところに、主体を生じさせる過程——はそれゆえ完全には達成されなかった。ある点では彼女は父親の理想から離れた。たとえば、治療の最後の一年間、ジャンヌは、父親が本気で反対していた美術への長い間かたくなに抱き続けてきた情熱を再燃させた。しかし、画家として認められることを自分が追求するのを、依然として父親が邪魔し続けていると感じていた。父親の価値観が彼女を制止し続けた。つまり、彼女は彼の価値観が存在していた場所に主体としていまだ出現していなかった。父親の価値観は破壊されることも、彼女自身の価値観になることもなかった。彼女は煉獄に、つまり父親の理想を拒否することと、そうすることに対し自分を罰することとの間に留まっていたのである。

ジャンヌが分析を受ける以前、父親への愛は抑圧されていたが、その抑圧は、父親に対し容赦なくあらわにした極端な憎悪によって明らかであった。彼女の憎悪は――分析理論によって予想されるように――彼女にとって父親が重要であること、そして彼女が父親を愛している度合いに直接比例していた。憎悪は偽装された形、この場合は愛の変わりに憎悪が現れるという単純な逆転の形で、**抑圧されたものの回帰**を示している。同様に彼女の分析以前、母親に対する彼女の抑圧された怒りは、母親の気高さや完璧さを過度に信じるという形で現れていた（つまり回帰していた）。分析の過程でこうした抑圧は開かれたが、父親によって叩かれ犯される対象としての母親の場所を占めるという彼女の抑圧されたエディプス的願望は、幾つかの夢（たとえば、長い胴体の鯨の夢）でのみ触れられ、わずかに話が切り出されただけだった。この願望は彼女の身体症状の大半の原動力となっていた願望であった（こうした症状によって、彼女は自分を母親の身においていたのである）。彼女の根源的幻想は、父親のような男に虐待され、彼と性交する対象であり続けることであったように思われる。分析の過程でこの幻想が見えてきたが、それは決して組み換えられたり、横断されたというにはほど遠いままであった。

病因論的考察

以上、二つの事例研究を通して、本章で検討された神経症の多くの面を具体的に説明した。個々の事例において「現代」の強迫神経症とヒステリーがどのように見えるか、そのより明確な意味を私は読者に提供したかった。「純粋な」ヒステリーの事例が存在しないように、ヒステリーや倒錯の特徴をもたない「純粋な」強迫神経症の事例も存在しない。それぞれの事例によって、神経症についてすでに学んできたことを確認できよう。ある特定の理論体系内でまだ説明のできないものに耳を傾けることに率直であるなら、新たなことも学ぶことができるだろう。ロベールの事例は、結局、一般的に貴重なものとなる何か――《他の》男の恋人の重要性――をもた

	ヒステリー	強迫神経症
問い	「私は男か女か？」	「私は死んでいるのか生きているのか？」
欲望の状態	不満足	不可能
性行動に対する態度	反感	罪悪感
主要な情動領域	口唇的	肛門的
存在に関する方略	《他者》の欲望の原因である	考えることで存在する
分離を克服する方略	《他者》を完成させる	主体を完成させる
根源的幻想	$(a \diamond Ⱥ)$	$(S \diamond a)$

らした。ジャンヌの事例は、彼女の反感の理由に光を当て、おそらくそれが最初の反感と罪悪感の起源についての何かを示唆している。ラカンが言うように「最も特殊なものとは、最も普遍的な価値をもつもののことである」（『セミネールVI』一九五九年二月一一日）。

上の表は、ヒステリーと強迫神経症の「定義的特徴」について、これまで私が述べてきたことを要約したものである。

こうした「定義的特徴」が本質的に病因論的ではないことはかなり明らかであろう。私はここで、誰かがヒステリーや強迫神経症になるのは**なぜか**という問題に答えようとしているのではなく（前述した事例の注釈での説明は別として）、ヒステリーや強迫神経症とは**何か**に注目しているのである。私はラカンの区別を用いたが、それは最も遠くまで射程を持ち、ヒステリーと強迫神経症が何であり、両者が互いにどのように違うのかを示しているからである。

フロイトは初期には明らかに病因論的定義を求めていた。フリースへの手紙のなかで、フロイトは、強迫神経症は、あまりにも強烈な快に帰着する幼児期の性的体験によって**引き起こされる**という仮説をたてた（そして、その体験から生じた罪悪感が今度はその行動を避けようとさせるとフロイトは考えた。のちに罪悪感と回避は、その人が最初の出来事の社会的／性的意味を知る第二の経験の遡及的効果として考えられるようになった）。フロイトは、**なぜ**ある特定の人物が強迫神経症者になるのかを説明しようとした。そして彼の初期の「定義」は「最初の原因」に関わっている。しかしフロイトの因果的説明の場合でも、「なぜある人は強烈な快を経験し、ある人はそれほどでもないのか？」、その理由を常に問うことができよう。このことを説明するのに、前者には「誘惑者」の過度の欲望がしみ込んでおり、後者はそうではない、あるいは当人がそれを嫌悪したからだといっても、ほとんど同じような問いを繰り返すことにしかならない。「なぜその欲望は過度であったのか？[82]、なぜある事例で欲望が過剰で、別の事例では過少なのか？」

フロイトの特徴づけについて最も重要だと思われるのは、臨床家が出会う患者のうち、ある事例では性行動が罪悪感に支配され、別の事例では性行動が反感によって支配されるという事実である。罪悪感が反感と一緒に出現することが決してない、ということではなくて、臨床像全体としては、どちらかが優位となる傾向がある、ということである。

ラカンは、最初の原因へのフロイトの関心を共有せず、むしろ論理的なプロセスに注目している。抑圧は、神経症の主要な機制であるがゆえに、場合によって異なった結果を生み出すに違いない。ある時期に――必ずしも年代的には決定できないが――主体が意識と無意識（すなわち、自我と主体）に分裂することが抑圧の意味だとするなら、強迫神経症とヒステリーでは、その分裂がやや異なったかたちで生じるに違いない（つまり、強迫神経症とヒステリーの「疎外」のされ方は異なっている）。抑圧されるのはシニフィアンである。それゆえ、分裂の仕方が異なるということは、ヒステリー者と強迫神経症者で、言語活動や知との関わり方が異なっているということである。

しかしこのような考察は、なぜ抑圧や分裂が、ヒステリーではある形を、強迫神経症では別の形をとるのか、あるいは、**なぜ**ある人がヒステリーに、他の人が強迫神経症になるのかについては教えてくれない。また、これらの考察は（私が前出の脚注で、社会学的・心理学的な説明によって試みたようには）、なぜある人が《他者》を否定しようとして、他の人はそうしないかを説明しない。フロイトは、「解剖は運命である」という彼の言葉によって、すべては、ある人がペニスを持っているか、いないかによるということ（ペニスを持っている場合は、ペニス**であること**はあり得ない、すなわち《他者》の欲望のファルス的な対象であることはあり得ない。またペニスを持っていないのなら、《他者》のために、それを体現し得る）を示唆していると思われる。ラカンは初期の著作で、このようなフロイトの定式化を繰り返している（たとえば、「転移についての私見」一九五一年〔『エクリ』邦訳第一巻所収〕）が、後の著作ではそうした図式を問題視している。ラカンの後の議論――西洋文化においては《女性》を示すシニフィアンは存在しないが、ファルスは《男性》を示すシニフィアンである、という事実をめぐって展開されている――はさらに、解剖と言語活動との**弁証法**のほうへ私たちをつれてゆく。そこでは生物学が最後の権威を持っているのではない。しかし今、言語活動の本性についての複雑な問題に入り込むような議論に立ち入ることはできない。本書ではそうした問題の基礎を固めてこなかったからである。[83]

この章の視点を越える問題が一つある。それは、ヒステリーと強迫神経症のような明らかに異なる二つの構造には社会的原因があり得る、ということについてである。私はここで、そうした構造が事態の必然性に対応していると主張しようとは思っていない。ラカンはおそらく、そうした構造が普遍的だとは考えていなかったと思う。むしろ彼はそれらの構造が、ファルスを優勢的な欲望のシニフィアンとする、一つの典型的な西洋的社会組織に条件付けられているとみなしていたようである。女性、男性各々の役割を変えようとする努力にもかかわらず、ファルスが欲望のシニフィアンであるかぎり、そうした構造の違いは消滅しないように思われる。強迫神経症やヒステリーにおいて作用するさまざまな理想や、ある特定の家庭という文脈において、それらの理想が教え込まれたさまざまな仕方にのみ、私たちが目を向けるだけなら（私が、ジャンヌの性的な事柄における制止についての注釈でおこなったように）、ラカンも提起しようとした、より広い社会的な問題には答えられないままとなる。

恐怖症

恐怖症の主因と動機は、表面的に「恐れ」という言葉しか持たない連中が思っているような、性器的危機ではありませんし、ましてや自己愛的危機ですらありません。主体が出会うのを恐れているものは、ある種の欲望なのです。その欲望は、母親とのハンス少年の関係におけるように、《他者》に対して主体がとる位置のある特権的な展開に結びついています。この欲望は、シニフィアンの創造物すべてを、そしてシニフィアンのシステム全体を、ただちに作り出すのですが、それでもさらに無へと逆戻りしてしまう欲望なのです。

――ラカン『セミネールⅧ』三〇五頁

倒錯の検討へ入る前に、恐怖症について少し述べておかなければならない。ラカンは時に恐怖症を独立した診断カテゴリーとみなしているが、彼によれば、恐怖症が父性隠喩の確立に関する問題への反応であるという意味において、恐怖症は「神経症の最も**根本的**な形態」(『セミネールⅧ』四二五頁)に相当する。つまり、恐怖症はヒステリーと強迫神経症の「あいだ」にある、あるいは第三の独立した構造であるというより、むしろある意味で他の神経症に先立っているということである。[84] ヒステリーと強迫神経症は父性隠喩(そして原抑圧、二次的抑圧)の設立を前提としている。それに対して恐怖症は、父の「否(ノー)」や父の名ではない何かで母親を抹殺することによってのみ父性隠喩を設立することができる。

恐怖症では、父親あるいは父親像、つまり父性機能の相対的な弱さのため、母親からの子どもの分離はきわめて困難であるとされている。たとえば、ラカンが示したように、フロイトの「ハンス少年」(SE X, 1–49)〔邦訳著作集第五巻一七三―二七五頁〕という有名な事例では、息子のハンスを母親から分離させることを父親が拒絶したため、息子のなかに不安を蓄積させることになったのである。ハンスの不安は明らかに母親、そして彼が母親に帰した欲望(飲み込まれること、体内化など)に関係している。ハンスの恐怖症の展開は不安が突然減少したことと符合している。ハンスが「馬」というシニフィアンを、一種の父親代理、父性隠喩における父の代理、父の名あるいは「否」とみなすとき、不安は一時拘束されるのである(『セミネールIV』を参照[85])。

こうして恐怖症とは、完全に欠如してはいないにしても不安定な状態にある《他者》の決定的要素(父-の-名)を**下支えする**ために、その個人が採用する方略だとみなすことができる。恐怖症は、精神病と神経症の間の「境界例」には位置づけられない。なぜなら恐怖症とは、**下支えに成功している**ということだからである。すなわち、父性隠喩の設立は成功しているのである。恐怖症によって「通常の抑圧」、すなわち、二次的抑圧と抑圧されたものの回帰が作動しうる。しかし恐怖症には、ヒステリーや強迫神経症の本質的特徴を要約した前記の表にみられるような、自身を定義づける一連の完全な特徴はないように思われる。

恐怖症はどちらかといえばヒステリーに密接に関連しているようにみえる。なぜならヒステリー者は、初めは《母親》の欠如を埋めるのにふさわしい対象となるからである。三者化(父-の-名の介入)を通じて、ヒステリー者は自分を、《母親》の欲望の想像的対象とすることを超えて、《他者》(通常は父親)の欲望の「象徴的対象」とすることができる[86]。恐怖症者は、初めは《母親》の想像的対象だが、父-の-名を支えねばならない。次章でみるように、このことは恐怖症と倒錯の間に一定の類似性があることを示唆している。むろん恐怖症者による支えは、倒錯者の試みる支えでは提供されない一種の永続性を提供することに成功している、ということを心に留めて置かなければならないが[87]。

第九章　倒錯

欲望は防衛である。享楽へと至る限界を超えることに対する防衛である。

――ラカン『エクリ』八二五頁〔邦訳第三巻三三九頁〕

精神分析的に言えば、おおかたの臨床家は、正確に倒錯とみなすことができる患者をそれほど目にすることはない。現代アメリカのかなりの分析家が、治療を受ける倒錯者はよくいると思っているようだが、本書で私が提示しているラカンの基準によって評価すると、倒錯者とされる人びとの大多数は、実際は神経症者か精神病者だということになる。(1) 近代精神医学は、倒錯に関する私たちの理解を決して発展させてはいないのである。フロイトが至言を述べている。「さまざまなもの（行動）に次々と名前が」新たにつけられるが、かといって「それらについて何かより多くのことを言っているわけでは決してなく」(SE XVII, 260)〔邦訳著作集第一巻二一四頁〕、精神医学は単に新しい用語のオンパレードによって、特定の対象を記述し、人びとにあてがっているに過ぎない。小児性愛、さわり魔的行為、服装倒錯的フェティシズムなど。(2)

以上とは対照的に、われわれは、ラカンによる想像的なもの、象徴的なもの、現実的なもの、あるいは欲望と享楽という重要な区別によって倒錯の本質をよりよく理解することができる。神経症を、両親が強制する享楽の

「決定的」犠牲――去勢――を不服として（偽装した形でわずかでも享楽を取り戻そうとして）、法との関係のなかで欲望するようになる一連のストラテジーである、と理解するなら、**倒錯とは、享楽**（ラカンが「享楽への意志」と呼んだもの）**の限界にまで向かうことができるように、何とか法を立て維持しようとする試みである。**精神病では法の完全な不在を、そして神経症では法の明確な設立（幻想のなかでのみ法が打ち負かされる）を見ることができるが、倒錯では、主体は法を存在させようとする、つまり《他者》を存在させようとあがくのである。いつものように、ラカンの仕事はここでもフロイトの仕事を発展させている。では倒錯についての議論をフロイトのいくつかの区別を取り上げることから始めよう。

人間の性行動の核

生殖以外の目的のための性的活動はすべて倒錯的であるというフロイトの初期の主張から始めるなら、人間の性的行動のほとんどは倒錯的であるという事実を受け入れなければならない。実際、倒錯は人間の性行動の核にある。というのも私たちは皆「多形倒錯者」として人生を始めるからである。それは、より高次の目的、適切な対象や開口部などに一切関知せずに快を追求する存在である。そして、われわれは生涯、種の生殖に必要な性行動以外の諸形態によって自らのために快を追求する。

「正常な」性的活動においては、パートナーの所有し具現している特定の属性ではなく、そのパートナー「自身」すなわち「全体的な人格」が欲望される、という観念から出発するとしても、人間の性行動の大部分が倒錯的であるという事実はやはり受け入れねばならない。前章で見てきたように、強迫神経症者は自分のパートナーを対象 a に還元し、パートナーの《他者》性 Otherness を無効にする。ヒステリー者は自分のパートナーを欲望するのではなく、むしろパートナー**を通じて**欲望し、パートナーに欠如している対象になろうとする。何かほかの利己的な目的、たとえば快や愛されているという感覚などのためではなく、それ自体が追及されるようなものがあるとカントは言った。しかし、性的なパートナーは、そういう意味での「目的それ自体」とはみなされない。反対に、パートナーは私たちにとって何か意味のあるものを**所有している**（たとえそれが欲望を生じさせる欠如に過ぎなくとも）がゆえに、求められるのである。実際ラカンが言うように、対象 a はその周りに本質的にフェティッシュな何かを持っている。(3) 前章でも見たように、私たちのうちに愛を生じさせる対象は、欲望を引き起こす対象や享楽をもたらす対象と必ずしも同じではないのである。

今述べた二つの考え方のどちらかから、あるいは両方（あるいはそれらに類する観念）から出発しても、事実上すべての人間の性行動は必然的に倒錯的であるということになる。「倒錯者」、「倒錯的」、「倒錯」という用語を、その性行動が自分たちと異なっていると思われる人びとを非難するために使用する人たちがいる以上、**人間のあらゆる性行動は本来的に倒錯的である**ときっぱりと断言しておくことが、一部の読者層に対しては、政治的に好都合であろうことは疑いない。実際ラカン派の精神分析家は、性行動の倒錯的性格は与件であり当然のものとして、すなわち「正常である」とみなしている。

しかしラカン派の分析家が関心をもつのは、否定の特殊な機制——「否認 disavowal」（フロイトの言う *Verleugnung*）である。この形の否定は、一般大衆や現代のたいていの心理学者が倒錯的とみなす人びとのうちでも、ごく少数の人びとにしか見られないものである。これは、抑圧とは明らかに違う機制である（少なくとも、この点がこの章で明らかにしたいことである）。分析家がある人びとを倒錯的と診断するのは、あれこれの性的行動からではなく、この機制の機能を根拠としている。こうして精神分析では、「倒錯」という用語は、「規範」からずれる性的行動をする人を非難するのに使われる軽蔑的な用語ではないのである。むしろこの語は、神経症や精神病とはまったく異なる特徴を持つ非常に特有な臨床構造を示すための言葉なのである。分析家は、人間の欲望は**すべて**その本性からして本質的に倒錯的であり、フェティッシュ的であることに同意するが、倒錯の構造には、神経症の構造との重要な理論的臨床的な違いもある。精神分析では、倒錯は汚名ではなく、一つの構造的カテゴリーとみなされる。

否　認

フロイトは *Verleugnung*（英語では「disavowal」と訳されるが、「denial」という言葉のほうがより多くの点でドイツ語に近い。フランス語では、「denial」に意味や使用法が近い *déni* が好まれている）と呼ぶ過程について、多くのテクストで説明している。[4] フロイトはある少年たちに見出した奇妙な態度を説明するのにこの概念を使っている。彼らは少女の生殖器をみても、その女の子にペニスがないことを否定し、それを実際に見たと言うのである。たとえば、ハンス少年は生まれて七日目の妹がお風呂に入っているのを見て、こう言った。「彼女のおちんちんはまだとても小さいけど、大きくなれば、ちゃんともっと大きくなるよ」[5]。

フロイトはこのことを「このような場合、女性器の知覚や光景が否認されている」と定式化している。彼は、年齢がもう少し上の患者の場合には女性にペニスがないという事実に関して二重の態度をとることに注目している。彼らは、フロイトが「母のファルス」と名づけたものの存在を信じ続けているため、女性器の知覚を否認する。しかしその一方で、その知覚があるレベルでは登録されていることを示すような症状を展開させるのである。ある特定の記憶が単に「暗点化されている scotomized」[6] わけでもなく、人の心から何らかの方法で切り取られている（私たちが大まかに排除について考えるように）ようでもない。それが効果を持っている――つまり、症状を生み出す――がゆえに、なおも**そこに**在るということがわかるのである。にもかかわらずそれは否定されているのである。「防衛過程における自我の分裂」において、フロイトはそのような症状を持つ二例について述べている。すなわち、（マスターベーションを続けていると）父親が罰するだろうという男性の恐れと、「つま先に物が触れたときの不安を伴った敏感さ」(SE XXIII, 277-278)〔邦訳全集第二十二巻六二―六三頁、著作集第九巻一五五頁〕である。

以上のように述べてくると、否認は抑圧に非常に似ているように思われる。つまり、ある記憶を意識から追いやることと、症状という形で当該の記憶が回帰するという点で。実際、初めフロイトは、抑圧されるのは情動であり、否認されるのは情動に関係する観念や思考であると考えることによって、抑圧と否認をはっきりと区別しようとした(SE XXI, 153)〔邦訳著作集第五巻三九二頁〕。しかしこの最初の試みは、「観念や思考だけが抑圧され得る」というフロイトのさらに厳密で、たびたび繰り返される主張と矛盾する。神経症では、情動とそれにかかわる思考(ストレイチーはフロイトの用語 *Vorstellungsrepräsentanz*(表象代理)を ideational representative〈観念的代理物〉と翻訳した[7])が解離する。たとえば、自我や超自我が、両立しがたい、あるいは受け入れがたいとみなす性的衝動を表象する思考が抑圧され、その思考に結びついていた情動は置き換え可能となる。フロイトの「自我の分裂」での記述では、否認と抑圧はまったく同じ過程のなかで区別できないものとなっている。

一九三八年の論文でフロイトは、抑圧と否認を区別する二度目の試みをおこなっている。そこでは、抑圧においては患者自身の性的衝動(「内界からの本能的要求」)の一部が消失するが、否認では、消失するのは「現実の外界の一部分」(SE XXIII, 204)〔邦訳全集第二十二巻二四八頁、著作集第九巻二〇七頁〕であるとされている。これは厳密に言えば、抑圧では、患者自身の欲動の一部と結びついている**思考**が心から追い出され(この欲動に結びついたリビード量や情動量は自由に移ろい、置き換えられる)、否認では「現実の外界の一部分」が心から追い出される、ということになる。

しかし、この「現実の外界の一部分」とは、フロイトが言うように「ペニスの欠如」[9]のことであるがゆえに、以上の指摘のみではますますはっきりしなくなる。厳密に言えば、人は何かの欠如を決して**見ることも知覚することもない**ということをはっきりさせておくべきだろう。つまり人はそこで見えるはずのものを見るのであり、不在のものは見ないのである。ペニス（あるいはそれにかかわる何かほかのもの）の**欠如**は知覚の問題ではない。知覚の水準では欠如というものは存在しない。そこは満ちた世界なのである。[10] **人は特別に何かを期待しているときのみ、無を「見る」**のであり、精神的にその不在に気づくのである。真っ暗な部屋の場合以外は、常に何か見えている。網膜視細胞の杆状体と錐状体には衝突する光子が常に存在している。「無」は思考の水準でのみ存在するのである。

こうしてここで問題なのは、知覚そのものではないということがわかる。つまり、フロイトが言うように、網膜のスコトーマつまり暗点があるために、フェティシストにはそこに見えるはずのものが見えない、あるいは一定の光子を受け取れない、というようなことではない。特定の知覚に結びつく思考こそが、ここで問題になっているものなのである。見ることは信じることではない。

内的世界に関連するものとしての抑圧と外的世界にかかわるものとしての否認という一九三八年のフロイトの区別は、「神経症的不安」と「現実的不安」という一九二四年の区別を思い出させる。神経症的不安は内的な危険——すなわち、自分の自我や超自我によって不適切だとみなされる患者の衝動——から生じるが、現実的不安（フロイトは「恐怖」とも言う）は現実の外的な危険（SE XXII, 81-89）〔邦訳著作集第一巻四五二—四五八頁〕に由来する。しかし、否認は知覚に結びついている**思考**——すなわち、主体の**内側**、主体の**心的**現実と一般に考えられるもの——に関係するのであり、知覚だけに関わっているのではない。[11] この点で内的と外的という区別は崩れるのである。[12] 抑圧も否認も知覚ではなく、思考に関わっているのである。

フロイトの内的／外的という分割を批判したついでに、「**現実の**外的世界」の知覚を心から締め出すことを否認とみなすフロイトの見方が、「**現実の**外的危険」から生じるものとしての現実的不安の定義と同じく、客観的な現実性への素朴な信念に依拠しているのだということも指摘しておこう。ある特定の「危険」が外的である——たとえば、山間のキャンプ場付近でのヒグマの出現——ということを仮に認めてみよう。その危険の「現実性」なるものについて、いったいわれわれは何を言い得るのか？　慣れたキャンパーなら（豊富な経験にもとづいて）、ヒグマは百ヤード離れた樹木に注意深くつるした食べ物だけに関心をもつことを承知しているが、初心者なら熊は執念深く、刺激しなくても人間を襲うだろうと考えるだろう。もっとも経験者でも百回に一度くらいは間違えることもあろう。このとき、初心者の一見神経症的に見える不安は、実際、現実的なものと言えるのだろうか？

ニューヨーク市に例を変えよう。裏道を歩く百人の女性のうち一人はレイプされると仮定しよう。この場合、女性がそこを歩くときに抱く恐怖は神経症的ではなく、現実的だと、たいていの人は言うのではないだろうか。「本当に危ない」のかどうかをいったい誰が決められるのだろうか。「外的危険」が現実的かどうか、つまり実際に危険なのかどうかを決めるのは分析家だろうか。このように、現実性というものに訴えることには疑問がある。「現実的／非現実的」、「現実的不安／神経症的不安」という区別はあいまいなものであり、内的と外的というもっともらしい区別が付け加わるとさらに疑わしいものとなる。

現実についてのある種の客観主義的見方よりも、心的現実のほうが重要であるということ、そして、現実というものは社会的・言語的に構成されていることを論じてきた。ここで私はフロイトによる抑圧と否認の区別を次のように再定式化しようと思う。すなわち、抑圧では患者の欲動の一つに結びついている思考が心から追い出されるが、否認では、一つの思考や思考の複合――それは女性生殖器の知覚や、父親による仮想上の去勢不安（子どもを母親から離し、マスターベーションしないようにさせるための）、そして自分のペニスに対する患者の自己愛的な愛着に関連している――が、心から締め出されるのである。

最初の象徴化

ここで注目すべき重要なことの一つは、心から追い出されるものが思考であるならば、そのとき、少なくとも最初の象徴化が起きているということである。倒錯においては、父親にかかわる何か、息子を母親から分離する父親の意志にかかわる何かが象徴化されるのである。こうして、精神病とは対照的に、象徴的な分離者としての父親の最初の受け入れ、あるいは肯定（*Bejahung*）が生じているのである。倒錯患者についてのフロイト自身の臨床観察にもとづいて理論化するならば、私たちは、去勢に関連した症状が形成されていることから、父親は少なくともある程度象徴化されていると主張することができる。[13] しかし、この象徴化は神経症において達成されているものほど完璧ではない。

ここでの目的は、抑圧とは明らかに異なる機制とされる否認に関するフロイトの暫定的な定義を徹底的に検討することではない。私はまずはじめに、ラカンの思考の文脈において検討するため、私たちが否認と**みなす**ものを示そうと思う（もっとも、私の知るかぎりでは、ラカンは私のようには否認を定式化していないが）。つぎにフロイトのいくつかの議論をラカン的な用語に――すなわち《他者》、享楽の犠牲という観点から――翻訳してみよう。私のここでの主張は、フロイトが試みたようにではないが、否認は、抑圧とは明らかに区別**できる**機制である、ということである。

排除や原抑圧と同様、**否認は父親**――つまり父親の欲望、父の名、父の法――**に関わっている。本質的な精神分析のカテゴリーである三つの機制――神経症、精神病、倒錯――はすべて父性機能に関わっている**（私たちの社会では、それは典型的には子どもの父親によって果たされる）。この点がフロイトの仕事においては、ラカンの場合ほど明確になっていない。ラカンはこの点でフロイトの仕事を体系化したとみなすことができる。[14]

第七章でみたように、フロイトは（精神病の一つである）パラノイアは同性愛的な衝動に対する防衛から生じると主張しているが（SE XVI, 308）〔邦訳著作集第一巻二五四頁〕、ラカンは、同性愛は精神病の理解に無関係ではないにしても、むしろそれは父の名の排除の一つの**結果**であるという。同性愛に対する防衛は排除の**副産物**であって、精神病の原因ではない。同様に、フェティシズムの対象はいわゆる母のファルスへのフェティシストの専心に関係しているとするフロイトの考えは、ラカンの観点からは不適切ではないが、むしろそれは父親、父親の欲望、父の法によって理解できるのである。母のファルスへの確信は、私たちが見るように、神経症の場合のように、欠如を生みだす母親の欲望が父親によって、帳消しにされたり名づけられているわけではないことを示唆している。[15] 言いかえれば、ラカンはフロイトの観察を不適切とみなしているのではなく、より広い理論的枠組みのなかにそれを包摂しているのである。

ラカンの観点からは、否認に固有な見かけの矛盾は次のように記述できると思われる。「父親が、母親や母親から得られる享楽（現実的な、そして／あるいは幻想において想像された）を無理に断念させようとはしてこなかったし、『胸の肉一ポンド』〔シェイクスピア『ヴェニスの商人』中の言葉。苛酷な要求のこと〕を取り立てるようなひどい要求をすることもなかったことを私はよく知っている。[16] でも私は父親の代わりになる誰かによって、そうした強要や強制を企てようと思う。私はその人物に法を宣言させよう」。これから見るように、この固有の定式化はサディストやフェテシストよりもマゾヒストによりよく適用できるが、**否認が、父性機能に関する一つの企て、あるいは見せかけを意味している**ことをよく示している。

犠牲を拒絶すること

犠牲あるいは強要という観念は、倒錯に関するフロイトの著作のなかにもないことはない。最もはっきりそれを見ることができる箇所の一つが、「自我の分裂」の議論のなかにある。自我の分裂は神経症ではなく、倒錯において生じるとフロイトは仮定している。神経症では、互いに矛盾する思考は異なる水準、違った審級におかれる。たとえば、「義理の妹と寝たい」という考えは抑圧され、無意識のなかに存在し続けるが、「義理の妹と寝た**くない**」という考えは意識的なものとなる。[17] 一方、倒錯では自我自体が分裂し（SE XXIII, 204）〔邦訳全集第二十二巻一三四頁、著作集第九巻二〇六頁〕、矛盾する考え――女性はペニスを持っているし、持っていない――が同じ審級に並んで維持される。[18] フロイトはこのことを自我による部分的な「現実逃避」（SE XXIII, 277）〔邦訳全集第二十二巻二六五頁、著作集第九巻一五四頁〕とみなしている――これはフロイトにしてみれば、精神病のためにとっておきたい表現であろう。しかし彼が分裂の概念を基礎づけるのに用いた事例の記述（SE XXIII, 276-278）〔邦訳全集第二十二巻二六三―二六七頁、著作集第九巻一五二―一五五頁〕は、抑圧の事例とほとんど同じである。つまり、前者の場合でも、抑圧されたものが二つの症状（マスターベーションを続けると父親が罰するのではないかという恐怖と、つま先に物が触れると感じてしまう不安を伴った敏感さ）に偽装され回帰するのである。症状形成は、フロイトが言うように（SE XVI, 358-359）〔邦訳著作集第一巻二九五―二九六頁〕、不和にある二つの異なる審級――自我とエス、あるいは意識と無意識――を必要とする。それゆえ神経症の条件と何ら異なるところがないと思われる。抑圧によって、「私 I」（*Ich*）が意識と無意識とに分裂するのである。

しかし、分裂と考えられる事例をもう少し注意して調べて、断念 renunciation がどこに位置づけられるのかをみてみよう（ここでは、欲動によって与えられる快を断念することが問題なのだが、英語版スタンダード・エディションでは、「本能の断念 instinctual renunciation」と訳されている）。少年が、初め「年上の少女に誘惑されて女性生殖器を知り」、その後その少女との関係が途切れてから、自分の生殖器をさわる快を覚えた。ある日、乳母は彼がそうしているところを見つけ、やめないとお父さんがちょんぎっちゃうよと彼に言った。フロイトはこう言っている。「去勢の恐怖の結果――正常（神経症）のたどる結果――は通常、すぐにか、あるいはかなりの苦闘を経た後、少年が恐怖からこれを断念し、その禁止に完全にあるいは少なくとも部分的に従う（すなわち、自分の生殖器にもはや手で触らないようになる）。言い換えれば、彼は完全にあるいは部分的に、欲動の満足を断念するのである」（SE XXIII, 277）〔邦訳全集第二十二巻二六五頁、著作集第九巻一五四頁〕。しかしこの少年は、まったく恐怖を感じないかのようにマスターベーションを続けた。彼は享楽を**父の名にかけて**断念することを拒絶したのである。乳母は、彼の父親が認めないだろうから、父親のために断念するよう彼に求めた（そうしなければ、フロイトが言うように、父親が彼を去勢するであろう）が、少年はそれを拒絶したのである。

フロイトによれば、**享楽を喪失する可能性を前にして、倒錯者と強迫神経症者は違う反応を示す**。強迫神経症者は、たとえ後で享楽をいくらかでも取り戻そうとするのをやめないにしても、しぶしぶ、気乗りせずにだが、喪失を受け入れる。[19] 彼は評価、認知、賞賛といった象徴的等価物を得ることを望み、その享楽を諦めるのである。彼は別のものを得るためにあるものを失う。彼は自分のペニスへの自己愛的（想像的）愛着――ラカンはこれを想像的ファルスϕ、自己愛的に備給されたペニスと呼んでいる――、およびそれが彼に与える自体愛的な快を断念するよう誘導され、社会的、象徴的水準で何かを獲得するのだと言えるかもしれない。彼はシニフィアンとしてのファルスΦ、価値と欲望に関して社会的に承認されたシニフィアンのために、ϕを断念する。ラカンがハンスに関して述べているように、少年はある意味で父親からより大きくてすばらしいペニスを得るために自分の小さなペニスを渡さなくてはならない（『セミネールⅣ』）。多くの場合、結局は父親からのペニスはそれほど大きくてりっぱだとはみなされない。少年はひどい仕打ちを受けたと感じ、父親に対抗して、自分のペニスをずっと離さないかもしれない。しかし、強迫神経症者の場合は、自体愛的 autoerotic な快のいくらかは克服され断念され、譲渡されるのである。[20]

一方、倒錯者はその快を譲り渡そうとせず、《他者》へ自分の快を渡さない。フロイトは繰り返し、倒錯者は自分の快――すなわち、母親やその代理の人物に（彼の幻想において）関係した自慰的な快――を**断念しない**と強調している。[21] なぜある少年は快を引き渡し、別のある少年は拒絶するのだろうか。フロイトはこの拒絶を説明する際、時に体質的要因に依拠している。おそらく倒錯者の欲動は神経症者のそれよりも強く、神経症者がそうできる方法に倒錯者は従うことができないのだろう。[22] しかしこれとは別の多くの説明が可能であると思われる。次にそれを考えよう。

臨床や毎日の観察からわかることだが、母親はしばしば夫に満足しておらず、子どもとの関係に、人生の満足を求めようとする。母親が女の子よりも男の子を、人生のすべてを含む補完物とみなしがちになることは臨床的にも証明されているが、それは子どもの性別（およびもちろんその社会的意味）によると仮定し得るのみである。[23] 息子のペニスへの母親の関心は、いまや常に男性器における享楽の局在の一因となる。これを自己愛の観点から言えば、母親が息子のペニスに大きな価値を置く事例では、その子はペニスに極端に愛着するかもしれない。母親から言えば、母親へのエロス的関係全体がペニスの周りをめぐるのである。そうした息子は、母親から離れろというかなる要求にも、多くの場合、必死に抵抗し、その闘争は、たとえペニスへの直接の威嚇がないときでも自分のペニスを軸として展開されやすい（もっとも、そのような直接の脅威は考えられている以上にしばしばなされるが[24]）。

母親が娘を息子の場合と同じように補完物とみなしたり、人生での強い満足を求めて娘に頼ったり、娘の生殖器に強い関心を示したりしない限り、母と娘の関係が同じ程度に性愛化することはほとんどないし、[25] ふつう女性の場合は、男性と同じような形で享楽が象徴的に局在化することはない。一般的には、母親からの分離をめぐる父親との抗争は、男性と同じように中心的問題となることはないし、特定の器官に焦点を当てることもない。[26] 父親が娘を母親から分離させるのは、多くの場合、より容易である（父親はそうするのが重要だとは考えておらず、彼が息子に対するようには娘と争っているという感じももっていない）。しかし、父親が力強くない場合、倒錯の特徴を持ったヒステリーとなったり、父親がまったく介入しない場合、精神病という結果が生じやすい。

以上から、私が倒錯について語るとき、男性代名詞だけを使っている理由の一部が説明できる。精神分析の用語では、倒錯は実質的にはほとんど男性用の診断名である。実際、ラカンは「女性のマゾヒズムは男の幻想である」とまで言っており、[27] レズビアニズム（女性同性愛）を、倒錯ではなく、「*hetero*-sexuality（異性愛）」――《他者》の性、すなわち女性への愛――として性格づけている。homosexuality（同性愛）は――ラカンはこれを *homme*（man 人間）の二つの m にひっかけて、*hommosexualité* と綴る――、彼によれば、人間への愛（『セミネールXX』七八―七九頁）である。[28] 倒錯において男性とは、より不十分な性である（『エクリ』八二三頁）〔邦訳第三巻二三七頁〕というラカンの主張は、私たちの思考をたしかに中断させるような発言だが、私が本書でおこなうさらなる説明を保証してくれるものでもある。[29]

さて、なぜある少年が快を断念することに応じるのに、ほかの少年はそうしないのかという疑問に戻ろう。母親と息子の間が非常に密接な絆で結ばれている場合、父親は――分離を生じさせるために――十分力強く、脅威を与える者でなければならないし、息子を評価・承認していることを彼に確信させてやらなければならない。しかし、〔母子間に〕そうした密接な絆が形成されうるという事実は、父親が父性機能を果たすことができないか、そこに介入したいと思っていない（おそらくその父親は妻から独りで放っておかれることを望んでいるし、妻もそうすれば息子を独占できる）ことを示している。父親は、ある精神病者たちの父親に認められる張り合うような凶暴性は避けようとするが、自分を象徴的に分離を促す者――「これは俺のだ、それはお前のだ」と言う者、すなわち子どもに象徴的空間を与える者――の位置にわざわざ置こうとはしないのである。たとえ父親がそうしようとしても、その試みは、子どもの母親によって台無しにされてしまう。父親が背を向けるとすぐに、母親は子どもにウィンクし、二人の特別な関係がひそかに保たれていることを子どもにわからせようとするのである。

私たちは、しばしばフロイトが存在するだろうと**想定した**父親像――すなわち、息子を母親から分けることを宣言する父親（倒錯者はそれを頑固に拒否する息子である）から、現代の一般的な父親像に焦点を移動させなければならないと思う。現代の父親ははるかに力が弱く、たいてい自分の役割に戸惑っている。[30] 母‐子の絆が強く、父親は弱いか無関心という事例では、父性機能はまったく欠けているのではないにせよ、補強を必要とするだろう。第八章の末尾でふれたが、ハンス少年のように、四歳くらいの小さい子の恐怖症の場合には、恐怖症の中心となる対象（ハンスの場合は、馬）が父の名として機能し、母親からの子どもの分離をもたらす。ハンスは馬にいくつかの性格を与え――とくに怒り――、母親とハンスとの特別な結びつきについて父親が口に出すことを好んだ（「お前は不機嫌なんだろ、知ってるよ、そうに違いない」（SE X, 83）〔邦訳著作集第五巻二三〇頁〕。しかし彼は決して父親を受け入れようとはしない。倒錯は、小さい子の恐怖症のように、父性機能の部分的な不全——この不全には分離を生み出すための補助が必要となる——から生じる。フロイトは、倒錯者が享楽を犠牲にしないことや、母親やその代理物（たとえば、フェティッシュ）との関係から得られる享楽を維持する彼の試みを強調しているが、むしろ私たちは、**父性機能の不全**を強調しなければならない。

否認は防衛の機制、享楽を犠牲にせよという父親の要求に対する防衛として記述できるだろうが、私たちは否認を、ハンスの恐怖症のように単に回避的なものと見るのではなく、不安を軽減する分離が生じるよう、父性機能（父の法において表現される）を立てようとする試み、つまり、《他者》に法を**宣言**させる試み、つまり自分自身に法の場所を示す試みであるとみなしたい。ラカン派の観点では、《他者》である母親からの分離はあるレベルでは不安を生み出すかもしれない（対象が分離に際し、失われるため）が、一般には、さらに深い水準、つまり存在のレベルでの安らぎとなる。ハンスは意識的な水準では、母親が去ってしまうことを「恐れて」いるが、無意識的には母親が去り、彼女にかかわっていない欲望を持つことが認められることを望んでいる。彼の「分離不安」は母親を「思うようにし」続けたい望み、言い換えれば、母親から快を得続けたいという望みを反映していると同時に、母親が彼を飲み込み、彼が欲望する主体として出現するのを妨げるがゆえに、「いいように扱われること」や享楽を終わりにしたいという望みも反映している。[31] こうして彼の「分離不安」は、現実には分離、母親からの分離に対する望みを示しているのである。

享楽というものは素朴に過大評価されてしまう。誰もが現実にそれを望んでもそれほど驚くべきことではないが、倒錯者はそれをあきらめることを拒絶し、それを見つけ、手に入れることができる唯一の者だと考えられる。[32] これまでの章で見たように、精神病者は自らの身体において享楽が制御されずに侵入し、そのために苦しんでいる。神経症とは享楽に関する一つの戦略、つまり、それを回避するという戦略である。倒錯も享楽に関する一つの戦略であるが、それは享楽を制限しようとする試みなのである。

「である」ことBeingと「持つ」ことHaving、疎外と分離

倒錯の問題すべては、子どもが母親との関係――子どもの生理学的依存によってではなく、母親の愛への依存、つまり母親の欲望への欲望によって、分析において構成される関係――において、母親の欲望の想像的対象といかに同一化するのか、という点にある。

――ラカン『エクリ』五五四頁〔邦訳第二巻三一八頁〕

フロイトは、人間が母親の性的な奉仕に束縛されたままにならないのは、父-の-名によるということを私たちに示している。

――ラカン『エクリ』八五二頁〔邦訳第三巻三八二頁〕

倒錯に関する根本的なテーゼを私なりに述べれば、**倒錯者は疎外を経験している**、つまり原抑圧、意識と無意識の分裂、言語活動において主体の到来を準備する父の名の受け入れを経ているが、**分離は経験していない**、と表現できる。(33) ここでどのように倒錯者の疎外を特徴づけられるだろうか。ラカンが言うように、私たちは世界へ参入し、自分自身を部分的な対象として《他者》の欲望へと捧げ(『エクリ』五八二頁)〔邦訳第二巻三五七頁〕、《他者》の対象となること、《他者》の欲望をかちとることを望む。倒錯者――彼の父親の欲望はあまりはっきりと宣言されていないと思われる――は、「母親がファルスにおいて欲望を自ら象徴化している限り、〔彼の母親の〕欲望の想像的対象に同一化する」(『エクリ』五五四頁)〔邦訳第二巻三一八頁〕。言い換えれば、ここで母親

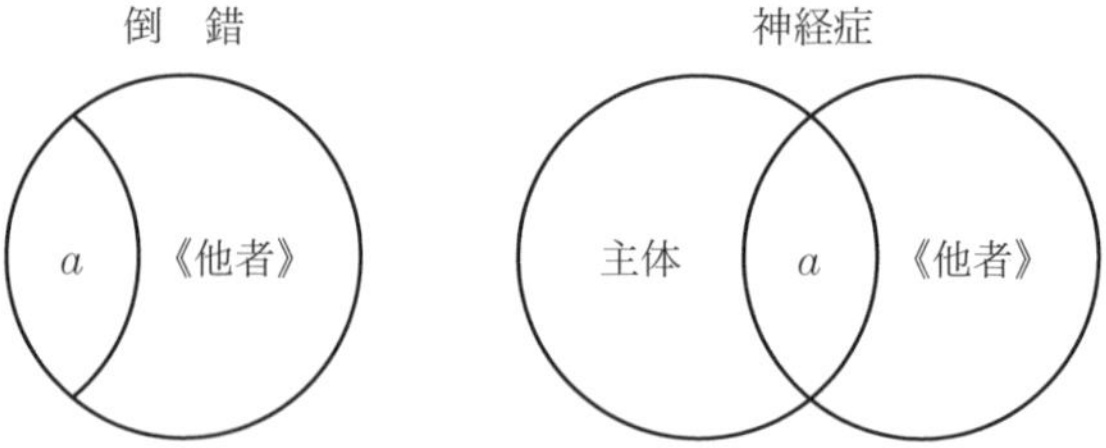

図 9・1

の欲望の想像的対象はファルスであり、子どもは彼女のためにそれになろうとする。しかし、このファルスは置換可能な象徴としてのファルスではない。つまり地位という装いすべて、社会的に価値の定まったものすべて、あるいは社会的に受容される「現実の男」、時にファルスの「所有者」のイメージに似ている夫（あるいはボーイフレンドなど）、などを母親が欲望しているという意味でのファルスではない。それは象徴化されておらず、代替不可能、置換不可能な対象としてのファルスである。子どもは母親の小さな宝物、フロイトが言ったような小さなペニスの代わりになろうとする。そして父親は多くの場合は介入しない（おそらく父親自身も干渉されないことを好んでいる）か、彼の介入の試みが無力なのである。

第八章で導入した図式を使えば、倒錯者の位置は図9・1のように示すことができる。この位置を神経症の場合と比較すると、倒錯者の「主体の位置」は《他者》の外側の何か、《他者》を越えた何かを伴っていないことがわかる。主体として倒錯者は、《母親》における空虚を埋める対象の役割を担っている。《他者》における最初の分割は倒錯者の場合にも生じている。文字どおり言えば、《他者》は全体ではない。《母親》には何かが欠けており、何かを求めている。「私は何？」という問いに対して、倒錯者は「私はそれだ」、彼女が欠いているものだと答える。こうして倒錯者にとって、存在の問いが永続することはない。つまり彼の存在理由に関して持続する問いは存在しないのである。

この点で子どもを母親から分離することは、（父親の認知や評価、社会的・象徴的な経路を通して）彼がファルスを持てるように、彼が**ファルスであること**をやめさせることであり、象徴的なファルスを得るために、想像的なファルスであることをやめさせることである。彼が母のファルスで**あろうとする**なら、彼は決して象徴的な位置（象徴的去勢に関わる）には同意しないだろう。母親が誇りに思う者に成ろうとせず、彼は、母親が可愛がり、なでたりする者、おそらく性的絶頂に共に達しさえする者であり続ける。彼は立ち去れず、世間で「名をあげる」ことができない。なぜなら彼が求めることができるのは象徴的な水準ではないからである。[34] 彼は母親の最終目的として奉仕するという水準に固着し続けるのである。

原抑圧によって主体が出現し、そして子どもは「私は何で**ある**か？」「私は両親にとって何？」という問いにさらされ続けることとなる。倒錯者は、自分を《母親》において欠如したものとして構成し、彼女の欲望の対象となし、自ら彼女の対象 a となる。彼は母親が失っているもの（彼女のペニス／ファルス）、彼女が望むものとなる。彼は母親の欠如を自らによって埋めるのである。《他者》の欲望／欠如は、第五章でくわしく説明したように、それが名づけられない限り不安を生み出す。この不安に対する倒錯者の解決策は、《他者》に享楽や、欲望を沈静化させる一種の満足を（たとえ一時的にせよ）与えることによって、その欲望を塞ぐ対象となることである。[35]

以上から、倒錯者との分析をおこなうことがなぜ困難なのかがわかる。倒錯者は対象 a の役割を担い、分析家の欲望を満足させる（埋める）対象の役目を演じようとする。分析家は、倒錯者である分析主体が欲望の原因の位置を占めようと懸命になっている場合、倒錯者の欲望の原因となるべく転移を操作することは困難だろう。倒錯者は、分析家を、自分が熟考するための原因とはせずに、むしろ分析家の不安や欲望の原因として奉仕するだろう。かくして倒錯者と純粋に分析の作業をおこなうことはかなり困難であり、無意識の形成物によって、あるいは分析家がそれらを強調することによって、彼らの関心を掻き立て彼らの欲望を動かすことは難しい。ラカンが言うように、転移が可能となるためには、主体によって、対象 a が、《他者》、ここでは分析家としての《他者》のなかに位置づけられねばならないのである（『セミネールX』第二十四章[36]）。

しかし倒錯者の位置をさらに厳密にはっきりさせるには、**倒錯者は《母親》の、欲望ではなく、要求を扱っている**ことを強調しなければならない。《母親》が「持つ」欲望／欠如が名づけられないかぎり、つまり言葉にされることがないかぎり、子どもは彼女の要求のみに直面することになる。厳密に言えば、子どもは母親の欠如や欲望に直面しているとさえ言えない。なぜなら、欠如というものは象徴的体系のないところには存在しないからである。何が欠如を構成するのかについて、ラカンがよく使うのは、図書館の本棚に**ない**本という例である。知覚のパースペクティヴからは、そこにないものは見えずに、そこに在るもの、そこに現前しているものだけ見える。したがって、「そこにない本」がないとは言えない。たとえば、（第一巻と第三巻の間に隙間がなくても）第二巻がその場所にないとか、なくなっているなどと言えるのは、その本に名前（たとえば、「BF 173, F23, 1899, v.2」のような）を与える象徴的な体系――たとえば、デューイの十進法体系や国会図書館の書籍分類体系――がある場合だけである。空間や位置を定めるシニフィアンのシステム signifying system がなければ、何事も、「あるべき所にない」と考えられない。私たちは言語活動やある種の象徴的次元なしには、何かが「ない」ことには思い当たらないのである。

以上から、（子どもの立場からする限り）**母親が何らかのものを望んでいると言われることで、初めて彼女には欠如があるのだといい得る**。たとえば、彼女が何かを、誰かを熱望しているとか、子どもではない何か、誰かを欲望していることを言葉にしない限り、あるいは、誰かほかの人（典型的には父親）が彼女の欲望（たとえば、彼女があれこれを望んでいるとか、毛皮のコートが欲しい、あるいは昇進したい、父親にはあではなく、こう振舞って欲しい、など）や彼女に欠けているものについて何らかの強調をしない限り、母親は欠如しているといえないのである。母親の欲望や欠如がはっきりと言葉にされないと、母親が不足していたり、欲望していることを子どもが理解できているとは言えない。一度それが名づけられると、彼女の要求がもたらす重み（たとえば、子どもの身体機能をめぐって彼女が発する、現実的で不可避的な要求）が軽減され、欲望の場所――母親の欲望が明確になって動き出し、そして子どもが彼女の欲望にもとづいて自分の欲望を作ることができる場所――が開かれるのである。

「それ」が名づけられるまで、欠如は存在しない。子どもは要求としての《母親》のなかに沈みこんでしまうと、彼自身の位置（享楽との距離を作り出す欲望、享楽に対する防衛）をとることができない[37]。ここで子どもは**欠如の欠如**と言えるものに直面しているのである。《母親》の要求だけが存在し、彼女には、「語るべき」無が欠けており、子どものために象徴化できる何ものもないのである[38]。しかしいったん名づけられると、「現実の欠如」（母親の人生における欠如、たとえば、夫や職業、自分の人生に対する不満――決して語られないけれども、彼女が自分の息子を通じて修復しようとしているもの）はある程度中和される。ラカンが言うように、言葉はものの殺害である。もの（現実の欠如）は、一度名づけられると、言葉として出現し、その言葉がほかの言葉と結びつき、ジョークにすること、などが可能となる。言葉はそれが意味する「もの」よりはるかに危険が少ない。言葉が現実にものを絶滅させ、ものの圧倒的な力を幾分か奪うのである。

《母親》の喪失しているものがいったん名づけられると、子どもが母親のためにそうであろうとした**対象**は存在できなくなる。というのも欲望が言葉によっていったん明瞭に表現されると、それはじっとしなくなり、あるものから次のものへと換喩的に動き出し置き換わるからである。欲望とは言語活動の産物であり、一つの対象によっては満足できない。《母親》の欲望の名づけによって、子どもは対象としての位置から出ざるを得なくなり、母親の欲望への捉えどころのない鍵を探すよう駆り立てられる。彼女は何を望んでいるのか？　それは、彼女の欲望が出くわす果てしなく連鎖するものどもを特徴づけていると思われる、何か言い表せないもの、西洋社会ではファルスとして知られているものである。母親を満たすべき現実の対象（現実の器官）はすでに存在せず、子どもは今や、母親の欲望が指し示すもの、望ましいものとして、すなわちファルスとして暗示するものを所有しようと求め続けることができるのである。

子どもが一人前の主体として出現するためには、《母親》の欠如が名づけられ象徴化されねばならない。倒錯ではそれが生じない。この欠如を**思考のレベルに出現させ**、その現実の重みを和らげるようなシニフィアンが与えられない。母親も父親も象徴化に必要な言語活動を持っていないのである。フロイトの著作にみられるように、《母親》の欠如への疑問は、倒錯ではしばしば、《母親》の生殖器、息子との性差のまわりに集中する。この章の後半で、母親の性器のまわりを巡る一事例を通して、名指し（すなわち名づけ）の重要性について詳細に例示し、より抽象的な形で論じようと思う。

$$\frac{\text{父の「否」}}{\text{享楽としての母親}} \qquad \frac{\text{父の名}}{\text{欲望としての母親}}$$

私は第七章で、父性隠喩には二つの契機があることを示した。この《母親》の欲望／欠如への名づけは二番目の（論理的）契機である。父性隠喩の最初の契機を、子どもと母親の快に満ちた接触に対する父親による**禁止**（享楽の禁止）、父の「否」の形をとる**父の名**であるとするなら、第二の契機は《母親》の欠如の象徴化である。つまりそれは、名が与えられるという事実によって（ここで**父の名**は、父親によって与えられる名であり、あるいは《母親》の欲望の名としての父親自体である）、**《母親》を欠如として構成すること**である。

この二つの置き換えの契機は上のように図式化できる。第二の契機のみが純粋に隠喩的だと考えられる。というのは、言語活動が名づけによって十全な形で作用するのはこの第二の場合のみだからである。これら二つの契機は図9・1の図式に正確に対応している。最初の契機は《母親》の内部での分割を導くが、子どもは《母親》が満足を得る対象としての存在となる。欲望する主体の到来を導くのは第二の契機である（享楽の源泉としての《母親》からの分離）。この最初の契機はラカンが疎外と呼ぶものに対応し、第二の契機は分離に相当する。これらの契機はまた、フロイトがそれぞれ、原

精神病	疎外	倒錯	分離	神経症
	父の「否」 / 享楽としての母親		父の名 / 欲望としての母親	
	原抑圧		二次抑圧	
	享楽の禁止		欠如の名づけ	
		ϕ		Φ
		要求		欲望

抑圧、二次抑圧と呼んだものと関連づけると有効かもしれない。

　初めに述べたように、私が重要だと考えるテーゼは、倒錯者は疎外を経験しているけれども、分離を経ていないということである。精神病者はどちらも経験しておらず、神経症者はどちらも経験している。これらをまとめて上のように図式化できる。精神病が父の禁止の不在、ないしは不全によるものだとすれば、倒錯は象徴化の不在、ないしは不全によるものと考えることができる(39)。

享楽から分離へ

　倒錯を論じる際に、フロイトは、主体がかたくなに法を拒絶し、満足を断念しないことをほとんど常に強調している。ある意味で、フロイトは倒錯というものを、もっぱら倒錯者が得続けている満足という観点から考えているのである(40)。ラカンは、より古典的なフロイトの方法によって特徴づけられるものとして倒錯を考察している。つまり倒錯は、あらゆるほかの活動と同様に、それがもたらす満足（間接的、非直観的であろうと）によってだけではなく、法と分離に関してそれが担う機能によっても考えられねばならない。神経症の症状は患者にある代理の満足を与えると同時に、**不安を拘束するため**にも形成される。それと同様に、倒錯者の活動も単に直接的な性的満足に達するという目的だけに役立っているのではない(41)。神経症者はたいてい、倒錯者は人生において自分たちよりもはるかに多くの満足を得ているに違いないと思っているし、事実多くの分析家も同じ罠に陥っている。このために、倒錯者の「享楽への意志」（ラカンはこう呼んでいる）と思われるものが、何にそうさせられているのか、何に奉仕しているのか、何を蔽い隠そうとしているのか、神経症者にはわからないのである。

フロイトが存在すると仮定したような種類の父親、すなわち息子を母親から分離させることにいかなる留保もしない父親（倒錯者は頑としてこうした事態が起きないようにする息子であるが）から、まったく普通の現代の父親へ目を向けてみよう。彼らは決して権威によって自分自身の問題を解決しないし、父親は自分の子どもを権威によって支配すべきだとも思っていない。そして子どもというものは合理的な生き物であり大人の説明を理解できると考え、自分の妻に子どもの教育をさせようとし、恐れられずに愛されたいと望んでおり、（おまけに）妻に自分の権威を下げさせようとしている。こうした現代の父親像に目を向けることで、私たちは倒錯をかなり違った観点から理解することに着手できる。(42)

倒錯と法

倒錯に関してラカンは一つの逆説的な主張をしている。倒錯は時に享楽を求める際限のない活動として現れるが、他方で倒錯には一見したところわかりにくい目的がある、というのである。法を生み出すという目的、すなわち《他者》を法として（法を与える《他者》として）存在させるという目的である。たとえば、マゾヒストの目標は、（しばしばパートナーのなかに不安を生じさせることによって）パートナーつまり証人を、法を宣言し、おそらく何かの判決を下す地点にまで連れて来ることである。話す主体としての私たちは、享楽のほんのかけらしか手に入れることはできない。ラカンはこれを「享楽は話す者には禁じられている」（『エクリ』八二一頁〔邦訳第三巻三三四頁〕）と言っている。倒錯者は、言語活動の主体が被るはずの分割を超越し、神経症者ならば夢にみたり幻想することしかできないようなある種の全体性、完全性を見出すことによって、「原初的満足」のようなものを手に入れることができると思われている。しかし実際には、不安が倒錯者の性行動を支配している。倒錯者の意識的な幻想は一種の果てしない享楽を伴っているかもしれない（マルキ・ド・サドの数多くの筋書きで、男性性器が性的活動を再開する能力において決して限界を示さないことを考えてみよう)。しかし、意識的な幻想と具体的な行動とを混同してはならない。**具体的な行動においては、享楽に限界を置くことが企図されているのである。**(43)

欲望はいつも防衛、つまり「享楽へと至る限界を超えることに対する防衛」(『エクリ』八二五頁)〔邦訳第三巻三三九頁〕であり、倒錯者の欲望も例外ではない。たとえば、マゾヒストは幻想において《他者》のためにすべてをおこない、自分のためには何もしないように思われる。「《他者》を私でイカせよう Let the Other get off on me、《他者》がいいと思うがままに私を使え」とマゾヒストは言うようにみえる。しかし、この幻想を越えたところでは、彼の狙いは少し違うのである。つまりこの見かけ上の愛他主義——私は何もいらない、すべては《他者》のために!——を越えて、そこにはマゾヒスト自身のための何かがあるのだ。防衛としての欲望が倒錯者の根源的幻想において現れ、その幻想が法にかかわる自分の位置を示すのである。

神経症者は法との関わりのなかで欲望する。父親は子どもに母親を所有することはできないと言い、子どもはそれによって無意識的に母親を欲望する。他方、倒錯者は法の作用として欲望するのではない、つまり禁止されているものを欲望するのではない。そうではなく、**倒錯者は法を出現させねばならないのである。**ラカンはフランス語の *perversion* をもじって *père-version* と書き、倒錯者が父親を要求し、つまり父親に訴え、父親が父性機能を遂行することを望んでいるという意味を強調している。

倒錯のいくつかの構造

以上の議論をさらに具体的にするために、個々の倒錯に目を向けよう。本書は入門書であり、各々の臨床構造を包括的には記述しないけれども、私はラカンが最も広く論じている倒錯、つまりフェティシズム、サディズム、マゾヒズムに主に焦点を当てようと思う（『エクリ』〔邦訳第三巻所収〕および『セミネールX』の「カントとサド」を参照）。

フェティシズム——事例分析

もし父-の-名が喋るとしたら、「お前はファルスじゃない！」というだろう。

——ジャック＝アラン・ミレール『故に』一九九四年六月二九日

以下ではフロイトの時代にまでは戻らず、現代の事例を用いて、これまで倒錯について述べてきたいくつかの主張を例証したい。私の事例ではないけれども、英語で読めるし（おそらくそれほど知られていないが）、十五頁ほどの長さであり、非常に刺激的なものなので、紹介することにした。ルネ・トスタンの論文「恐怖症的対象のフェティシズム化」である(44)。

この事例は、幼年期、母親と極端に閉じた関係をもった男性の事例である。彼の父親は家で妻と子どもと一緒に暮らしているけれども、ほとんど存在しないも同然だった。父親は、母親にとって何でもなく、彼女のために何もしない。それゆえ、母親は息子のジャンを自分の人生を補完するものとみなしていた。ジャンは、いないと母親を寂しがらせる存在であり、彼女を全き者となし得る存在となっている。初め彼女はジャンが病気のとき、世話をした。しかしその後ジャンの具合が悪くないときでもこの子は病気だと言い張り（ジャンに熱があるようにみせるため、手で体温計を熱くして）、その結果、彼は母親の献身的な世話を必要としているように見えるのであった。この事例で目立つことの一つは、母親が彼にいろいろな医学的な手当てをあてがい、彼の体全体を、赤く膨れた「膿を出す対象 pus-discharging object」にしていることである。ジャン自身が後年になり、自分は母親が快を味わうために使う一種の生きた張形〔陰茎の形をした淫具〕だったと言っている。彼は、母親にとって自分が願望するペニスなの**である**。存在の次元においてジャンは、母親が自分の全体にしたい現実対象なので**ある**。(45)

父親は母親と息子の間に分離を課していない。父親は明らかに母親の欲望の対象ではない。三者化を図ろうと最初は頑張ったともまったく考えられない。母親はジャン以外のいかなるものへの欲望も示さない。ジャン以外の何かへ彼女を引きつけるいかなる外部も、いかなる対象もないのである。こうしてジャンは母親が何を願望しているのかについて**問いを持つ**ことができないのである。母親は、ジャンがリアルで生きた自分の補完物であることを望んでいた。彼女の欲望のなかで彼が占める場所には、象徴的なものは何もない。彼は一人っ子なので、たとえば、彼女が皆愛していると公言する子ども三人のうちの二番目ということでもないし、また父親が妻へ用事を頼みジャンが二番目になるということもない。彼には象徴的な場所がまったくない。対象であることは、象徴的な場所を持つことと対立するのだ。こうしてジャンの場合、精神病の重要な前提条件が存在するのである。

しかし六歳のとき、ジャンは盲腸炎となり、病院へ緊急入院となった。彼が目を覚ますと、そこにはジャンの虫垂突起が入ったビンを持った父親がいた。ジャンは切除された虫垂突起を見てにこやかに笑った。ジャンは二度と母親の「手当て」につき合わなくなり、以後彼は、自分の体全体、全存在が彼女のペニス**である**、ということを拒否する。父親がベッドサイドにいて、虫垂突起の切除に賛成してくれたことが、一種の割礼の置き換え、去勢を象徴する喪失——ジャンと母親との最初の分割（つまり疎外）——をもたらす結果になったように思われる。父親はここでジャンが供出してしかるべきもの（切除された器官）を取り立てることによって、母親を「はばみ」、「締出し」、第七章で父性隠喩に関する短い議論のなかで述べたような意味で、父性隠喩が設立されたのである。ジャンは精神病者にはならない。(46)

しかしジャンの母親は相変わらず彼を「私の小さな恋人」とみなし、彼女が必要とするすべてを彼女に与えるには、彼のペニスでは不十分だ、と彼に教えるのである。彼女は彼のペニスを「小さい先っぽ *ton petit bout*」と言っているが、この「小さい」は「小さすぎる」を暗示していた。もっとも、彼女はたいていは単に「先っぽ *ton bout*」と呼んでいた。彼女はジャンから、ある種の**現実的な**満足を求めずにはいられず、服を着るのを手伝うよう、いつも彼に頼むのだった。ジャンは、自分のペニスが危うい、つまり母親との関係のなかへ巻き込まれてしまうと感じた。彼が二十年後に語ったことだが、六歳のころのある日、母親が服を着るのを手伝っているとき、彼は突然ペニスに痛みを伴う快のようなもの、一種のオルガスムを経験したという。[47] ジャンが新しい言葉や歌、お話などをどんどん覚えても、母親はそのこと、すなわちジャンの子どもとしての象徴的達成を決してほめなかった。彼は、母親自身の延長、彼女に自己愛的な身体的快を与える延長としてのみ価値があったのである。

ある日、ジャンは、母親の性器のことを「ボタン」（彼のペニスを婉曲にあらわした"*ton bout*《トン・ブ》"という語の音節の単なる倒置、*bouton*《ブトン》）と父親が言っている――ジャンにはそう思えた――のを何気なく耳にする。これによって、母親の体の違いが初めて名づけられ、彼女の「欠如」に比喩的な名前が与えられたのである。しかし、この名づけは決定的になされたわけではないように思える。なぜなら、そう言っていたのがまさしく父親であるのかどうか、ジャン自身があいまいであるし、また母親の目の前で繰り返し言われたわけではない、などからである。ジャンが作り上げたフェティッシュは、この父親の名づけという行為を補完する試みだと考えられる。彼はボタン（服に使うもの）が一つずつバラバラにあると、それをぞっとするほど嫌がるのだが、同じボタンが一列にたくさん並んでいる場合、彼は興奮するのである。それも、並んでる数が多ければ多いほど興奮した。これは「単純な」ボタン・フェティッシュではない。なぜなら彼は、同じ種類のボタンの**列**によってのみ刺激されるのであり、一列に並んだ同じボタンを見せびらかすような服を着ている女性にだけ、思わずついて行ってしまうのだから。分析の最中に彼は、ボタンが多ければ多いほど、それだけ父親の寄与（父親という役割 *la part du père*）がより重きをなすと語っている。つまりボタンが多いほど、彼は《母親》の欠如／欲望が不相応に（際限なく）圧倒してくるように感じないですむのである。

ジャンの父親が与えたと思われる名（私がすでに指摘したように、フランス語 *Nom-du-Père*（父の名）は、父親によって与えられた名、すなわち、《母親》の欲望を名づけるために父親が使う言葉という意味も持っている）は、ボタンが多いほど、威力を発し、ジャンはほかのどんなときよりも、安心感と、分離している感じを得ることができるのである。それゆえ倒錯（すなわち、フェティッシュ）は、父親の象徴的行為の力を増殖させるのに役立ち、父性機能を補完する、あるいは支えるのである。[48] しかし、父親によって与えられた名は出発点であり、最初のステップに過ぎず、十分とはいえない。父の名は補強され、増幅されることが必要なのである。[49]第七章で私は、次のような置き換えによって、父の名の機能を例示した。

$$\frac{\text{父の名}}{\text{母親の欲望}}$$

母親の欲望はここでは、現実の解剖学的な（ジャンの）ペニスに向かっていると思われるので、次のように書きかえることができる。

$$\frac{\text{「ボタン」}}{\text{現実のペニス}}$$

「ボタン」と括弧でくくっているのは、ここでは「ボタン」という語が効力を持っており、物質的対象としてのボタンではないことを強調するためである。現実のペニスが言葉によって置き換えられているのである。それによって、ジャンの現実の器官は無事で済み、彼の母親の欠如が名づけられることになる。彼は《母親》へ自分のペニスを譲り渡す必要はないし、母親との関係において、欠如の欠如による不安をこうむることもない。母親の欠如は名づけられ、それによって限界が定められたのである（「それはボタンに過ぎない」）。

問題は、「ボタン」が以上のような力を発揮するのは、ジャンがたくさんの同じボタンを身につけた女性を見るという場合だけだということである。したがって、不安を軽減する分離（それは名づけという父親の行為を支持することによってもたらされる）は何度も繰り返されねばならなかった。ボタンの力は決して決定的なものではなかったのである。

そうした状況では、つかの間の分離そのものが、ジャンにとって享楽的なものであると思われる。いかに奇妙にみえようとも、分離はフロイトが「去勢」と定義づけたものの重要部分であり、**去勢と享楽は非常に密接な関係がある**ということを忘れてはならない。享楽から分離させられることに一種の享楽がある。(50) ジャンは、ある意味で、繰り返し自らの去勢を成し遂げようと導かれているのである。

否認 disavowal という観点から言えば、ジャンのフェティッシュは彼の父親と父の名に関する二重の態度を示唆しているといえる。「僕は、父さんが母さん（《他者》なる母）の欠如をほんとうには名づけていないことをよく知っているよ。けれど僕はその名づけの成就を演じるよ」。少し違ったふうに言えば、ジャンは、《他者》——《母親》mOther ではなく、法を与える象徴的な《他者》Other ——を存在させていると言えよう。倒錯者は、彼自身の父親がこうした《他者》ではないことを知っている。しかし、倒錯的行為を通じて、この《他者》を存在せしめるのである。倒錯者は、《母親》を補完するものとして仕えてきたことによって、法としての《他者》を満たそうとするのである。

父親に対する以上のような二重の態度——父親が名づけをおこなわず、法を制定しないことがわかっていつつ、それでもなお、名づけや法の宣言を企てる——こそ、私が本書で用いている「否認」という語の定義そのものである。

「母のファルス」

欠如は象徴的なものによってのみ把握することができるのです。

——ラカン『セミネールX』第十章

ファルスは、主体においてファルスがさし示す欠如の場所以外の何物でもない。(51)

——ラカン『エクリ』八七七頁〔邦訳第三巻四一九頁〕

フェティシズムに関するフロイトの理論は、ジャンをどのように扱うだろうか？　フロイトによれば、フェティッシュは、倒錯者がその存在を信じこんでいる母のファルスを密かに表している。倒錯者は、母親がペニスを持っていないという事実を受け入れることを拒否する——その事実が、母親は去勢されており、自分も同じ運命をこうむるであろうことを意味するがゆえに。ジャンは何度か母親の性器を見たと思われる。なぜなら、彼女は彼に見られるのを楽しみ、服を着るのを手伝わせていたのだから。そしてボタン・フェティッシュが、ジャンの父親が母親の性器のことを言うのに使ったと思われる言葉——ボタン——と密接に関連していることは確かである。そして、このボタンという言葉は、母親がジャンの性器を言い表すために使った言葉と同じ音節を含んでいるのであった。おそらくジャンは、母親のボタンが自分の「先っぽ」と本質的に同じものであると思い込んだのである。それゆえジャンがボタン一つだけを恐れることを次のように理解することができると思う。母さんは自分のペニスを持っていて、僕のペニスは必要としていない。だからこの世で僕がいる場所はないのだ、と。しかしフロイトの理論にしたがえば、一つのボタンが、母親の決して去勢されない器官とジャン自身の器官とを同時に表している(そして、ジャンの享楽の貯蔵を表している)ので、一つのボタンが彼を興奮させるはずだと考えられるだろう。ところが実際は、一つのボタンは彼を恐れさせ、彼を興奮させるのは同じボタンの一列全体なのである。こうした臨床の諸要素はどのように説明できるだろうか?

ジャンにはそれまで去勢不安がなく、おちんちんで遊ばないよう求められたこと(ましてや命じられたこと)などなかった点に注意しよう。実際、トスタンは、ジャンが幼いころからマスターベーションを続けていたと述べている。こうしてジャンの場合には、フロイトのフェティッシュ形成理論の重要な側面が欠けているといえる。ジャンには、自分のペニスへの自己愛的な愛着と父親による去勢の脅威との間の葛藤がないのである。ジャンの母親が暗黙のうちにペニスを切るわよと脅していたとは考えがたい。というのは、彼女はひたすらそれを使い、自分の「性的な御用」のためにそれを用いることにかなり満足していたようであるから。

私は、母のファルスというフロイトの概念が重要ではないと言いたいわけではない。多くの私自身の事例やある程度の子どもたちが少なくともある水準で、それを信じていることは私も十分承知している。私が提案したいことは、その概念を、母親の欠如つまり母親の欲望の名づけという、より広いラカン的な文脈のなかで見るべきであるということである。母親がペニス(あるいはそれに類した何か)を持っていると信じている恐怖症者や倒錯者はごく普通に見ることができる。この確信が生まれる一般的な理由は、母親の欲望を父親が不十分にしか名づけていないことにある。必ずしもすべてのフェティシストが、ある水準で母親がペニスを持っていると信じていて、別の水準ではそれを信じていないということではない。そうではなくて、フェティシュは皆、母親の欠如という問題のまわりをめぐっている。ラカンだけがこのことを、名づけの機能——言葉にすること——によって、**十分一般的**に説明しているのである。

倒錯の分析治療について

以上のジャンの病歴に関する短い概要は、ラカンの倒錯理論の多くを説明している。また、この事例は治療という切迫した問題をも提出している。何年もの実り多い精神分析にもかかわらず、ジャンが構造を変化させていないことは明らかだと思われる。彼は依然倒錯のままなのである。実際、一般的に真実だが、ある年齢以上になると構造は完全には変更できないように思われる。ジャンの事例では、特定の人生上の出来事（六歳での虫垂炎）とそれに対する父親の反応が、おそらくジャンが精神病ではなく倒錯になったという事実の原因であると考えられる。しかし、二十六歳のとき分析にやって来たジャンには、神経症者になる見込みはほとんどない。神経症の場合でも、やはり、父性機能がある年齢までに作用していなければならないと思われるのである。

しかし、これはジャンが自分の分析から何も得ることがなかったということではない。非常に多くの彼の不安や苦しみがたしかに分析の過程で和らいだのである。トスタンは、彼がジャンの分析家として、どの程度ジャンの欲望の原因になり、分析的関係の範囲内ではあるにしてもジャンが異なった位置を受け入れるようになったのかどうか、述べていない。私たちとしては、こうしたことがある程度生じて、ジャンの根源的幻想が少なくとも一部は修正されたと推測できるだけである。

私自身がスーパーヴァイズしたいくつかの事例で、私は、純粋な倒錯の主体の位置が少しずつ移行していく例を経験している。彼らは初め、自分の行動、感情、思考にいかなる疑問も持たずにいる位置にあった。彼らはただ裁判官のように治療者が命令するから、あるいは、ただ治療者をじらしイライラさせたいために、治療に来ているようにみえた。そのような位置から、真の問いを発する位置への移行を示したのである。享楽がどこから生じるのかについての確信を喪失することはないとしても、少なくとも動機についての確信は揺らぐようになる。

それに伴って、対象aの役割を治療者へ一部譲るようになる。

マゾヒズム

倒錯主体は自分自身を《他者》の享楽へ忠実にささげるのです。

——ラカン『セミネールX』第四章

ここで私は、ラカンが『エクリ』で提唱しているマゾヒズムとサディズムに関する入念な四項図式[52]については、あまりにも多くの補足的説明を要するので紹介するつもりはない。したがって、これらの臨床構造に関する私の議論は部分的なものにとどまっているとみなされるだろう。しかし、欲望、享楽、法についてすでに言及してきたことによって、これらの構造の本質的特徴については概観することができると思う。

マゾヒストは何も見返りを求めず、自分のパートナー（《他者》を代理するパートナー）に享楽を与えることに身を捧げている、つまり、自分自身はいかなる享楽も得ず、《他者》の道具になることに自らを捧げているようにみえる。しかしラカンは、それは表面上そう見えるに過ぎないと述べている。マゾヒストの幻想が彼の行動の真の目的を隠しているのである。これまで何度か見てきたように、幻想とは、本質的には主体の推進力を隠すルアーであり、主体を真に「作動」させるものを隠蔽する。マゾヒストは、「自分が《他者》に享楽を与えている」と信じ、また私たちにもそう信じさせたいのだが[53]、実際には彼は「《他者》を不安にさせることを目指して」（『セミネールX』第十三章）いるのである。彼はなぜそうするのであろうか？

フェティシストと同様に、マゾヒストも分離を必要としている。彼の解決策は、自分のパートナーが《他者》として行動して、法——ある一定の享楽を断念するよう彼に要求する法——を定めるというシナリオをつくりあげることである。しかしパートナーはその関係のなかで、すぐに法を制定したり、命令したり、判決を下したりなどしない。パートナーは多くの場合、ある程度は急き立てられ、脅されて、限界を宣言し、ことはこうであり、そうではない、ことはもうこれ以上進まない、などと自分の意志を表明しなければならなくなる。よくあることだが、パートナーは限界点まで、つまり強い不安の点まで急き立てられた後ではじめて、命令の形で（たとえば、「やめなさい！」）、爆発的に自らの意志を表すのである。

「マゾヒストは何かを生じさせようとする……その何かによって《他者》の欲望が法を成すのである」（『セミネールX』第八章）が、《他者》は法を宣言するのに先立って、多くの場合、まず極端に不安にさせられねばならない。マゾヒストは《他者》を「悦ばす」ことにひたすら専心しているようにみえるが、ある地点以降、《他者》にはそう思えなくなる。つまり享楽は耐え難いものとなり、ついにはパートナー（《他者》）はそれに限界を課すのである。《他者》を不安にさせることによって、マゾヒストは何とか命令されるようにする（*se faire commander*、これはマゾヒストの欲動の定式化である）のである。

こうして人を引き回し困らせることが、マゾヒスト自身の欲望なのである。彼は《他者》としてのパートナーに法を**定めさせる**のである。（息子を分離させようとする）父の欲望が欠如している場合、マゾヒストは父親の代理を駆り立て法を制定させ、罰を強要させたいという自分の欲望を用いる。彼は、糸を引き操っているのは自分自身であるのに、法を定めるのは《他者》であるというふりをする。マゾヒストの欲望が、法としての《他者》の欲望に取って代わり、いわば法を実現し制定し、法を支持するのである。

以上のことは、マゾヒズムにおいて作用している否認の特殊性のように思われる。去勢の重要部分としての分離がまだ生じておらず、主体自身がその完了を引き起こすよう強いられる。彼はそうすることに完全には決して成功しないが、何度も成し遂げようと繰り返す。

マゾヒストは苦痛を求めていると考えられることが多いけれども、それは本質的なことではない。苦痛は、《他者》がマゾヒストに対して条件、限界、犠牲、苦行、喪失を課すことに、マゾヒスト自身が同意しているというサインに過ぎない。罰はマゾヒストにおそらく一時的にある種の安堵を与えるのだろう。それは彼に犠牲を要求し、胸の肉一ポンドを強要する誰かがいるという証拠である。私の患者が自ら奴隷の役を演じた際の束の間の性的出会いについて語ったことがあるが、「とても重いものが私の肩から取り除かれたように感じられた」という。問題なのは、マゾヒストが生まれ出ることのできる**象徴的空間**は決して与えられないということである。パートナーは法を宣言し(「お前はとても悪い子だから、お仕置きがいるわ」、「そうしちゃいけないこと、わかっているだろ」)、何かを強要するのだが、その見返りに本当の分離が与えられるわけではない。マゾヒストは依然として《他者》なる自分の母親の欲望の想像的対象であり続け、自分自身を社会的・文化的、その他象徴的に示されるものから価値づけられていると思われる象徴的な座をもつ者には決してならないのである。

ほかのことすべてを捨ててしまうのに、ここでマゾヒストは、何かを止めさせたり変えさせる欲望を怒りながら口走るだけのやかましい父親や母親、罪を着せ苦痛を加えるのに快を覚える凶暴な親を受け入れるのである。マゾヒストは、「子ども自身のため」に限界を課していると思われる象徴的な父親を知らない。彼は自分の経験から、限界とは親の欲望の表現に過ぎないことを悟るのである。マゾヒストは、息子に息子自身の空間を与える父親、つまり「これは私のもので、それはお前のものだ」と言い、息子の享楽を制限すると同時に自分の享楽も限定する「象徴的契約」をなす父親を知らないのである。マゾヒストが知っているのは、自分の享楽が息子に課す唯一の限界であるという父親、つまり主義や原則に訴えることなく、ただ批判し制限して「俺がそうしたいからそうするんだ」としか言わない父親だけである。

享楽と道徳律

享楽は……まさしくその表現によって、みだらなものとされている。

——ラカン『エクリ』七七一頁〔邦訳第三巻二六五頁〕

何人かのモラリストや倫理的な哲学者たち（たとえば、カント）は、道徳原理が「合理的」で客観的であることを、そして、それらの原理が「真実」であるから「合理的に」それらに従って生きることに納得できるのだと私たちに信じ込ませてきた。しかしフロイトが示唆しているように、ある原理は、ある量のリビードがそれに伴うまでは、人の心的現実において、存在しないのである。言いかえれば、ほかの思考（表象 *Vorstellung*）と同様に、ある道徳原理が心的経済において役割を演じることができるためには、**備給**されねばならない。フロイトが道徳原理を位置づけた心的審級は超自我である。超自我は自我を批判するのを楽しみ、自我に法を思い出させるだけではなく、法を遂行しない自我をしかりつけ、ある種、法の意地悪い宣言を楽しむことに熱中する。超自我は、私たちが両親から受け取る批判の内在化として、両親が私たちに伝える道徳原理の貯蔵庫であるだけではなく、両親が私たちを訓戒し、叱り、罰するときの彼らの声として感じられる一種の苛酷さの貯蔵庫でもある。ある場合には、超自我は残忍であり得るし、自我を悩まし、叱り、殴りつけることに明らかに喜びを感じるのである。ここで重要なのは、道徳原理の言明は、その宣言に伴うリビードや享楽とは分離できない——哲学論文の場合は別にして——ことである。つまり両親から教えられた教訓（たとえば、「あなたが人にしてもらいたいように、人にもしなさい」）と、それが発せられた声の調子とは分けられないのである。

道徳律は、私たちのさまざまな心的生活において、ある役割を果たすのだから、決して普遍的あるいは準普遍的な妥当性をもつ抽象的な命題、原理、陳述では**ない**。それは一つの言明、声明、宣言、説教である。道徳律は

――それを「内なる声」と称するにせよ、良心の声、超自我の声と言うにせよ――両親の声、最も普通には父の声に起源をもっている。[54] それは**《他者》の欲望の表現**として子どもに経験される。子どもに対して「法を断言する」父親は、「事はそうじゃなく、こうあるべきだ」という自分の欲望を表現し、表明し、宣言しているのである。[55]

道徳律はこのように《他者》の欲望や享楽の表現と分かちがたく結びついており、マゾヒストは法の代わりにその享楽を引き出そうとする。彼は象徴的な法をそのものとして得ることができないので、彼はともかくそれと結びついていると考えられるものを求めるのである。マゾヒストによって、《他者》の欲望や意志が、法としてではなく、法の代わりに、法の欠如のもとに受け入れられるのである。ラカンが言及しているように、マルキ・ド・サド（サディストとしてよく知られているが、ここでは明らかにマゾヒスティックな傾向を示している）は、義理の母、ド・モントルイユ夫人を駆り立て、サドは罰せられるべきという彼女の意志を表現させている。一つの法としてサドに仕えなければならないのは、彼女の欲望、意志である。法なるもの *the* law ではなく、あくまでも一つの法 *a* law である。

神経症者は、法の宣言に宣言者の享楽が伴うとき、うろたえやすい。神経症者は、裁判官が犯罪者に判決をくだす際に、何らかの見解を述べたり、声の調子が変わったりすると、公正さの欠如や権力の乱用のようなものが存在すると感じる。「ジョーンズさん、私の裁量できめるなら、これほど凶悪なあなたの犯罪に対しては、あなたの刑期は延々と続き、百四十歳になっても仮釈放さえもありえません」[56]。ここでは「裁判官」は報復的な者となり、客観的に冷静に行動するという委任された役割を超えている。神経症者は、公正・公平、無私であり、すべての人びとを等しく支配する規則を単に適用するだけという象徴的父親の観念を暗黙のうちに理解しており、象徴的父親という**理想**にしがみつきさえする。「この象徴的父親は法を意味するかぎり、明らかに死んだ父親である」（『エクリ』五五六頁）〔邦訳第二巻三二一頁〕。すなわち、いかなる享楽も経験できない父親、法の宣言から「倒錯的」快を引き出せない父親である。

倒錯者は、道徳的な法の宣言にかかわる享楽は常に存在するということを、ある水準で知っているように思われる。一方、神経症者はそれを見ようとはしない。神経症者にはそれが下品でいかがわしいものに思えるのである。象徴的な法はこの種の呪文とは関係ないと考えられているのである。しかし、倒錯者は象徴的な法を獲得できないので、代わりにその呪文のほうを信じているようにみえる。たしかに、意地悪い監視と刑務所長とを伴いやすい刑事司法制度が、その制度に従う倒錯者に、報復や残忍性が法の隠れた側面をなしているという確信を与えている。

にもかかわらず監禁は、象徴的去勢の代理物を望むマゾヒストに対してよく使われる、ひっぱりだこの刑罰形式として機能し続けている。ラカンが言うように、「去勢のイメージ自体に頼ることが、マゾヒストの不安に対する、安心でなおかつ健康的な解決法として生じ得る」（『セミネールX』第十五章）。分離を必要とする主体は、去勢の代理がどのようなものであろうとも、そのもとへ安心を求めて行きつ戻りつするのである。[57]

サディズム

サディズムはマゾヒズムの逆ではありません……（四項の図式において）一方から他方への移動は点対称や正反対の動きではなく、四半分の回転の動きなのです。[58]

——ラカン『セミネールX』第十三章

サディストを描くどの映画でも、サディストはほかの人びとを不安にさせるありとあらゆることをしている。しかし、彼の目的は単に彼らを傷つけることではない。実際多くの場合、それは付随的なことに過ぎず、恐るべき苦痛に満ちた死や拷問を彼らに不安げに予期させるというサディストの関心が生み出す副産物にすぎない。こうしてサディストにとって重要なのは犠牲者の**不安**であることが、サディスト自身によってはもちろん、一般的にも認められている。それどころか、サディストは自らの幻想において、それを絶対的条件として、つまり、幻想が快をもたらすものであるのなら、不安は絶対に必要なものだとみなしている。しかしこれまで見てきたように、幻想において決定的なものは目隠しに過ぎないのである。

　これは、前述したマゾヒストに関する私たちの定式（マゾヒストは享楽を与えようとしているかに見えるが、実際には彼は不安を引き起こそうとしている）を単に逆に考えて、サディストが《他者》へ享楽を与えようとしているに違いない、ということではない。サディズムとマゾヒズムは単なる互いの反対物ではない。サディストの幻想が覆い隠しているのは、ラカンが述べているように、**彼が対象aを分離させようとしている**ことである（『セミネールX』第十三章）。

　これはどういうことだろうか？　典型的なB級映画に登場する悪漢を考えてみよう。彼は、捕まえた主人公に対して何をしようとするのだろうか。悪漢は主人公を縛りあげており、もし主人公が縄を解いて逃げるなら、彼の恋人が沸騰した酸のプールに落ちてしまうことになる。こうして主人公は、自分にとって最も大切なもの——つまり彼の欲望の原因、彼にとって対象aを体現する女性——の差し迫った喪失を熟視せざるを得なくなる。主人公は、煮えたぎる大釜の上にその女性がひもでぶら下げられているのを見て初めて、彼女が世界で一番大切であることを知るのである。**対象は、まさにその喪失に脅かされる瞬間に対象aとなる**。乳房は乳離れ以前ではなく、乳離れが始まるとき、幼児にとって対象aとなる。誰かがあなたを対象から分離させ始めたとき、その対象はあなたの欲望の原因として現れるのである。

　対象aはそれに当てはめられる法——あるいは法の代理となる《他者》の欲望や意志——によって出現する。フロイトによれば、不安は危険を示す「信号」として生じる[59]。ラカンは、この不安は「対象aが設立されるときの**譲渡** cession（フランス語で、従う、移す、諦める、他人へ譲り渡す、という意味がある）という性格に結びついている」と述べている（『セミネールX』第二十四章）。つまり不安をもたらす危険とは、主体が対象（乳房、糞便など）から得られる満足の断念を迫られているということである。親は、要求することを通じて、法（たとえば、離乳やトイレット・トレーニングの）を定めて、対象を分離し、それを文脈や背景から切り取り、前景と背景とを生み出すのである。たとえば、乳房は禁止されたときに、分離した対象として構成される。[60] 不安は、覆いやヴェールとして役立つ幻想とは同じではないとラカンは言っている。不安は決して欺かない。それは、対象がまさに失われつつあることをいつも示すのである。不安は決して嘘をつかない。サディストのねらいは、かくして不安そのものではなく、不安が証拠立てるもの、つまり法が適用される対象なのである。

少年のペニスは彼の自己愛的関心の対象であるかもしれないが、父の法が宣言されて初めて、それは、喪失し得る（去勢されうる）対象、つまり対象 a として分離し、発生する。典型的なエディプスのシナリオでは、主体は母親との（現実的あるいは幻想的）関係のなかでペニスから得られる快を断念しないと、それをちょん切るぞと父親に脅される。つまり、対象（ペニス）を分離させるのは父親の禁止なのである。[61] サディストは、自分から対象をもぎ取り、自分の享楽を持ち去ることが象徴的な《他者》の意志であると思いこんでいる。もっとも、《他者》が本当に存在するとすれば、であるが。今まで自分に対し法が作用してこなかったサディストは、**《他者》を存在させるために**、自分のシナリオのなかで《他者》の役割を演じ、そして自分の犠牲者のために、法が適用される対象を分離しようとする。マゾヒストは、自分が黒幕となってパートナーに法を宣言させるような仕方で、事をまとめなければならない。そうしたマゾヒストとは違い、サディストは、自身の意志が法の役を演じることができるのである。サディストはある意味で、立法者と法への服従者、法を与える者と強要や限界を課せられる者という両方の役を演じているのである。サディストにとっては、喪失しかかっている対象の分離や名づけに関する犠牲者の不安が、法が宣言された証拠、分離を要求する法が発せられた証拠である。こうして宣言された法が、犠牲者に適用されるのか、サディストに適用されるのかは、議論の余地がある未決の論点であると思われる。(62) というのも、ある水準でサディストは犠牲者に同一化しているからである。

マゾヒストの場合にそうであったように、サディストが法を宣言するところを演じて見せたとしても、永続的な分離をもたらしたり、彼に象徴的場所を提供するには不十分である。彼は依然として《他者》なる母の欲望の(想像的あるいは現実的)対象のままであり、決して自分自身がなした象徴的な達成を価値あるものとみなす者にはならない。去勢は決して完遂されず、ここでもまた、否認が、去勢し分離する父の機能に関わっているのである。「父親が私にそれを要求してこなかったことはよくわかっています。でも……」。マゾヒストやフェティシストと同じように、サディストに一種の享楽をもたらすのは、いつまでも繰り返される去勢の上演である。したがって、それは彼らが身体のあらゆる領域から得る「多形倒錯」的享楽といったものではない。つまり、それは、身体がシニフィアンによって記載される以前の、ある種の前象徴的段階への回帰ではないのである。彼らは去勢の上演でイク get off のである。

倒錯と享楽

享楽の問題に関しては、表面上、倒錯は神経症とまったく正反対である。神経症者は「《他者》は私でイッてはならない!」と言うが、一部の倒錯者は「《他者》を私でイカせよう!」、「私に《他者》の道具にならせてくれ!」(『エクリ』八二三頁)〔邦訳第三巻三三七頁〕と言うように思われる。しかし今まで見てきたように、話はこれですべてではない。実際、これは目隠しに過ぎない。倒錯者は次のような独り言を言ったりはしない。「俺には、自分自身の分離、自分自身の去勢を完了させるために、こうしたことすべてをやっているのだ。俺はどうにか《他者》を存在させ、法を宣言させているのだ」。そうではなく、彼は自分をかなり違ったふうに考えている。

たとえば、マゾヒズムの場合には、自分を、《他者》に快を与えるためなら何でもする準備と意志をもつ対象とみなし、サディズムの場合には、自分を、《他者》の不安の道具などとみなすのである。

外側からみて倒錯者はいかなる禁止もなく満足を追求しているように見えるが、実際のところ、それは一種の防衛である。つまり、倒錯者の享楽を制限し、自分自身が享楽への道をすすむのを抑制し妨げる法を生み出そうとする試みなのである（『セミネールX』第十一章）。享楽（満足の追及）への倒錯者の意志は、彼自身の手になる法、つまり彼が《他者》に宣言させ、契約させ、規定させる法によって、制限を見出すのである（たとえ、サディズムにおいてサディスト自身が《他者》と犠牲者の役を同時に演じるという場合でも）[63]。

逆説的だが、おそらく倒錯者は、享楽の喪失を要求すると想定されている操作（去勢）そのものの上演でイクのであろう。つまり倒錯者は、自分の満足の源泉から分離せよと自分に要求してくる操作自体を演じることから、満足を引き出すのである。

去勢と《他者》

分析経験が証明しているのは、去勢が……正常な事例でも異常な事例でも、欲望を制御するということである。

——ラカン『エクリ』八二六頁〔邦訳第三巻三四一頁〕

去勢とは、欲望の法という反対の尺度にもとづいて享楽に到達するために、享楽が拒絶されねばならないということである。

——ラカン『エクリ』八二七頁〔邦訳第三巻三四二頁〕

	精神病	神経症	倒　錯
象徴的な《他者》	欠如しており，それ自体存在していない	根深く存在している	存在させねばならない

倒錯が神経症や精神病と重要な点で異なっていることをみてきた。精神病者は自らの身体への享楽の侵入として経験されることに苦しむのであろうし、神経症者は要するに（満たされぬ欲望あるいは不可能な欲望を維持することによって）享楽を避けようと試みるのだが、倒錯者は自らの享楽に限界を設けようとする試み自体に夢中になる。精神病では《他者》は存在せず（その主要な固定点、父の名が設立されていないがゆえ）、神経症では、《他者》はあまりにも重々しく存在し（神経症者は《他者》が邪魔するのをやめることを望むのだが）、倒錯では、《他者》を存在せしめなければならない。倒錯者は《他者》の欲望や意志を、自分自身の欲望と意志によって支えることによって、《他者》の存在を実現しなければならないのである(64)（上図）。

倒錯者と精神病者は**父性機能を補う**試みに従事し、それを通じて象徴的な《他者》を存在させようとする。その際、倒錯者は法の言明を実現する、あるいは制定することによって、精神病者は妄想的隠喩を生み出すことによってそれをおこなう。恐怖症の場合でも、恐怖の対象が父の名の場所に置かれ、**父性機能を補う**形式を伴う。精神病者の補いは疎外をめざし、倒錯者と恐怖症者の補いは分離をめざしている。

ここで《母親》、想像的母親、現実的母親へ目を向けよう。精神病では、母親は決して父の名によって消去されず、精神病者は母親から分離した主体としては決して出現しない。神経症では、母親は父の名によって事実上消去されており、神経症者は分離した主体として出現している。倒錯では《他者》を存在させねばならず、その結果として、《他者》なる母親が消去される。倒錯者は母親の欲望の想像的対象とは違った何かとして出現することができる（次頁上図）。

精神病とは、母親との関係において子どもの享楽が事実上禁止されていない、つまり父の「否！」が刻まれていないということである。それは、父の欠如か、父親が自らに象徴的父親の

	精神病	神経症	倒　錯
《母親》	決して消去されない	消去されている	消去されねばならない

役割を課すことができないことによるか、あるいは子どもがその禁止を受け入れることを拒否しているか、あるいはその両者の組み合わせによるかである。倒錯とは、（母親の欲望するものが父であるとは思えないために）《母親》の欲望と関わる何かを名づけることができないということ、セックスと関係する何か——《母親》の欠如[65]——を名づけ、象徴化することができないということである。その結果、倒錯者は不安を生み出す欠如の欠如に直面するのである。神経症は、《他者》すべての理想像のために、自分自身を享受できない、つまり言語活動としての《他者》から分離できないことを意味している。

神経症者は自分が望んでいることや、自分を興奮させることについて、はっきりわからないということがよくある。しかし倒錯者ははっきりわかっていることが多い。またよくあることだが、神経症者ははっきり知っているときでさえ、それを追求する能力をかたく抑制するのである。これとは対照的に、倒錯者がその追求を抑制することは、一般的にはるかに少ない。神経症者は、自分がまったく抑制されていない状態で行動しているという倒錯的幻想をしばしば抱くが、構造的観点からいって、それによって彼らが倒錯者になるというわけではない。

『ラカン的主体——言語活動と享楽のあいだ』（一九九五年）で、私は主体性を構成する三つの契機——疎外、分離、そして幻想の横断——について述べた。これらの契機は、三つの主要な臨床構造を理解するのに役立つ。これらの契機は三つの置き換え、すなわち三つの置き換えによる隠喩として図式化することができる[66]（次頁上図）。

疎外においては、《他者》が支配する。なぜなら子どもは言語活動の主体として生じるからである（子どもは言語活動に誘われ、快か言語活動か、快原理か現実原理かの「強制された選択」をするように導かれるといえる）。精神病ではこれが生じない。分離では、《他者》の欲望としての対象

疎　外	分　離	幻想の横断
$\frac{\text{《他者》}}{\$}$	$\frac{\text{対象}\,a}{\$}$	$\frac{\$}{\text{対象}\,a}$

aが前面に出て、主体に先んじ、主体を従属させる。倒錯ではこれが生じない。倒錯者自身が対象aの位置を占め、《他者》の欲望を自分の欲望の原因としないからである。倒錯者は《他者》なる母親の欲望を塞ぐ現実的な対象である。幻想の横断では、主体は自らの存在の**原因**（《他者》の欲望、対象a）を主体化し、欲望性 desirousness によって特徴づけられる。このことが神経症では生じない。

以上の意味で、以上の三つの契機は一種の連続的過程 progression として記述できる。

精神病　→　疎外　→　倒錯

倒錯　→　分離　→　神経症

神経症　→　幻想の横断　→　神経症の彼岸

簡単に言えば、倒錯と精神病の相違は疎外であり、神経症と倒錯の相違は分離である。疎外が生じないところに精神病がある。分離が生じない疎外は倒錯を導く。幻想の横断が生じない疎外と分離は神経症を導く。幻想の横断は去勢の向こう、神経症の彼岸、いまだほとんど探求されていない領域に主体を導く[67]。

図式化すれば、図9・2のように精神病、倒錯、神経症を表すことができる。これらの図によって、次のように仮定できよう。つまり

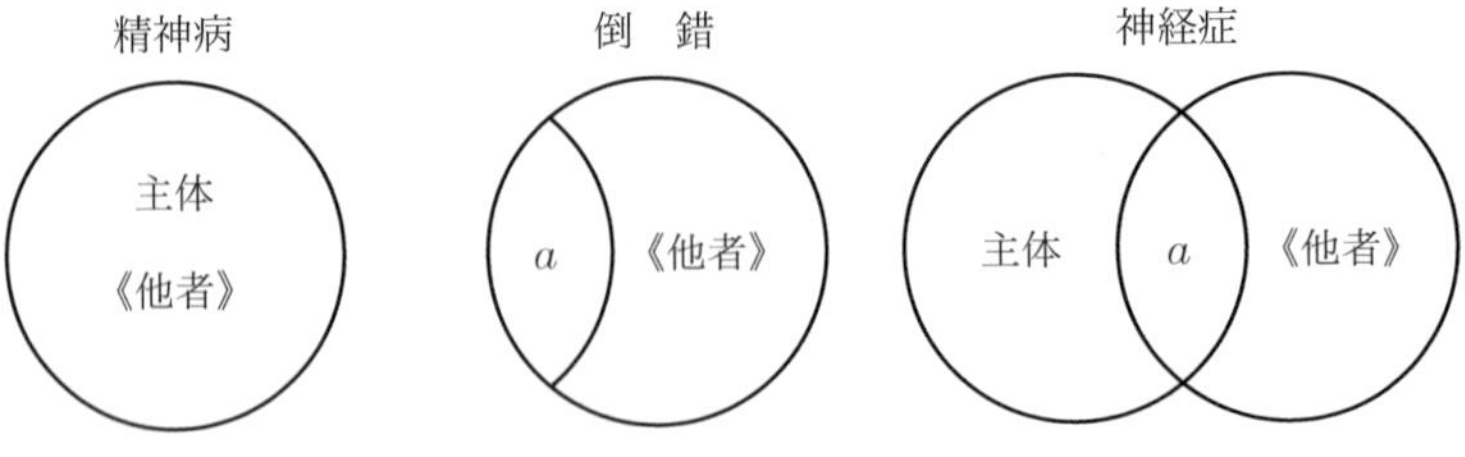

図 9・2

《母親》の欲望という点から理解するなら、精神病者の全存在と身体は《母親》の欲望を満たすことを要求される（精神病者は《母親》の内部に飲み込まれている）といえる。また倒錯者の現実のペニスも同じ課題を遂行することを求められる。そして神経症者の象徴的達成も、同じ仕事を要求されるのだが、それはその仕事にとって決して十分なものではない。神経症者の《母親》は常に何かほかのものを求めているのである。

メタ考察

フロイトのすべての探求は結局、「父であるとはどういうことなのか？」という問いに帰着します。

——ラカン『セミネールIV』二〇四頁

多くの読者にとって、《他者》、法、象徴的なもの、構造、言語活動、そして名づけに関する議論は皆かなり奇妙なものに思われるだろう。臨床場面で私たちが具体的な形で経験することだが、病理は、いったい《他者》を存在させることとどんな関係があるのだろうか？　フロイトの著作に親しんでいる読者なら、フロイトの分析はときにこじつけのように思えるだろうが、同時に事例の注目すべき臨床的特徴に少なくとも密着していたことも感じるだろう。フロイトのファルスや去勢に関する考えが極端過ぎて誤っていると感じる人びとの場合でも、そうした考え自体はそれほど不明瞭なものではないと思っている。彼らは、フロイトが何を意図していたかは自分たちも理解しているし、フロイトが身近な臨床的事実から発して、あれほど意味を持たせた観念をなぜ導入するようになったか、自分たちにはわかっている、という感覚を持っている。

にもかかわらず、そのような観念、そして、原始の遊牧民のすべての女性を自分だけで所有するという原父の神話、その父親を結束して殺害し、最初の平等主義の法を互いに課す息子たちの神話（『トーテムとタブー』、『文化のなかの居心地悪さ』を参照）によって、フロイトは自分の説明能力を越えたところへ出ているのである。私たちは、それ以外に説明のしようがないときにこそ、神話を作り出すのである。フロイト以後の世代の精神分析家は、フロイトの神話を乱暴な想像物であるとみなしたけれども、フロイトの思考におけるそうした構成物の必然性を身をもって示している。父親、法、「自体愛的」満足の断念、これらはすべて、個々の事例や診断カテゴリーに関するフロイトの考え方にとっては欠かせないものである。そしてラカンが、フロイト派の神話を、ソシュールとともに始まった四十五年間にわたる言語学の成果の恩恵をこうむりながら、より科学的な用語で書きなおしているのである。

ラカンによれば、精神分析は宇宙論や神話的思考の域を完全には越えていない。ラカンも、実際ある面で、自分自身の神話を意識的に用意している。[68] 言葉と世界との関係（シニフィアンと「現実」）や、言語活動自体における動きや置き換え（隠喩と換喩）に関する彼の仕事は、フロイト理論において父親が担う決定的役割を理解するために必要な言語学的原理である。フロイトによる父性機能は言語学によって根拠づけられる。つまり、父性機能は象徴的な機能である。父親の決定的役割は、愛を与えること――これは政治的に穏当な大衆の意向が、何を措いても支持したがるものだが――ではなく、母親の欲望や母親の性的差異をめぐる事柄を表象し、具体化し、名づけること、つまりそれらを隠喩化することにある。[69] 象徴的機能を果たすなら、彼は生物学的な父親である必要はないし、男性であることさえ必要ではない。欠くことのできないのは、象徴的機能なのである。

説明原理としての父性隠喩

父性隠喩が、二つの異なる論理的契機を伴うものとして、また象徴的秩序自体を設立するものとして理解されれば、父性隠喩は主体へ「説明原理」――つまり、主体が世界へともたらされた理由、主体の誕生を導いた主体の両親の欲望（そしてしばしば祖父母の欲望）の布置についての解釈――を与えるものとして理解でき、有効となる。このことを例証するために、フロイトのハンス少年の事例を考察しよう（SE X, 1-149）〔邦訳著作集第五巻一七三―二七五頁〕。

ハンス少年は、出産における父親の役割について自ずと理解しているというわけではない。実際、彼の両親は赤ちゃんがどこからやって来るかについて、さまざまなナンセンスな説明――たとえば、コウノトリによる説明や、母親の役割をわかりにくくする説明――をしているのだが、ハンスは決して完全には騙されない。彼は母親のおなかが大きくなるのを見たり、ある日寝室からの母親のうめき声を聞いている。そしてそのとき、自分の妹ハンナが出てきて、母親の大きいおなかが小さくなったのも知っている。彼は自分なりに、子どもが世の中に現れるときの母親の大切な役割を理解しているのである。

しかしハンスの母親は、たしかにハンスよりも父親やハンナを好んでいるわけではなく――彼女は実にさまざまな仕方で、ハンスが母親自身の大切なものであることをハンスに示していた――、自分のベッドにハンスを入れるときに、夫が時折見せる不機嫌な態度をうまく避けながら、常に思い通りにやっている。ハンスは父親の不満に気づいており（もっとも、彼は父親にそれを事実として認めさせることはできないが）、「僕のママは何を望んでいるの？」という**問いを提出する**ことができる。つまり彼は精神病ではない。しかし、この問いに対して、自分自身以外のものを答えとすることが彼にはできない。彼は「お母さんが欲しいのは僕だ」という答えを出す（ここでの「僕 me」は特定の対象である。したがって厳密に言えば、私たちはここでは欲望ではなく、要求を論じているのである）。ハンスは、自分の誕生に父親が果たした役割や、自分が母親の子どもであるのか、あるいは父親の子どもでもあるのかを、何度も父親に尋ねている（SE X, 92, 100）〔邦訳著作集第五巻二三七―二三八頁、二四三頁〕。父親は、情けないことに、子を成すあらゆる力を母親に（そして神に――神はここでは何であれ母親が望むものとともにあると宣言されている（SE X, 91）〔邦訳著作集第五巻二三七頁〕）与えてしまっている。父親はハンスに、子どもをもうけるときの父親の役割――それは、すぐに理解できるようなものではなく、説明つまり言葉を必要とする――、すなわち母親の欲望において父親が占める場所をわからせようとは決してしない。こうしてハンスは、自分が両親合同の欲望――それらが互いに矛盾しているにせよ、絡み合っているにせよ――からではなく、母親の欲望のみから生まれたと思い込んだままなのである。彼が自分の存在理由について疑問を抱いたり、尋ねることができたとしても、浮かんでくる答えはいつも同じである。彼は母親に仕えるために世界へ出現したのであった。

ハンスは、二頭の馬――これはたやすく翻訳できる、両親つまり父親、母親である――に引かれた馬車は決して恐がらず、一頭の馬のみで引く馬車だけを恐がっている（SE X, 91）〔邦訳著作集第五巻二三六頁〕。彼は父親のための場所を見つけることができない。つまり彼は、自分の外側にあって、母親の欲望の中継器、母親の欲望の対象として役に立つ、自分を越えた誰かや何かのための場所を見出せないのである。母親が望むものには名がない。彼女の要求を満足させることができる対象として、ハンスだけがいるのである。ハンスと母親との間には最初の障壁が立ちはだかっていた。というのも、ハンスは、自分と母親との閉じられた関係に父親が不満であることを知っているからである。しかし彼女の欲望は決して名づけられず、それそのものとしては、すなわち何かほかのもの、ハンス以外の何かとしては、決して現れていない。ハンスは、自分のすべてが彼女を満足させ続けるよう求められていると思っており、このことが彼の不安の真の源泉である。いったん最初の障壁が立てられると、主体は、母親の享楽の唯一の源泉であることに単に喜んでいるわけではない。この役割は楽しいものである（母親の「甘言」によるハンスの快）と同時に、脅威にもなる（なぜなら、彼は母親を越えて生きることができないと感じるからである）。「ハンス」とは彼女の欲望の唯一の名である。[70]

ハンスの恐怖症は、上図に示したように母と子の間の父親の場所に何かほかの存在（ある一定の種類の馬）を

馬
↓
母親 ―― 父親 ―― ハンス

置く試みである。馬とは、ハンスにとって、誇りや怒り、すなわち母親とベッドにいるハンスを父親が見たとき、父親が感じるとハンスが思い込んでいる感情を、ハンスがそのせいとすることができる存在なのである（もっとも、父親はそうした感情を否定している。それには、子どもはできる限り自由に育てようという夫婦間での当初の決定を守ろうとしていることが一つの原因となっていることは間違いない（SE X, 6）〔邦訳著作集第五巻一七四頁〕）。この場合、恐怖の対象が、ある期間、母親の愛情の唯一の対象であることをめぐるハンスの不安を拘束したり、減じたり（そして、ここで検討はできないが、多くの特性を担っていたり）はしているのだが、決して永久的な解決をもたらすことはない。ハンスが新たな解決を見出すとき、恐怖症は消失するのである。しかし彼が見つけた解決策は、彼の母親の欲望／欠如[71]を名づける隠喩的なものではない（この隠喩的なものが母親の望むものを示すのである。たとえば、それは地位、富、「男らしい」男、職業上の昇進、芸術や音楽の分野で認められることなど、ハンスを越える何かである。このとき、ハンスは、母親が望んでいるものを母親自身が獲得できるよう手助けしたり、ハンス自身が何かを達成することによって母親に母親自身が望むものを与えようとしつつ、こうしたことに取り組まねばならないのである）。彼の解決策は換喩的な方法であり、それによってハンスは自分自身の替わりに母親へ捧げることができる自分の子どもを持ちたいと望んでいるに過ぎない。自分の背中から母親を降ろすために、彼は父親の例に従おうとする。つまり父親が、母親と父親の間からやって来たハンスを与えられたように、ハンスは母親に、母親とハンスとの間に来るべき男の子を与えようとしているのである（次頁上図）。

　このことによって、ハンスは自分のためのまったく新しい系図を生み出すのである。つまり、ハンスが自分の母親と結婚し、父親は**父親**自身の母親（ハンスの父方祖母）と結婚するというような家系——ハンスの象徴的血統——に作り直すのである。外側からはエディプス的なものを眺めているようにみえるかもしれないが、それは決してエディプス的な願望の表現ではない。むしろ、母親からの分離をいくらかでも求めるに際して、ハンスには、母親にもう一人の子どもを溺愛させることが必要なのである。これは、彼が自分自身の空間を生み出すために見つけられる唯一の解決法である。ジャンの場合と同様、ハンスは、父親とフロイトによる擬似分析の終結時においても、依然として母親の「かわいい子」であった。彼の願望は、母親のもう一人の子どもを窒息させることであった。これはとても神経症的な願望とはいえないものである。

母親 —— ハンス —— 父親 ⇒ 母親 —— 子ども —— ハンス

ハンスにおいては、母親の欲望に名前が(偽りの名前すらも)付与されていない(名前というものはすべて、定義し限界を定めることによって、ある程度偽るものだが、分離を生み出す効果を持つ)。そのためハンスは、象徴的身分を獲得し、際限のない置き換えという形で母親の称賛を勝ちとり、母親の欲望を満たすことができる者に決してなれないのである。厳密に言えば、母親の欲望が名づけられていないがゆえに、彼は決してその欲望に直面しないのである。彼は母親の要求、つまり自分自身という特定の対象への母親の要求だけを扱うのである。彼を越えて母親が関心を向ける何かにちらっとでも目をやるより、むしろ彼がなし得るすべては、代理の対象、あやすべき別の子どもを母親へ与えるのを想像することだけである。

ハンスが恐怖症であり続けていたなら、父性隠喩を首尾よく支えられたであろう。怒った馬が父親の代わりになったであろう。しかし、馬は、母親の特質もいくらか担っており、おそらく目的をとげられなかったのである。父親が、自分の意思、母親の欲望に対する自分の役割について何らかの説明原理を持っていなかったため——そして、フロイトが母親の要求を名づけず、その要求を、置き換え可能な謎の欲望に変形しなかったために——、ハンスは、倒錯的位置として特徴づけるのが最もふさわしい位置におかれたままとなった。実際、ラカンの『セミネールⅣ』の結論部分では、フロイトが示唆しているのと同様に、ハンスは（普通の）神経症ではなく、倒錯とするのが適当であるとされている。

神経症者には、ある種の説明原理が必ず存在する。なぜ両親が私たちを望んだのか。あるいは、なぜ彼らが初めは望まなかったのにだんだん愛するようになったのか。たとえあいまいで混乱させるようなものでも、こうしたことについてちょっとした物語が必ずあるものだ。この小さな物語が、私たちが両親の欲望のなかで占める位置について、私たちに何かを教え、そして彼らの欲望のなかにおけるその位置、それがいかに小さくとも、私たちの人生の足場となる。この位置は、宇宙全体のなかで私たちが占める場所、宇宙のなかで科学が私たちに与えるごく些細な位置といったものではない（なお宇宙は、カール・セーガンが言うように、膨大な数の銀河系を含んでいる）。

しかし、何のために私たちは望まれているのだろうか？　それが問題である。[72] 私たちが、一方の親の延長として望まれているだけであったり、その親の「性的な御用」に身をつくすよう期待されている場合には、障害が生じる。私たちは、何か他のもの、おそらくきわめてあいまいな何かのために求められねばならない。たとえば、「お前にただ幸福になって欲しいだけ」、「お前に何か重要なことをなしとげて欲しい」、「私たちの誇りになって欲しい」など。こうした両親の欲望は、しばしば神経症者にとっては不安を生じさせるものとなるが、それは「最悪なこと」を食い止めるために支払わねばならない代価の一部なのである。

精神病者が構成する妄想的隠喩は、まさにそうした説明原理の欠如を補うものとして役に立つ。ある患者（第七章で簡単にふれた）が治療にやってきたが、そのきっかけは、彼女の以前の勤務先のデヴィッドという人物が新約聖書の聖パウロの手紙を読むことが好きで、トーク番組のホスト役、デヴィッド・レターマンと一種の「宇宙的関係」を持っている、という観念のゆえであった。治療の過程で、彼女はあらゆる種類の新しい関係を作り上げた。彼女によれば、最初のデヴィッドは彼女の父親の私生児であり、彼女とは異母兄弟で、隣に住んでいた。彼は、彼女の人生のあらゆる領域にわたり影響力を行使し、デヴィッド・レターマンのような傑出した人物(彼は神の御加護のもと、まさに大統領になろうとしているのであった)との関係によって、毎日少しずつ力強くなってくる。彼女自身は、彼の上昇の過程で引き上げられるかもしれない堕天使として、彼の人生において一つの役割を担っていた。

彼女の「関係」は「宇宙的」調和を持っていた。彼女の核家族、彼女の両親の欲望には象徴的空間が欠けていたので、彼女は、世界における特別な役割、最後には真に彼女のものとなるであろう場所を自分自身に授けるような仕方で、世界を再生し始めていた。彼女の作業は進行中であり、彼女が念入りに――わざとではなく、自然に――作りあげている事物の宇宙的図式にどんなふうに適合しているかは、正確にははっきりしない。明らかなことは、彼女がゆっくりだが、たしかに自分のための説明原理を生み出しているということである。それはシュレーバーの場合のように、疑いもなく特異なものであり、より広い範囲に支持者を得ることは(ときどきそういうことが起きるが)まず難しいと思われる。しかし、それ自身のプロセスに従うことが許されるなら、それは、かなり大きな安定性を彼女に与えるであろう。

自分のジレンマに解決をもたらすべく、自分の家系図や新しい家系を自ら作り直したハンスのように、精神病者の妄想は――自分の方向性を追求することが許された場合――、自分が重要な立場、決定的な役割をあてがわれるような世界を生み出すほうへ進展してゆく。精神病者の妄想的宇宙によって、自分の誕生の理由や、この世で自分が生きている目的が説明されるのである。したがってそれは、父性隠喩のように、言葉と意味を結びつける試みでもある。

ここで私の知っているある少年の事例を考えてみよう。彼の母親は父親を破滅に追い込み、息子に完全なる忠誠を要求し、夜毎自分のベッドで息子と寝ていた（この母親は、「あなたはお母さんとっても仲がいいから、お嫁さんもらうのは難しくなるわね」と飽きずに何度も子どもに話していた）。そして彼女は、息子に自分の性器は決して見せず、彼の信念――「ボール」（ペニスを言い表す彼の言葉）と彼が呼んでいるものは、男も女も持っているのだという信念――は間違っていると言うのだった。息子をもうける際、この母親は相手に相談しないで妊娠することを決めた。その相手、すなわちこの子の父親は、彼女がデートし始めたばかりの男であった。彼女は後に、「お父さんはあなたを愛していなかったから、あなたを捨てたのよ」とこの少年に告げた（彼女が実際にはその父親を追い込んで自殺させたときのことである）。

治療者はこのような事例の場合、いくつか選択肢を持っている。治療者は、子どもが何かを**はっきり表現し** *articulate*、それによって耐え難い母親の現前と要求（現実的なものとしての母親）を、語られ耐えられる現実（名づけられたものとしての母親の欲望）へと変容させるのを、待ち、期待することができよう。しかしこの場合、治療者は、その子どもを精神病や倒錯へと委ねてしまう危険を冒すことになる。あるいは、治療者は、子どもに次のように説明することもできよう。「君のお父さんは君のような少年が欲しくて仕方なかった。そしてお父さんは、君のお母さんに子どもが欲しいと言ったのだよ。お父さんが亡くなって、お母さんはパニックになり、とても気が動転してしまったんだ。だから、お母さんはお父さんを思い出させるものとして、君にすがりついているんだよ」(73)。

これは単なる構築ではない。計算された嘘である。しかし、この嘘が、治療者と子どもの間に強い関係ができた後に導入され、またその嘘が、亡き父親について子どもが聞いていたこととそれほど明らかに矛盾していないのなら、こうした嘘によって、治療者は母親の世界のなかに、父親の重要な役割を作り出し、それによって、母親の欲望を名づけることになる。つまり、治療者が、この構築を子どもの頭にこびりついて離れないくらいにさせることができたなら（そして、実際そのように上手くいった）、治療者は、子どもに対する母親の要求――

「あなたのすべてによって、私の人生上のあらゆる満足を私に与えなさい」という要求――を変形させることになる。すなわち、母親の要求を、一つの欲望に、つまり何かほかのものへの欲望、父親への欲望、あるいは少年が推測しようと努めうるような、父親をめぐる何かへの欲望へと、変容させることになるのである。

この構築は母親が言うことと矛盾するであろう。しかし子どもはこの構築の文脈のなかで、母親の言うことを理解しようとし始めるだろう。「お母さんは、僕のお父さんがいなくてさびしいから、僕を離そうとしないのだ」、「お母さんはさびしいから、お父さんが僕たちを捨てたことをぐずぐず言っているんだ」という具合に。矛盾は、治療者が与えた構築、拠り所を根絶やしにすることはない、むしろほかのすべてのことを理解する拠点として役立つのである。したがって、母親の行動や存在が少しも変わらないとしても、治療者は、子どもがそのことを違ったふうに**読み取れる**ようにするのである。母親についての子どもの経験は、構築によって根本的に変容する。

後になり、少年は治療者の解釈すべてを事実上拒否し、母親の動機はほとんど意地悪く、利己的であったと思うようになるかもしれない。しかし、**彼はその構築の視点から、構築を否定するだろう**。言いかえれば、彼は、揺るぎのない拠点、すなわち構築の正確さに疑いを投げかけることのできる拠点を持つことになるだろう。構築以前は、いかなる拠点、立場も存在せず、尋ね疑う可能性もなかった。しかし構築以後は、自分の足元を地面から切り離すことも決してなく、子どもはすべてのことに異議を唱えることができる。彼は、極端に言えば、生まれてこなければ良かったと思うようになるかもしれないが、しかし、そこは少なくとも、その願望を明確に述べることができる場所であろう。この場所こそ、まさしく主体、ラカン的主体なのである。

第三部　欲望を越える精神分析技法

第十章　欲望から享楽へ

愛によってのみ享楽は欲望に譲歩することができるのです。

――ラカン『セミネールX』一九六三年三月一三日

先の三つの章ではかなりの量の理論的素材が含まれており、本書の前半で強調した臨床的な方向づけから幾分か離れてしまった。この章では、ここまで紹介してきた、欲望、享楽、言語活動に関するラカンの仕事をおりこみながら、実践へのラカンのアプローチのいくつかの要点を再定式化することにしたい。

欲望の彼岸――根源的幻想再考

「欲望のための場所を開くこと」そして「分析主体の欲望を動かすこと」がいかに重要であるかを私は強調してきた。それによって、ラカンの考える分析の究極の目的とは、分析主体の欲望を弁証法化し、そして《他者》の欲望の支配から解放することである、という印象を読者に与えたかもしれない。分析の初期段階においては、たしかに主体の欲望の弁証法化がある種の健全な効果を持つというのは正しい。固着は弱まるだろうし、不安は減少するだろう（「欲望は不安を軽減する」とラカンは『セミネールⅧ』の四三〇頁で述べている）。ラカン自身が長年にわたり(一九五〇年代から一九六〇年代前半まで)、欲望は分析が成功裏に解決することの鍵であるとみなしていたことも真実である。(1)

ラカンの初期の仕事に見られる特徴は、分析は象徴的秩序を経由することで、成功裏に終わるという信念である。というのも、欲望は言語活動の現象であり、厳密に言えば、言語活動なしには人間の欲望は存在しえないからである。ラカンは、いかにして欲望が象徴的秩序の関数、すなわち言語活動の関数として移動し、動いてゆくかについて、詳細に論じている。エドガー・アラン・ポーに関するラカンの有名な論文「盗まれた手紙」(『エクリ』邦訳第一巻所収)は、小説の登場人物それぞれの欲望が、象徴的構造、つまりシニフィアンの構造のなかでの各人物の立場によって決定されていることを描いている。ラカンは、患者の人生が彼ら自身の「盗まれた手紙」によって決定されていることを強調している。つまり、患者に聞かせるつもりなどない、彼らの両親の会話の断片(すなわち《他者》の語らいの断片)が、多くの場合、患者の記憶のなかに消し難い刻印を残し、患者の宿命を定めるのである。患者はそうした文字を分析に持ち込み、分析家は患者にそれらの文字が読めるようにし、彼らの欲望の隠された決定要因を明らかにしようとするのである。(2)

ジャンのボタンフェティッシュが *ton bout*(お前の先っぽ。母親が彼のペニスを呼ぶのに使っていた呼び方)と *bouton*(父親が母親の性器を呼ぶのに使っていた呼び方。フランス語では俗語で使われる)との間の、純粋に言語学的な、あるいは文字上のつながりに基づいてどのように形成されているか。このことも、この時期のラカンの観点によって理解できる。このころのラカンは、分析家は、分析主体が**言わんとする**こと what they *mean to say*、彼が意図していた意味、といったものに対してではなく、彼の語る言葉の文字づらに絶えず注目しなければならないことを強調している。なぜなら、分析主体は自分が何を言っているのかを知らない、すなわち、分析主体は、自らのうちに巣くっているシニフィアン(つまり、《他者》の語らい)によって語られているからである。だからこそ、ラカンは、フロイトが無意味な文字の連鎖の重要性を強調していることに立ち戻ろうとしたのである（それをフロイトは症状形成における「言葉の架け橋 verbal bridges」（SE X, 213）〔邦訳著作集第九巻二五六頁〕と呼んでいる）。たとえば鼠男の事例では、フロイトは患者の「鼠コンプレクス」にはいくつかの要素が含まれていると述べている。*Ratten*（鼠）、*Raten*（分割払い）、そして*Spielratten*（ギャンブラー）。こうした要素がその意味によってではなく、言葉のなかにある文字どうしのつながり（これらの単語に多くのおなじ文字が含まれていること）で結びあわされているのである。この時期のラカンは、いかにシニフィアンによって、つまり、私たちの運命を決定する両親の語らいによって、私たちが従属させられているかを論証し、分析を通して、私たちは、自分自身が言語活動によって侵されており、それゆえある意味で生ける屍であるということ（私たちの身体は何重にも書き込まれ、私たちの身を貫いて生きる言語活動に住みつかれているのである）を認めなければならない、と断言しているのである。[3] 私たちは、死すべき者としての運命を主体化、すなわち自分自身のものとしなければならない。つまり、私たちの世界の始まりでの賽の転がり方に対する責任、すなわち私たちを存在へともたらした両親の欲望に対する責任を私たちは引き受けなければならない。私たちは、両親の欲望がすでに私たち自身の原因であったところに生じたのであるから。

この時期のラカンは、分析の過程を分析主体の欲望の結び目をほどくことと定式化し、分析の目標は「主体の欲望の発現を明るみに出すこと以外の何物でもありません」（『セミネールⅧ』二三四頁）と定式化している。彼はまた、分析の成功した終結とは、「決定された欲望」あるいは「確定された欲望」の展開であると定式化している。これは、《他者》によって邪魔されたり揺るがされたりすることがない欲望のことであり、もはや制止には従属しない、かつての無意識の欲望のことである。そして、分析を十分な期間にわたって受けた後に、もう少し分析する必要があるのでまた明日来てくださいという分析家の要求に否と言える欲望のことであり、《他者》が何を言おうと求めようと、もはやそれを気にしない欲望のことである。[4]

「自分の欲望を投げ出さない」こと、「欲望に関して屈服しない」こと、すなわち、自分自身の欲望よりも《他者》の欲望を優先させないこと（なぜなら、そのときにこそ罪悪感が芽生えてしまうものであるから。『セミネールⅦ』三六八頁〔邦訳下巻二三一頁〕を参照）。それを分析主体は学ばなければならない。そう定式化しているのがこの時期のラカンである。この当時のラカンの著作では、欲望にはある種のユートピア的な力があるとされている。つまり、欲望は私たちを、私たちの望むところ――すなわち神経症の彼方――へと連れて行くことが**できる**のである。

欲望の主体から享楽の主体へ

欲望は《他者》に由来し、享楽はものの側にある。

――ラカン『エクリ』八五三頁〔邦訳第三巻三八三頁〕(5)

無頭であることと、生命自体の伝達、つまり、ある個体の情熱が種の永続性のもとに他の個体へと移行することとのあいだには、何らかの関係があります。すなわち、切望は頭を必要としないのです。

――ラカン『セミネールⅧ』二五四頁

ラカン後期の仕事で変化しているのは、分析が何を達成すべきかという一般論ではなく、むしろ、その目標を表現する用語である。目標が《他者》からの分離であることはそのままである。主体があらゆる制止や、主体の周りの具体的な他者、ないしは内在化された《他者》の価値観や判断基準に影響されることなく、自分の道を突き進めるようにさせるのが目標である、という点も変わっていない。

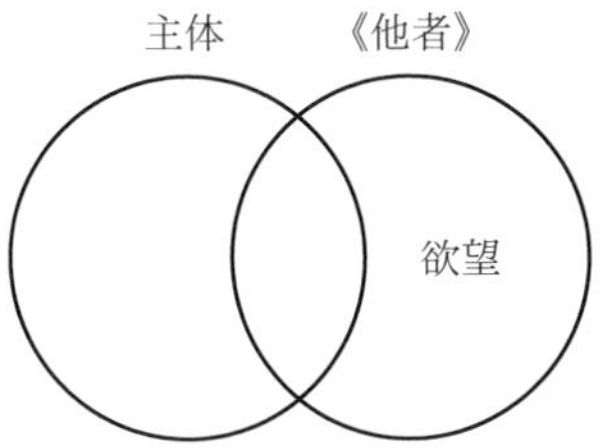

図 10・1

しかしラカンは、無意識的欲望はかつて信じていたような根本的で革命的な力ではないと考えるようになった。欲望は法に従属する！　法が禁じたものを欲望は探し求める。欲望が探し求めるのは違反だけであり、そのことでかえって欲望は、欲望の存在を可能にした法に（つまりは《他者》に）完全に依存してしまうことになる。かくして、欲望がそれ自体で《他者》から完全に解放されることはなくなる。当の《他者》が、欲望の存在そのものの原因だからである。前の章で、主体と《他者》の関係を示すために使った図式に立ち返ると、欲望は右側、《他者》のなかにそのまま書き込まれていて、一方、主体は、何か別の「もの」someThing else のなかにある（図10・1参照）。

ではその何か別な「もの」とは何なのだろう。主体が、ラカンの初期の仕事で見てきたように、欲望を生じさせる純粋な欠如としてもはや概念化されないのであれば、主体とはいったい何なのだろう。《他者》の外部にあって、そこからは独立しているものとして、私たちが語れるものは何であろう。フロイトの用語では、それはエスであり、欲動の座であり、中心地である。というのも、フロイトのいう欲動は、少なくとも当初は非社会的で教育されておらず、制御もされていないものであるように思われるからである。[6]　欲動は、適切か正しいかなどを一切顧慮することなく、自分の道を突き進む。ジャック＝アラン・ミレールの言葉で言いかえてみよう（私は、初期ラカンと後期ラカンの以上の定式化のアイデアを、彼から得ている）。

欲動は禁止をほとんど気にかけない。禁止については何も知らないし、それを侵犯しようなどとは夢にも思っていない。欲動は自身の傾向に従い、常に満足を得る。欲望の場合は「彼らがそうしてくれというからやらないのだ」とか「私がそうするとは誰も思わないから、そうしてみたいのだ。でもたぶん土壇場でできないだろうけど」などと考えては、苦しむのである。……

理論を練っていくあいだずっと、ラカンは欲望にもとづく生の機能を支持しようとしている。しかし、彼が欲望と欲動を区別したとき、欲望の重要性は薄れた。このことは、ラカンがとりわけ、欲望の基礎が「ではない not」にあることを強調したことに現れている。反対に本質的なものとなるのが、享楽を生み出す喪失対象に関わる活動としての欲動である。……

欲望にとって本質的なものは、その行き詰まりである。ラカンは、欲望とは不可能なものであるということが最も重要なのだと述べている。その活動は本質的に暗礁に乗り上げるものだと言ってもいい。ラカンが『一九六七年の提議』[7]で述べていることである。「私たちの行き詰まりとは、無意識の主体の行き詰まりである」。こうも言えるだろう。「私たちの行き詰まりとは欲望の主体の行き詰まりである、と。欲動の重要なところは、不可能性にあるのではない。……欲動が行き詰まることは決してない。(「ラカンのテクストへの注釈」四二五―四二六頁)

要するに、ラカンは主体(彼のいう主体とは**最も本質的なもの**を意味している)を無意識的欲望と同一化することから、欲動へ同一化させることに移行したといえる。人間主体に関して一番重要なのは、ラカンの目には、もはや欲望の多様な、換喩的な運動ではなく、満足そのものである。ここでラカン的な主体とは、満足だけを追求する無頭の主体である(伝統的な哲学的あるいは心理学用語で考えれば、それはある種の非主体といってよい。こうした文脈でラカンはこの「無頭 acephalous」という用語を用いている)。この主体は、分析以前には、自我と超自我によって、そして欲望、すなわち《他者》の欲望、価値観、理想を伝える《他者》の語らいにもとづいて言語活動のなかに形成される欲望によって、全力で閉じこめられ、抑えつけられ、沈黙させられるのである。ラカンの初期の仕事では、主体とはまさしく、満足を求めて叫ぶ欲動を口ごもらせ、押さえつけ、沈黙させる防衛的スタンス、つまり、享楽の圧倒的な経験に対してとられるスタンスのことである。欲動とみなされる主体、という考え方に伴い、今や対照的に、神経症者（精神病者や倒錯者ではない）[8]との臨床での分析の目標とは、分析主体の欲望を支える幻想を変容させることである。なぜなら、この欲望が満足の追求を妨げるからである。[9]分析主体は、《他者》の欲望ないし要求との関係でではなく、満足をもたらす部分対象、対象aとの関係で自分自身を再構築せねばならない。

つまり、欲動は分析の過程である種の変容をこうむるのである。第四章と第五章で見てきたように、欲動は、私たちの欲求が周囲の人物（通常は両親）へ向けられるとき、形作られるのであり、また、そうした人びとによってなされる私たちへの要求（食べなさい、排便しなさい、などの）の相関物として形作られる。それゆえラカンは初期の仕事で、《他者》に対する私たちの要求と、私たちに対する《他者》の要求を表す「D」を含んだ欲動の数学的図式（$\$ \Diamond D$）を提示したのである。私に対する「食べなさい」という《他者》の要求に応えて、私は自分自身の要求を「私が食べることを《他者》が要求することを要求する」という形で作り上げる。[10]要求に要求で応え、要求に要求が逆襲する。悪循環である。

しかし『セミネールXI』（一九六四年）では、ラカンは欲動の公式を変更する。欲動は対象の周りを取り囲み、ある意味でそれを孤立させる（つまり、分離させるのである）。欲動は、《他者》の要求や《他者》に向けられた要求との関係に、ではなく、対象aと関係づけられるものとなる。こうした概念化によって、欲動は文法的に構造化されたものであり続ける（食べたい衝動から食べられたい衝動へ、叩きたい衝動から叩かれたい衝動へのような、能動態から受動態へのシーソーのような切り替わり）。[11]そして欲動はそれ自体、象徴的な領域、言語活動

$\frac{\text{《他者》}}{\$}$　　$\frac{\text{対象} a}{\$}$　　$\frac{\$}{\text{対象} a}$

としての《他者》から完全に切り離すことはできない。しかし欲動はいかなる者にも、いかなる《他者》にも、導きや認可を求めることはない。以上は、欲動そのものについてのラカンの理論が変化したと理解することができよう。つまり一九六四年にはラカンは、欲動というものは分析の前にも後にも《他者》の要求とは一切関係しない、とみなすようになったと考えられるであろう。しかしこれは、分析の過程において欲動が経験する変容として理解したほうがよいと私には思える。最初、欲動は《他者》の要求に従属し、ついで《他者》の欲望に従属するが、最終的には欲動は自由に対象 a を追求する、というように。(12)

注目すべきは、この欲動の変容の順序が、ラカンの説く三つの論理的契機――疎外、分離、幻想の横断――にまさしく対応していることである。この三つの契機についてはすでに第九章の終わりで、三つの隠喩の形で提示した（上図）。

$\$$を**欲動としての主体**あるいは満足としての主体と呼べば、最初、主体は《他者》（これは要求Dとしての《他者》と考えられる）に支配され、ついで《他者》の欲望（これは主体の欲望と同じものである）としての対象 a に支配される。最後になりようやく、欲動としての主体は、自分自身に、つまり、《他者》との関係ではなく対象 a との関係に入ることができる。そうすると、この三つの隠喩あるいは置き換えは下図のように書くことができる。

代わりに、あるいは同時にでもよいが、この三つの契機を、主体の三つの状態として考えることも可能であろう。㈠要求と関わりによって成り立っている主体、あるいは要求としての主体、㈡欲望としての主体、そして㈢欲動としての主体、である。神経症者は多く

$\frac{\text{要求}}{\text{欲動としての主体}}$　　$\frac{\text{欲望}}{\text{欲動としての主体}}$　　$\frac{\text{欲動としての主体}}{\text{対象} a}$

の場合、《他者》の要求に縛りつけられたまま分析にやってくる。そして（第八章で検討した事例で、ロベールが言っていたように）何をしたらいいのかを分析家に尋ねるのである。それが要求するということである。それを拒否することによって分析家は欲望の場所を切り開こうとする。その場所において、分析主体の欲望は《他者》の欲望に従属するかたちで前面に現れてくるのである。次に分析家は対象aの役割を演じることを通じて、分析主体が根源的幻想のなかでどのように《他者》の欲望を解釈しているのかを問題にしその解釈を変容させて、たとえばもはや満足を求めることを妨げない解釈へと変えようとするのである。主体とは分析過程のそれぞれの段階での異なった様相のことであるといってよい。要求としては、主体は想像的な領域に縛りつけられている。欲望としては、主体は本質的に象徴的な《他者》との関わりにおいて位置している。そして欲動としては、「現実的なもののなかの主体 subject in the real」が存在する。[13] この意味で、主体は想像的、象徴的、現実的な面を持ち、そのそれぞれが分析過程のある時点で優位を占める。そして精神分析の目標は、分析主体を三つの異なった契機を通じて、欲動が前面に出る地点にまで導くことである。

分析主体のエロスをさらに促すこと

根源的幻想を横断した主体がいかに欲動を生き抜くことができるのか。それは分析の彼岸であり、誰も触れたことはありません。

——ラカン『セミネールXI』二四六頁〔邦訳三六八頁〕

「欲動を生き抜くこと」という目的に言及したからといって、ラカンは何も「完全に分析された」主体がノンストップで快を追求するマシンになる、などと言っているのではない。主体が満足を得ることを、欲望が制止し

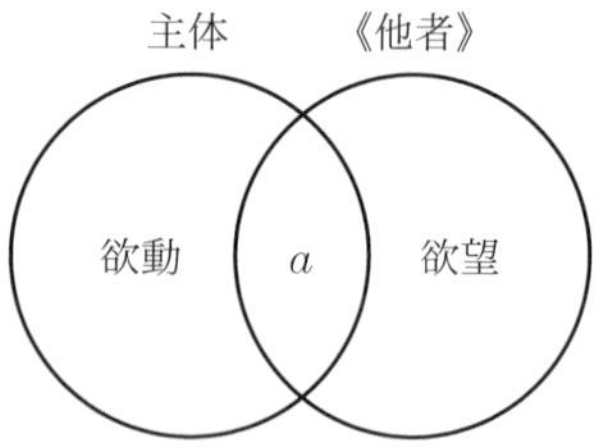

図 10・2

ない、ということなのである。私の分析主体の一人は、神経症の窮状を、「自分の享楽を享受できないこと」と表現したが、これはまことに見事な表現である。彼は満足しようにも、不満足や不快さといった感覚が同時に湧いてきて、すっかり駄目になってしまう、あるいは汚されてしまう、ということなのである。おそらく、精神分析が目指すところを説明する一つの仕方は、**分析主体が最終的に、自分の享楽を享受できるようになることである**、といってよいだろう。

ラカンは、分析中の神経症者は欲動を圧迫する象徴的な制約をすべて投げ捨ててしまうところまでいくべきではない、という立場を堅持している。つまり自我や超自我を完全に投げ捨ててしまうのではなく、**新しい仕方で欲動と、その欲動の求める満足を受け入れる**ところまで行くべきであると主張している[14]。ミレールが述べているように、それは、満足することが強制的に課されたり命じられたりするということではない（それでは、享楽し欲動を満足させるよう命じる超自我へ逆戻りすることと同じである）。むしろ、それが可能になり、許されるようになるということである。自分なりの仕方で欲動が進んでいくこと、自分自身の道を求めることに「許可を出す」のである[15]。欲動が、フロイト的あるいは伝統的モラリスト的な観点から倒錯と考えられるような満足の形を常に求めているとするなら、「その倒錯を許す」こともあるだろう。欲動が求めるものは、異性愛的で性器的な生殖を目的とした性行動ではなく、享楽を与える部分対象なのである。

この意味で、私たちは図10・1の空白部分を、図10・2のような形で埋めることができる。無意識的欲望の革命的な性格から、ラカンは別なところへと目を転じる。革命的であるとは、実際には、ある非常に特定された法に対する反逆に過ぎず、そうである以上、自分が反逆する当の相手に完全に依存してしまうことになる。ラカンが求める新しい構図は、欲望と欲動との間のある種の「調和」（ラカンを論じるのにこの種の言葉を用いるにはためらいがあるが）を含んでいる。欲望は口を閉ざし、享楽を優先させることを学ぶ(16)。

ある意味では、ラカンの理論化がこの方向に発展していったといっても、彼の全体的な方向づけが根本から変わったというわけではない。というのも、すでに『セミネールⅧ』（一九六〇―一九六一年）で、ラカンは精神分析の目指すところが、分析主体のエロスをさらに促すことである、と強調しているからである(17)。私たちに言えることは、欲動という観点からエロスを見ることで、ラカンはより享楽の側からエロスを見るようになったということである。

欲望と享楽とのこの区別は、あるいはシニフィアンと享楽との区別と言ってもいい（なぜなら、欲望はシニフィアンのなかでのみ表現されるから）。これは第八章で議論されたような、フロイトでいう表象と情動との、非常に重大な区別と同列に論じられるべきものである。表象の主体はここでは無意識に、つまり無意識的欲望の表明と展開に、結びつけられる。これはラカンのいう欲望の主体、あるいは欲望する主体である。他方で、情動の主体、あるいは「感情的 emotive」主体とは、享楽の主体あるいは「享楽する主体 enjoying subject(18)」である。というのも、臨床家ならすぐにわかることだが、情動のあるところ、享楽があるからである。

欲望を越える技法

分析家の欲望は謎のまま、いわばxのままです。しかし、同一化とはまったく正反対の方向に向かう限りで、主体の分離を通じて同一化のレベルを超えていくことが可能になるのです。……主体の経験はこうして……欲動が自分自身を表現することができるようなレベルへと立ち戻らされることになるのです。

――ラカン『セミネールXI』二四六頁〔邦訳三六九頁〕

一九五〇年代初期の講義でのラカンは、分析主体は《他者》との象徴的な関係のなかで、想像的なものの介入を乗り越えてゆかなければならない、と理論化していた。一九六〇年代初頭から半ばにかけては、ラカンは分析主体の象徴的関係、つまり欲望が展開される関係それ自体を乗り越えてゆかねばならないと主張している。後者の観点では、無意識的欲望の主体、あるいは無意識的欲望としての主体は、乗り越えられるべきものであり、分析主体と対象aとの関係に干渉し、満足としての主体を妨害するものである（図10・3を参照）。欲望とはここでは満足に抗するもので、欲望としての主体とは、こうしてみると欲動としての主体に対する防衛であるということになる。前者が後者の享楽に干渉し、妨害するのである。

分析が欲望の観点からのみ理論化されるのであれば、分析主体は自分自身の欲望を、分析家の欲望に似せて作り出すことに終わりそうであるし、たとえ分析家がそれを意図していなくても、そうなるであろう。これはある種の分析家たちの目指すゴール、つまり患者の「弱い自我」を分析家の「強い自我」に同一化させる、というも

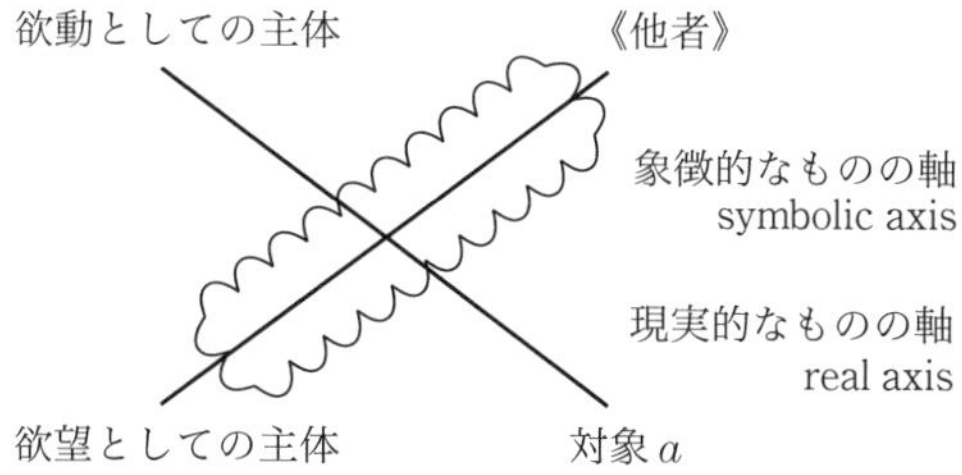

図 10・3

のとおそらく同じである。これは同一化を介した解決である。しかし、《他者》の欲望というくびきからの分離という概念をラカンが定式化して以降、欲望は言語活動（シニフィアン）に、同一化（言語活動にもとづいている）に、そして解釈に関連づけられたものとみなされるようになり、他方で享楽は言語活動の外部にあって、同一化とのつながりを持たず、解釈を越える手段を必要とするのである。

　無意識を解読し、解釈することは、終わりのないプロセスに足を踏み入れることにもなり得る。無意識の解読は、後期のラカンにおける分析の概念化においても依然として重要な課題であるが、それだけでは十分ではないものとされている。すなわち、ラカンが求めているような変容としては不適当であるとみなされているのである。精神分析とは、ラカンによれば、終わりなきプロセスであってはならない。主体の位置が具体的に動き、変動することがなくてはならない。ラカンはそのことを、根源的幻想の横断と呼んだのである。

　こうした主体の位置の移動は、「パス」という名で知られる制度上の手続きで立証されている。この手続きは、ラカンが一九六〇年代後半にかけて、彼の精神分析組織、パリ・フロイト学派内で作り出したもので、現在でも彼が死の直前に設立した組織、コーズ・フロイディエンヌで実施されている。この手続きは、ある分析主体に、自分の分析を別の二人の分析主体と徹底的に議論させ、この二人が当の分析主体の代わりに経験を積んだ分析家のグループのもとに行き、自分たちが何をこの分析主体から聞いたのかを話す、というものである。ラカンがそれを用いることを決意したのは、彼が「分析の彼岸」と呼んだものが何なのかについての情報を得る

$$\frac{\text{《他者》の欲望}}{\text{欲動としての主体}} \qquad \frac{\text{欲動としての主体}}{\text{対象}\,a}$$

ためだった。この問題について、コーズ・フロイディエンヌ以外では決して理論化されもせず、研究されてもいない。パスを通過することで、分析での経験を証言しようとする分析主体は、分析の結果についてよりいっそうの理解をもたらすことに貢献する。つまり「自分の最も根本的な幻想を横断した主体は、いかに欲動を生き抜くことができるのか」（『セミネールXI』二四六頁）〔邦訳三六八頁〕、最もうまくいった場合には自らの幻想が根本から変容される、あるいは取り除かれた後で、主体が欲動をどのように経験できるのか、あるいは逆に、分析がそうしたパスにまで分析主体を導くことができなかったのはなぜであり、いかにしてなのか、についての理解に貢献するのである。この意味で、パスはある種の検証手続きであり、分析主体は「去勢の岩盤」[19]を越え得るはずだ、という彼の賭が確証されるかどうかをラカン自身が進化させた技法を使用することでチェックする方法でもある[20]。

私は本書の流れのなかで、こうした技法の多くを検証してきたが、さらに少しだけもう一つの技法を論じよう。その多くは初期のラカンによって展開されたもので、そのなかでもとりわけ句読法 punctuation や区切り scansion（可変時間セッション）として知られる非言語的な介入と、「神託的な発話」として知られる言語的な介入とを取り上げたいと思う。後者は明らかに解釈の形を取っているが、しかしその目指すところは、意味の効果を越えた何かである。可変時間セッションと同様、それは分析主体を謎めいた分析家の欲望（《他者》の欲望）の問いに直面させる。《他者》の欲望は分析主体が想定しているようなものとは常に違っているのだということを分析主体に見せつける。《他者》の欲望が分析主体の根源的幻想のなかで対象 a の役割を演じている限りは、《他者》の欲望に対する疑問を生じさせることによってこそ、分析主体を次のステップへと進ませることができる。つまり、ここで示してきたような第二の隠喩から第三の隠喩への移行、すなわち《他者》の欲望に従属している主体という状況から、もはや従属していない、欲動としての主体という状況へ移行できるのである（上図）。

主体の享楽を露わにすること

［分析家の欲望とは］主体の享楽を露わにすることである。他方、主体の欲望は、幻想という欲動の誤認によってのみ存続している。

——ジャック＝アラン・ミレール「ラカンのテクストへの注釈」

四二六頁

次の一歩を踏み出すには、分析家の欲望を常に働かせておく必要がある。ときどき、ではなく、常に。「ではまたあした」とセッションが終わるまで。そしておそらくはどのセッションの間も。それは分析主体が重要と思われることを話すよう勇気づけるためだけでなく、分析主体の享楽を露わにするためなのである。分析主体の願望しているもの、分析主体の「最も深い欲望」は、これまで見てきたとおり、《他者》の欲望への反応（拒絶という形を取るときでさえ）である。治療者がそこに焦点を定めていると、分析主体が満足という問題をごまかすのを許してしまうことになる。分析主体は、満足をもたらすような活動について語りはするものの、すぐにそれに対する不快感や不満を表すことが非常によくある。「ほんとに興奮できた恋人は一人だけでした。でも彼女の仕事がどうしても我慢できなくて」。「映画の登場人物にすごく興奮したけれど、でも自分がそういう関係に実際になりたいということではないのです」。分析主体自身がこれを望んでいるとか望んでいないと言っているものに臨床家が焦点を定めるならば、臨床家は知らず知らずのうちに、防衛にのみ、つまり享楽に対して主体がとるスタンスのみに注意を向けることになってしまう。

そうではなく、分析主体が興奮や不快感を示したり、あるいは快を偽装したり意図的に無視あるいは誤認したりするとき、治療者はそこで話を中断させ、それを強調しなければならない。分析主体が自分の享楽を不快に思っている場合は、そのことをやはり強調しなければならない。もちろん、その人しかしないような奇妙なことだとか、倒錯だとか、気味の悪いやり方にふけっていると責められている、と分析主体が感じるようなやり方をとってはならない。分析家は分析主体の話のなかで享楽が表現されている箇所を強調しなければならないが、それに不賛成を示すようなことは避けねばならない（そして、分析家が同意していないと分析主体が誤解をしているなら、それを「解か」なければならない）。分析主体には、満足を忘却、あるいは誤認し、それについて釈明し、言い逃れをする、自然な傾向 natural tendency がある。これを「自然な」と形容するのは、幻想というものは、私たちに享楽を見えなくさせるものだ、という意味においてである。分析主体が自発的に「享楽のあるところ（つまり、それ、エスが興奮しているところ）そこに私はその享楽の主体として存在しなければならない！」[21]などと言い出すことは、決してありえないのである。分析主体はいつの間にか享楽を何か別のものへと言いつくろうものである。たとえば、不安などとして。フロイトが述べているように、すべての情動は不安に転換され得るという意味で、不安は情動の普遍通貨なのである。不安は、満足が存在することを示す信号なのだが、これは、あるレベルにおいては歓迎されず、厄介者扱いされるような情動なのである。[22]

分析主体が、こう言ったとしよう。「何だか変な感じがします」。このとき主体は認識されていないある種の満足について話している。分析主体が苦悩やひどい悲しみを語るときには、分析主体の嫌悪する享楽が問題となっている場合もある。情動と享楽との間には（フロイトの用語で言えば、情動とリビードないしリビード備給との間には）、基本的な等価性のようなものがある。その等価性は、幻想によって、そして私たちが自分自身を見たいように見る見方によって、組織的に誤認されることになってしまうのだが[23]、分析家は、分析主体が「苦痛な」情動として特徴づけているもののなかに潜む満足を指摘する機会を逃してはならない。そのために、享楽が実際にはどこから来るのか、自分が何に興奮させられるのかを探求することに対する患者の抵抗を乗り越えることが必要となってくる。この抵抗を乗り越えることによってのみ、分析主体は、享楽ないしは満足を与える欲動に対して、これまでと異なった位置をとれるようになる。このとき初めて、分析主体はエスのレベルでの「自分自身」の満足の追求を制止することをやめることができるのである。

第八章で論じたヒステリーの事例の場合、ジャンヌは時折、自分に性的満足がないことに不満を表していた。そして『幸福の条件』*Indecent Proposal* という映画に関連して見た夢のなかで、彼女はその制止を乗り越えるべき理由を探しているように思われた。こうした場合に、目指すべきは、この夢のなかでどのような性的欲動の充足が求められているのかを（この夢にまつわる社会的な汚名をではなく）口に出すことであろう。それによって期待されるのは、分析主体が「私は**それ**だ」「私はその欲動なのだ、その熱望なのだ」と確言するところまで分析主体をもっていくことである。セックスと引き換えに金を受け取るという売春婦のイメージや、それにまつわる道徳的な「ふしだらさ」のみを分析家が強調するとしよう。その場合は、分析主体に、「あなたは禁止とその違反である」、つまり「あなたは欲望であり、欲望であるにすぎない」と言うのとおなじことになってしまう（これは、ラカンが「欲動以前に防衛を分析すること」（『エクリ』五九九頁）〔邦訳第三巻二三頁〕と言ったことである）。逆に、分析主体に、欲動を自分自身の欲動として認識させること、それをラカンは主体化と呼んでいる。主体化とは、**それ**があったところに、（自分のものとは考えられていなかった）欲動があったところに、主体として存在するようになることである。欲動を主体化するとは、欲動に場所を与えることであり、また、おそらく、そうしなければ拒否したであろうほどの重要性を欲動に与えることである。欲動を自分自身のものとして理解することは、すでに欲動を表現するための一歩であり、なぜ象徴的な束縛が満足の上にのしかかっているのか、を少しずつ解釈していくことが伴うに違いない。ジャンヌの事例で言えば、象徴的な束縛とは、セックスはいつも両親のどちらかを**裏切ること**を意味するという感覚のことであった。ジャンヌは両親の欲望を解釈し、そしてセックスに裏切りという意味を結びつけたのであり、この解釈を問題にしたとき初めて、彼女はセックスを違う風に経験できたのである（このことは、ごく部分的にではあるが、彼女の分析の過程で達成されたものである）。

患者は初め、「満足の危機」が生じたために分析にやってくる。臨床家は分析過程を通じて、満足の問題に照準を定め続けなければならない。患者の満足の危機は、獲得された満足が十全なものではない、あるいは「何か違う」ものだとみなされていることのうちにある。満足の問題はフロイトの頭のなかで常に最も重要な位置を占めており、ラカンはこうしたフロイトの立場を次のように要約している。ある意味で「主体が常に幸福である」[24]、主体は常に何かに耽溺しており、不満足である場合でさえ耽溺している、と。ジャック＝アラン・ミレールの言葉を借りて言えば、「欲動のレベルでは常に幸福である。あまりに幸せなので主体はその満足を反復する。たとえそれが不満足をもたらすように思われるときでも」（『故に』一九九四年五月一八日）。主体は享楽に対して防衛しているときでさえ、自分自身を常に享楽しているのである。ラカンはある箇所で「享楽は、言葉を話すものには禁じられている」（『エクリ』八二一頁）〈邦訳第三巻三三四頁〉と語っているものの、彼はそこで文字以前、言語活動以前、三者化以前の、一種の直接的な「大洋的」な快について言及している[25]。直感に反するように思われるかもしれないが、私たちは皆、症状から、そして自分自身を批判することなどから、ある種の満足を得ているのである。欲望の主体は、欲動の満足に関わる一つのスタンスとして、つまり欲動に対する防衛として、生じるのである。この主体は、（欲動の）享楽においてではなく、欲望において自分自身を見出すのである。ラカンのアプローチは、それが欲望の「操作」、「介入」あるいは欲望の「調整」（『セミネールX』一九六三年五月二二日）として特徴づけられる限りにおいて、満足と欲望との関係を修正すること、つまり、欲動とその制止、享楽の主体と欲望の主体との間の関係を修正することを伴う[26]。

分析主体が「本当の欲望」を追求できるよう欲望のなかにある結び目をほどくというよりは、むしろ彼らの享楽のなかにある結び目、欲望と享楽との間の相互関係のなかに形成される結び目をほどかなければならない。

しかし、以上のことは、精神分析とは分析主体の享楽をどうにかして**支配する** master ことを目的とする、ということではない。「分析家の言説は……いかなる支配の意図とも、少なくとも公然と明らかにされたそのような意図とは、対置されるものでなくてはなりません。今『少なくとも公然と明らかにされた』と言いましたが、それは分析家がこうした意図を偽り隠すべきだからではなく、結局それがいつであれ、主人の言説へといともたやすく滑り落ちていってしまうからなのです」(『セミネールXVII』七九頁)。分析家は、現代の心理学や精神医学のなかで割り振られている現実性の主人という役割、つまり何が現実で何がそうではないかを判断する主人という役割をつとめることを放棄しなければならない。同じように、分析家はいかなる形の主人の言説をも放棄しなければならない。なぜなら、主人の言説は分析家が話を聞くことをきわめて困難にし、分析主体の口から漏れる次のことを聞くことを不可能にするからである。そして、その次のことこそが、分析家に、目下の事例を理解させるだけではなく、「現実性」および、精神分析理論のすべてをも修正させる力を持っているのである。

あとがき

ラカンの仕事へのこの臨床的な入門書を書き上げて、多少不安がないわけではない。他のところですでに言及したが、[1] 私は本書でもラカンの「反システム」を取り上げつつ、そこに含まれる形式的でシステム的な諸要素を紹介した。ラカンは構造の重要性を主張しつつも、同時にそれが必然的に不完全性を孕むことを常に指摘していた。私はそのいわば「ゲーデル的構造主義」、現在進行形で絶えず進化する仕事を取り上げた。ラカンは自らの教えに対して繰り返しなされる「正統的」な解釈をたえず論破していたが、それにもかかわらず、本書ではラカンの教えを完結した成果として、つまり一つの教説として提示した。

これは大胆でおそらく無謀な企てであり、この試みによって私は間違いなく最前線の人びとすべての批判に晒されるだろう。単純化し過ぎであると批判されるだろうし、実際その通りである。私は話をわかりやすくするためにラカンの概念の多くを過度に単純化し、それらについてラカンが加えた長々とした限定や、彼による別の仕方でのそれらの概念の説明は、さしあたり脇においたのである。しかし、何の動機づけもなく、ラカンの仕事のどういう点が労力を払って読むに値するのかも知らされないままでは、彼の膨大な著書を読むのに多大な時間をつぎ込む気にはなれない、という人も多いはずである。一般的に言えることだが、今から出てくる「ご馳走」をちらっと見るだけでも食欲が刺激され、その後生じる知的な問題が美味しくなるものである。大学院での私のゼミでは、それを「ラカンの前菜」と呼んでいる。つまり読者はある程度「前駆的快」を体験することによって、ラカンの謎めいた定式化の複雑な世界に誘惑され惹きつけられることであろう、と私は考えている。

しかしこれではどうしても「そそっかしいprecipitated理解」(2)を招きやすいので、私は読者へ次のことだけはお願いしたい。あなたが今読み終えた本書によって、ラカンが言ったり書いたりしたことがすべてわかったなどとは思わないように。そして、ラカンの著作を読んで、そのなかから、本書の内容に修正を迫るような箇所――完全に矛盾するような箇所とまでは言わないが――を探し出す心構えを持っていただきたい。

またその一方で、初心者からは、自分たちの課題を過度に難しいものにしたといって非難されるだろう。あるいは、あまりに多くの概念（根源的幻想、疎外、分離、欲望、享楽、象徴的なもの、現実的なもの、など）をかなり性急に雑な仕方で導入したといって非難されるかもしれない。実際、本書は明らかにフロイトの『精神分析入門』と似ており、一見優雅で単純な叙述から始まってはいるが、最後は緻密な定式化で終わっていて、これらの定式を理解するには、本書で言及したすべての概念の完全な理解が必要となる。ただ私に言えることは、ラカンの臨床の仕事は彼の理論の基礎を知らずしては理解できないということだけである。私は読者が圧倒されることのないよう、ラカンの理論を一度に少しずつしか扱わないようにした。にもかかわらず後半の章のほうが前半の章よりも、理論的にははるかに緻密になっているのはよく承知している。最後の数章については繰り返し読んで読み解くことが多少とも必要となるし、また私が参照した他の文献にもあたるべきだろう。

私はラカンの仕事のごく一部を紹介したが、それはラカンの著書から私自身が汲み取ったものを反映しており、それらのほとんどは臨床家として役に立つと私が考えているものである。別の見方をする他の臨床家なら、私がある点を強調し過ぎて他の点を過小評価していると感じるかもしれない。これはラカンの仕事のように、その著書が膨大で、世界中で年間に何百もの出版物を生み出すほどに内容豊富で多様性をもつ場合には避け難いことである。

もちろんおわかりいただけることと思うが、たとえ私が分析経験を定式化するにあたって、ラカンが仕事上の各時期に導入した概念を使っていない場合でも、私はラカンの定式化を無造作に退けているわけではない。

ジャック=アラン・ミレールが言うように「変化する内的論理、および時に矛盾する表現を含む（ラカンの）理論全体」(3) を採用し、ラカンがフロイトを読んだのと同じ方法でラカンを読むことは、おおいに実りがあると思われる。

十分考えられたことはあいまいに述べられる。(4)

——ボワローのパロディ

本書によるラカンを読んだ後、読者が次のように思っても当然かもしれない。「これがラカンの言いたいことのすべてなら、なぜラカンは初めから自分でそのように言わなかったのか？」。ここから私の読みに疑いを持つのも正当であろう。「フィンクが言っていることをラカンの著書を読んで確かめるのが相当困難な場合に、どうしてフィンクを信じられようか？」。私は読者には私自身の読みを提示することしかできないが、読者には、私が本書で述べたことを、自分自身によるラカンの著書の読解にもとづいて検証し修正していただきたい。

一方、本書はラカン自身についての、もっともな疑問も引き起こすかもしれない。「ラカンが言うことがそれほど洞察に富むものなら、なぜあれほどあいまいに書かれているのか？」。ラカンの文体(5)がなぜあのようなのか、あるいは、彼の著書の既存の翻訳の多くがなぜかくも読むに耐えないのか、私はもちろん説明できない。しかし、問題の根はさらに深いのである。「なぜ（フランス語の場合でさえ）すべてがあのように仄めかすようにあいまいに述べられているのか？」。その理由の一つとして、ラカンについて書く多くの人びとが指摘していることだが、彼は読者に対して、意味を伝えることとは別の、ある一定の効果を及ぼすことを狙っているのである。彼は私たちを呼び起こし刺激し不安にさせようとする。私たちを落ち着かせるのではなく、揺さぶり、固定したものの考え方の外側へと連れ出そうとする。これと関係しているのが、次のようなラカンの目論見である。それは、私たちをゆり動かし、自分がわかっていると思い込んでいること（たとえば、一見したところ簡単にみえるフロイトの著書であれ、自分が担当している分析主体の語らいについてであれ）は、何度それをうまく表現し概念化しようと試みても、それでもなお私たちの解釈は依然として近似的なものに過ぎない、つまり依然として的を射ていない、ということに気づかせることである。

ラカンの語り口や書き方のあいまいさは多くの場合、非常によく考えられたものである。まったくアメリカ的でない精神の持ち主であるラカンのモットーは次のようなものだろう。「あいまいで多価的であればあるほど、それだけ良いのである」。多くの人たちはラカンのアプローチは不愉快で、フランス人にありがちなインテリ気取りの反映だと思うだろう。それは少なくとも部分的には真実であることは疑えない。しかし私が願うのは、それ以上にはるかに多くのものがあることを、本書が示し得ていることである。

原注

第一章　分析における欲望

（1）Slavoj Zizek, *Enjoy Your Symptom! Jacques Lacan in Hollywood and Out* (New York : Routledge, 1992)〔スラヴォイ・ジジェク著『汝の症候を楽しめ　ハリウッド vs ラカン』鈴木晶訳、筑摩書房、二〇〇一年〕を参照。

（2）フロイトは患者が症状から得る二次的な利得についてこう言っている。「愁訴を何とかしたいという患者の意志は、見た目ほど、完璧に本気であるというわけではない」(SE VII, 43-44)〔邦訳著作集第五巻三〇五頁〕。

（3）患者が時として「単純な」連絡の行き違いや（症状による）誤解のせいで治療から離れてしまうことを考えると、患者に電話をかけることの重要性は明らかであろう。この男性は新たに予約を入れるため、治療者の働いているセンターに電話をかけたのだが、そのとき彼は受付の言ったことを誤解して、彼は、そのときすぐにではないにせよ、治療者がもう二度と自分とは話したくないのだと思ったのである。このことに罪悪感を募らせ、治療者がそう思ったのも自業自得だと思い、再び予約を入れるための電話をしなかった。患者が治療者と直接電話で話せるまで治療者が何度でも電話をしていたならば、患者は「単なる罰」を受けたと思いこんで治療を（おそらくこれを最後に）去るようなことは無かっただろう。むしろ、電話していたら強い罪の感覚を徹底的に分析する機会を得ただろう。

（4）神経症患者に対して、治療を継続して欲しいという欲望を治療者が終始表明することを私は勧めるが、それにはもちろん当然の前提がある。すなわち、治療者自身が徹底的な分析をすでに受けていること、また治療者が治療は前進しているとはっきり感じていること（患者自身は停滞していると思っているにせよ）、さらに、治療者自身の逆転移によって、その治療が泥沼に入り込んでいないこと（第三章参照）、そして、患者自身の欲望が両親によって絶えずことごとく邪魔されるというような患者を治療しているのでないことが前提である。第二章で述べるように、分析とは本質的に欲望の場所を開かなければならないものであって、この場所において患者は欲望することができるようになる。だから、とくに治療の初期段階では、分析家の欲望をある特定の形で表現することは、治療の方向性とは逆向きになってしまう場合がある。

私がここで推奨していることは、本書でなされている他の助言同様、いかなる状況でも、どんな患者にでも、どんな文化圏においてでも、どんな時代背景にでも適用できる普遍的な規則というものではない。むしろ精神分析的な訓練を受けた治療者、ないしは精神分析的なスーパーヴィジョンを受けている訓練中の治療者が使うべき基本的指針である。本書前半の五つの章で推奨している他の技法と同様、精神病者の治療には適用**されない**（第七章を参照）ものであり、倒錯者の治療に際しても使えないことはないが、但し書きが必要である（第九章を参照）。フロイトは、治療者は患者に「真摯なる注意」（SE XII, 139）〔邦訳著作集第九巻一〇三頁〕を払っていることを表明し、「分析を続けるように説き伏せる」（SE XII, 130）〔邦訳著作集第九巻九四頁〕べきだと勧めているが、今述べてきたことはこのことを直接に発展させたものである。

(5) 私がここで前提としているのは、十分に訓練され、分析された分析家は、患者に反感を持ったり惹かれたりしても、それを脇に置き、作業に影響しないようにできるということである。もし、そうできないのなら、私は当然ながら、その患者をよそに紹介することを勧めたい。

(6) たとえば『エクリ』の八二四頁〔邦訳第三巻三三八—三三九頁〕を参照。

(7) フロイトの用語「精神分析的浄化 psychoanalytic purification」（SE XII, 116）〔邦訳著作集第九巻八三頁〕を参照。

(8) ジャック=アラン・ミレールがいうように「最も貴重なもの、アガルマ〔対象*a*をさす用語の一つである〕のために患者は治療を続けるのだが、それは何かと言えば、疑問符、すなわち《他者》における欠如のことである」"La Sortie d'analyse", *La Lettre mensuelle de l'ECF* 118 (April 1993) : 30.

(9) たとえばSE VII, 194〔邦訳著作集第五巻五六頁〕を参照。そこでは「instinct for knowledge 知への本能」と訳されている。またSE X, 245〔邦訳著作集第九巻二七九頁〕では「epistemophilic instinct 認識への本能」と訳されている。しかしさらに一般的に言えば、フロイトは（ラカンと同様）「知を渇望するということは性的なものへの好奇心とは切り離せない」（SE X, 9）〔邦訳著作集第五巻一七六頁〕と信じていた。

(10) たとえば『セミネールIII』二一頁〔邦訳上巻一八頁〕を参照。さらにラカンは『セミネールXXI』でも「知への欲望などというものはまったくもって存在しません」（Il n'y a pas de moindre désir de savoir）と述べている。おおよそ同じ内容は"Introduction à l'édition allemande d'un premier volume des *Écrits*", *Scilicet* 5 (1975) : 16 でも述べられている。また、『セミネールXX』の最初の頁も参照。ラカンはここでも自分のやり方について「私はそれについては何一つ知りたくありません」(je

n'en veux rien savoir）を必ず引き起こすものだと定義している。同じセミネールの九五頁でもそれは同様である

（11）"Introduction à l'édition allemande d'un premier volume des *Écrits*", *Scilicet* 5(1975) : 16 より。後に見るように、これは主体の満足の源を知ろうとしない意志、つまり実際に主体が何に「イッている」のかを知ろうとしない意志のことである。

（12）たとえば『セミネールIII』六〇頁〔邦訳上巻七九頁〕を参照。「患者の抵抗とは実は皆さん分析家自身の抵抗なのです」。また『エクリ』五九五頁〔邦訳第三巻一七頁〕では「分析家自身の抵抗の他に分析に対する抵抗は存在しない」とも述べられている。

（13）コレット・ソレルもこう述べている。「ある症状が分析可能であるために何が必要か。私はこう主張したい。その症状が、何かが『失速している losing speed』と言われるような意味で、享楽を失っていなければならない、と」（"Les fins propres de l'Acte analytique" in *Actes de l'ECF : L'acte et la répétition* (1987) : 19. 英訳は"The Real Aims of the Analytic Act", *Lacanian Ink* 5(1992) : 57 を参照したが、訳は引用者によって一部改変してある。

（14）フロイトも SE XVI, 365-366〔邦訳著作集第一巻三〇二頁〕でこう述べていることを考えてみて欲しい。「症状がもたらすある種の満足は、大変奇妙なものである。つまり、主体はそれを認識できないのである。逆に、主体は苦悩として満足らしきものを感じ、その満足に不満を言うのである」。

（15）本書で私はフランス語の術語"jouissance"〔享楽〕をフロイトの術語"satisfaction"〔満足〕とおおむね交換可能な語として用いている。フロイトによる快原理と現実原理という区別をよくご存知の読者には、「享楽」や「満足」という語（私が本書で使い、フロイトやラカンも普通に用いている）が、直接的な緊張の「放出」とは異なる何か、すなわち「純然たる」快とは違う何かを含んでいることを指摘しておくことは役立つかもしれない。「享楽」や「満足」には、「現実性」による侵食という側面が伴っている。ここで私は、本質的に、この侵食は子どもの両親による侵食であると解釈しておくことにする（さしあたって話を単純にしておくために子どもの場合を言えば、の話であるが）。すなわち、両親が子どもに押しつける、これをしろ、あれはするなという要求である。**享楽（あるいは満足）はこうして快原理を越えた快となる**。というのも、そこにはすでに他人の存在、その要求や命令、欲望や価値観が含み込まれているからである。こうした諸要素が含みこまれて、それらが快を禁止したり妨害したりしながら、それを複雑で膨張したものへと結びあげていくからである。

　ラカンの「享楽」という用語は、（後の章で見るように）直接の放出が象徴的な方法によって抑制されたということを意味している。たとえば、子どもが両親（つまり《他者》）の訓戒や価値観、禁止などを同化、ないしは体内化することによって、直接の放出は抑制される。だから、いざ放出が起こるときには、そこにはある意味ですでに《他者》が関与しているのであ

る」。ある場合には、最終的な放出量がとても大きいために、それと同時に禁止を**破ってしまう**こともあるだろう。あるいは、《他者》の影響によって、放出の方向が生活の特定領域へ集中する場合もあろう。この両者の可能性は互いにまったく相容れないわけではない。

銘記しておくべきなのは、フロイトのいう口唇期、肛門期、性器期という諸段階は、子どものそれぞれの器官に対する**両親の関与**や禁止、あるいは威嚇〔離乳やトイレット・トレーニング、指しゃぶりやそのほか「自己満足的な」行為の禁止〕と関連がある、ということである。両親がかかわることによって、もともと子どもがそれぞれの身体部分から〔仮説的にごく初期と想定されるある時期において〕得ていた「純粋な快」は**他愛的** alloerotic になる。つまり「純粋な快」は、従順にか、反抗的にか、愛らしくか、いずれにせよ、こうした他者を包含し始めるのである。子どもの指しゃぶりはもはや純粋な快ではなくなり、今やそれを禁止したり、承認しなかったり、からかったりした人間との関係を含んだものとなる。それは関係的、社会的なものとなったのであり、両親や教育者といった人たちに対する子どもの態度にも影響してくる。**そうした**変容こそが快と享楽とを区別することになるのである。

用語法に関してもう一言。享楽を得る過程を説明するために、*jouir*〔享楽する、享受する〕というフランス語の動詞の諸々の活用形を英語で扱うことは非常にやっかいなことになろう。英語の動詞"to enjoy"は、快原理を越えた快という概念を示すには不十分な場合が多い。本書では、適切だと思われる場合には、この"to enjoy"を用いたが、かなりの場合"to get off"〔イク、酔う、夢中になる、オルガスムを感じる、などを意味する〕という表現を使った。読者のなかにはこれをあまり好まれない方もおられようかと思うが。しかし、私と同世代のアメリカ人が日常的に使うアメリカ英語では、"to get off on something"が、私の理解ではラカンが用いている意味での *jouir* の意味合いにきわめて近い。なぜならそれは単に身体的、肉体的な快のみならず、誰かに残酷にあたったり、罰を与えたり、困らせたり、〔人がどんなとばっちりを被るかも考えずに〕幻想に浸ったり、人目を引きつけたり〔「ナルシシズム的な」快である〕、読書や書き物、絵画や音楽、ダンス、歌などから得られるであろう"kick"〔興奮、快、スリル、性的な快〕をも意味するからである。患者が何に「浸っている」のかを見極める試みについて私が述べている場合、私は、フロイトが患者の「満足」〔フロイトに従い、通例は症状による「代理満足」のこと〕の源に焦点を当てて問うた問題と、本質的には同じ問題を考えているのである。

フランス語では、*jouir* は"to come"〔絶頂やオルガスム〕や"to enjoy"〔享楽する、享受する〕を意味し、*jouir de* は"to get off on"〔イク、浸りきる、酔う、夢中になる、オルガスムを感じる〕や"to take advantage of"〔利用する、つけ込む〕、"to benefit from"〔利益を得る〕などを意味する。この術語の持つ、実にたくさんのくだけた意味や固い意味を包括的に説明したものとして、Bruce Fink, *The Lacanian Subject: Between Language and Jouissance* (Princeton: Princeton University Press, 1995) の第七、第八章を参照していただきたい。同様にラカンの Seminar XX, *Encore*, trans. Bruce Fink (New York: Norton, 1997) をも参照のこと。快、欲望、そして享楽の問題に関しては、Bruce Fink, *Masculine/Feminine: Human Sexuality in the Twenty-First Century*（仮題、近刊予定）を参照のこと。

（16） フランス語の要求 *demande* はほとんどの場合英語でも要求 demand と訳したが、フランス語では英語ほど強い意味は持っていないこともここでは述べておかねばなるまい。フランス語ではこの言葉は単純に「要望 request」という程度の意味でもよく使われる。患者の要求、という言葉が使われているときにはこのことを心しておかねばならない。というのも、治療作業では患者は実にしばしばさまざまな要望を出してくるが、普通の英語でそれを要求 demand と呼ぶことはまずないからである。私が使っている「要求 demand」という語は**誰かが誰かに何かを頼む**という意味の術語であると理解して欲しい。この点については第四章で詳述する。

（17） 一九九三―四年の "Donc"〔『故に』〕（未公刊）と題された講義でジャック＝アラン・ミレールは明敏にも、フロイトはドラとの治療作業中に、分析家としての自分の欲望を行使することに失敗したのではないかと指摘している。ここでミレールが指摘したのは、ドラが「私が今日を最後にしようとここに来たことがおわかりですか」と言ったときのフロイトの冷たい当たり障りのない回答「好きなときに治療をやめるのも、あなたの自由です」（SE VII, 105）〔邦訳著作集第五巻三五三頁〕のことである。フロイトは、ドラに分析を続けて欲しいというフロイト自身の欲望を表明する機会を失ったのであった。治療を続けるべきだという欲望を表明することで、フロイトはドラのぐらつき始めた自信に揺さぶりをかけることもできたかもしれない。そして、おそらくフロイトは、治療の方向性や解釈の仕方を変えるだけの余裕を得ることができたであろう。もちろん、そうならないこともあり得ただろうが。「彼女が続けることが私にとって重要であること」を表明しなかった理由として、フロイトがそこでおこなった説明は、「心理的な影響力が行使されるにしても、そこには何らかの限界が設定されねばならず、そうした限界の一つとして、私は患者自身の意志や理解というものを尊重している」（109）〔邦訳著作集第五巻三五七頁〕というものであった。しかしこれは、SE XII で「分析を続けるよう患者を説き伏せる」（130）〔邦訳著作集第九巻九四頁〕ための執拗な努力について彼が述べているのと比較すると、かなり合理化しているように聞こえる。

　分析家の欲望は、まさしく治療の初めから働き始めねばならない。初回のセッションの終わりに分析主体と握手をすることで、分析家はこの新たな分析主体に次回のセッションでお目にかかりましょうという欲望を示すのである。分析の治療設定の際、分析家はよく何らかの自制をするものだが（アメリカの心理学でしばしば「境界線問題 boundary issues」と呼ばれている)、それは何らかの理論や制度上の規則、高次の権威に照らし合わせたうえでなされるわけではなく、単に分析家がそのように望むからそうしているというだけのことである。コーヒーやお茶を飲みに行こうという患者の誘いに対して、治療者は、自らの意志には関係ないかのように、あるいは、自分たちが何かより上の権力に従うかのように、「それは適切なことではありません」とか「残念ですがそうはできません」などと答える傾向がある。このような返答の場合、**もしできるなら**、すなわち「そのときの権力」が許可すれば、治療者は一緒に来てくれる**だろう**、と患者に思わせることになる。治療者は、やり方を変えて、露骨に「行きたくありません」などと答える必要はないが、「**私は**担当の患者さんとはおつき合いしないのです」と、はっきり言うことはできる。心得違いの指導を受けた治療者のなかには患者と出かけてしまうものもあり、患者はそのことをよく承知している。「治療者は患者とつきあわないものです」という普遍的な規則に訴えることは、偽りの主張をすることであり、また分析家の欲望を行使する機会を逃すことにもなる。

分析家の欲望は、患者がセッションに遅れたり来なかったりした場合や、キャンセルするために電話をかけてきた、というだけでも、すぐにも行使されねばならない。分析家は常にキャンセルは最小限になるようつとめねばならないし、来られなかったセッションは別の日に組み直すよう義務づけねばならない(来なかったセッションの分も代金を支払わせるだけでは十分でない場合も多い。患者によってはセッションに来て話をするよりは金を払ってすますことを選ぶ場合もあるからである)。予定時間の二十四時間前までにキャンセルの連絡がなかった場合は、私は普通、患者に代金を請求し、**なおかつ**別の日にその分のセッションを入れさせることにしている。分析家は自分の欲望を分析主体の抵抗を考慮して用いなければならないし、セッションに来なかった言いわけは一切受けつけることはできない。分析主体には、自分の生活のなかで起こり得る他のいかなることよりも、分析を最優先させるよう分析家が期待していることをわからせなければならない。ある種の制限内ではあるが、生活が分析を中心に組織化されるのであって、逆ではないのである(第二章を参照)。

きわめて大事なことは、受付や留守番電話といった方法でメッセージを残して予約をキャンセルさせることなどないようにしておくことである。もしそのようなことがあった場合には、治療者は折り返し電話をかけて、キャンセルの理由を聞き、予約の入れ直しをさせなければならない。多くのクリニックでは受付や秘書に電話することでキャンセルが可能になっており、治療者自身が患者に電話をしてスケジュールを組み直さなくてもよいことになっている。反対に、私がいつも治療者に勧めているのは、たった一五分から二〇分ほど予約に遅れただけでも患者に電話をかけて、分析家の欲望という手段を使って、患者がセッションに、しかも時間どおりに来るようにすることである。患者がセッションをキャンセルし、それ以外の予約時間が設定されていなかったとしたら、治療者はおそらく患者に繰り返し電話をかけてみて、みずから直接に患者と話してみるべきだろう。患者が家にいるときに確実に捕まえるためには、多少変な時間であっても（早朝とか深夜とか、寝ている患者を起こす可能性があったとしても）よいかもしれない。治療者がそういった努力をしている最中にも、ある時点で患者はその努力に抵抗してくるものだが、治療者は患者との間に入り込んだ同居人やメッセージを伝えない家族だとか、直接話すのを避けるために利用される留守番電話などの障害を克服して、患者と直接実際に話すことに固執しなければならない。患者は変化に抵抗するものである。それは何らかの満足の断念を意味するからである。程度はともあれ患者が治療を受けたくないことがはっきり見て取れる場合にでも、患者に治療を続けさせることが治療者の責任である。

治療者がこの一般的な原理を採用しているなら、その治療者は、ある特定の患者の場合に、その原理から外れるのかどうか、どの程度まで外れるかを判断することができる。他の患者と比べてこの患者に自分は甘いと治療者自身が感じたのであれば、つまり患者の抵抗に妥協するのを拒否するどころか、患者の抵抗が治療を動かしているのを自分が許してしまっていることに気づいたときには、治療者はなぜだろうと自問しなければならない。どんな逆転移的な問題があって、その治療者はそんなふうに振舞っているのだろうか。彼は特別にその患者を気の毒に思っているのだろうか。その患者の人生がとくにつらいものだということか。最高度に分析を受けた分析家であっても、どうしてその患者にそうした特別扱いを許してしまうのかを知るためには、自分自身の錯誤行為や白昼夢、夢や幻想と絶えずそれを関連づけ、考察し続けねばならない。分析家が別の分析家に事例を語るスーパーヴィジョンの主な目的の一つは、分析家が特定の患者との分析作業における自らの欲望について明確にし、自らの介入やその失敗の理由について分析家が自分自身を欺かないようにすることである。またスーパーヴィジョンは明らかに、分析家が事例のなかでおそらく把握し損ねている事柄を把握するのに役立つのだが、多くの場合、そうした失敗が、分析家の側の抵抗のせいであることを理解させるものでもある（第三章参照）。

第二章　治療過程に患者を導くこと

（1）第三章中の「分析家の人格」と題した箇所を参照のこと。相互性というのは想像的な関係の一部である。

（2）実際、ラカンも述べているように、分析の初期段階で症状が固まり組織化されシステム化されるという事態を、私たちはしばしば目にしている。『セミネールX』一九六三年六月一二日の講義を参照。ラカンは、フロイトの鼠男の事例でこうした症状のシステム化が起こっていると示唆している（『エクリ』五九六頁）〔邦訳第三巻一八一－一九頁〕。

（3）Miller, J.-A., "La sortie d'analyse," *La lettre mensuelle de l'ECF* 119 (1993) : 34.

（4）鏡としての分析家という観点については『セミネールⅧ』四三五頁を参照のこと。
（5）ラカンの“Geneva Lecture on the Symptom”, *Analysis* 1 (1989)：10 を参照。ここで繰り返しておいたほうがいいかもしれないが、本書の前半の五つの章で描かれている治療へのアプローチは精神病の事例では適用され得ない。精神病治療に関しては第七章を参照のこと。
（6）SE XII, 140-141〔邦訳著作集第九巻一〇四頁〕でのフロイトのコメントを参照。フロイトによるドラの分析（SE VII）〔邦訳著作集第五巻二七六―三六六頁〕はこの適例かもしれない。フロイトはドラに対して、彼女がまだ聞き取る準備のできていない解釈（とくに、ほとんどまだ信頼していない人間から提示されればなおさらだろうが）を過剰に与えている。解釈のための土壌は、苗木の場合と同じように、入念に作っておかなければならない。この点に関する私の論点は第八章中の「ヒステリーの一事例」と題された箇所を参照されたい。
（7）ラカンがこの術語を実際に使っている箇所を参照のこと。『エクリ』三一三頁〔邦訳第一巻四二六頁〕。
（8）SE XVI, 285〔邦訳著作集第一巻二三五頁〕を参照。
（9）ラカンの『エクリ』三一五頁〔邦訳第一巻四三一頁〕を参照。
（10）この語は、scan verse〔韻を踏む〕というような意味で用いるときの、scanという動詞から作られたものである。すなわち、詩の一節をその音脚にあわせて分けて読むことである。フランス語の *scander*〔詩句を分析する、分節して発音する〕は普通、英語には“to scan”ないし“scanning”と訳されるが、私としてはむしろ“to scand”ないし“scanding”〔OED他にもscandという動詞は記載されていない。フランス語のscanderを直接英語風に動詞化したものと思われる〕を用いたい。というのも、現在ではscanningという言葉の意味としては、別の意味（さっと目を通す、リストを通読する、スキャナで身体の断面図を撮る、あるいはテクストや画像をコンピュータにデジタル化して「送る」など）のほうがはるかに一般的に使われているので、それらと区別したいからである。つまり、ラカンがこの語によって考えていたのは、分析主体の言説を切り、句読点をつけ、遮ることなのである。
（11）患者だけでなく分析家も、しばしばこうした過ちを犯す。ラカンは次のように記している。「主体の経験した雑多な事柄を、私たちはそっくりそのまま復元せねばならないのだ、などと想像される向きもあるかもしれませんが……しかし生まれてこのかた主体が経験してきたすべての事柄の連続性などというものには少しも私たちは興味を持っていません。私たちが関心を持っているのは象徴的分節化の決定的な一瞬なのです」（『セミネールⅢ』一一一頁）〔邦訳上巻一八四頁〕。
（12）このことは、後に、たとえば患者が自分の人生のなかでとくに問題となった出来事や症状に焦点を絞り、それを真正面から分析しようとして、他の要素へ連想を進めるのを拒むようになったときにも、同様に当てはまる。すなわち、そのような場合、分析家は患者の理解したいという意識的欲望と、知りたくないという無意識的意志に直面しているのである。そうしたときに、分析家が手際よく話題を関連した別のものへと変えないと、患者はすぐに理解できないことにどんどん欲求不満を募らせていくことになり、やがて間違いなく分析家に対して解釈をよこせと強く要求するに至るだろう。さらに、もしこれらの解釈が容易に得られなかったり、すぐには理解できないものだったならば、おそらく患者は「あなたは私を助けてくれない！」などと言って、分析家を非難するようになってしまう。

　私たちは何を、どんな順序で話すかという患者の意図をあまり重要視しない。むしろ、私たちは無意識のほうを、すなわち無意識が生み出す新しい材料やそれを生み出す順序のほうを、信用するのである。

(13)　こうした無駄口からもたらされる快については『セミネールXX』五三頁を参照のこと。

(14)　神経症のこうした戦略に対するフロイトのコメントとしては、SE XII, 136〔邦訳著作集第九巻一〇〇頁〕を参照。

(15)　多くの治療者が一度ならず、どこか誘惑的に振舞う患者をもったことがあると思う。場合によってはそうやって誘惑的に行動することが単純に患者のいつもの振舞い方なのかもしれないが、そうでない場合には、患者は治療者を試しているのである。「私の魅力に屈しないかしら。罠にかからないかしら。みんなみたいに。あなたをだましてみていいかしら。本当のところは他のみんなみたいにただの信用ならない人間じゃないのかしら」。こうして治療者を誘惑し、治療者が愛ばかりかおそらくは性的な親密さでもって応えることを要求する一方で、患者は治療者がその誘いを拒むことでテストに合格する**意志**を示すだろうとも期待しているのである。

　これから見ていくように、ラカンは「要求」と「欲望」という用語を、患者が言語的、行動的に示した要求と、彼がそれとは別のレベルで求めていることとの間にある区別を定式化するために用いたのであった。「要求」とは、必ずしもそれを本当に欲しいわけではないのに、私が欲しいと**言って**いるもの、あるいはそうであるかのように行動で示しているもののことである。実際、あれだけしつこく要求していた愛を分析家が本当に自分に与えてくれるとなった日にはどうしていいかわからないだろう！

(16)　まさしくこの点から、フロイトはドラとの治療作業の終わりに見て取るべきものを見ていなかったと非難されるのである。ドラは、フロイトの報告を信じれば、K氏を平手打ちしたという。それははっきりと彼の申し出を断ったということである。しかし、それにもかかわらずドラは、夏の休暇の時期にK氏が帰ってきて自分を愛していると宣言し、妻と離婚し、自分を妻にしてくれるのではないかと期待していたのである。だがK氏はドラが表向きは見せていた、放っておいて欲しいという要求の背後に、何らかの別の欲望があるのではないかということには気がついていなかったようである。フロイトも同様に、治療をおしまいにしたいというドラの見かけの要求の背後に、彼女からの密かな申し出があったということ、すなわちフロイトには自分の治療の継続に関心があるというところを示して欲しいという懇願、つまり欲望があったことに気づいていなかったのである。

(17) フロイトによる「抵抗」の定義は非常に広範である。「何であれ分析作業の進行を妨害するものは抵抗である」(SE V, 517)〔邦訳著作集第二巻四二五頁〕。

(18) 私は何も、分析家は「最後まで話させる」ためや「それを解釈する」ために、分析主体にこまごました弁解すべてを言わせなければならないと言っているわけではない。また、私はどんなやり方であれ、分析主体に対して治療よりも他のことを優先させているのではないかと指摘しても、意味がないと思っている。そうする代わりに私が薦めたいのは、必ず再予約させることを通じて、分析家はセッションをやらないままにはしないのだということを分析主体に示すことである。

(19) 分析家は助言を与えることは避けねばならない、ということの理由の一つがこれである。ラカンが言っているように、「単に私たちは患者の人生についてあまりにわずかなことしか知らないので、そういう状況なら結婚した方がいいとか悪いとか言えるわけがないし、誠実に対処するのなら、そうしたことは控えるだろう、というだけではない。当の結婚の意味こそが、分析主体、分析家双方にとって未解決の問題であるからである」(『セミネールIII』一五二頁)〔邦訳上巻二二二頁〕。

(20) *Demain la psychanalyse* (Paris: Navarin, 1987), 66.

(21) これはそれ自体、すでにあいまいな言い方であるが。

(22) 論理実証主義は一九〇〇年ごろのウィーン、その後イギリスとアメリカで二十世紀に流行した哲学の運動である。その目的は言語活動から一切のあいまいさを削り落とすことにあった。これはあいまいさのない哲学的言語の構築を目指すということである。この企図は初めから失敗する運命にあったように私には思われるし、事実、大部分廃棄された。

(23) もっとも、そもそも異なった言い方で表された観念は、**おおよそ**同じという以上のものにはなりえない、という但し書きが必要である。

(24) 意識それ自体が単一の現象ではない。

(25) 『エクリ』所収のラカンの論文「フロイト的事象、あるいは精神分析におけるフロイトへの回帰」〔邦訳第二巻所収〕を参照。

(26) 実際、ラカンは「神経症者の構造とは本質的には問いである」(『セミネールIII』一九六頁)〔邦訳下巻二七—二八頁〕という立場を維持していた。その問いとは、たとえばヒステリー者の「私は男か女か」という問いであり、強迫神経症者の「私は生きているのか、死んでいるのか」という問いである（『セミネールIII』一九三頁）〔邦訳下巻二二一頁〕。神経症者のこの問いについては第八章以降を参照。

（27）ドラとの作業でフロイトがおかしたすべての過ちにもかかわらず、ドラはそれでも自分の分析に正真正銘従事する段階にまでたしかに到達していたと私は主張したい。あるところで、フロイトはこう述べている。「時にドラ自身は自分の行動とその動機と思われるものとの間の結びつきについて多くの問いを投げかけた。そのうちの一つは、『湖での出来事をその後何日も口にしなかったのはなぜだろう？』というものであり、そこから『どうして私は突然両親にそれを話したのだろう？』という問いも生じてきた」(SE VII, 95)〔邦訳第五巻三四四―三四五頁〕。問題は、フロイトが自分自身の問題にとりつかれており、ドラの問題を完全に押しつぶしてしまったことである。

（28）「無意識の形成物」という用語はラカンの同名の『セミネールV』から由来している。

（29）言葉遊びをしてみよう。まず欲望 desire を *Wanderlust* と定義しよう。*Wanderlust* とは、さまよえる wander 快 lust、ないしは、さまようこと wandering／疑問に思うこと wondering から快を得ることを指す。ここで欲望について述べておいた短い言及は以下で、とくに第五章と第八章で十分に補足されるだろう。

（30）ジャック＝アラン・ミレールが「弁証法的否定」について "An Introduction to Lacan's Clinical Perspective" in Bruce Fink, Richard Feldstein, and Maire Jeanus, eds., *Reading Seminars I and II : Lacan's Return to Freud* (Albany : SUNY Press, 1996), 245 で述べたコメントを参照のこと。

（31）ラカンの『エクリ』所収の論文（「主体の転覆と欲望の弁証法」）を参照〔邦訳第三巻所収〕。

第三章　分析的関係

（1）こうした懐疑論はアメリカ人の性格の一部であり、アメリカ人が何かにつけ強烈に表明する独立心の現れである。つまり、専門家などはなかなかいないもので、誰の意見より自分の意見のほうが価値があるというものである。少年期にモリノフ先生という知人がこのことをうまく要約してくれた。彼の口癖はこうだった。「専門家なんていうのは隣町から来たただのもの知らずのことじゃ」。いろいろな意味で賞賛すべきではあるが、こうした典型的なアメリカ精神が、難解だが深遠な思想家を浅薄に読解することにもつながるのである。

（2）たとえば『セミネールXI』第十八章などを参照。

（3）このあたりの事情についてはフロイトがSE VII〔邦訳第五巻三六二頁〕のなかで述べていることを参照していただきたい。ここでフロイトは、暗示の場合であれば患者は「治療法のおかげで治ったのではなく、医者のおかげで治ったのだと言える」ということに注意を促している。つまり、自由連想や解釈によって治るのではなく、単に偉大な癒し手として信頼している治療者との関係で治ったに過ぎない、ということである。

（4）あくまでそれは患者の自我ではない。ラカン派の分析家は、患者が前もって自分の症状について持っていた観念を、まったくとは言わずともほとんど顧慮しない。実際、ラカンは用語上、「主体」という言葉を無意識の主体に限定していた。意識的主体には「自我」という術語をあてがっている（だが自我全体が意識的であるというわけではない）。しかし、ラカンが無意識をフロイト的な意味での完全な「審級」としていたと考えるべきではない。自我にとっては未知のものであることが**知られている**何か、私たちのうちに住まっており、私たちが気づいていない知、という概念からラカンは出発する。そして、私たちはそこに何らかの主体性を付与する傾向にある、とラカンはいう。ラカンは、彼が普段使っている“*le sujet-supposé-savoir*”（知を想定された主体）という言い回しをちょっとアレンジして“*le sujet-supposé-au-savoir*”（知において想定（前提）された主体）という言い方をしている。つまりこれによって、私たちは知のあるところには必ず主体が存在するとみなす傾向がある、ということを示唆しているのである。実際、自我の気づいていない知（つまり無意識的な知）はそれまで「主体化」されたことのない知であり、それは主体なき知であること、また、分析の目標はそれを主体化し、以前は主体化されていなかった知の存在していたところに主体をもたらすことである、ということが立証され得るであろう（第八章のヒステリーの事例についての言明を参照。同様に Bruce Fink, *The Lacanian Subject : Between Language and Jouissance* (Princeton : Princeton University Press, 1995) の第二章、第五章を参照）。ラカンもこう述べている。「主体とは想定されたもの以上のものではありえない」（『セミネールXIII』）。私たちが**前提とする** *presume* のは、知があるところには必ずある種の主体が存在するはずだ、ということだが、しかしそれは私たち自身が想定するもの以上の何ものでもない。第十章で見ていくことになるように、ラカンは後期の著作で幾分か方向を変え、主体を、無意識に同一化させることから、エスに同一化させる方向に向かった。

（5）実際、患者が（そして潜在的には「外の世界」の誰もが）自明であると考えている発言に対して分析家は驚きや好奇心、関心を表明する。

（6）ラカンの『エクリ』所収の論文「転移についての私見」を参照のこと。ひどい翻訳だが以下に所収の英訳がある。*Feminine Sexuality* (New York : Norton, 1982)〔邦訳第一巻所収〕。

（7）ラカンのコメントを参照。『エクリ』五九五頁〔邦訳第三巻一七―一八頁〕。

（8）ラカンの著作では、小文字のoをつけた"other"〔他者、小文字の他者〕はほとんど常に自分が想像的な関係を抱いている相手（自分によく似た誰か、自分のような誰か）を意味するものである。他方で大文字のOを冠した"Other"〔《他者》、大文字の他者〕は、しばしば、現実的ないし想像的な点から見た母親 mother を示すことはあるが、一般には象徴的な機能（規制する、禁止する、理念を掲げるなど）を果たしている人物や制度をさすものである。話を明確にするために、私は《他者》という言葉を象徴的な機能に対して用い、《母親》mOther という言葉を現実的母親ないし想像的母親を表すために使うことにする（《母親》mOther は生物学的な母親であったり、さらには女性であったりする必要すらない。最初の養育者のことである）。

ここで述べておいた方がいいと思われるのが、ラカンが「逆転移」と呼ぶものにはきわめて重要なもう一つの構成要素があるということである。ラカンはそれを「分析家の偏見 [*préjugé*]、情熱、困惑 [*embrras*]、そして不適切な情報といったものの総計」（『エクリ』二二五頁）〔邦訳第一巻、三〇一頁〕と定義している。分析家は理論的偏見を持っていることがある（たとえば、女性が「正常」になるためには男性との性交で膣で満足を得るようにならなければならない、などといった信念。この種の偏見は、たしかにフロイトが、少なくともある時期まではもっていたものであった）。それは、分析主体が語らなければいけない何かを分析家が聞き取ることを邪魔する。なぜなら、分析家が、分析主体が獲得しなければならないと信じている事柄に気をとられてしまうからである。治療者が患者よりも「現実性」の把握において優れているはずだということが、精神分析、精神医学、そして心理学の数多くの学派において堅固な信念となっている場合、このことはとりわけ重要である。**ラカンが教えるのは、現実性についての治療者の見方というのは、治療者自身の逆転移の一部であるということである。**患者が現実性のいくつかの側面を「覆い隠して blocking out」しまい、「物事をありのままに見る」ことを拒んでいる、という治療者側の信念は、患者の側の**心的現実**に注目するためには脇に置き括弧に入れておかねばならないものである。

どれほど十分な訓練を受けていても、治療者は何が現実で何がそうではないか、何が可能で何が不可能かを審判する立場にはない。治療者の仕事は患者が現実性をはっきりと理解できるようにすることだ、というあまりに通俗化された見方は、治療者を**現実性や知の主人**と位置づけるイデオロギーの途方もない一面である（これは大体において、治療者が何らかの「正常化」機能を果たすことを正当化すべく作られたものである）。

あらゆる理論を脇に置いて、などということは、治療者にはもちろん不可能である。時としてその枠外のものに対しては私たちの目をふさいでしまうことがあるにせよ、理論のおかげで私たちはそうでなければ見て取れなかったようなものを見て取ることができるようになるものである。治療者は自分の理論的枠組みのなかでは目新しい、これまでの枠にはうまく適合しないようなものに対して十分に耳を傾けるよう心がけねばならないし、その見方を疑い、門戸を閉ざすことなく、目隠しとなるものは投げ捨てるなどしなければならない。理論抜きで何もかも見て取ることができるわけではないが、すでにできあがった理論に拘束され過ぎると、治療者はほとんど何も耳に入らなくなってしまう。自明の理だが、逆転移は根絶できない。私たちの持つ「情報」や理論は常に不完全で不適切なところがあるのだから。

(9) 自分に対する評価基準の高い学生にありがちなシナリオは、試験勉強を全然せずに、あらかじめできが悪かったときの言いわけができるようにしておくことである。こうした生徒が「持てるすべてを尽くし」それでも自分自身の求めた上のランクに手が届かなかったとしたら、彼らは自分の能力に限界があることに直面せねばならないであろうから。それはいかなる犠牲を払っても避けねばならないことなのである。

(10) これは、以下に記す『エクリ』のなかの非常に難解な一節をきわめて簡明に翻案したものである。「神経症者が望まないこと、そして分析の終わりまで必死に拒み続けるもの、それは去勢［つまり、自分が《他者》に従属ないしは依存しているということ］を《他者》の享楽のために捧げて、自分の去勢を《他者》の享楽に奉仕させることである」（八二六頁）〔邦訳第三巻三四一頁〕。これについては第八章で十分に検討することとしたい。

(11) このモデルはまたしばしばシェーマZともよばれる。たとえば『エクリ』の五四八頁〔邦訳第二巻三一二頁〕など参照。

(12) その特徴は（ある自我と他の自我の）同一化とライバル関係である。

(13) ここで用いたラカンの術語の原語は *travail du transfer* であり、ラカンは通常フランス語でフロイトの *Durcharbeitung*〔徹底作業〕の訳として使われている新造語 *perlaboration* よりもこちらの訳のほうを好んでいた。とくに『エクリ』の五九六頁〔邦訳第三巻一八頁〕を参照。同書の六三〇頁〔邦訳第三巻六五頁〕でも *travail du transfer* という言葉が出てきている。

(14) ラカンの後期の仕事では、想像的なものと象徴的なものとは等しく重要な秩序を持つものとして幾分それまでとは違った形で概念化されている。ここで問題なのは想像的なものの**消失**ではなく、むしろそれが象徴的なものや現実的なものとどう結びつくのかのほうが問題視されている。たとえ『セミネールXXII』*RSI*（1975-1976）とそれ以降のセミネールを参照。しかし、ラカンの後期の展開においても、《他者》との関係を明確にし変容させることで、分析における想像的同一化に徹底的に取り組むことの重要性が否定されているわけではない。

第十章で見ていくように、このラカンの初期の仕事は、分析は象徴的な秩序を経由することで（すなわち、自分の死や、あるいは死すべき存在としての責任を引き受け、担い、そこから《他者》との関係を変化させることで）成功裏に終了するものであるという信念に彩られている。そしてその帰結は欲望のレベルで起こるものとされている。後期の仕事では、分析は欲望を含んだ意味での象徴的な解決をも越えて、その目的を達するべく進むものでなければならなくなった。この点に関してはジャック＝アラン・ミレールがラカンの仕事の年代区分を自分の一九九三―四年の講義“Donc”〔『故に』（未公刊）〕でおこなっている部分を参照して欲しい。

(15) ラカンのこの議論の文脈からすれば、分析家は「転移を利用して解釈をおこなう」者である、ということは非常に明瞭であるように見える。あげられた三つの選択肢のうち最後の選択肢はこの『エクリ』からの引用箇所の続きの部分で厳しく批判されている。

(16) この点に関しては、鼠男がフロイトとその家族に対して「最悪に薄汚い悪態」(SE X, 209)〔邦訳第九巻二五三頁〕を次々と言い始めたとき、フロイトが彼をどうコントロールしたかを考えてみるとよいだろう。フロイトの診察室をうろうろしながら、鼠男は猛烈にその怒りをあらわにしたのであったが、フロイトはそのとき「あなたは怒りを私に転移しているのです」とは言わなかった。むしろ彼のとったアプローチはこう言わんとしているかのようである。「あなたのお父さんとあなたのあいだに以前に何かが起こったに違いありません」。フロイトはこうして転移という事実やその存在を指摘するのではなく、その中身や出所を指摘したのであった。ラカンは転移という現象（たとえば分析家に対して愛や憎しみを示すこと）が現れるのは分析の弁証法的な動きが躓いたり澱んだりしたときである、と述べている。分析主体がこの沈滞を今目の前にいる唯一の人間、つまり分析家のせいにするのだが、これは十分に論理的な話である。「では転移を解釈するとはどういうことなのか。それは端的に、この膠着状態の空無の場所におとりを仕掛けることです」（『エクリ』二二五頁）〔邦訳第一巻三〇二頁〕。おとりが決して役に立たないというわけではない。治療の過程を新たに動かすことも時としてあろうから。

(17) 実際、フロイトのいうように「私たちは、あまりに早過ぎる成功は分析作業の助けになるどころかむしろその障害になると見ているのである」(SE XVI, 453)〔邦訳著作集第一巻三七四頁〕。

(18) だからといって、分析主体が思考、怒り、愛などといったものを投射できるようなスクリーンとしての役割を果たすのを分析家がやめる、という意味にとるべきではない。

(19) この点に関しては以下の表現を考察してみて欲しい。「舌が犬歯に張りついてしまって、何を言おうとしていたのかわからなくなってしまったのです」。

(20) フロイトが述べているように、陽性転移は、これは転移性恋愛としても知られているが、陰性転移と同様、抵抗の一形態として使われることがある。とくに「転移性恋愛について」SE XII, 159-171〔邦訳著作集第九巻一一五―一二六頁〕。

(21) 「［愛と憎しみの気持ちが］同時に出現しているのは、私たちが他人と親密な関係を持つときにたいてい支配的なものとなる感情の両価性の好例である」とフロイトも述べている（SE XVI, 443）〔邦訳著作集第一巻三六六頁〕。

(22) 別な言い方があるとすれば、おそらくそこには常に量的な因子が関与している、ということだろう。情動やリビードがそれにあたる。

(23) 『ヒステリー研究』、とくにその第一章を参照（SE II）〔邦訳著作集第七巻九―二二頁〕。

(24) 転移という事実ではなく、むしろその内容を分析せねばならないのとまったく同様に、「抵抗」を解釈することも避けなければならない。というのも、転移はまさに抵抗の一つの現れだからである。抵抗は自我の防衛に過ぎないと片づけるべきではなく、むしろラカンの見解にあるように構造的なもので、現実的なものが象徴化に抵抗するがゆえに生じるのである。分析主体の経験が言語化されることに抵抗するとき、分析主体はそれをひっつかみ、目の前の他者である分析家に向かって投げつけ、放り込み、ぶちまける。このように転移とは抵抗の直接の産物であり、現実的なもの（たとえば外傷）はそれが象徴化され、言語化されることに逆らってその抵抗を引き起こすのである。では分析主体の「抵抗」を**責める**ことはどのような意味を持ち得るのだろうか。もちろん分析主体は抵抗するものである。それは所与の構造的必然である。解釈は言語化に抵抗する外傷的な出来事や経験に対して狙いを定めるべきで、抵抗という単なる事実に対してではない。抵抗とその「解釈」については『エクリ』の三三二―三三六頁〔邦訳第二巻一四―一九頁〕を参照のこと。現実的なものの象徴化については第八章（ヒステリーの一事例の議論）を参照。また拙著 *The Lacanian Subject* の第三章を参照。

第四章　解釈――欲望の場所を開くこと

(1) たとえば彼女は、この願いが、分析をこれ以上進めたくないという抵抗の現れか、あるいは分析の最近の進展に対する自分の恐怖の現れであることに、心のどこかで気づいているかもしれない。

(2) 分析主体は分析家が自分にあまり会いたがっていないのだ、と判断するかもしれない。

(3) ある種の「心底からのコミュニケーション」をしよう、あるいはそうでなくともせめて身の潔白を証明しようと、事実ありのままを言おうとする政治家は、マスコミも大衆も多くの場合その声明を「誤解し」「とり違え」続けることに気がつくのである。そして政治家はラカンの教える**コミュニケーションの本質とはミスコミュニケーションである**という、容易には飲み込み難い真実を学ぶことになるのである。ラカン自身の言葉で言えば「誤解 *malentendu* とは人間同士の言説の基盤そのもののである」（『セミネールIII』一八四頁）〔邦訳下巻八頁〕ということになる。

（4）ラカンの欲求 need、要求 demand、欲望 desire の区分についてここで手短に触れておこう。「欲望」は人間の経験において初めから与えられているもの、すなわち生まれたときからそこにあるものではない。「要求」もまた同様である。生物学的に規定された奮闘（たとえば、栄養を得るための）を指して、ラカンは「欲求」とよんでいる（ラカンはこの語をアメリカで一般に使われているような仕方では使っていない。アメリカではそれなしではすまないものは何でも欲求という言葉を使って表しているし、自分自身についてのイメージ、自分自身が送りたい生活のイメージなどに適合するときはそれも欲求と呼んでいる）。食事はとらねばならないし、排便もしなくてはならない。暖かさや愛情も必要である。年端が行かないうちは愛情がなければ死んでしまうだろう。子どものときでも、私たちは必要なものをほとんど用意できず、他人の世話にならなければならない。助けを求めるために泣くこともある。私たちは他人に要求する。要求とは他者に**差し向けられた** addressed 欲求である。

しかし、幼児の話すことはまったく言葉になっていないので、その泣き叫ぶ声を人が解釈しなければならない。赤ん坊は自分が泣いていても何を欲しているのか**知っている**とは言えないだろう。その行動の**意味** meaning は、子どもが表現しているように思われる苦痛を名指す両親や養育者によって与えられるものなのである（たとえば「この子おなかがへっているのね」という具合に）。漠然とした苦痛や寒気、痛みなどといったものがおそらくあるのだろうが、その意味は、いわば子どもの両親の解釈によって、押しつけられるのである。もし両親が子どもの泣き声に対して食物を与えることで応じるなら、そこから翻って、初めの不快や寒さないし苦痛は、飢えや飢えの苦痛を「意味していた」ものと定義されるようになるのである。本当は寒くて泣いていたのではないか、などということはできない。なぜなら、**意味とは後になって生み出されるもの**だからである。実際、子どもが泣くたびに食べ物を差し出していれば、すべての気持ちの悪さや寒気、痛みなどが皆飢えに変形されてしまうということもあろう。（意味とはこのように赤ん坊によってではなく他人から、つまり《他者》によって決定されるものなのである）。親のなかには、子どもの泣き声はすべて何か生物学的な欲求を表現するものだと思い、すべての要求を純粋で単純な欲求に基づいたものとして読みとるものもいる。そうすると赤ん坊の泣き声（他人に向けられた要求）は欲求に還元されてしまう。

また別の親は赤ん坊の泣き声を、時には何か別のもの、より感知しにくく、生物学的な欲求に直接的に結びついてはいない何かへの欲望を表すものとして読みとる。おそらくは、注意を惹きたい、だっこして欲しい、くっつきたい、そこにいて欲しいといった欲望、あるいはもっとわかりにくいはっきりしないようなものへの欲望である。要求を欲求に還元してしまうのは、暗黙のうちにそこに含まれている《**他者**》**への呼びかけ**を誤認し、打ち消してしまうことである。つまり、主体が《他者》に向かって呼びかけ、呼び出し、訴えかけていることを誤認することである。

両親は子どもの要求を欲求に還元するか、あるいは欲望としてそれをオープンなものにしていくかするわけだが、それと同様に分析家も分析主体の要求を額面どおりに受け取ってそれを認める（たとえば週当たりのセッションの回数を減らして欲しいという要望に譲歩する）こともできるし、あるいは、それを、その背後にある欲望の出現とみなし、その欲望を明るみに出し、活気づけることもできる。

ある意味で、**欲望は要求のなかに発芽している。それはつぼみのうちにつみ取られてしまう**（つまり、つぶされて欲求に還元されてしまう）**こともあるが、花開くこともある**のである。

（5）ある精神療法家が、明らかに勝ち誇ったような口調で私に話したことがある。その人の患者の一人が治療を終えるとき、「先生がラカン派で**なくて**よかった、ラカン派だったら私がいうことは、そのまま受け止める代わりにいちいち問いにさらされるだろうから」と言って感謝したというのだった。その後の話からも、この治療者がまさしくある種の自我心理学に関与しているという私の印象は確かなものになった。彼は、この患者が自分で意識的に抱いている自分自身についての見方をそのまま言ったつもりでいる言明を、いちいち額面どおりにとっていたのである。

（6）ユートピアというものが、そこに行ってしまえば何一つ足りないものなどなくなってしまうような「場所 place」であるなら、そこでは何の欲望もまたなくなるであろう。欲望を持つ理由も、その必要・原因もないだろう。デヴィッド・バーンDavid Byrne がいうように、「天国とは何一つ起きないところ」だからである。

ラカンの『セミネールⅧ』のなかの、要求と欲望についての洗練された論考（第十四章）に、こういうくだりがある。「満足［を与える過程］で、要求を押しつぶしてしまうならば、欲望は抹殺されざるを得ない」（二三九頁）。これから見ていくことになるが、満足には欲望を埋没させるような傾向があるが、そのかわり欲望のほうには満足（とくに欲動の満足）を制止するような性格がある。それが欲望を維持し続けるためであることは疑いない。

（7）ラカン派の論者のなかには、この種の解釈を精神病の患者に用いるものもいる。患者が自分の思考や幻覚の多さとその活発さに圧倒されているとき、こうした事例において目指す目標は、患者を**安定**させることにある。つまり、安定した意味を築き上げることによって、とりあえずの患者の道しるべを作ることにある。意味を生み出す過程というものがそもそも一般にそうなのだが、この過程もまた *capitonnage*〔キルティング、刺し縫い〕を利用することになる。この概念はラカンが意味の生成のモデルとして使ったものに由来している。すなわち *point de capiton*〔クッションの綴じ目〕ないしは“button tie”〔ボタン綴じ」と呼ばれるものである。（ラッセル・グリッグ Russell Grigg は彼の翻訳したラカンの『セミネールIII』*The Psychoses* [New York : Norton, 1993] のなかで、キルティング"quilting"という訳語を *capitonnage* に充てており、*point de capiton* はキルティング・ポイント"quilting point"となっている。同書の二九三―三〇五頁を参照のこと）。ボタン綴じとは、椅子の張り替え業者がボタンで布を締めて縫い綴じるときに使う縫い方のことである。ここから類比して意味形成の場合を考えてみると、ある特定の意味を、特定の発言や言葉に結びつけることによって、誰かがある発言や出来事に無限に意味をつけ加えていきかねない場合、それを終わらせたり、患者に起こり得る、言葉とその意味とのあいだのより深刻な乖離を止めようとするものである。この種の解釈について、より詳細に第七章で論じていくつもりである。

（8） これもまた明らかに分析主体と分析家のあいだに、ある種の**鏡写しの関係** *mirroring* を持ち込むものである。

（9） プラトンの『饗宴』のなかで、アガトンはソクラテスの隣に座りたい、そうすれば空っぽな自分の知もソクラテスの豊かな知のおかげで満たされるのではないか、という欲望を表現する。よく知られた「通底器」現象のような話である。分析家は一般にソクラテス的方法として知られているやり方を採用しない。しかし『饗宴』のなかでソクラテスが使っているいくつかの技法は用いている。ラカンがこの点に関して網羅的なコメントをしている箇所を参照のこと。『セミネールVIII』*Transference*, trans. Bruce Fink (New York : Norton)（近刊予定）。

（10） ラカンが触れているように「解釈が正しいといえるのは……それが解釈であるときだけである」（『エクリ』六〇一頁）〔邦訳第三巻二六頁〕。

（11） 神託としての分析的解釈という問題については『セミネールXVIII』一九七一年一月一三日の講義を参照。他に『エクリ』一〇六頁〔邦訳第一巻一四三頁〕、五八八頁〔邦訳第三巻七頁〕、*Scilicet* 4 (1973) : 37 および *Scilicet* 5 (1975) : 16 を参照。

（12） 「解釈は欲望の原因に影響を及ぼす」。そうラカンは"L'Étourdit", *Scilicet* 4 (1973) : 30 のなかで措定している。欲望の原因とは、現実的なものである対象*a*である。ジャック=アラン・ミレールはこの概念に関して未公刊の講義のなかで詳細に論じている。

（13） これはフロイトの初期の著作『ヒステリー研究』*Studies on Hysteria*〔邦訳著作集第七巻所収〕と関連している。同書ではある観念と他の観念（複数の）とのあいだの結びつきが壊れると、一つの観念がそれらから解離するとされている。解離した観念（ないし観念群）が症状形成を起こさないようにするためには、この結びつきが修復されねばならない。拙著 *The Lacanian Subject : Between Language and Jouissancee* (Princeton : Princeton University Press, 1995) で論じているように、主体こそがその結びつきなのである。主体は異なった観念や思考（表象代理ないしはシニフィアン）が結びあわされることで生まれてくるものなのである。そしてその結びつきが壊れるときには消えてしまう。前掲書第三章で現実的なものと象徴的なものを詳細に論じてある箇所を参照のこと。

(14) 「ゾイデル海の干拓 draining」というフロイトの定式（SE XXII, 80）〔邦訳著作集第一巻四五二頁〕によく似ている。私はこの定式化をジャック＝アラン・ミレールの「ラカン派オリエンテーション Orientation lacanienne」に負っている。ラカン派のいう現実的なものを私はここまで素描してきたが、後の章で少しずつ肉付けしていきたい。より十分な議論は拙著 *The Lacanian Subject* の第三、七、八、十章を参照していただきたい。この種の解釈のさらなる例、また、こうした解釈が、それまで一度も象徴化されたことのない分析主体の経験の（再）構築を促進するのはどのような意味においてなのか、については第八章に示されている。

第五章　欲望の弁証法

(1) 別な事例では、患者は原因にではなく、ある特定の対象に固執しているように思われる。その患者は手に入れることのできない、あるいは長いあいだ手に入れられないでいる何かに心を奪われていた。それは学位のときもあれば昇進であったり、愛情の獲得であったり、大事な人間との関係であったりした。こうした事例で分析家に投げかけられる要求は、多くの場合「私の目的が達成できるよう助けてください」というものである。分析主体は自分がどうしてそれをそんなに執念深く追求しているか、その理由をわかっていない。つまり、なにゆえ自分がかくも不可避に、深刻に、必然的に追求するはめになったのか、わかっていないのである。ただひたすらにそれを追求することをあきらめるくらいなら、人生を放棄したほうがましだ、と言わんばかりである。欲望が他の対象や人物へとそれることができないのである。

人間の欲望は、特定の対象（たとえば学位や結婚）に固着しているように思われるけれども、実際にはそうではなく、人間に初めてその対象を欲望させたもの、通常は《他者》の欲望や要求に固執しているのである。

(2) 『夢解釈』のなかの、賢い肉屋の女房の夢に対するフロイトの分析、およびラカンが『エクリ』の「主体の転覆と欲望の弁証法」「治療の指針」で付したコメントを参照。同様にコレット・ソレルの優れた論評、"History and Hysteria: The Witty Butcher's Wife", *Newsletter of the Freudian Field* 6 (1992): 16-33（一部は一九八八年から一九八九年にかけてのジャック＝アラン・ミレールの未公刊の講義に基づく）も参照。同じ著者の"Hysteria and Obsession", *Reading Seminars I and II: Lacan's Return to Freud*, eds. Bruce Fink, Richard Feldstein, and Marie Jaanus (Albany: SUNY Press, 1996): 257-264

を参照。また本書でも第八章以降でヒステリーと強迫神経症について詳細に論じている。

（3）これから見ていくように、満足を求めるのは欲動であって、欲望ではない。

（4）「完全に分析された」主体はノンストップで快を追求する機械と化す、ということではない。むしろ、主体が満足を得るのを欲望が邪魔しない、ということである。私の患者の一人は、神経症的な行き詰まりを「『自分の享楽を享受すること』ができません」という言い方でかなりうまく表現した。ここには、彼の満足は同時につきまとう不満足感や不快のせいで、ある意味で常に駄目にされ汚されてしまうという含みがある。おそらく、分析がめざす形を述べる一つの仕方として、分析主体が最終的に自分の享楽を十分に享受できるようにする、という言い方があるだろう。このこととその関連事項については第十章以降を参照。

（5）“Objet (a)”, “little *a*”, “*petit objet a*”, “*objet a*”, “*petit a*”などと書かれる場合もある〔本書ではすべて「対象 *a*」で統一してある〕。

（6）ラカン自身は、二重否定を好む彼の傾向を考えあわせると、不安について言ったときと同様、おそらく次のように言ったであろう。「欲望は対象がないわけではない」（“Le désir n'est pas sans objet”）。しかしそれにもかかわらず、やはりこの対象は常に原因として理解される対象である。

（7）いくつかの点でこれと関連するのが、私が第一章で述べておいた「満足の危機」である。

（8）第三章の最後ですでに触れておいたとおりである。しばしば分析家は分析主体の幻想の原因にさえなる。多くの分析主体が分析家、分析家の名前、予約時間やセッションで議論になったテーマがマスターベーションの間に分析主体の頭に「浮かんでくる come」と述べている。

（9）これは契約のない交換（これについては第二章で言及した）の一つの様相であり、分析の初期に起こるものである。分析主体はそれまでと同様に固着が機能することを願うのだが、分析家は代わりに新たな固着を提供するのである。この固着には、無意識の解読と、分析家を原因として捉えることが必然的に伴ってくる。

（10）拙著『ラカン的主体』*The Lacanian Subject: Between Language and Jouissance* (Princeton: Princeton University Press, 1995) を参照のこと。

（11）出所となったのはラカンの格言“Le désir de l'homme, c'est le désir de l'Autre”であり、私たちはまたこれを“Man's desire is for the Other to desire him”〔「人間が欲望するのは、《他者》が自分を欲望することである」〕、あるいは“Man desires the Other's desire for him”〔「人間は《他者》が自分を欲望することを欲望する」〕というふうにも翻訳した。これから見ていくように、これはまた“Man's desire is the same as the Other's desire”〔「人間の欲望は《他者》の欲望と同じである」〕ということをも意味する。この点については拙著*Lacanian Subject*の第五章を参照。

(12) このことは、両親がともに同じものを欲望するという意味や、どちらかの親だけが特定の明確な欲望を持っているという意味にとるべきではない。つまり、彼らの欲望がすべて何らかの点で一貫している、という意味にとるべきではない。

(13) ここでは、私たちは私たちが両親のようであればあるほど両親は私たちを愛してくれる、という誤った法則に従っているように思われる。

(14) 『精神分析入門』でのフロイトのコメントを参照。「この時期〔思春期〕以降、個人は自分を両親から切り離すという偉大な作業に身を捧げねばならないのです。……しかしながら、神経症者においては、何らの解決も起こってはいないのです」(SE XVI, 337)〔邦訳著作集第一巻二七八頁〕。

(15) ラカンによれば、このダイヤモンド形ないしは菱形は「包括-展開-連結-分離」(『エクリ』六三四頁)〔邦訳第三巻八九頁〕、疎外(∨)、分離(∧)、大なり(>)、小なり(<)、などといった関係を表している。最も単純には、これは「〜と関係して」「〜への欲望」と読める。つまり、“$\$ \diamond a$”とは「対象と関連している主体」ないしは「対象への主体の欲望」を意味する〔日本の研究者のあいだでは、フランス語でそのまま「エス・バレ・ポワンソン・ア」と読むことも多い〕。後者の定式に使われている用語〔主体・対象・欲望〕はかなり多義的である。その多様な意味を以降の章でいくつか検討していく。

(16) 「こう考えると、幻想とは*ein Wunsch*、一つの願望でなければ何だというのでしょう。しかも願望のつねとして、かなりナイーブな願望ですが」(『セミネールX』一九六二年一二月五日の講義より〔第四章〕)。

(17) 「人は、主体としての自分の位置に常に責任がある」と述べたとき、ラカンの念頭にあったのはこのことである。ラカンの“Science and Truth”, trans. Bruce Fink, *Newsletter of the Freudian Field* 3 (1989) : 7〔邦訳『エクリ』第三巻所収「科学と真理」〕を参照のこと。

(18) ここで私が思い浮かべるラカンの引用は次の箇所である。「彼は私に求めます……まさに彼が話すという事実によって。彼の要求は自動詞的です。何の対象も含まないのです」(『エクリ』六一七頁〔邦訳第三巻四七頁〕)。『セミネールⅧ』の、分析家についてラカンが語っている箇所も参照。「話しだすやいなや、もはや主体は乞食以外の何ものでもなくなり、要求の領域に移行します」(四三〇頁)。分析家はこうなると、要求の次元に陥らずにどのように解釈ができるのか、という課題に向き合うことになる。おそらく神託的な解釈によって分析家は、純粋に欲望するものとしての自分の立場を少なくとも部分的には維持しつつ、話すことができるだろう。

(19) この点については読者はセミネールVI "*Desire and Its Interpretation*"『欲望とその解釈』（一九五八―五九年）を参照していただきたい。同セミネールは七回分の講義がジャック＝アラン・ミレールによって編集、出版されている。*Ornicar?* 24 (1981): 7-31, 25 (1982): 13-36, 26/27 (1983): 7-44に所収。ハムレットについての最後の三つの講義はジェームズ・ハルバート James Hulbert による英訳がある。"Desire and the Interpretation of Desire in Hamlet" in *Yale French Studies* 55/56 (1977): 11-52に所収。同様に拙著 "Reading Hamlet with Lacan" in Richard Felstein and Willy Apollon, eds., *Lacan, Politics, Aesthetics* (Albany: SUNY Press, 1966), 181-198も参照のこと。

(20) 神経症者は「《他者》の欠如［つまり《他者》の欲望］と《他者》の要求を混同する。《他者》の要求は神経症者の幻想のなかで対象の役割を果たしている」（『エクリ』八二三頁）〔邦訳第三巻三三七頁〕根源的幻想のことをラカンは普通 $\$ \diamond a$ と表記しているが、その意味するところは自分の欲望をひきおこす対象と主体とが関連づけられている、ということである。神経症者の場合、根源的幻想は $\$ \diamond D$ と表記される。これは主体が《他者》の要求 Demande と関連づけられる、ということである。

(21) ラカンに従えば、神経症者は、《他者》が自分を去勢したいのだと信じている。このことについても、第八章でとりあげる強迫神経症の事例がよい例である。

(22) それは「象徴的な契約」での《他者》ではない。この点に関しては第七章、第九章を参照のこと。

(23)『セミネールX』の一九六二年一二月一四日の講義から〔第一章〕。この例はコレット・ソレルの論文 "Hysteria and Obsession" から引用した。

(24) フロイトが自我理想と超自我とを常に同じものとしていたわけではなかったことに注意すべきである。J. Laplanche and J.-B. Pontalis, *The Language of Psychoanalysis* (New York: Norton, 1973), 144-145〔ラプランシュ／ポンタリス『精神分析用語辞典』村上仁監訳、みすず書房、一九七七年、一七七―一七九頁〕を参照。

(25) 欲望という領域は彼らに完全に縁のないものだ、と言いたいわけではない。少なくとも神経症者たちは言語活動の世界のなかに参入してきたわけであるから（第七章、第八章を参照）。しかしそれにもかかわらず彼らの欲望は決して「完全に羽化して」いないのである。拙著『ラカン的主体』*The Lacanian Subject* の第五、第六章、および同じく拙論 "Reading *Hamlet* with Lacan" も参照されたい。

(26) フランス国王フランソワ一世は言っている。「女はいたく移り気、まこと愚かは女を信じる輩」。

(27) この点については第八章以降のヒステリーと強迫神経症についての論考を参照されたい。

(28) 詩的に言えば、欲望とは「名を持たぬ欲求によって、うずくとき」のことである。

(29) 《他者》のこの欠如、ないし不十分さは欲望という観点から考えられるが、知と権力という観点からも考えることができる。たとえば、子どもは多くの場合、両親が一番強く、最高で誰よりも能力のある人間であると考えている。両親は何でもできる。子どもの心のうちでは両親は誰をも打ち負かし、すべてを取りはからってくれるものでなければならない。これは、両親にはまったく欠如などない、という願望である。しかし、明らかにそうしたことはあり得ない。そして子どもは両親の欠如が、自分とも何らかの関係があり、まわりまわって自分にも影響してくるものだと感じ取っている。両親が全知全能でないなら、両親が自分について話してくれることも嘘かもしれない。もっと偉い人に聞かなくては駄目かもしれない。末は弁護士ね、結婚して子どももいて、なんて言ってたけれど、それも間違いかもしれない。お父さんお母さんが自分に言っていることが正しいかどうか、どうしたらわかるの？　僕はほんとうにそうなるのか、どうしたらわかるの？　と。

　両親の知に欠如した部分があるため、子どもはより権威があると思われる人（専門家、教師、宗教指導者）を見つけて尋ねたり、答えを聞きに行く。自分がこうであることや、そうすることの究極の正当化を見出そうと、やがて哲学や宗教に答えを求めるようになる。どんな信念の体系も数あるなかの一つでしかない、という打ちひしがれるような実感は実存的な危機をもたらす。《他者》は欠如しているのである。神はいない。私が誰なのか、どうあるべきなのかを告げてくれる究極の存在はない。いかなる《他者》の言葉も真理も、私が何者で何をすべきかを教えてはくれない。ラカンが言っているように、「《他者》のなかには、私が誰であるかに答えてくれ、それを説明し、それに責務を持つことのできるシニフィアンはまったく存在しない」("Il n'y a dans l'Autre aucun signifiant qui puisse ...... répondre de ce que je suis"), *Ornicar?* 25 (1982)：32. この点について拙論 "Reading *Hamlet* with Lacan" で検討している箇所も参照されたい。

(30) 分析家の欲望は、一部分は、分析家のいくつかの介入の**非言語的な**性格（句読法や区切りのような）のために知り得ないままであり、その性格にそう簡単には名前がつけられない。

(31) 事後性についてのフロイトの詳細な実例がSE I, 353-356〔邦訳著作集第七巻二八一―二八五頁〕にある。同じくラカンも、事後性については数多くの議論をその著書『エクリ』やセミネールのなかでおこなっている（たとえば未公刊のセミネールV『無意識の形成物』など）〔二〇〇〇年にSeuil社から"*Les formations de l'inconscient*"として刊行された。邦訳は、ジャック・ラカン著、ジャック=アラン・ミレール編『無意識の形成物（上・下）』佐々木孝次ほか訳、岩波書店、二〇〇五、二〇〇六年〕。

(32) これらの報告には、個人によるものと、組織によるものとの両方がある。個人的な証言としては、コレット・ソレル、ジェラール・ポミエらが Élizabeth Roudinesco, *Jacques Lacan & Co.: A History of Psychoanalysis in France 1925–1985*, trans. Jeffrey Mehlman (Chicago: University of Chicago Press, 1990) で述べているものがある。組織からの証言としては、「コーズ・フロイディエンヌ」学派でおこなわれている「パス」〔教育分析の終わりにあたって、分析主体が審査委員会から指定された二名に自己の分析について報告、その二名が審査委員会に出頭しその内容を報告する、というかたちでおこなわれた分析家資格認定制度。この独特の非人間的システムのゆえに自殺者が出るなどし、ラカン本人も公式に失敗を認めざるを得なかったが、今日でも彼を引き継いだ学派のいくつかでは実施されている〕という名で知られている手続きによるものがあり、また文字どおり数え切れないほどの論文で報告されている。一例として *Comment finissent les analyses* (Paris: Seuil, 1994), 163-210 があげられる。

(33) SE XXIII, 252〔邦訳著作集第六巻四一二頁〕より。ラカンはフロイトの使った〔*Fels* という〕語を、岩盤 *roc* というフランス語に翻訳しており、しばしば「去勢の岩盤」とされるものについて語っている。とくに『セミネールⅧ』二六九頁を参照。

(34) 晩年のフロイトと同様に、ラカンも幻想、すなわち、想像された情景、構成物などの重要性を強調している。しかし「根源的幻想」についてラカンが語っているとき念頭に置いていたものを理解するには別な仕方もある。それはラカンが「主体の位置」「主体的位置」あるいは「主体としての位置」（『エクリ』八五六頁）〔邦訳第三巻三九〇頁〕と呼んでいるもののことである。つまり根源的幻想は、性的に備給され、外傷として経験された幼い時期の経験に対して主体がとった立場を上演する。その意味で、この理論は初期フロイトの外傷理論を包含している。子どもが過度に性的なものを経験する、それは性的感覚や快の剰余や過負荷である。そして（ヒステリーでは）それに反発するか、あるいは（強迫の場合）後年になってそのことに罪悪感を感じるかすることになる。（フロイトの用いた *sexual über* という語は *The Origins of Psychoanalysis* (New York: Basic Books, 1954) では "surplus of sexuality"〔性の過剰〕と訳されている。一八九六年五月三〇日付の書簡、一六三—一六四頁を参照〔ジェフリー・ムセイエフ・マッソン編、ミヒァエル・シュレーター ドイツ語版編『フロイト フリースへの手紙：1887—1904』河田晃訳、誠信書房、二〇〇一年、一九二頁〕。フランス語訳では *excédent de sexualité* ないしは *excédent sexuel* となっている。これはそれぞれ「性的なものの過剰」「性的過剰」を意味する。*La Naissance de la psychanalyse* (Paris: Presses Universitaires de France, 1956) を参照）。拒絶されたり、防衛されるような性的感覚は、第一章で見てきたように、ある種の快を構成する。フロイトはそれを「満足」と呼び、ラカンは「享楽」と呼んでいる。すなわち、快原理を越えたある種の快のことである。

ここで主体の位置がある種の性的満足や享楽への防衛であることがわかる。この防衛は、主体の欲望の実現を上演したり、その欲望を支える幻想において反映されるのである。欲望はこのように、享楽に対する防衛として、満足に取って代わるかたちで生じるのである。こうして、欲望がその本性からして満足を、すなわち現実的な性的満足を嫌うのはなぜかが説明される。欲望は幻想においてある種の快を見つけだす。「幻想は欲望に特有の快を与える」(『エクリ』七七三頁)〔邦訳第三巻二六八頁〕とラカンも述べている。その快とは、「現実的な世界」「外界の現実」のなかで何かを手にするために一歩ずつ歩みを進めることからではなく、幻覚することから生まれてくる快であり、快原理の支配下にあるような快である。

フロイトによれば、幼児は最初、以下のような傾向があるという。すなわち、食べ物が欲しいという欲求をすぐに満たそうとする際、自分から運動(泣き声をあげるなど)をして世界に働きかけることで、現実に誰かが自分に哺乳瓶を持ってきてミルクを飲ませてくれるよう仕向け、それによって延期された満足が得られるのを待つよりはむしろ、哺乳瓶を差し出してくれる人の顔を幻覚し(つまり、生き生きと心のなかにその感覚を思い浮かびあがらせ)、それをあたかも実際に今自分がミルクを飲んでいるかのように想像することで、その欲求をすぐに満足させる傾向である(『夢解釈』第七章、および『心理学草案』〔邦訳著作集第七巻所収〕などを参照)。私たちは満足を想像するだけで、ある種の快を引き出すものだが、その快は、他人を必要とする現実的な形での満足——それにはあらゆるリスクや危険、不確実さが伴う——よりは、はるかに手に入れやすく、はるかにあてにできるものである。

実際、欲望は欲動の満足よりも幻想の快を好む。欲望は欲動を制御し、その満足を制止する。それというのも、欲動の追求する満足は圧倒的で過度な満足として経験され、そのために嫌悪されるからである(満足は欲望を殺し、窒息させる)。欲望はここでは防衛と等価である。主体、欲望としての主体、欲望するものとしての主体というのも、ここでは防衛、つまり享楽に対する防衛と大差ないものと見ることができる。

これから見ていくように、分析主体が原因(自分の欲望が依存している《他者》の欲望)を主体化していくことで、分析主体の欲望は根本的に変容し、満足/享楽の追求を制止しなくなる。欲望は享楽に対する防衛にすぎないが、欲望と享楽との関係はこのように姿を変えるのである(とくにラカンの“On Freud's ‘Trieb’ and the Psychoanalyst's Desire”, trans. Bruce Fink, in *Reading Seminars I and II*, 417-421を参照。また、ジャック=アラン・ミレールの“Commentary on Lacan's Text”, *ibid.*, 422-427をも参照。こうした問題点は第十章以降において徹底的に論じられる)。

フロイトの用語では、欲望する主体とはある意味で、(ある部分では意識的な、またある部分では無意識的な)自我として考えられる。この自我はエスが手にしようと苦闘している満足に対して防衛している。自我はエスが満足を得ようとするのを、好ましからぬ脅威とみなす。というのも、エスはどの対象を、どの穴で、どんなパートナーを、どんな行為を、といった選択に際し、社会的規範や理念を一顧だにしないからである。自我は一方でエスの追求を制止するのだが、それにもかかわらず代理満足は提供する。しかし、人は欲望だけでは生きてゆけないのである。

こうしてフロイトの用語に言い直してみると、ラカンの主体の概念が一九五〇年代から一九六〇年代後半に向けてどのように変化したかを理解できる。ラカンの初期の著作では、主体は欲望、普通、無意識的欲望と等しいものであり、分析の目標は分析主体が「自らの欲望を断念することをやめる」(『セミネールⅦ』) こと、そして自分の欲望の結び目をほどき、「決定された」ないしは「明確な欲望」(*désir décidé*) を構築することである。しかし一九六五年には、ラカンは、主体をより厳密にエスと等しいものとする。そして自我と超自我の制止によって妨害される欲動に特徴的な満足の「無心の mindless」(ラカンの用語では"acephalous"、文字どおりには「無頭」を意味する) 追求に等しいものとする。ラカンの仕事をこうして手短に年代区分してみるやり方はジャック=アラン・ミレールから借用しているが、第十章でさらに詳述する。

(35) フロイトの喪失対象という概念と、ラカンの対象 a の関係については拙著 *The Lacanian Subject* の第七章を参照のこと。ここでは、私たちは自分の持っていたり、所有しているものの産物というより、自分の失ったものの産物であると思われる。

(36) ここでの対象は明らかに失われた満足と関連している。この対象はある意味で去勢コンプレックスのために失われた享楽を「内包」するものと言える。この享楽の喪失をラカンは ($-\varphi$) と表記している (『エクリ』八二三―八二六頁)〔邦訳第三巻三三六―三四二頁〕。したがって根源的幻想は次のように記述され得るだろう。

$$\$ \diamond \frac{a}{(-\varphi)}$$

この定式についてはいろいろなことが言えるだろう。とくにラカンの「主体の転覆と欲望の弁証法」〔邦訳『エクリ』第三巻所収〕とセミネールⅧ『転移』の第十五章から第十八章を参照。本書第八章以降も参照して欲しい。

(37) この選択という要因も、鼠男の父親が結婚前に間違いなく直面していた状況を再生産した。父親も「貧しい女性」に心惹かれていたが、その女性とではなく、鼠男の母と「ちゃんとした結婚」をしたのだった。

(38) 鼠男の「お嬢様」は彼が真剣に結婚を考えた唯一の女性であるように思われるが、彼女は彼の性的なアプローチに明らかにまったく関心を抱いていない。

(39) フロイトはこの論文のなかで、分析は去勢コンプレクスを越えたところまで患者を導くことが**できない**、ときっぱりと主張しているわけでは**ない**ことに注意しておかねばならない。フロイトの結びの言葉をよく考えてみよう。「分析治療のなかで、この要因［去勢に対する抗議：「ペニス羨望」ないし「男性的抗議」］を抑制することに成功したのかどうか、いつ成功したのかを述べるのは難しい。分析を受けた人間に、それに対する自分の態度を再検討し変えるよう、できる限り促してきたことだけは確かだ、と自分を慰めることだけはできる」（SE XXIII, 252-253）〔邦訳著作集第六巻四一二―四一三頁〕。

　つまり、フロイトは去勢に対して患者が異なった態度をとる可能性を排除はしていないようである。彼はこう述べている。もう先には進めないのではないかという「印象を**多くの場合に**抱く」（強調は引用者）が、だからといって**絶対に**分析主体をそれ以上先には導けないと言っているわけではない。

(40) フロイトはこう指摘している。「快を断念するのはいつだって困難なことに人は気づく。何か埋め合わせでもなければとてもそんなことはする気にならないものである」（SE XVI, 371）〔邦訳著作集第一巻三〇七頁〕。

(41) つまり、《他者》の享楽を保証していないということである（『エクリ』八二六頁〔邦訳第三巻三四一頁〕を参照）。

(42) とくに『分析における構成の仕事』"Constructions in Analysis", SE XXIII, 257-269 を参照〔邦訳著作集第九巻一四〇―一五一頁〕。

(43) 神経症者の不平というのはいつも「あいつらが私にこんなことをした」、「あいつらが私にそんな風にさせた」というものである。自分の行動や選択、決定に対して責任をとろうとしない。ありとあらゆることの**責め**をそのまま進んで受け入れるように思われている強迫神経症者の場合でさえも、自分で下した一連の**選択**や妥協、犠牲を含んだものとして自分の人生を考えることはない。そこで語られるのはやはり《他者》がそうした、それを望んだ、私にそう期待していた、そして、私は断ることが**できなかった**、つまりそれは不可能だったということである。「気が向かなかったから」や「これこれこういったわけでやりたくなかった」とは言わずに、彼らは「そうやらされた」「しなければならなかった」「断れなかった」などと言うのである。

　主体化ということが意味するのは、主体が責任を引き受けること、それも言葉だけ、つまり意識的にというだけでなく、何らかの「より深い」レベルで自分自身の運命、過去の行動、決断、そしてアクシデントに対する責任を引き受けるということである。主体は、外界の力、当人のあずかり知らぬ力、つまり《他者》の欲望、自分をこの世にもたらした両親の欲望によって、自分の人生がすでに決定されたところに生まれてくる。「それがあったところ」――《他者》の欲望によって私の人生が動き始めたところ——「そこに私は存在しなくてはならない」(“Là où fut ça, il me faut advenir”『エクリ』五二四頁)〔邦訳第二巻二七七頁〕。フロイトの“Wo Es war, soll Ich werden”〔エスがあったところに私が来なくてはならない〕という『精神分析入門(続)』(SE XXII, 80)〔邦訳著作集第一巻四五二頁〕の有名な言葉を、ラカンは何通りかに翻訳しているが、その一つがこれである。ある意味で「今そこにあるべし」ということである。

第六章　診断に対するラカン派のアプローチ

(1)　ラカンはこう述べている。「私たちは時に前精神病段階の患者を精神分析することがありますが、その結果はご存じのとおり、精神病者が生まれるのです。精神分析にとっての禁忌という問題は、自分自身や同僚の日々の臨床実践での特殊な事例を思い起こさなければ提起されなかったでしょう。そうした事例では、少しばかり力の入り過ぎた最初の何回かのセッションのあいだに、完全な精神病が発病するのです」(『セミネールIII』二八五頁)〔邦訳下巻一五九—一六〇頁〕。ただし特記しておくべきは、後年のラカンは精神病を精神分析にとっての禁忌とはみなしていないということだろう。つまり、分析治療から精神病者を閉め出すことは推奨していないのである。しかしラカンは、精神病者を相手にする場合、精神分析家が採用するアプローチはまったく異なるものでなければならないと述べている。私が相当長いあいだ治療したある精神病者の患者は、以前彼が分析を受けていた精神分析家が、彼の発した言葉の意味のあいまいな箇所を強調するからというだけの理由で、私のもとにやって来た。つまり、その精神分析家は彼を神経症者であるかのように扱っていたのである。もしその精神分析家のもとに留まっていたなら、精神病の発症が起こっても不思議ではなかったであろう。

(2)　たとえばSE XIX, 153〔邦訳選集第十巻一八一—一八二頁〕を参照。

(3)　この点についてはSE XIX, 143〔邦訳全集第十八巻二三六頁、著作集第十一巻九九頁〕、SE XXIII, 204, 277〔邦訳全集第十八巻二四六、二六五—二六七頁、著作集第九巻二〇六、一五四—一五五頁〕を参照のこと。フロイトは期待されるほど、必ずしも一貫した区別をしているわけではない。たとえばSE XXI, 153〔邦訳著作集第五巻三九二頁〕では、ある観念に付随した情動が抑圧されたときにその観念に対して否認がおこる、と述べられている。またSE XIX, 184〔邦訳著作集第六巻三一七頁〕では、フロイトは否認を「精神病的な反応」と考えている。

(4)　とくにドイツ語版フロイト全集第一巻 *Gesammelte Werke* I (Frankfurt : Fischer Verlag, 1952), 72を参照。フロイトはそこで *verwirft* という動詞を用いている。英訳者ストレイチーはそれを rejects と訳している(SE III, 58)〔邦訳著作集第六巻一五頁〕。

(5) この詳細な読解は『セミネールII』に所収。この講義は著名な哲学者で、ヘーゲルの著作のフランス語訳者として知られるジャン・イポリットの助けを借りておこなわれた。同じ問題は『エクリ』のなかでも論じられている。

(6) 最初の翻訳案（"rejection"）は『セミネールI』五四頁で用いられた〔邦訳上巻七三頁〕。第二案（"forclosure"）は『セミネールIII』三六一頁〔邦訳下巻二八五頁〕で使われている。この両方について、『セミネールXXI』、一九七四年三月一九日の講義で言及されている。

(7) SE XVI, 358〔邦訳著作集第一巻二九六頁〕を参照。フロイトは同じ問題を『精神分析入門』のなかでより詳細に展開している。「精神的に健康な人びともまた、心的生活においては、夢や症状の形成を可能にするような何かを持ち合わせているということは否定できません。ですから、彼らもまた抑圧をおこなっていて、抑圧を維持するためにある程度のエネルギーを使い、彼らの無意識のシステムがいまだにエネルギーを備給されている抑圧された衝動を隠していて、そして**彼らのリビードの一部は、自我の意のままになるところからは撤収させられている**のだ、と結論づけざるを得ません。こうして健康な人びともまた事実上神経症者なのです」(SE XVI, 456-457)〔邦訳著作集第一巻三七七頁〕。

(8) 別の治療者が「境界例」に分類した患者を、ラカン派は大体は他の神経症者より少々手間のかかるだけの神経症者とみなしている。歴史的に見れば、精神医学においても心理学においても、難しい患者が振り分けられるバスケットのようなカテゴリーは常に存在してきた。十九世紀では「パラノイア」がそういうカテゴリーであったし、こんにちではそれが「境界例」なのである。ラカン本人が、フランスやドイツでパラノイア者が以前はどのようにみなされるのが普通だったかについて述べた箇所を考慮しよう。「パラノイア者とは、面倒な、不寛容な、短気な、うぬぼれた、疑い深い、神経過敏で、おまけに自分を過大評価し過ぎの人間のことです。これがパラノイア者の基本だと考えられていました。そして、パラノイア者があまりにパラノイドになり過ぎると、彼らは妄想を抱き始めさえすると考えられていたのです」(『セミネールIII』一三頁)〔邦訳上巻六頁〕。

(9) 『セミネールIII』四二頁〔邦訳上巻四九頁〕を参照。この事例での「サイン」は、患者がフランス語で言った言語新作まがいの言葉、*galopiner* である。

第七章　精神病

(1) たとえばフロイトの「女性の性愛について」〔邦訳著作集第五巻所収〕を参照。ストレイチーはそれを「父性的審級 pater-

nal agency」(SE XXI, 229)〔邦訳著作集第五巻一四六頁〕と訳している。ラカンでは『セミネールIII』の二三〇頁〔邦訳下巻七九頁〕、『セミネールXX』の七四頁には"fonction du père"(「父性機能」「父の機能」)という言葉がある。拙訳の Seminar XX, *Encore* (New York : Norton, 1997) を参照。

(2) 父の名には、父親によって子どもに与えられた名前という意味もあることに注意しよう。つまり、父親に由来する、あるいは父親から受け継ぐ名前のことである。父親の**象徴的機能**は、フェミニストの著者たちが論じてきたような、愛と勇気づけを与える者としての父の機能という余分なものを決して排除していないし、示唆さえしている。

(3) 実際、排除とは一つの機能であり、それ自体として、その原因となり得る「環境」や家族構成をすべて余す所なく記述することはできない。それをおこなおうとする者は一種の心理学化に陥り、「子どもを欲求不満にさせる母親から、息もつけないほど抱えてしまう母親まで、道に迷った魂のようにさまよう」(『エクリ』五七七頁)〔邦訳第二巻三四七頁〕ことになる。また彼らが父親の役割を分析しようとする(「支配的な父親、のんびりした父親、全能の父親、自尊心を傷つけられた父親、不器用な父親、哀れな父親、家庭的な父親、逃亡中の父親」(『エクリ』五七八頁)〔邦訳第二巻三四七頁〕)場合には、父親の言葉と権威とを一致させる母親の役割、つまり「法を設立させるうえで母親が父の名のために取って置く場所」(『エクリ』五七九頁)〔邦訳第二巻三四八頁〕や、父親自身の法との関係を無視するのである。

(4) 父親が弱くて母親が威張り散らしているという家族に私たちは皆慣れている。実際、それは典型的なユダヤ人家族の描写である。しかしそれが一般に、父性機能がそうした家族では満たされないことを意味するわけではない。自分の夫を支配し、いつも彼の愚痴を言うだけの母親の場合でも、それが彼に何らかの重きを与えているかもしれない。母親にとっては自分の夫が苦痛の種であり、他に何の意味もない場合でも、彼は依然として考慮されるべき一つの力なのである。父性機能を排除するためには、一般に以上のような場合より、母親による父親の無化がはるかに完璧でなければならない。

(5) "An Introduction to Lacan's Clinical Perspectives", in Bruce Fink, Richard Feldstein, and Maire Jaanus, eds., *Reading Seminars I and II : Lacan's return to Freud* (Albany : SUNY Press, 1996), 242 を参照。

(6) 幻覚は精神病の診断を正当化するのに十分ではなく、他の要因も診なくてはならないという主張をすることなしに、すべての幻覚は同じでないと主張するのであれば、それはある意味で「単なる意味論の問題」とみなされるだろう。しかし幻覚が烙印だとされるなら、つまり一般の人や多くの臨床家が幻覚と精神病とを機械的に結びつけるのであれば、幻覚の現象についてより注意深く記述し説明することは政治的により得策であり、精神分析が私たちにその方法を提供していると私には思われる。「幻覚」のために自分の意思に反して収容されること(この点はほとんどのフランスの臨床家は争わなくてよい)がある限り、真正の幻覚と非精神病的幻覚との意味論的区別はかなり意味があるだろう。

（7）たとえば『セミネールXXII』*RSI* でのラカンのコメントを参照。「しかし症状の存在を信じること〔believing in, ラカンの原語で *croire à*〕と症状を信じること〔believing, ラカンの原語で *croire*〕との間には明確な区別がある。それが神経症と精神病との区別になる。精神病者は自分が聞く声の存在を信じるだけではなく、その声を信じるのである。すべてはこの区分次第で決まる」（一九七五年一月二一日の講義、拙訳）。英語の著作では、*Feminine Sexuality*, ed. Juliet Mitchell and Jacqueline Rose (New York : Norton, 1982), 170 を参照。Colette Soler, "Quelle place pour l'analyste?", *Actes de l'École de la Cause Freudienne* 13, *L'expérience psychanalytique des psychoses* (1987), 30 も参照のこと〔この言葉上の区別は自動詞と他動詞の違いを利用したもので、日本語に訳しにくく、また日本人にとって理解も難しい。ただし、ラカンは精神病的な「確信」の強烈さは神経症者には決して得ることのできないものだと再三言及しており、ここでの一種の言葉遊びはその確信のありようがどう違うのかを表現しようとしたものと思われる。フィンクの引用した講義でのラカン自身の説明によれば "croire à" は「そこに存在する、何であるか語り得るものに対する信頼」であるが、対象との関係には常に本質的な不安定さがあり、それをふさぐ栓として "croire"「信じる」という選択肢を選ぶのが精神病であるとされている〕。

（8）実際にラカンは私たちは皆自分の幻想（根源的幻想）というレンズを通して現実を見ていると言っている。しかしそうすると、どのようにして分析家は分析主体よりも、よりよく「現実を知る」「何が現実で何がそうでないかを知る」ことができるのだろうか。ラカン派の精神分析は、分析家を現実に関するある種の師匠とみなすような支配の言説でないことは確かである。分析家は自分自身の「教育分析」の過程で、何が現実で何が現実でないかを学ぶのではなく、自分の幻想について（たとえ再布置化されるとしても）何かを学び、そしてそれが患者との作業に影響を及ぼすことをいかに防ぐかを学ぶのである。

（9）たとえば『セミネールIII』八八頁〔邦訳上巻一二三頁〕を参照。『エクリ』五七六頁〔邦訳第二巻三四五頁〕での言及も参照のこと。ラカンはそこでこう述べている。「〔自由やサンタクロースというようなものへの確信を伴う〕〔集団的な〕精神病と、公序良俗と呼ばれるものとが矛盾しないことは疑いの余地なく証明できるだろう。しかし、それによって、精神科医が（たとえ彼が精神分析家であるとしても）、その秩序と自分が矛盾していないことを頼りに、自分の患者が耐えられないような**現実性** reality について自分は適切な考えを持っていると信じることが正当化されるわけではない」。「こうした状況のもとでは、治療という目的に戻るために、精神病の基礎の評価からこの考え〔「現実」という〕を除くほうがよいかもしれない」。

（10）ラカンも「確信は普通の主体にとっては最も稀なことである」（『セミネールIII』八七頁）〔邦訳上巻一二三頁〕と述べている。つまり神経症者にとっては、ということである。ラカンは次のような小話を紹介している、「嫉妬深い夫〔ラカンの説明では、それはごく普通である」は、妻が寝室のドアに鍵をかけ、誰か他の男と一緒に入るところまで妻の後をつけていき」、その上なおも、妻が本当に不倫しようとしているのかどうか疑っていたという。精神病者は対照的にこうした証拠が何一つなくとも確信に達する。

(11) たとえば Daniel Paul Schreber, *Memoirs of My Nervous Illness* (Cambridge, Mass.: Harvard University Press, 1988)〔ダニエル・パウル・シュレーバー著『シュレーバー回想録』尾川浩・金関猛訳、平凡社、二〇〇二年〕を参照。

(12) 願望を覆い隠す恐怖については、SE X, 180〔邦訳著作集第九巻二三一頁〕を参照。

(13) たとえば SE X 所収の鼠男の事例を参照。鼠男はたとえば自分の喉を掻き切るよう、彼に命令する声について報告している〔邦訳著作集第九巻二三七頁〕。

(14) 『エクリ』所収の「〈私〉の機能を形成するものとしての鏡像段階」〔邦訳第一巻所収〕を参照。『セミネールⅧ』*Transference* (New York: Norton. 拙訳、近刊) で論じられている後期の鏡像段階論も参照。

(15) 拙著 *The Lacanian Subject: Between Language and Jouissance* (Princeton: Princeton University Press, 1995) での自我についての詳細な議論を参照されたい。ラカンはこの「存在の実況解説」(『セミネールⅢ』二一九頁)〔邦訳下巻六三頁〕を他我とはっきりと関連づけている。

(16) この言い方によって、他のすべての理論家が定義している「自己 Self」がすべて自我と同じだと言っているつもりはない。私が言いたいのは、**一般的な言い回しとして**自分の「自己」と呼ばれているものが、ラカン派の精神分析で理解されている自我におおよそ相当するということである。

(17) 『自我とエス』〔邦訳全集第十八巻、著作集第六巻所収〕でフロイトは自我について少なくとも四つの異なった注解を加えている。最初の二つでは自我を対象として規定しているように思われる。㈠身体の外観の投射、㈡撤収された対象備給、すなわち以前の同一化の沈殿・堆積である。残りの二つは自我を能動者として定義しているように思われる。㈢現実の代表者、㈣特別に修正された、つまり中性化されたエスの一部である。この四つの性格がまったく同一の「もの thing」に当てはまるのかどうか、決して明確ではないし、ラカンは明らかに前者の二つが自我にとって重要であり、後者の二つはそうではないとみなしている。

(18) 自我が生じるには言語活動が必要である(『セミネールⅧ』参照)という限り、驚くことではないが、自己意識を可能にするのは言語活動であって、その逆ではない。言語活動とは結局、何かを対象として私たちが語ること、そして語ることについて語ること、考えることについて考えることなどを可能にするものである。「**自己意識**」についての刺激的な議論として、『セミネールII』六二―六九／四六―五二頁〔邦訳上巻七五―八五頁〕を参照のこと。そこではラカンは自己意識を、朝から夕暮れまで湖の写真を撮っているカメラにたとえている。また『セミネールIII』二〇四頁〔邦訳下巻四〇頁〕も参照。ラカンはここでは幻聴を、自分自身の心のなかで自分が言葉を発するのを聞くというごくありふれた経験に関連させて論じている。

本書での自己意識への私のアプローチを、ジュリアン・ジェインズが *The Origin of Consciousness in the Breakdown of the Bicameral Mind* (Boston: Houghton Mifflin, 1976, rpt. 1990)〔『神々の沈黙――意識の誕生と文明の興亡』柴田裕之訳、紀伊國屋書店、二〇〇五年〕で提示している意識（と彼が単純に呼ぶもの）の起源に関する理論と比較すると有益だろう。ジェインズは脳の左右半球のいずれかにすべてを局在化させる必要があると思っており、また鏡像段階に関するラカンの有名な論文をまったく知らないのだが、それでも彼は、人間の歴史上での意識の出現において、そして自己意識になるという子どもの能力において言語活動が（そして隠喩も）重要であることを認めている。ジェインズは統合失調症において自己感覚の喪失があることに気がついている数少ない現代の心理学者の一人でもある（実際、彼は同書の四〇四―四二六頁で広範な臨床的証拠を提示している）。にもかかわらず、彼は、自我や自己感覚を維持するという統合失調症者の問題と統合失調症者の言語活動の障害とを関連づけようとは決してしない。なぜなら、ジェインズは堅実と思われているある種の科学的立場に居続けたいと願っており（そして、いくつかの点でフロイトの『モーセという男と一神教』〔邦訳全集第二十二巻〕を思い出させるジェインズの著作ほど、伝統的な意味で非科学的な本はほとんど想像できない）、すべての幻覚はストレスが原因だという馬鹿馬鹿しいほど単純な理論に依拠しているからである。人はストレスがかかったときに幻覚を見るといわれている。そして遺伝的な欠損のために他の人と同じようにはストレスを受けない人もいる。しかしジェインズも、ほとんどの読者諸氏も、私たちが属する状況がどれほどストレスに満ちていたとしても、私たちが精神病者のように幻覚をみることは決してないだろうという点には間違いなく同意するだろう。それは誰にでも起こることではない。なぜなら神経症者には起こり**得ない**ことだからである！　私たちの自我はストレス下でも解体しない。私たちも睡眠をかなり奪われると何かを見たり聞いたりするかもしれないし、一人で監禁されると頭のなかで見たり聞こえたりして気が狂ってくると思うかもしれない。しかし、私たちは精神病者のようには解釈しないし、私たちのいうパラノイアもそれほどまでになることはない。そして私たちが世界を妄想的に再構築することもない（この章の後半で論じる「妄想的隠喩」についての議論も参照のこと）。何よりも強制収容所生存者の経験が、精神病や幻覚はストレスの結果だとするいかなる理論もきっぱりと論破するだろう。

(19)　この考えは本書の続編 *Advanced Lacanian Clinical Practice*（仮題）で展開する予定である。

(20)　ラカンの仕事における疎外の概念についての詳細な説明として、拙著 *The Lacanian Subject* の第一、二、四、五章を参照のこと。

（21） サミュエル・ベケットはこの点で検討すべき興味深い作家である。彼はフランス語を選び、母国語の英語を捨てた。彼は多くの作品をフランス語で書いている。

（22） たとえば幼い子どもたちは、テレビやラジオから、そして家庭やその他の場所で聞こえてくるコマーシャルや音の繰り返し、そしてありとあらゆる言い回しを何度も繰り返している。私たちは朝のニュースで聞いたことを、その日、後から同じ言葉や同じ用語を使って――多くの場合、聞いた通りに――、自分の周りの人たちに話しているのである。

（23） 拙著 *The Lacanian Subject* の第一章を参照。

（24） 『エクリ』所収の「〈私〉の機能を形成するものとしての鏡像段階」〔邦訳第一巻所収〕を参照。

（25） 拙訳 Seminar VIII, *Transference* (New York, Norton. 近刊) を参照されたい。

（26） ラカンが使っている原語は entériné〔認可された〕で、法律的な意味がある。すなわち法になった、法によって認められたという場合のように、批准された ratified、認定された certified という意味である。

（27） 「イメージも私たちの領域［動物のそれと対立する人間の領域］で重要な役割を果たしているが、その役割は象徴的秩序によって完全に練り直され、作り直され、再活性化されている」（『セミネールIII』一七頁）〔邦訳上巻一二頁〕。

（28） 『セミネールIII』の最終部分、および『セミネールIV』でのラカンのコメントを参照のこと。

（29） SE XVI, 323〔邦訳著作集第一巻二六六頁〕を参照。

（30） これは自閉症児に見られる身体現象に類似している。自閉症児の場合、子どもの身体の一部分が排泄をしているのに、身体の他の部分はどれもそれを助ける動作をしないのである（たとえばブルーノ・ベッテルハイムが *The Empty Fortress* (New York : Free Press, 1967) で記載しているローリーの事例を参照〔『自閉症・うつろな砦（1・2）』黒丸正四郎ほか訳、みすず書房、一九七三―一九七五年、第一巻第五章「症例1　ローリー」〕）。一つの筋肉が他の筋肉から独立して働く。身体は全体として調和し統合して動くことができない。投錨点（内的両親の判断、あるいは自我理想）によって比較的一貫し安定した自己像が形成できるのだが、それがないために多くの自閉症の事例では、統合された自己の感覚が可能とならない。精神病ではこの自己像がプレッシャーによってたやすく破壊されやすく、自己という個体の感覚が解体するのである。

（31） *How Lacan's Ideas Are Used in Clinical Practice*, ed. and trans. Stuart Schneiderman (Northvale, N.J. : Jason Aronson, 1993) を参照。ことに一九頁と四〇頁。多くの読者にとってはこの選集の前の版のほうがよく知られている。*Returning to Freud : Clinical Psychoanalysis in the School of Lacan* (New Haven : Yale University Press, 1980).

（32）モーパッサンの短編『オルラ』"Le Horla" では、見えない力が語り手の位置をとろうとする。しかしそれは精神病者にかなり類似した人物であることが多い。この短編は *Oeuvres Complètes de Guy de Maupassant*, vol. 18 (Paris: Louis Conard, 1927), 3-48 に所収〔『モーパッサン怪奇傑作集』榊原晃三訳、福武書店、一九八九年、所収〕。英語版の翻訳としては "The Horla" in *The Life of Henri René Guy de Maupassant*, vol. 2 (New York: M. Walter Dunne, 1903), 1-35 がある。

ジュリアン・ジェインズは統合失調症者において自我ないし自己感覚、あるいは彼が「『私』の類似物」と呼ぶものがぼやけてきて崩壊する例を数多く提示している。Julian Jaynes, *The Origin of Consciousness in the Breakdown of the Bicameral Mind* (Boston: Houghton Mifflin, 1976, rpt. 1990)〔『神々の沈黙――意識の誕生と文明の興亡』柴田裕之訳、紀伊國屋書店、二〇〇五年〕の四〇四―四二六頁を参照のこと〔邦訳四九〇―五一五頁〕。しかしジェインズはこうした場合に聞こえてくる多数の声――超自我の声、自分自身の心のなかで話している小文字の他者（つまり他我*a*′）、前意識的な思考の言語化、無意識的な夢や幻想（つまり大文字の他者《他者》）――の間を区別していないので、馬鹿げたことに彼は「二分心 bicameral mind」と彼が呼ぶものと統合失調症とを関連づけてしまっているのである。精神病者はおそらく今日の人間より「大昔の人間」には、はるかに普通にいただろう（現在知られているように法が実質的に存在していないことや、父性機能が希薄な状態であることによるだろう）が、声に「二分心」的に順応することは統合失調症の場合には決して起こらない。精神分析を受けている分析主体の誰もが――ここでは「通常の」神経症である場合を念頭に置いている――経験することのなかに、始終心のなかをよぎっている声や言語化された思考を聞くことを学ぶということがある。フロイトはそれを「前意識的」あるいは「無意識的」思考、ないしは「超自我」の声（そしてジェインズの用語では「忠告の声」）と呼んだ。ラカンはそれを「《他者》の語らい」と呼んでいる。これらは統合失調症とは何らの関係も持たない。「二分心の人間」がそれを神の声に帰したとしても、彼は心理学的理解がないためにそうしたのであって、それは、同類の宗教的な人びとが今日でさえ、そうし続けているのとおおむね同様である。

（33）別な言い方をすれば、精神病では言語活動が決して象徴的なものとはならず、現実的なものに止まっているということだろう。

（34）この置き換えによる隠喩についてのすぐれた議論としては Russell Grigg, "Metaphor and Metonymy" in *Newsletter of the Freudian Field* 3 (1989): 58-79 を参照。

（35）しかしこれはまだ本来の意味での抑圧ではない。第八章、第九章を参照のこと。

（36）子どもは母親の世界や言語活動のなかへ招かれたと感じたり「誘惑され」たりしなければならない。両親が敵意を表しため、あるいはきちんと食べたりきちんと時間通りに排便することを要求するためだけに言語を使うのなら、あるいは子どもは自分たちの賢い早熟なミニチュアだと両親が思えるためだけに子どもが話すのを望むのなら、子どもが話すことを拒絶しても何の不思議もない（子どもは多くの場合、周囲で話されていることはかなり理解している）。

（37）別の子どもたちや家族の一員が邪魔をすることももちろんあるだろう。

（38）私がここで論じている「契機」は発達段階というより、むしろラカンが「論理的契機」と呼んでいるものである。ラカンのいう論理的契機は必ずしもあるいは容易に時系列的には区別できないが、ある子どもが現在の臨床構造（たとえば精神病的構造に対立するものとしての神経症的構造）に達するために、必ず生じたに違いない契機なのである。ごく簡単に言えば、父性隠喩の第二の契機は次のように理解できるだろう。

いったん抑圧が起こると、ある種の透明さが消える。私はもはや以前そうしたように自分自身を知ることはないし、自分が何を欲しているのか、他人が自分に何を欲しているのか、疑いをもつようになる。以前は「母は何を望んでいるのだろう」と自問することはなかったが、今はそれが自分にとっての一つの問いとなる。「ママが一番大事なのは私だろうか。パパがそばにいるとき、そしてときどきパパがいないときでもママはパパの禁止を受け入れているようだけど、それでも一番大切なのは私じゃないのか？」こうして子どもは、母親の行動や言葉を何かの欲望を表すものとして詮索し、母親の欲望のなかでの自分の位置を見極めようとする。典型的には、母親にとって一番大切なものが自分ではないことを、子どもははっきり理解せざるを得なくなる。父親が呼べば、母親は自分のそばを離れていき、自分を置いて父親の用事をしたり、父親のそばにいってしまうことを理解するのである。「母は何を望んでいるのか？」という問いに、子どもは「パパ」だという答えを出さざるを得なくなる。母親の欲望は母子という二者関係を越えて典型的なエディプス三角形を指し示しているのである。

父性隠喩の第二の契機は、つまり「《母親》は何を欲望しているのか」、「何を欲望していて、そのために自分のもとを離れていってしまうのか」という問いへ答えることとして理解できる。古典的な答えは「父親」である。**父親とは母親の欲望という神秘を解き明かす鍵である。**父性隠喩のこの第二の契機とは結局、母親の欲望を名づけること、すなわち解釈と境界画定に帰着する。

子どもは一般にここに立ち止まることなく、《母親》が欲望する父親とはいったい何なのか、ママが欲望する他の男たち、他の人びと、他の活動とは何かと問いをもつようになる。母親が欲望するものが何か理解できれば、子どもは、母親が享楽を得るための対象ではなく、母親が尊重し欲望し賞賛する対象になろうとし続けることができる。母親が欲望しているものが富にせよ地位にせよ権力にせよ、それが子どもの問いを象徴的な水準に位置づけるものとなり、子どもは社会的に定まった位置（スポーツや料理、ダンス、歌、音楽、数学で一番になること、認められた企画や試みに携わるチーム、グループ、部門のメンバーになること）を探し求める者となるのである。

　父性隠喩の第一の契機はラカンが疎外と呼ぶものに対応し、第二の契機は分離に対応する。こうした論点は第九章でさらに展開しよう。

（39）図7・3は幾分フェルディナン・ド・ソシュールの *Course in General Linguistics* (New York: McGraw-Hill, 1959), 112〔『一般言語学講義』小林英夫訳、岩波書店、一九七二年、一五八頁〕の図に基づいている。ソシュールはしかし言語活動（「音の不定な平面」）を下に、意味（「茫漠たる観念の無限平面」）を上に置いている。

（40）このことは父性隠喩と自我理想との重要な結びつきを示している。実際、自我理想が初期ラカンでのS_1の呼称、「一の線 unary trait」の設立を意味するように、父性隠喩はS_1、主人のシニフィアン、命令法を設立するものとして理解できる（たとえばセミネールIX『同一化』を参照）。風船としての自己（ないし自我）というコーデイ Corday のイメージを借りるなら、自我理想はその風船を縛りつけ、すぼまないようにしている紐（あるいは糸）である。

（41）『エクリ』の八〇四―八二七頁〔邦訳第三巻三一一―三四五頁〕を参照。詳細な注解としては Slavoj Zizek, *The Sublime Object of Ideology* (London: Verso, 1989)〔スラヴォイ・ジジェク著『イデオロギーの崇高な対象』鈴木晶訳、河出書房新社、二〇〇〇年〕第三章を参照。

（42）『セミネールXX』でラカンは、シュレーバーの中断された文（「今私がなすべきは……」、「あなたがするはずだったのは……」などのような）について、これにかなり近いことを言っている。「それが何であるにせよ、一つの文を成立させる必要条件にここで気がつくのです。その必要条件とは、文という鎖の輪の一つが見つからない場合、他のすべてが自由になる、すなわちその鎖の輪から『一つであること』が取り上げられ、文の意味の統一性が取り除かれるというようなものです」（同書一一五頁）。

（43）私がパリで臨床に従事していたとき、カナダ人の写真家がパニック状態で私のクリニックにやってきたことがある。彼は明らかに人生の深刻な危機を経験しているまっ只中であった。彼はこれまで二、三度入院して六年間治療を受けたことがあり、その後、自分からかなり熱心に近所の精神科の病院に通っていたという。彼によれば、他の可能性としてはカナダに帰ることであった。彼はかなり見当識を失い混乱していた。私がまず関心をもったのは、彼が精神病であるかどうか決めることだった。もし精神病なら、彼は勇気をもって私と一緒にすぐに病院へ行くべきだろう。何が彼をそうしたパニックにさせているのか話すよう促し、私はこの葛藤が厳密に想像的な水準に位置づけられるかどうかを決定しようとした。自分の仕事を奪おうとしていると彼が語る別の写真家がいたのである。しかし話し合ううちに、この別の写真家との葛藤が、互いの上司、年上の父親的人物の気に入りたいという彼の欲望に従うものであることがいっそうはっきりしてきた。こうした二つの軸、想像的な軸と象徴的な軸だけを使って、私は状況をかなり素早く評価し、暫定的にこの患者を神経症と診断して、入院を必要としない治療の取り決めをおこなうことができた（明らかなことだが、ここで私は、危機的状況の精神病者にはすべて入院が必要であり、神経症者には決して必要ないと言っているのではない）。

（44）ラカンによれば、鏡像段階での自我の起源は、誰でもパラノイアという核があるというところにある。自我自体は本質的にパラノイア的であり、何が自分で何がそうでないかを決めて、他者との根本的な敵対や競争において生じるものである。

（45）『ヒステリー研究』（SE II）〔邦訳著作集第七巻所収〕でフロイトは数多くの麻痺や過敏症の事例に言及している。それらの麻痺や過敏症は、ある身体部分に終端をもつ特定の神経の局在によって支配されている状態ではなく、むしろある身体部分の始まりや終わりは普通の言葉によって決まっている通俗的な観念に従っていた。たとえば「手首」と普通に呼ばれている身体部位を起点ないし終点とする特定の神経は存在しないのだが、「手首」が心身症的な麻痺や過敏症の部位になることがある。なぜなら「手首」は西洋社会ではブレスレットや時計をつける普通の場所だからである（フロイトが言うように、症状は「解剖学のようなものはないかのごとくに」振舞う）。それぞれの言語が少しずつ違ったふうに身体を区切り、「覆い」、身体はシニフィアンによって書き込まれたものとなる。ベルグソンの表現を借りれば、言語活動が「生体にちりばめられている」のである。身体は言語活動によって上書きされ重ね書きされるのである。

(46) そして身体は、対象aが身体外部のリビードの座であるという限りで「身体外部へ向けられて」さえいる。

(47) フロイトの "Psychoanalytic Notes on an Autobiographical Account of a Case of Paranoia", SE XII, 9-82〔邦訳「ある自伝的に記述されたパラノイアの一症例に対する精神分析的考察」著作集第九巻二八三—三四七頁〕を参照。フロイトの研究はDaniel Paul Schreber, *Memoirs of My Nervous Illness* (Cambridge, Mass.: Harvard University Press, 1988)〔ダニエル・パウル・シュレーバー著『シュレーバー回想録』尾上浩・金関猛訳、平凡社、二〇〇二年〕に依拠したものである。ラカンはシュレーバー症例について、「精神病のあらゆる可能な治療法に対する前提的問題について」"On a Question Preliminary to any Possible Treatment of Psychosis",『エクリ』五三一—五八三頁〔邦訳第二巻二九一—三五二頁〕およびSeminar III, *The Psychoses* (New York: Norton, 1993) で広範に論じている。

(48) 神経症者が事をうまくやれるときというのは、多くの場合、彼らが意図的でなかったり、故意でない場合である。

(49) たとえばFrançoise Gorog, "Clinical Vignette: A Case of Transsexualism" in *Reading Seminars I and II*, 283-286を参照。

(50) たとえば『セミネールIII』七四—七五頁〔邦訳上巻一〇一—一〇三頁〕を参照。

(51) 私の患者の一人は次のように言った。父親は男の子ではなく女の子をほしがっていて、いろいろな事で自分と競い合おうとした。ケーキがあれば父親が全部とってしまい、母親が何でも「半分こ」にしなければならなかった。この患者が大学に入ったとき、父親も息子と同じ一般教養のカリキュラムに登録しようとした。母親の象徴的な介入は父親と息子との競争的関係を無効にするほど十分ではなかった。二十代になり息子（患者）は精神病的なエピソードを示すようになった。

(52) 精神病ではない男性同性愛の事例でときどき見られるような、母親への同一化によってではない。

(53) 本章の後の部分で、私は精神病発症のいくつかの原因について、精神病の一事例の議論のなかで論じている。

(54) たとえばGorogの前掲論文 "Clinical Vignette" を参照。

(55) この意味で、父性機能は言語活動そのものを「人間化する」と言えるかもしれない。機械的に機能する一種の機械として理解される言語活動となるのである。言語活動に関するこうした観点については拙著*The Lacanian Subject*の第二章と補遺の1および2を参照されたい。

(56) 拙著*The Lacanian Subject* 第八章より。『セミネールXX』での男性性と女性性の構造に関するラカンのきわめて難解な議論も参照のこと。

(57) こうした女性化についてラカンの用いた用語は *pousse à la femme* である。これを翻訳するのはかなり難しいが、文字通りには「女性へと発芽する」「女性性・女性らしさへ向かって成長する」ということであり、意訳すれば「女性のようになることへの高まり」という意味になろう。多少類似した領域でフロイトは男性精神病における同性愛の重要性を強調している。フロイトはまた *Verweiblichung*〔女性化〕という用語を使っているが、これは「女性への変容」「女性への変化」と翻訳できるだろう。『エクリ』五六五頁〔邦訳第二巻三三一頁〕も参照のこと。

(58) 実際、精神病者が醸成する妄想システムが表しているのは、自分の宇宙が解体しないようまとめることのできる（あるいはシニフィアンとシニフィエの間の関係を安定させる）想像的システム（つまり意味のシステム）を構築しようとする自発的な試みである。ラカンはこれを「妄想的隠喩」（『エクリ』五七七頁）〔邦訳第二巻三四六頁〕と呼んでいる。この後、私はこの問題を事例との関連で論じている。また第九章の終わりでも論じる。

(59) 初出は *Scilicet* 2-3 (1970) 351-361 である。シュナイダーマンが英語に翻訳している。Stuart Schneiderman, in *How Lacan's Ideas Are Used in Clinical Practice* (Northval, N. J. : Aronson, 1993), 184-194. 本文で指示した頁数はこの英語版のものだが、私が訳を修正した箇所も多い。

(60) シュナイダーマンは "ça n'a pas de nom" という言い回しを文字通り「名前を持たない」（一八七頁）と訳している。しかしこの言い回しには、彼の父親に資格を与えるほどの確固たる名前がない、父親がいかに恐ろしいかを言い当てるあだ名がないという意が含まれているように私には思われる。

(61) "Je m'attacherais plutôt à un chien". シュナイダーマンはこれを「I'd rather be related to a dog（俺はむしろ犬のほうと気が合うね）」（一八七頁）と訳している。しかしフランス語の原文には、父親は息子より犬のほうをはるかにかわいがっている、息子より犬を熱愛しているという含みがある。

(62) 養子、再婚などの場合には、生物学的な父親の同一性がもちろん問題となるだろう。

(63) 定型化したフロイト派の父親がするように、子どもから母親を分離する象徴的な《他者》として働くのである。

(64) 自我、他我、主体、そして《他者》という四つの場所はすべて、大まかに言えば各「個人」の「なかに見出される」。つまりシェーマLは分析的関係の想像的あるいは象徴的成分を理解するのに使えるが、各「個人」に適用して「精神内空間」や「個人内」構造の見取り図を作ることもできるのである。しかし、シェーマLの半分は精神病者には適用できない（シェーマLは神経症と倒錯に適用できる）。なおラカンは「末期」の精神病について、はるかに複雑な見取り図、シェーマR（『エクリ』五七一頁）〔邦訳第二巻三三八頁〕を提案している。

ここでの主体は、抑圧、すなわち欲望としての母親の原抑圧によって構成されたものとして理解できる。この抑圧によって主体と《他者》の位置が生じるのである。

(65) ここでの関連はフランス語では遥かに直接的である。marteau はハンマーを意味するが、「気が狂っている」を意味するスラングでもある。

(66) ラカンが un を Un というように大文字で書く場合、とくに後期の著作では、それが全体化する、すなわち全体的あるいは完全な単一体を構成するという限りで、それは象徴的秩序のことを指している（おそらく無定形で互いに異なるものごとや出来事の集合を取り上げて、それらを一つとして数えることである。たとえば、私たちが幾多の異質な出来事から構成された歴史上の一時期を取り上げ、それに「ルネサンス」という名をつける場合など）。それゆえ、それは、根本的には象徴的秩序に対して外部にあって異質であり続けるものとして理解される「《他者》」、すなわち、(「《他者》の享楽」の場合のような) 象徴化に抵抗するものとして理解できる「《他者》」と並置されよう。

(67) それは父なる神に似て、名づけることによって無から、何ものかを、つまり主体を作り出す父親である。名づけと創造については第九章を参照。

(68) 彼は、「教授とは名のある人である professeur : c'est un nom」から、教授と連絡を取ろうとしているのである。シュナイダーマンはそれを文字通りに「教授とは『名前』である」と訳しており、ここに含まれる慣用的な意味が失われている。

(69) "homme à la 203". シュナイダーマンはこれを「二〇三号の男」と訳している。しかしフランス語では、アパートの室番号や番地を示すときに à la という言い方は使わない。

(70) 精神病者に処方されるいくつかの薬物治療は妄想的活動を終わらせるが、したがって妄想的隠喩を作り上げる可能性をも妨げてしまうだろう。それゆえ情緒の安定を保つために、多くの場合、薬物治療が際限なく続けられるに違いない。

(71) ブルーノ・ベッテルハイムがかつて言ったように、子どもを育てるには「愛では十分ではない」。現代の「厳しい愛」の支持者たちでさえ、制限を設けることと、法それ自体を設立することとの区別を普通把握していない。両親は多くの場合、子どもたちがそうすることが都合がいいのだという理由だけで子どもたちに制約を課す。この制約は単に両親自身の機嫌や気まぐれ次第なのである。たとえば、私が、学校のあるときは毎晩八時三〇分に寝なさいと子どもたちに言っておきながら、自分につきあわせるために学校のあるときでも子どもを十一時まで起こしておいたとしたら、それは、子どもたちの享楽に対する唯一の制約は私自身であると私が考えていることを子どもたちに示すことになる。私が子どもたちに所有権や速度規制には従わねばならないと言っていながら、ホテルからちょっとした小物をいつも盗んでいたり、スピード違反の呼び出し状をうまく無視するやり方を話していたりすれば、私は、私が私以上の法は受け入れず、正当な規制や制限でも私自身の意志や欲望に対するものは受け入れないことを子どもたちに示すことになる。

一方、象徴的契約という法はすべての当事者に適用され制約を課すものである。土曜の午後は好きなように過ごしなさいと約束するのなら、今度の土曜日の午後を使って子ども部屋を掃除しなさいと勝手に決めることはできない。**象徴的契約に従って、私も子どもと同様に私の約束に縛られるのである。**私が好き勝手に例外をたくさん作るのなら、もはやルールはまったくルールでなくなる。子どもは、私が自分自身を自分の法だと考えていることを感じとって、私を押しのけて今度は自分が自分の法になろうと熱望するだけだろう。

母親も父親と同様に（よりいっそうではないしても）、象徴的契約の法（つまり大文字の「法」Law）〔以下《法》〕の重要性は把握しているであろう。しかし、父親も母親も神経症である場合には、おそらく（次章で見るように）彼ら自身《法》を受け入れることに問題を持っていたり、さらにありがちなのは、自分自身の違反を批判するより、互いに相手の違反を批判したりするのである。自分よりも他人の言葉や行動のなかに、気まぐれ、わがまま、一貫性のなさを見つけることのほうがはるかにたやすい。シングル・マザーは、理論上、愛情に満ちた母子の絆も与えられるし、そして自分を超えた法（それは子どもにも自分にも等しく適用され、その結果、必然的に象徴的第三項を導き入れる。スポック博士にせよ、合衆国憲法にせよ、どちらもラカンの用語でいう父の名として働くのである）に訴えることもできる。シングル・ファーザーやゲイのカップルでも同じように理論上、愛と《法》を両方与えることができるだろう。何世紀にもわたって、かなり成文化されるほど両性の性的役割を分担し、愛と《法》を分けてきたにもかかわらず、伝統的な家族構造がどれほど多くの場合、すでに崩壊しているかを考えるなら、同様の成文化された性的役割のなかで育てられた親たち――それが片親にせよ両親にせよ――によって、両方の役割がきちんと果たされる機会はどれほどなのだろうか。こうした場合、おそらく精神病の発症率が上昇するのではないか？

私たちと《法》との関係は明らかに非常に複雑な問題であり、このような短いコメントではその表面をかろうじて引っ掻ぐらいに過ぎない。私たちは法の不公正さ、不道徳さという問題（地方、州、国家の法にせよ国際法にせよ）をいつでも取り上げることができるし、このことはアンティゴネーからソローに至るまで、市民による不服従の伝統から市民権、女性の権利拡大運動まで、無数の形でおこなわれてきたことである。こうした場合に、私たちはその領域の特定の法を越えた権利や公正の観念に訴えて、まず法を権利や公正とするものは何かを問題とし、それからラカンが「保証」と呼んでいるものを問題とするのである。つまり《他者》や《法》そのものを正当化したり、それらに権威を与えるものは何かということである。問題は**保証は決して存在し得ない**ことである。「法」を絶対的に正当化するものは存在しない（ラカンの用語で言えば、「《他者》の

《他者》は存在しない」ということである。《他者》の外部には、《他者》の基礎や支えとして実際に働く安定した岩盤はない。《他者》の一貫性や整合性を保証する外部の地点は存在しないのである)。

現代の小説や映画は、国家の法の合法性や非合法性というテーマ(少なくともアイスキュロスやプラトンの時代から討論されているテーマであり、ルソーからロールズに至るまでの社会契約論の伝統を多量に生じさせたテーマである)に単純に魅力を感じているわけではなく、《法》を実施するために計画されたと考えられる施行、司法、修正のシステムの無力さ(これらのシステムが機能していないので、私たち市民は「法の力を借りずに勝手に制裁を加え」ざるを得ないのである)や、「自由な」国々の「法の支配」を維持するために要請される通常非合法的な秘密任務に魅了されている。

もし現行の法システムが証拠の獲得に関して法の執行機関と手を結んだり、既知の犯人の訴訟手続き上の専門的事項を免除したり、受刑者を刑務所が満員だからと言って釈放したり、弁護士が依頼人の不利になりそうな陪審員を全員ふるい落とすことによって自分が弁護している依頼人の利益になるよう不正工作するのを許したり、政治家や軍人が他のすべての人びとには適用される法廷によってではなく、彼らの同僚によって審理され判決を下されるのを許したりするなら、そのとき、法への信頼は傷つけられる。法は紙上でもっともらしく聞こえるだけで、実際には不平等に施行されたり、多くの場合まったく施行されない。それゆえ、法の力を借りずに勝手に制裁を加えることが大事だと考えるようになる。

一方、再び大衆小説や映画によれば、政府機関(FBI、CIA、諜報機関、国家安全保障局、麻薬取締局のような)で働く者たちは、すでにあるそれぞれの国の法律や国際法を破ることによって法の支配(婉曲に「アメリカ流の生活」と呼ばれている)を守っているのだと信じていると思われる。大統領や議会も知らないまま、秘密の作戦が「アメリカの利益」を守るべく実行されるが、大統領、議会そして大衆は「あまりにも素朴」なのでそうした作戦の必要性を理解できないとみなされている。つまりこうした機関員たちは、りっぱでかっこいい法は、はるかに不潔で、まったく非合法ではないとしても法的に問題のある行動によってしか維持できないのだと見ているのである。こうした観念は、**《他者》を保証するもの、つまり《他者》の《他者》とは、いまわしいほどの残虐さである**ということに他ならないように思われる。しかしこの秘密は決して語られることはない。

「合法性の危機」は根深くはびこっている。かつて承認され奨励さえされていたこと(ネイティブ・アメリカンの虐殺、黒人の奴隷化)は非合法とされるようになった。現代で最も影響力の大きい出来事の一つはケネディの暗殺であり、この出来事によってアメリカ政府の基盤とその法システムが問題となったが、いまだ神秘のベールに包まれたままである。合衆国が公式に宣戦布告をしなかった東南アジア諸国への「秘密の」爆撃は非常に高いレベルの政府官僚によって命令されたものである。

多くのこうした出来事は、左派にせよ右派にせよ最も明らかな法の代表者たちが非合法な行動をとっているという疑いを招くのである。

これまでの法とその代表者は非のうちどころがないと言おうとしているわけではない(それはノスタルジックな議論である)。しかし法の代表者たちが信頼できないように思われれば思われるほど、法そのものが問題とされることが多くなり、私たちもますます法が強要する犠牲を受け入れよう(すなわち制限、去勢を受け入れよう)とはしなくなる。政府の法的部門、司法部門、執行部門の正当性が現在危機にあるとして、個別領域の法を越える公正な《法》、公平で一律に施行される公正な《法》という観念を維持しようとするなら、私たちは家庭でも、少なくともある程度その理想に近いような《法》の経験をしなければならない。こうした経験は現在の典型的な核家族ではめったにできないが、最近主張されるいろいろな習慣によって、その経験はなおさら稀になっているようである。ラカンがかつて悲観的な気分で言ったように、「私は、何か悪いものを取り除くほんのちょっとしたそぶりさえ、さらに悪いものへ陥る道を残すと言おうとしているのではありません。そうすることで、**必ず**、より悪いものへ至るのです」(『セミネールIII』三六一頁)〔邦訳下巻二八六頁〕。

第八章　神経症

(1)「純粋な行為」についてのラカンの定義を考慮しよう。「行為とは、制止されるべく定められたまさにその欲望が表現されている行動のことである」(『セミネールX』第二十三章)。さらにラカンが一年を通じて講義した『精神分析的行為』と題された『セミネールXV』を参照のこと。

(2) たとえば『セミネールIII』二〇頁〔邦訳上巻一七頁〕を参照。

(3) フロイトによれば、無意識は二つの過程から生じる。原抑圧と二次抑圧がそれである。ラカンがこれを受けてどのように独自の用語に翻案したかについては、拙著 *The Lacanian Subject : Between Language and Jouissance* (Princeton : Princeton University Press, 1995) の第五章を参照。もし精神病において無意識が存在しないのなら、存在も、主体も、欲望も厳密に言えば存在しない、ということに注意しよう。

(4)「肯定」(Bejahung) については、「否定」(SE XIX, 235-239)〔邦訳著作集第三巻三五八—三六一頁〕を参照。また、ジャン・イポリットがこの論文に付した長いコメント "Écrits", 879-887〔ジャン・イポリット「フロイトの否定 (Verneinung) についての、口述による評釈」、ジャック・ラカン著『エクリ(I・II・III)』宮本忠雄ほか訳、弘文堂、一九七二—一九八一年、第二巻、三六一―三七二頁〕も参照のこと。コレット・ソレルは、ドイツ語の Bejahung のフランス語の翻訳を admission（英語でも "admission" ないし "acceptance"）とすることを示唆している。彼女の論文 "The Symbolic Order" in Bruce Fink, Richard Feldstein, and Maire Jaanus, eds., *Reading Seminars I and II : Lacan's Return to Freud* (Albany : SUNY Press, 1996), 52 を参照。同書所収の彼女の臨床論文 "Hysteria and Obsession"（二四八―二八二頁）に、私は多くを負っている。

（5）知覚でなく思考を巻き込むという意味での抑圧については、第九章冒頭での否認についての議論を参照。

（6）場合によっては、ある思考が抑圧されるとき、その思考に付着した情動が、最初にその思考を抑圧させた諸力の闘争に巻き込まれることがある。しかしその情動は、対立する諸力によって中和されるので、感じられない。たとえば、私たちの攻撃的な衝動（思考、願望、情動）に、そうした衝動を検閲する道徳判断が対抗すると、怒りや情動はその判断によって、抑制され、バランスを回復させられ、ゼロに戻されてしまう。神経症者はこうした場合、怒っていないと言い、ほとんど感情を表さない。私がスーパーヴァイズしている多くの治療者たちは、こうした患者は過度に「知的」で「自分の感情を表に出せない」と信じている。そして彼らは、患者に「怒りを感じ」させること、すなわち「彼らの感情に触れ」、「考え」過ぎるのをやめることが目標であるとみなしている。このアプローチは要点を取り逃がしている。というのも感情と思考とは手を組んでいるものだからである。普段検閲されている思考が明確に表現されるのは、患者に夢や白昼夢、幻想や言い間違いに関連づけさせることによってのみである。そして、思考がそのように表現されたとき、それと関連する感情も概して、自然に沸き上がってくる。「自分の感情を感じるままにしていない」とか、「すべてを合理化し過ぎている」と患者に対して言うことは、暗示に過ぎない（その結果、患者はしばしば治療者に迎合して、情動をさまざまに見せつけるようになる）し、また、抵抗の解釈をしないで患者を、抵抗しているといって責めることに等しい（第四章参照）。

（7）たとえば『セミネールIII』五七頁〔邦訳上巻七四頁〕を参照。ラカンは一九五〇年代、この考えを繰り返し表明している。

（8）フロイトもこういっている。「私たちはその存在を前提とせざるを得ないような心的過程はすべて『無意識的』と呼ぶ。というのも、たとえば、その効果を通じてどうにかそれを推論しているからである」（SE XXII, 70〔邦訳著作集第一巻四四四頁〕。訳文は引用者による変更あり）。

（9）『ヒステリー研究』SE II, 21-47〔邦訳著作集第七巻一五三―一七七頁〕におけるブロイアーの説明を参照。

（10）実際、抑圧されたものの《他者》への回帰ということが、神経症と精神病を区別するといってよいかもしれない。なぜなら精神病では、排除された材料は、現実的なもののなかに回帰する――精神病的な人はテレビのアナウンサーを見て、他の誰でもない、自分に直接話しかけていると信じこんでしまう——か、あるいは、《他者》(大文字の他者)ではなく小文字の他者によって明確に表現される、と理解し得るからである。

(11) こうした輝かしい分類の「発見者」はもちろん、学会では名声を、クリニックでは富を得たのである。

(12) フロイトは以下のような別の定義も示している。強迫神経症者は、幼少期に**過度の**快を得ている(後に、そのことに罪悪感を抱く)。一方ヒステリー者は、**あまりにわずかの**快しか得られていない。この定義に関するラカンの言及については、『セミネールXI』六七頁〔邦訳九二頁〕を参照。

(13) フロイトは「性行動」という言葉を非常に広く定義している(異性間の性器によるセックスだけではなく、それよりはるかに広い)。たとえば『精神分析入門』第二十章、二十一章を参照。

(14) 「強迫観念-強迫行為」(obsession-compulsion)あるいは「強迫的観念-強迫的行為」(obsessive-compulsive)という用語は誤解を招きやすい。たとえば、強制されるような(強迫的compulsive)行動はすべて「強迫神経症」という診断カテゴリーに入れてしまうことがあるように。反対に強調すべきなのは**欲動は常に強制的(強迫的compulsive)である**ということであり、それはその欲動が強迫神経症的か、ヒステリー的かにかかわらない。

(15) *The Complete Letters of Sigmund Freud to Wilhelm Fliess, 1887–1904*, trans. Jeffrey Masson (Cambridge, Mass.: Harvard University Press, 1988)〔フロイト著、ジェフリー・ムセイエフ・マッソン編、ミヒァエル・シュレーター ドイツ語版編『フロイト フリースへの手紙:1887-1904』河田晃訳、誠信書房、二〇〇一年〕を参照。

(16) 恐怖症については本章末で簡単に取り上げている。ラカンは恐怖症を必ずしも独自の神経症として含めているわけではないことを銘記しておかねばならない。たとえばジャック=アラン・ミレールがこの問題について"An Introduction to Lacan's Clinical Perspective" in *Reading Seminars I and II* で論じている箇所を参照。また、フロイトはパラフレニーを神経症に含めているが、ラカンはそれを精神病に区分していることにも留意しよう(『セミネールIII』二八二頁〔邦訳下巻一五四–一五五頁〕)。

(17) 喪失した対象とその起源については、拙著 *The Lacanian Subject* の第七章を参照。「分離」、およびヒステリーと強迫神経症における根源的幻想を例示した図8・1~8・3に関しては『セミネールXI』第十六、十七章、『セミネールXIV』、『セミネールXV』を参照。図8・1は『セミネールX』第二十一章にも見出される。ジャック=アラン・ミレールの未公刊の講義(とくに一九八三年三月九日、一六日、二三日と一九八四年一一月二一日、二八日の講義)も参照。ここでミレールはラカンの疎外と分離という概念を定式化している。また、多くをこのミレールの仕事に拠っている私の論文"Alienation and Sepa-

ration：Logical Moments of Lacan's Dialectic of Desire", *Newsletter of the Freudian Field* 4 (1990) や、拙著 *The Lacanian Subject* の第五章も参照。分離についてはこの後、第九章でも論じている。

(18) 通時的な用語で時期を語っている、つまり三か月か一歳までは主体客体の区別が存在しない、と言っているというより、むしろフロイトやラカンが示唆しているのは、それが論理的に必然的な契機だということである。子どもははじめ、他の物や人とまったく別個であるとみなせるような物や人として単独に構成されているのではないからである。

(19) ラカンが『セミネールX』で述べているように、分離という段階は、子どもと母親の間ではなく、子どもと乳房の間に生じるのである。

(20) 一九七三年、ラカンは「性別化の定式」(『セミネールXX』七三頁)で描いた表〔第八章注(39)の図参照〕のなかで、$\$$からaへ矢印を書いている。私の見方では、それは強迫神経症における定式($\$ \diamond a$)も妥当であることを確証するものである。こうした定式は、「男性的構造」「女性的構造」とラカンが呼ぶものを概念化するためにつくられたのだが、男性的構造は強迫神経症に、女性的構造はヒステリーに、ある程度結びつけられると思う。ラカンは『セミネールXX』で、男性について次のように言っている。「パートナーを通じて(男性は)対象a以外、何も扱っていません。男性は、性的パートナーが自分の欲望の原因であることを別にして(である限り)、《他者》であるそのパートナーには到達できません。この点で、……それは幻想にほかなりません」(七五頁)。

(21) 第九章で、この方略と倒錯とのある類似性を見ることになる。

(22) 第九章で、分離、およびここで示した分離の説明図についてさらに詳しく説明している。ここでは、強迫神経症者(一般に男性)とヒステリー者(一般に女性)に見られる分離を乗り越えるための各々のアプローチを社会心理学的(あるいは心理学者的)に説明してみよう。

かなり図式的にいえば、たとえば、母親の側は、男の子に対して生まれた直後から必要以上に献身的になる傾向がある。そして母親は子どもに対し、「**僕には何かが欠けているけれど**、お母さんが食べ物や暖かさを僕にくれる」という感じを与えるのである。その結果、男の子は後年、母親に関係する対象(乳房、やわらかく暖かい声、優しい眼差しなど)で自分自身を幻想的に完成させることによって、フロイトがいう去勢コンプレクスのときに課せられる分離を克服しようとする。自分が何か欠けている人間だと感じるようになったからこそ、男の子は幻想のなかで**自分**を完全にしてくれる対象を求めるのである。

他方、娘に対しては、母親は息子の場合と比べ、それほど張り切って養育しようとしないし、少ししか手をかけないように思われる(研究によれば、母親は息子には、娘のときより七〇パーセント長い時間、授乳している)。母親は娘に対して、「お

母さんは何か欠けたところがある」という印象や、「自分がお母さんにそれを与えなければいけない」という感じを与える傾向がある。それゆえ娘は後になり、母親からの分離を、自分自身を対象として《他者》を完成させることで克服しようとする。娘は、欠如しているのは《母親》であり、母親が自らの欠如を補うために対象として自分（娘）を必要としていると感じるようになる。

エディプス化が起きると、この《他者》としての母親を補完しようという戦略は男性の《他者》、通例は父親へ移る。しかしここで述べておきたいのは、それは最初は父親像ではなく、**母なる《他者》** the maternal Other との関係において起こるのだという点である（女性が男性のパートナーとの関係で、少なくとも部分的には自分の母親との関係を再生することは、広く証明された臨床的現象である。この後詳細に論じるヒステリー者の事例では、この戦略が父親像との関係においても、母親像との関係においても働いていることがわかる）。

父親が、母親の関心をひくことに関して、娘より息子の方を強いライバルだとみなす傾向をもち、それゆえ母親から娘を分離させる努力をする場合より、いっそう注意深く母親から息子を分離させる努力をするかぎり、あきらかに父親もここで一つの役割を果たしている。それにまた父親は、母親と娘との関係が、母親（妻）と自分との関係の不十分さを補ってくれるのではないかと感じると、喜んで、娘が母親に慰め、安らぎ、喜びを与えるままにさせておくのである。

こうした状況から生じる分離を乗り越えるためのさまざまな方法は、男性・女性の概念および各々の性に期待される振舞い方に関する社会通念や教えられてきた性的役割と、一致するときもあれば、しないときもある。これらの方法が《他者》との根本的な関係を形成するのであり、その根本的関係は、自分が望む「他者との関係」がどうであるかにかかわらず、他者との関係の仕方がいつも同じになってしまうという事実においてしばしば見出される。つまりそれは、自律的であれ、「馴れ合い」になるな、など、学校や家庭、メディアから教え込まれる目標があっても、それに関わりなく知らず知らずのうちに作られたり、作り直されてしまうような関係のことである。

よくあることだが、満たされない母親の望みを自分の息子に満たさせて喜ぶという父親もいれば、母と娘との間に用心深く距離を保たせる父親もいる。母親の与えてくれるものが自分には必要なのだと、娘に思い込ませる母親もいれば、夫から得られない満足を息子が満たさねばならないと、息子に思いこませる母親もある。なお本書で心理学的な説明をする際には、私は現代西洋社会で「統計的普遍性」と呼んでいるものに対してだけ留意している。

なぜ、たいていの父親、母親が息子と娘をかくも違うように扱うのだろうか。父親、母親自身のエディプス的なライバル心と嫉妬心が明らかに重要な役割を果たしており、また男の子が一家の姓を引き継ぎ、経済生産活動において役割を果たすという事実――以前はまったくその通りだったし、今もある程度真実だが――によって、男の子がより重要であると認識されていることもおおいに関係がある。こうした事情すべてによって、男の子と女の子に対する対照的な態度がもたらされ、それが将来の傾向を始動させ、「性差」あるいは（より正確には）典型的な性的役割を産出し続け、分離を乗り越えるためのそれぞれ異なった方法をもたらすのである。

（23）　ラカンはヒステリー者の語らいを『セミネールXVII』、『セミネールXX』で定式化しているが、そこからこの定式の部分的変更が導き出された。拙著 *The Lacanian Subject* の第九章とそれ以降を参照。

（24）　言葉の最も基本的な構成要素は音素 phoneme で、意味の最も基本的な構成要素は意味素 semanteme だが、ラカンは心的構造の最も基本的な構成要素として「マテーム matheme」を考案している。

（25）　ヒステリーと強迫神経症に関して、ラカンは異なったバージョンのマテームを使っている。一九六〇年代のテクストではラカンは、神経症では「去勢の想像的関数」（−φ）は斜線を引かれた主体の下に位置づけている。

$$\frac{\$}{(-\varphi)} \diamond a$$

ラカンは同じテクストのなかで、（−φ）はどちらの項の下にも位置づけられるとし、それがaの下にある場合は、その根源的幻想は非神経症的であると提案しているようにさえ思われる（彼はこの箇所で、プラトンの『饗宴』でのソクラテスに対するアルキビアデスの欲望に言及している）。『エクリ』の八二五―八二六頁〔邦訳第三巻三三九―三四〇頁〕を参照。

一九六一年（『セミネールVIII』二八九頁および二九五頁）では、ラカンは幾分異なった定式群を提示している。ヒステリーは以下のように記述されている。

$$\frac{a}{(-\varphi)} \diamond A$$

その理由は、ヒステリー者が《他者》との関係において自分自身を対象の位置に置くからである。強迫神経症は次のように書かれている。

$$\not{A} \diamond \varphi(a, a', a'', a''', \ldots\ldots)$$

ここでラカンは、強迫神経症者の欲望のあらゆる対象を等価にするのが「去勢の想像的関数」であると示唆している。去勢はここでは $f(x)$ のような数学的な関数として機能している。異なった対象でも、変数 x の位置にあるとき、同じ関数に従属するのである。強迫神経症の主体は $\not{A}$ と書かれている。なぜならこの主体は「自分自身を示すような場所には決していない」からである。たとえば彼はこう言う。「私は事務員だが、それは日々の仕事に過ぎない。本当はシナリオ作家だ」。指示や定義が与えられても、まさしく「それだ」ということはない。いつも他の何かなのである。

別の文脈でラカンがヒステリーと強迫神経症それぞれを規定した「ファルス（Φ）関数」にも留意しよう。「主体が自らのファルスを犠牲に捧げる失われたシニフィアンのファルス関数、男性の欲望の形態 $\Phi(a)$、女性の欲望の形態 $\not{A}(\varphi)$……」（『エクリ』六八三頁）〔邦訳第三巻一三八頁〕。『セミネールVI』（一九五九年六月一七日）で、ラカンは依然初期の定式をもちいてすべての神経症を規定している。神経症者は自分の欲望を犠牲にして《他者》の要求を満たすべく身を捧げるのである、とラカンは述べている。$\not{S} \diamond a$ は、$\Phi \diamond i(a)$ に変形されており、後者は、欲望の対象――ここでは想像的な他者や自我のイマーゴである対象――を前にして斜線を引かれたファルスを示している。この定式化は間違いなく、『エクリ』での定式 $\not{S} \diamond D$ の先駆けであった。ラカンはここで、神経症者は「《他者》の欠如を《他者》の要求と」混同し、《他者》の要求が神経症者の幻想において対象の機能を引き受けている」（『エクリ』八二三頁）〔邦訳第三巻三三七頁〕と述べている。

こうした初期の定式に関して、もちろん多くの言うべきことがあり得るだろうが、私は本文ではラカンの「去勢の想像的関数」という概念は提示しなかった。というのも、「ファルス関数」というラカンの後期の概念、すなわち Φx として『セミネールXVIII』から『セミネールXXI』を通じて提示された象徴的関数が、いくつかの点で「去勢の想像的関数」の概念に取って代わったのではないかと思われるからである。拙著 *The Lacanian Subject* の第八章を参照。しかしラカンの後期著作で、$-\varphi$ が、対象 a では「決定的なもの」とされている享楽の欠如（ないしマイナス）を意味していることは銘記しておくべきだろう。たとえば *Scilicet* 1 (1968) : 23 を参照。

（26） ラカンの初期のマテームに興味のある読者はぜひラカンの「主体の壊乱と欲望の弁証法」と、セミネールVIII『転移』の第十五章から第十八章までをあわせて参照のこと。また *Hystérie et Obsession* (Paris : Navarin, 1986) という非常に有益な共著のなかに収められているコーズ・フロイディエンヌ学派のメンバーによるさまざまな論評も参照のこと。

(27) デカルトの定式「私は考えている、ゆえに私は存在している。I am thinking, therefore I am.」は、強迫神経症者に非常に良く適合する。おそらくなじみの薄いこの訳は、J. Cottingham による最新の英訳デカルト哲学著作集 (Cambridge: Cambridge University Pres, 1986) のなかにある。強迫神経症者なら、「考えている」の代わりに「数えている」、たとえば自分が口説き落とした女の数、金、心拍数などを「数えている」、と言うかもしれないが。

(28) ラカンが「無意識は《他者》の語らいである」(『エクリ』八一四頁)〔邦訳第三巻三二五頁〕と言うように、無意識は私たちが伝えようとしたメッセージではなく、何らかの《他者》のメッセージ、私たちのなかで話している異質な声である。拙著 *The Lacanian Subject* の第一章を参照。無意識を認識することを拒絶するのは、強迫神経症者が《他者》を無化する別の方法なのである。

(29) これはラカンの一九六一年の強迫神経症のマテーム、$\cancel{A}\Diamond\varphi(a, a', a'', a''' \ldots\ldots)$ と結びつくものである。

(30) ラカンが『セミネールVI』で強調しているように、「これは私たちの経験からはっきりしていることですが、愛と欲望とは二つの異なったものなのです。率直に認めなければならないのは、何かを心から愛していながら、別のものを欲望することもできるということです」(一九五九年六月一七日の講義)。

(31) 英語版に関しては拙訳 "On Freud's 'Trieb' and the Psychoanalyst's Desire" in *Reading Seminars I and II*, 417を参照。

(32) コレット・ソレルの "Hysteria and Obsession" を参照。

(33) ラカンが《他者》(Other) の性 (男性にとっても女性にとっても根底的に《他者》Other であり、異なる同化不能の性である、つまりラカンによれば、存在しない《女性》(大文字の女性 Woman) のことである) と呼ぶものの代表として、彼女は無化され取り消されて、《他者》の性とのいかなる出会いも生じないのである。男性の不能を論じている『セミネールVI』のなかで、ラカンは、男性はしばしば「自分の欲望が満足してしまうことをおそれるものです……それは、自分の欲望を満たすことのできる人間、つまり《他者》にそれ以降依存することになってしまうからです」(一九五八年一二月一七日の講義より) と述べている。

(34) アリストテレスが述べているように、「快は思考を妨げるものであり、快は強いほど、その喜びも大きい、たとえば性的な快のように。それに熱中している最中に別のことを考えられる者などいない」(『ニコマコス倫理学』一一五二b一六―一八)〔『ニコマコス倫理学(上・下)』高田三郎訳、岩波文庫、一九七一―一九七三年、下巻五二頁〕。アリストテレスは問題の強迫神経症者のような人間には明らかに一度も出会ったことがなかったのである。

(35) 最近の *Shape* 誌の記事（第十四巻六号、一九九五年二月）によると、多くの男性へのインタビューの結果、ほとんど全員がある女性と愛を交わしている最中に別の女性のことを空想していることを認めている。

(36)『セミネールXI』の第十六章から十七章を参照。ラカンはこの「消失 aphanisis」という単語をアーネスト・ジョーンズから借用したが、ジョーンズのようには使っていない〔ジョーンズでは性欲消失への恐怖である〕。ラカンは消失と強迫神経症との間、そして消失（「消失機能」）が機能していないこととヒステリーとの間には関連があると述べている。ヒステリー者の根源的幻想は主体を、自分の欲望を意識的に考える主人として強調することはない。つまり、ヒステリー者の願望は、欲望される対象であることであり、思考する物（*res cogitans*）やマシンであることではないからである。消失は関心事ではなく、症状はしばしば心ではなく身体に現れる。強迫神経症者は、消失するという自分の傾向を心配する。ヒステリー者は消失を案じることなく、自分が対象として構成されることに関心がある。ヒステリー者は《他者》としての言語活動をさまざまに同化し、「シニフィアンの主体」、すなわち言語活動、私たちが話すという事実を伴う主体は消失に脅かされていないのである。

もう一つ注意しておきたいのは、不可能な欲望を追求することによって強迫神経症者はヒステリー者と同様、他の何よりも欲望し続けることを望んでいるように見えることである。事実それが欲望の本質、つまり欲望を再生産することであると思われる。

(37) 拙著 *The Lacanian Subject* の第八章を参照。

(38) ラカンのここでの注釈はパリの多くの著名なラカン派の人びとによって検証されてきた。ジャック＝アラン・ミレールは一九八八―一九八九年にコーズ・フロイディエンヌ学派でおこなわれた「DEA講義」の数回分をそれに充てている。英語圏の読者はこの問題についてのコレット・ソレルの啓発的な議論を "History and Hysteria: The Witty Butcher's Wife", *Newsletter of the Freudian Field* 6 (1992) で読むことができる。同じ著者の論文 "Hysteria and Obsession" も参照のこと。

(39) ヒステリー者は欲望する者としての自分の位置を維持するために欲望のシニフィアン（ファルス）に依存していると言えるかもしれない。ラカンも述べているように「ドラが愛しているのはK氏ではなく、K夫人ですが、K氏を媒介として、彼女は欲望するのです」（『セミネールVIII』四二五頁）。『セミネールXX』（七三頁）の「性別化の定式」の表〔下図―訳者挿入〕で、ラカンは、斜線を引かれた大文字の女性という文字（フランス語では斜線を

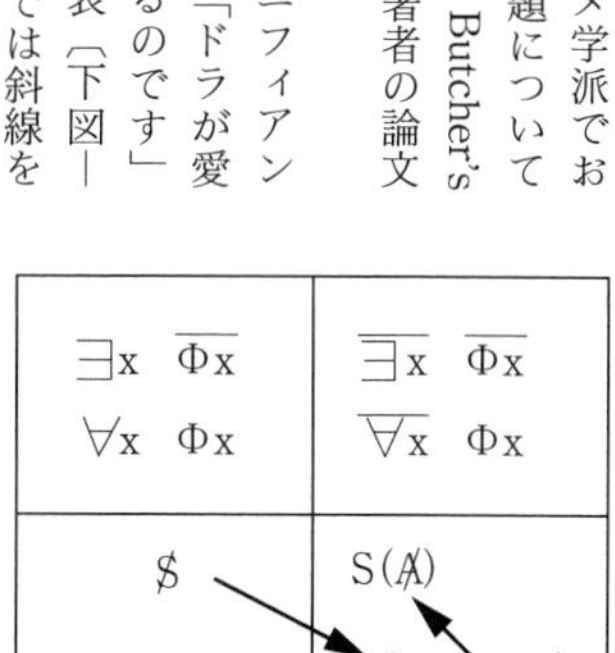

引かれたLaという文字）から、ファルスを表すΦへ向けて矢印を引っ張っている（Laはフランス語の女性定冠詞。英語のtheにあたるが、英語には冠詞に性別はない。斜線を引かれたLaは、女性に普遍的な一般化を施し、全体として「女」という一つの枠に括ることは不可能であり個々の女性だけが存在する、ということを示している）。この矢印が示しているのは、女性の欲望はファルスを"*passer par*"、つまり男性の印、分類のシンボルであるファルスを「通過」、「通り抜け」あるいは「操作」しなければならない、ということである。斜線を引かれた大文字の女性からS(A)へのもう一本の矢印は、欲望ではなく、享楽、《他者》の享楽に関わっている。

ヒステリー的な三角関係も同性愛のカップルを形づくる。たとえば、レズビアンのヒステリー者は、自分の女性パートナー《他者》としての）のなかに、別の女性への欲望を探し出そうとし、彼女と同じように欲望するようになるだろう。

（40） 多くの事例（「肉屋の女房」の事例ではないが）で、ヒステリー者が男性の役割を演じるようになる場合、それは問題の男性――普通は父親である――が、「自分の役割」を果たしていないからである。たとえば、家庭のなかで父親が、娘から母親を引き離そうとせず、娘が自分の場所を持つ権利、母親が見ることができない日記、その他の個人的な事柄など、境界をきちっと強調しようとしない場合、娘が自分なりに自らに制限を課すようになるものである。私のスーパーヴァイズしたある事例では、娘はありとあらゆることで、母親から言葉の虐待を受けていたが、父親は隣の部屋でテレビを見ているのだった。娘は自分で言っているのだが、「爆発」するようになった。かなり激しい叫び声をあげて、母親を黙らせるのである。これはこの娘が望んだことではなかった。彼女は自分を守ってくれるのは父親の仕事だと思っていたからである。しかし父親は間に入ろうとはしなかった。ここでわかることは、ヒステリー者が男の役割を果たすのは、ほんとうの男がいない（*faute d'un vrai*）からである。すなわち、鍵となる現実の男性がいない、あるいは、父親は何をなすとされているか、その社会的概念によって決まってくる役割を果たす男性がいない、からなのである。

この事例からは、母子関係の性愛化（これは疑いなく、母親が娘を怒鳴りつけているうち「すっかり興奮して」しまったこと、つまり母親が娘をしかりつけているとき、かなり猛烈に情熱的に興奮したことの結果だが）についてのヒントも、母親に対抗する仕方を説明するために娘が選んだ「爆発する」という言葉に見て取ることができる。娘に対する母親の行動には「倒錯的な」特徴があり、そのために、母親が越えられなかった掟、限界、境界を自ら宣言せざるを得ないほど、娘が追い詰められたことがわかる。あたかも、それは母親が自分はいつ止めるべきか言って欲しいと娘に頼んでいるようなものである（倒錯における法の宣言の重要性については第九章以降を参照）。この母親――彼女自身かなりヒステリー的だが――は、ある精神分析家たちが提唱する不適切な定式によれば、おそらく、限界がまだ見つけられない子どものようであると記述されるだろう。しかし、ヒステリー者が「子どもっぽい」とみなされるとしても、それは「発達上の問題」でしかない。むしろ問題が生じたのはまさに、彼らヒステリー者の子ども時代に、家族内で法がはっきりと明確な形で宣言されたことがほとんどなかったからである。分離の必要性という点で、ヒステリー者と倒錯者は多くの場合、ある程度類似していることがある（とくに第九章の最後を参照）。

別の事例では、ヒステリー者は「男性をつくる」（*fait l'homme*）、つまり出会った男性には、いつも「正しいことをさせ」、崇高で公正に行動させるようにして、その男性を「ほんとうの男」、すなわち真の象徴的な父親像に仕立てるのである。男性が自発的にそうするのではなく、ヒステリー者の方が、彼がとにかく確実にそう行動するよう、一所懸命努力するのである。

（41）「制限は楽しい」とある患者が自分のことを言ったのと同じである。ラカンは、重要なのは、拒食症患者が食べないことではなく、彼女が**無** *nothing* を食べていることであると述べている。「無」それ自体はヒステリーでは一種の対象であり、欲望の原因（ラカンはそれを「無」と言う）である。拒食症患者は**無**を食べることで快を覚えるのである。

（42）私がここで示した翻訳は完全に一つの解釈である。原文はこうである。"Le désir ne s'y maintient que de l'insatisfaction qu'on y apporte en s'y dérobant comme objet." シェリダンの訳はとにかくまったくナンセンスである。

（43）このことがしばしば彼女自身の嫉妬を生じさせるのである。彼女の欲望がまだ生きていることの証明である。しかし彼女は誰に嫉妬しているのか。彼女の夫か。別の女性か。両者にか。欲望の三角関係は多くの場合さらに複雑になり、四角関係にまで発展する。ドラの四角関係についてのラカンの解釈を参照のこと（『セミネールⅢ』一〇七頁）〔邦訳上巻一五三頁〕。

（44）性行動に対するヒステリー者の反感をふまえ、ラカンは、「肉屋の女房」が夫を自分の女友達に与えたいのは、夫が自分ではなくその女友達によって性的衝動を行動化できるようにするためである、と述べている。さらにラカンは一般的な形でこう書いている。「ヒステリー者は……自分自身の謎がその女性のなかに隠されているのではないかとあこがれる女性（たとえば、肉屋の女房がキャビアを自分から拒否するように、自分からサーモンを拒否する「まねのできない」女友達）を男にささげるが、その男がそれを享楽できないように彼女はその役割を奪うのである」（『エクリ』四五二頁）〔邦訳第二巻一八四頁〕。

（45）同様に強迫神経症者もまた自分のパートナーの欲望を不可能なものにする、ということがここからわかる。不可能なのは単純に自分の欲望である、ということではないのである。

（46）両性の間に「関係がない」ことをめぐるラカンの主張については拙著 *The Lacanian Subject* の第八章を参照されたい。ヒステリー者のモットーはここでは「さあ他のどこかへ」であるように思われる。

（47）ジャック゠アラン・ミレールは、愛（の要求）と欲望は男性より女性においてしばしば同じ対象に向けられるのかもしれないと言っている（『故に』と題された彼の一九九四年五月一一日の講義より）。おそらく男性の場合には、より頻繁に欲望と享楽が同じ対象に集約されている。

(48) たとえば『エクリ』六〇四―六〇七頁〔邦訳第三巻二九―三四頁〕でのラカンのコメントを参照。

(49) ラカンの正確な定式は英語に直すのがより困難なものである。"Que l'Autre ne jouisse pas de moi!" これは「《他者》は決して私を享楽 get off しないだろう」「《他者》に決して私を享楽させないようにしよう」ないし「《他者》が私を享楽しませんように」「《他者》に私を享楽させるな」などといった意味である。ジャック=アラン・ミレールが一九八五―一九八六年の講義「外密性」（未公刊）の講義（一九八六年二月五日）で述べたこの句についての注釈を参照のこと。

(50) この点については "Hysteria and Obsession" でのコレット・ソレルの読解を参照。

(51) この部分はきわめて難解な論文「主体の壊乱と欲望の弁証法」（『エクリ』八二六頁）〔邦訳第三巻三四一―三四二頁〕から引用している。「去勢は（根源的）幻想から一本の鎖を作り出す。柔軟であると同時に延びることはないこの鎖によって、自然の限界をほとんど超えることはあり得ない対象備給の固着（*l'arrêt*）が《他者》の享楽を保証するという超越的な役割を担う。その《他者》がこの鎖を「法」において私に伝えるのでもあるが」〔arrêt はフィンクによって補われたものである。なお、フィンクによる英訳では fixation という語が選ばれているフランス語の arrêt は、本来は停止を意味する名詞である。フランス語でも固着には通例 fixation が使われる〕。

(52) ジャック=アラン・ミレールの "A Discussion of Lacan's 'Kant with Sade'" in *Reading Seminars I and II: Lacan's Return to Freud*, 212-237 を参照。およびサド的超自我の猥褻な享楽に関するスラヴォイ・ジジェクの数多くの論考を参照。この意味で父の禁止によって禁ぜられた《他者》との関係から生まれる享楽は、その禁止にもかかわらず偽装された仕方で獲得されるということになる。

(53) これは、ラカンが別の文脈（セミネールXII『精神分析の主要問題』）で用いている用語を借用すれば「縫合」であると言えるかもしれない。この用語はジャック=アラン・ミレールがその論文 "Suture", *Cahiers pour l'Analyse* 1-2 (1996): 37-49 で用いたことから有名になったものである。英訳には "Suture (Elements of the Logic of the Signifier)", *Screen* 18, no. 4 (1977-78): 24-34 がある。《他者》へ開かれていることが、外科的な切開が縫合され元に戻るのと同じように、閉じられ縫い合わされるのである。

(54) そして間違うのは常に分析家であり、責任があるのも分析家のほうだろう。ヒステリー者は《他者》を非難するが、それは《他者》が彼女の存在を認めるからである。他方で強迫神経症者は自分自身を責める傾向のほうがはるかに強い。

（55）拙著 *The Lacanian Subject* の第九章を参照。より一般的には『セミネールXVII』（同書でラカンは「四つの語らい」をかなり詳述している）および『セミネールXX』を参照。コレット・ソレルはこのヒステリーの語らいから分析の語らいへの移行について、論文"Hysteria and Obsession" in *Reading Seminars I and II*, 276で論じている。

（56）S_1とS_2については本書ではまったく説明していない。読者は『セミネールXI』、および拙著 *The Lacanian Subject* の第五、六、八、九章を参照のこと。手短に言えば、S_1は主人のシニフィアンであり、それだけを切り出してみると主体を従属させる力を持つシニフィアンである。しかし他のシニフィアンと結びつくと、主体化が生じ、意味（小文字で*s*と書かれる）が発生する。S_2はその他のシニフィアン、つまり他のすべてのシニフィアンのことである。「四つの語らい」ではS_2は総体としての知を表す。

（57）ラカンが示した「四つの語らい」には、強迫神経症の語らいそれ自体はない。しかし私には、強迫神経症の語らいに最も近いのは、ラカンが大学の語らい、アカデミックな語らいと呼んだ語らいであると思われる。拙著 *The Lacanian Subject* の第九章を参照。あわせて『セミネールXVII』、『セミネールXX』を参照。

（58）拙著 *The Lacanian Subject* の第八章を参照。

（59）強迫神経症における限界に関する詳しい論考は拙著 *The Lacanian Subject* の一〇九―一一二頁を参照されたい。

（60）もし本当に、ロベールにそうした犠牲が課せられたならおそらく彼にとって非常に有益であったろう。しかし、これまで見てきたように実際はそうならなかった。鼠男もまたある権威的な人物（「冷酷な大尉」）との出会いから分析を受けるようになったのである。この大尉は体罰刑を面白がり、鼠男の目には自分に犠牲（鼻眼鏡代を違う相手に払わせようとすること、そして／あるいは馬鹿にすること）を課そうと狙っているように思われたのだった。

精神病者は「一なる父 One-father」と出会ったときに精神病の発症を経験するように思われるが、それと同様に神経症者も《他者》の欲望あるいは享楽と直接に出会ったときに発症するように思われる。

（61）実際、ロベールの姓は世界中にその名を知られた人物と同姓であり、その名に恥じないように行動するのはきわめて困難な姓であった。

（62）第三章で見てきたとおりである。拙著 *The Lacanian Subject* の第一、四、五、七章も参照されたい。

（63）こうした点は『セミネールVII』でラカンが素描した方向に時折表れていたものでもあった。すなわち、それは自分の欲望をあきらめたとき、すなわち、自分が「願望する」ことをおこなう代わりに自らの内的な批判精神や象徴的な理想に従った場合に生じるのである。これは、ラカンの後期の定式を考慮すれば「自分の欲動をあきらめる」と翻訳できるかもしれない。この点は第十章以降も参照して欲しい。

(64) つまりラカンがかつて述べた「自分の幻想の滓」である。この滓は主体自体でもある。すなわち便をためておくことで問題となるのは、主体の誕生である。これは、黒いマントを着てうずくまる人物、彼が石を投げつけた理想化された女性という彼の夢のなかのイメージともおそらく関連があるだろう。

(65) この分割は、母親を立ち入り禁止にしエディプスコンプレクスに終止符を打つとき、男の子の場合、去勢コンプレクスからいわば直接派生するように思われる。女性の世界が二つの下位区分、つまり母親とそれ以外のすべての女性とに分けられてくるのである。男の子にとって、母親が、父親の禁止や威嚇によって接近不可能なものとなり、最も重要な満足を男の子に与えるものとして喪失されている限りにおいて、彼女は理想化されるようになる。こうした理想化された母親像は、その愛も完全であったかのように遡及的に思われ、母親が父親と実際にセックスしていて男の子の信頼を裏切ったなどと想像されないのである。男の子は純潔な受胎の産物でなくてはならず、ここに聖母のイメージが生まれる。これほど絶対的でない場合には、男の子にとって母親は、子どもの数と同じ回数しか父親と寝たことはないものとされる。

男の子はその後、別の女性たちを捜し始めねばならないのだが、彼女たちは普通、どこか不完全である——たとえば、それほどスマートではない、きれいではない、など——といって非難されるのである。彼女たちの愛は信用できない、不実だ、無条件なものではない、つまり彼女たちは相手より自分の満足を大事にする詐欺師や売春婦の素質をもっている、などとはっきり言われることさえある。しかし、どこかしら母親に似た女性は、男の子の心のなかで、母親の特徴すべてを、ゆっくりにせよすばやくにせよ獲得し、母親像になっていくのかもしれない。女性はたいてい、自分が夫を子どもに変えて、夫の母親であることを認めて、ようやく幸せになれるのだとフロイトが言ったとすれば、コインの裏面は少なくとも一緒なのである。

(66) これ（“Jouissance happens”）は、“Shit happens”（「くそが出た」）という表現の宿命論的な意味合いとして理解されるべきである。

(67) ここでもロベールの強迫神経症的なスタンスの起源を見て取りたくなるかもしれない。つまり享楽に対する嫌悪と罪悪感である。ファルス的な対象の機械的な性質が、彼自身の器官から享楽を剝奪しなければならないように思わせるのである。それはおそらくは彼がその光景をこっそりと見てしまったということから生じた罪悪感に由来しよう。彼は子どものときそうした光景を見ているところを見つけられたのだろうか。多くの強迫神経症者とは違い、ロベールは女性のオルガスムに魅惑されると主張した。あまりに強過ぎる興奮は、そのような光景を見てしまったこと、想像的に享楽を得たこと、それ以来罰せられてきたことから生じたのだろうか。女性にオルガスムを感じさせようというあらゆる試みは、父親に対する反抗というところがあったのだろうか。つまり「ふさわしい」女性、すなわち母親のような女性の場合にだけ、そうだったのか。こうした疑問について、ロベールの分析経過が短期であるため、どれにも答えが得られなかった。

ロベールが幻想のなかでとり得る四つ目の立場は、部分対象、すなわち対象 *a* としてのファルスの位置である。この位置は次章で見るように倒錯の位置、つまり《他者》の享楽の原因となる対象としての主体を思い出させるものである。ロベールは二者択一的にファルス的対象として、男と女の間の「接合部 *copula*」、父と母の仲立ち・連結・ちょうつがい・要として理解できる。こうしたロベールの位置はヒステリーの位置を連想させる。ヒステリー者はたいてい自分を関係のつながりの中心にいると考えているし、さらに言えば、二人の他者の関係を可能にするのは自分だとみなすのである。その意味でヒステリー者は、そうでなければ結びつかない二人の人間——たとえばパパとママ——の間を取り持ち、仲介し、交渉させ、結びつける者である。

以上述べてきた、ロベールにおける「主体の位置」の四つの可能性が互いに排他的であり各々で完結している、とみなすべきではない。夢を見る者は事実上、夢のなかのすべての人物によって代理されているとフロイトが述べているように、幻想する者は事実上、自分の幻想のなかのすべての人物や筋書きによって代理されているであろうから。

（68）フロイトの論文 "Remembering, Repeating, and Working-Through" (SE XII, 147–156)〔『想起・反復・徹底操作』邦訳著作集第六巻所収〕を参照。この光景は四歳か五歳程度の早い段階に起こった可能性さえある。ジャンヌの父親がいつフランスを去ったのか、不確かなことしかわかっていないからである。ここで注意しておきたいが、ヒステリーの場合たいていそうであるように、その出来事は忘れ去られたままだが、強迫神経症ではその出来事は一般的に想起され、その情動的な衝撃が想起されない。前者では、出来事の表象自体が抑圧されているが、後者では抑圧が表象と情動とを分離するのである。

（69）この介入については、事例呈示後の注釈の所で少し論じている。

（70）フランス語では la vue は「視野」「光景」「視界」なども意味する。つまりそこで見られているもののことである。つまり彼女の視力の問題はおそらく、北アフリカの冷たい玄関から彼女が見たことと関連しているであろう。たぶん彼女が見たことは、ある意味で彼女の創作活動のエネルギー源でさえあった。

（71）フロイトの言葉でいえば、もちろん、彼女がエディプスコンプレクスを解消していなかったということである。別の文脈では、父親は精神病の息子を生み出すタイプの人間だったと思われる。幸いにも彼には娘が五人だった。

（72）複数形 *amoureuses* ではなく、単数形 *amoureuse* に言い間違えたとみなす〔発音上は *amoureuses* と *amoureuse* は同じになるので、この解釈もできる〕なら、この言い間違いが彼女を「たくさんの男性」の位置においているとみなすこともできる。この意味では彼女は恋していた男たちの一人なのかもしれない。そうなるとこの言い間違いは女性求婚者の欲望を示すものとなるが、この夢でのジャンヌの連想からはそうした欲望はまったくうかがえなかった。

(73) 「男らしい」、「女らしい」は慣習的な意味しかない、かなり大雑把な語である。この点に関する詳細な議論は拙著 *The Lacanian Subject* の第八章を参照。

(74) 夢のなかで彼女が言い寄るのをベルトランに拒否させたことは、後述のように、彼女自身による制止の一種の外在化でもあった。彼の方が彼女を拒んだのなら、いつも彼女がそうしたように、自分でストップをかけなくてもよいのだった。

(75) **"Bertrand a mal"** つまりベルトランがどこか痛がっているとき、たとえば腹痛のときなど、私はとても我慢できないのです、とジャンヌがあるとき言ったこともあった。彼女は彼に同一化し、彼女も同じところが痛んだのだろう。注目すべきは、フランス語で ***"mal"***（「痛み」、「悪」）と ***"mâle"***（男性）が、普通同じように発音されることである。

(76) 彼女が「不実な dishonest」というどころか、さらに「非合法な」「不法の」「秘密の」「適法でない」(*pas bien catholique*) などということも等しく十分に言えたであろうという点で、これは言葉の一つの**選択**であった。

(77) 金を受け取りセックスすることによって、セックスを受け入れられるものとする、というのは、ラカンが言っているように、セックスがある意味でほとんど誰でも尊重せざるを得ない「普遍的なシニフィアン」と同等になるからである。事実、誰でも「私は金のためにやっている」という理由は理解する（認めないにしても）。働いていると売春婦のような気分になると人びとが口にするのは、よく聞く話である。いろいろな標準以下の仕事や適法でない売買を正当化するのは、それで金をもらっているという理由である（実際、ある患者が言ったように、「あらゆる仕事は売春である」）。こうした文脈では、セックスは道徳的に非難されるべきものではなく、必要な活動とみなされる。ある特定の女性患者（ジャンヌのような）にとって、金を受け取らない「普通の」セックスが、数多くの制止や、罪悪感、怒り、苦痛、裏切りなどの圧倒的な感情に囲まれてしまっている場合、おそらく金がそうした強い情動をかなり無化し中和するのであろう。金は優れた地ならし機であり、イコライザーである。

(78) ラカンは、すでに見てきたように、欲動はすでに両親のような《他者》をかなりの程度含んでいると提唱している。それゆえ私は欲動と（理想としての）《他者》との間に絶対的な対立があるとは言いたくない。諸欲動において主体は《他者》の要求との関連で構成される。そして両者が互いに矛盾するような場合でも、《他者》はすでに満足に対する反応の種を当然まいているのである。この問題のさらなる議論については第十章を参照のこと。

(79) 別の夢は、ジャンヌがあらゆる面でセックスに興味がないわけではないことを証言しているように思われた。たとえば、彼女は、「長い『象の鼻』*trompe* とマイクを持った鯨」（*trompe* は文字通りには象の鼻を意味するが、騙す、裏切るという意味の動詞 *tromper* の一語形でもある）という形をとり、父親と一種の性的な出会いのようなものを経験した。ここから彼女はちょうど見たばかりのある音楽ビデオを思い出した。真っ赤な大きな唇の少女がマイクを持ち、口にそれを突っ込んでいるというビデオだった。これはおそらく口唇欲動の一つの表現とみなせるだろう。これ以外では、ジャンヌと食べ物の関係にしか、拒食症についてのヒントとなるような口唇欲動の表現は見出せなかった。

ここで注目しておきたいのは、フロイトが事例ドラの場合に、ドラの「性的なものの拒絶」をアプリオリなものとみなしていないことである。フロイトはむしろそれを、幼児期の性的な経験がかなりの抑制を生じさせた結果と考えている（SE VII, 87-88）〔邦訳著作集第五巻三三九頁〕。

（80）　現実的なものや原因をめがけて打つという解釈については、拙著 *The Lacanian Subject* の第三章を参照されたい。問題の光景がジャンヌを固着させたという限りで、その光景は S_1、すなわち主人のシニフィアンとして機能したのである。実際、S_1 が私の解釈（*The Lacanian Subject* の第六章で説明したような意味での）を通じて「弁証法化」され、その結果、主体としてのジャンヌが S_1（現実的なもの、つまりいまだ象徴化されていない光景）と S_2（現実の光景の言語化、解釈）との裂け目、接続、あるいは連結として生じたのである。この点で、これは、それ（異他的な非人格的な力）がかつてあった所に主体が誕生する、すなわち主体化の例であった。これは結局、フロイトの“Wo Es war, soll Ich werden”という命令のラカンによる解釈である。*The Lacanian Subject* の第六章で示したように、S_1 と S_2 の間の主体性の閃光は、喪失をも意味する。この事例の場合、症状がそれ以降もはや現れることがなかったことから、喪失は症状によって与えられた享楽（たとえそれが苦痛に満ちた享楽でも）の喪失として位置づけられると思われる。

（81）　ここでベルトランは明らかに、彼女が彼のいない所で密かに浮気をしていたかのように反応している。彼が彼女との関係に満足していないようにみえるのに、彼がどうして彼女の分析にこれほど反対したのか、と不思議に思えるかもしれない。あれほど嫌がっていた彼女とのやっかいな関係から彼が逃げ出さないのはなぜだったのだろうか。

（82）　これを、両親への過剰な欲望を生じさせる両親との過度に親密な関係から説明したいという誘惑に駆られるかもしれない。こうした欲望が誘惑的な出来事（現実のものであれ想像されたものであれ）において満たされると、過度の快がそこから生じる。しかしそれにしても、なぜ両親との関係が過度に親密であったのだろうか。

（83）　拙著 *The Lacanian Subject* の第八章を参照されたい。

（84）　ラカンもこう言っている。恐怖症とは「神経症の最も単純な形態です」（『セミネールVI』一九五九年六月一〇日）。フロイトは恐怖症について次のようにコメントしている。「恐怖症とはさまざまな神経症の一部を形成する症候群とのみ考えるべきであり、それを独立した病理学的な過程として位置づけなくともよいことは確かであるように見える」（SE X, 115）〔邦訳著作集第五巻二五三―二五四頁〕。

（85） ラカンが述べているように、恐怖症の対象――ハンス少年の事例では馬――はΦ、すなわち「すべてのシニフィアンの価値を担ったファルスである。必要があれば父親のファルスといってもよい」（『セミネールIV』四二五頁）。ラカンは至る所で、「恐怖症の対象を、《他者》の欠如（つまり《他者》における／の欠如）を補塡する（に栓をする）ための万能のシニフィアンとして」定義している（『エクリ』六一〇頁）〔邦訳第三巻三八頁〕。

（86） 言いかえれば、ヒステリー者は、次章でみる倒錯とは違って、《他者》の**欲望**の原因となることを熱望し、《母親》に**満足**（慰め、同情、愛撫など）を与える対象としての自分の役割を残すことができるのである。ヒステリー者が《他者》を補完しようとするにしても、それは欲望のレベルでなされるのであり、享楽のレベルではない（図8・3は欲望を伴っている。他方、倒錯を表す図――図9・1左側――は享楽を伴っている）。

（87） 第九章で、ハンス少年の恐怖症および、それと父性隠喩との関連について、少し説明している。恐怖症については本書の続編で、より紙数を割いて論じるつもりである。ここでは、ハンスが父性隠喩をうまく支えられるのは、彼の馬恐怖症が続く場合だけであるということのみ指摘しておきたい。ハンスは恐怖症が消失しても、私のみるところ（ラカンが『セミネールIV』で示した見方でもあるが）、普通の神経症者にはならない。疎外は起きていても、分離がまだなのである。

第九章　倒錯

（1） たとえばRobert J. Stoller, *Sex and Gender* (New York: Science House, 1968) を参照。同著で扱われている多くの事例は、倒錯というより精神病として理解したほうがよいものである。そうした事例に関するMoustapha Safouanの議論も参照のこと。Moustapha Safouan, "Contribution to the Psychoanalysis of Transsexualism", trans. Stuart Schneiderman, in Schneiderman, ed., *How Lacan's Idea Are Used in Clinical Practice* (Northvale, N. J.: Aronson, 1993), 195–212を参照。この論文の初出を含む旧版の論文集のほうが多くの読者に馴染みがあるだろう。*Returning to Freud: Clinical Psychoanalysis in the School of Lacan* (New Haven: Yale University Press, 1980) を参照。ラカンの『セミネールXVIII』（一九七一年一月二〇日）も参照のこと。

(2) こうした「けっこうな」診断区分は、*Diagnostic and Statistical Manual of Mental Disorders* (DSM-III-R)〔邦訳 The American Psychiatric Association 編『DSM-III-R 精神疾患の診断・統計マニュアル』高橋三郎ほか訳、医学書院、一九八八年〕では「パラフィリア」という一般区分に包括されている。このあまりに広範に使われ過ぎのきらいがあるマニュアルの著者たる精神科医たちは、より科学的に響くこの用語を採用し、政治的にはそれほど穏当ではないようにみえる「倒錯」という言葉を避けたと思われる。しかし、「パラフィリア」に関する詳細な議論のなかでは、きわめてひどい政治的、道徳的な言い回しが多い。たとえば、「〔相手に辱められるという〕パラフィリアのイメージは……比較的無害なものであり……」(二七九頁)〔邦訳二四七頁〕、「**正常な**性活動には、性的伴侶の行う接触や愛撫による性的興奮がある」(二八三頁、強調は引用者)〔邦訳二五一頁〕といった具合である。

(3) ラカンが『エクリ』六一〇頁〔邦訳第三巻三八頁〕で「シニフィアンによる切り取りによってかいま見える対象としての、すべての倒錯の根本的なフェティッシュ」について語っている箇所を参照。この言い方には、すべての倒錯においてフェティッシュとしての対象は決定的なものであるという含意がある。シニフィアンによって分離された対象(未分化な場から「切り出される」と同時に、前景と後景とを作り出す)については、本章で後に論じている。

(4) J. Laplanche and J.-B. Pontalis, *The Language of Psychoanalysis*, trans. D. Nicholson-Smith (New York: Norton, 1973)〔ラプランシュ/ポンタリス『精神分析用語辞典』村上仁監訳、みすず書房、一九七七年〕の否認 *Verleugnung* の項の見事な議論を参照のこと。同書は、フロイトの最も重要でかつ複雑な諸概念に関して百科事典的な分析を提供してくれる必携書である。この *Verleugnung* という言葉を訳す際、フランス語では時として *démanti* という言葉が使われることにも注意。*démanti* は、「偽る」「(何かに)うそをつく」ということを意味する動詞 *démentir* から派生した語である。

(5) SE X, 11〔邦訳著作集第五巻一七七頁〕より。同じく SE XXIII, 276〔邦訳全集第二十二巻二六五—二六六頁、著作集第九巻一五三—一五四頁〕も参照。

(6) フロイトが SE XXI, 153〔邦訳著作集第五巻三九二頁〕でこの用語に言及している箇所を参照のこと。

(7) 拙著 *The Lacanian Subject: Between Language and Jouissance* (Princeton: Princeton University Press, 1995) でのこの用語に関する議論を参照のこと。この用語はフロイトの関連語 *Triebrepräsentanz* (欲動の代理) との関係で理解されねばならない。この *Triebrepräsentanz* は、思考のレベルにおいて欲動の代表という意味である(たとえば、「私は義理の姉妹と寝たい」という思考など)。

(8) あるいは「欲動の代理 representative of the drive」(*Triebrepräsentanz*) である。つまり、思考のレベルでの欲動の表象

である。ストレイチーは *Triebrepräsentanz* を "instinctual representative"〔本能の代理〕と訳している。

(9) フロイトは時として去勢そのものが拒否されていると示唆しているようにも思われる。言いかえれば、母のペニスは切り落とされており、だから自分自身のペニスも切り取られるだろうという**観念**が拒否されていると。この場合、一つの観念、「すべての人間はペニスを持っている」は意識に残っている、とも思われる。その一方で正反対の観念は心のなかから押し出されてしまう。これではフロイト自身の抑圧の定義と同じになってしまう。

(10) ラカンも述べているように、「定義により、現実的なものとは充ちているもの」(『セミネールIV』二一八頁)である。つまり、現実的なもののなかには何一つ欠如など存在しない。同じく『セミネールVI』(一九五九年四月二九日)も参照。そこではラカンはこう述べている。「現実的なものそれ自体は、常に充ちたものとして定義されるのです」。おおよそ同じような考えはラカンの著作のなかに何度も現れている。『セミネールX』でラカンは、この定義の言わんとするところは、現実的なものには穴や裂け目がないということではなく、むしろ現実的なもののなかでは**失われているもの**は何一つない、何の欠如も欠落もない、という意味であると述べている。

(11) 実際、ヒステリー者が私たちに教えるように、知覚それ自体も「無垢」ではなく、知覚が科学的に客観的な過程であって私たちに「現実の外界」の「真の見方」を与えてくれる、というわけではないのである。それぞれの文化によって、その言語がもたらす弁別機能に応じて違ったように「知覚する」のである。

(12) ラカンが『セミネールIX』で、クラインの壺やクロスキャップといった面構造を使って、内部と外部の間に明確な線を引くことがいかに問題であるかを示そうとしたことを考えてほしい。拙著 *The Lacanian Subject* の第八章末も参照。

(13) 言いかえれば、何らかの抑圧が起こっていたのである。何かが「心の外に」押し出されたとするなら、初めはそれが「心のなかに」あったのでなければならない、ということに注意しよう。まずそれが一つの思考であり、すでに象徴化されていたのでなければならないのである。

(14) 言語活動、法、そして象徴的なものの重要性にほとんど重きを置かない理論家、実践家は、ラカンが母親の重要性をなおざりにしたまま、フロイトを不適切に体系化したとおそらく考えるだろう。フロイトを丹念に読めば誰にでもわかることだが、フロイトの仕事全体を通じて、父親には第一級の重要度が与えられている。ラカンは単に、前エディプス期の重要性を強調してフロイトを批判する者たちをやりこめる方法を、フロイト派に提供したに過ぎない。言語活動と法が出現することで、前エディプス期は書き換えられ、上書きされるのである。「前性器期は……エディプスコンプレクスの遡及的な効果によって組織化される」(『エクリ』五五四頁)〔邦訳第二巻三二八頁〕。エディプスコンプレクスが時間的にはそれより先立つものに対して遡及的に効果を与えるのであり、エディプスコンプレクスが象徴的な操作であることを示しているのである。つまりシニフィアン化する過程で、ある連鎖に新たなシニフィアンが付け加わると（たとえば、「父の『否』」という言葉が、「父の名」あるいは「父によって与えられた名」という系列に加わる、など）、それ以前にいわれていたことの意味が変化するのである。言葉が、精神分析において私たちが自由に使える唯一の手立てである以上、分析家として私たちが扱っているものとは、遡及的に構成される意味に他ならず、それに先立つ前エディプス的な関係などではないのである。

(15) これは、ラカンのカテゴリーを使うことで明確にされる必要のあるフロイトの用語の一例である。フェティシストは母親がペニスを持っていると信じている。つまり、それは現実の生物学的な器官であって、ファルスではないということである。というのもファルスとは一つの象徴だからである。言いかえれば、象徴的な秩序の一部分である。ラカンは時として、子どもがその存在を信じ込んでいる器官を粗雑に「想像的なファルス」と述べている場合があるが、これは、子どもが母親が持っていると想像するペニス（現実の器官）のことであると一般には理解されるべきだろう。

(16) この表現はシェイクスピアの『ヴェニスの商人』で使われている。

(17) フロイトは、エスのなかに一つの思考が存続し、自我のなかに別の思考が残ると述べている（SE XXIII, 204）〔邦訳全集二十二巻二四七頁、著作集第九巻二〇七頁〕。この定式はフロイト自身のメタ心理学における、更なる問題へとつながっている。

(18) フロイトは知という観点から自我の分裂を理解するよう促している。フロイトによれば、女性性器の知覚が心のなかから追い出されるのは、それが、父親が本気で男の子のペニスを切り落とすぞと脅していることを暗示するからである（実際、父親が母親に対してすでにそうしたのだと男の子は信じるのである）。高度に備給された器官が失われる可能性に新たに気づくことによって、かなりの不安が引き起こされるのである。この不安は、神経症の場合のように一つの症状が不安を固定したり軽減するよう形成されることによって処理されるのではなく、ある種の分裂（*Spaltung*）の形成によって扱われるのである。この分裂は、「知識」の二つの小片が無矛盾律の局部的な停止によって並んだまま維持されるような分裂である――「女性はペニスを持っていない」と「すべての人間はペニスを持っている」。抽象的で機械的な知識、つまり自分の周囲が言うことを倒錯者が単に繰り返す知識（「女性はペニスを持っていない」）はあるのだが、同時に、ある水準では、それは真実であるという認識も存在し、その思考が倒錯者に不安を引き起こすのである。しかし、以上と並行して、いかなる証拠をも越えた信念へと通じるような一種の主体的必然性、あの耐え難い知の否認が存在するのである（「今はまだ小さいけれど、そのうち大きくなるんだ」）。倒錯者は、女性がペニスを持っていないことを十分承知していても、やはり持っているのではないかと思わずにはいられないのである（"Je le sais très bien, mais quand même"〔わかっちゃいるけど、でも〕）。

神経症は性行動を伴う両立し難い観念に対する防衛から成り立っている。たとえば、この防衛によって「私の夢のなかに出てきたのは私の母では**ない**」という典型的な形式をもつ否定が導かれ、この「ない」が付加されて初めて、その両立し難い観念は意識へ上ってくるのである。一方、フロイトによれば倒錯は一種の分裂を伴っており、倒錯者はイエスとノーを同時に言うのである。

(19) 成功した実業家なら誰でも直感的に理解していることだが、ただで何かを手に入れることがアメリカ文化で重要視されていることを考えてみよう。また銀行強盗（*A Fish Named Wanda* など）や宝石強盗（『ピンク・パンサー』）などを題材にした映画や本、物語がかなりの人気を博していることも考えてみよう。観衆たちはそれらに魅せられ、犯罪者たちに同一化し、ただで巨万の富を手に入れるお手柄を享楽してしまっているのである。

(20) 少なくとも、この強迫神経症者の自体愛的な行動は変形されるのである。彼がマスターベーションを続けているとしたら、それは父の禁止に対する反抗であって、こうしてこの禁止が自慰的な活動の一部となっているのである。《他者》はそれに伴う幻想に含み込まれてしまっている（もちろん必ずしも意識的にではないが）のである。たとえば私の分析主体である女性の一人は、力強い男性にみられていることをめぐって幻想しながらマスターベーションを続けていた。

(21) フロイトによれば、少年の自慰的な行動は一般に母親についての幻想を伴っているという。このことは、すでにそれが他愛的（alloerotic）であること、つまり、別の人物を伴っていることを意味している。さらに私は、非常に未熟な時期を過ぎれば、**自体愛のようなものは存在しない**と主張したい。最初に両親が幼児の身体部位を刺激し、そこに興味を示し、注意を払い、無制限に世話をやいた限りは、幼児が自慰的に身体に触れることさえ、すでにその両親を含んでいるのである。他人との関係——これは「自体愛的な行動」を常に伴う成人の幻想では明らかである——は非常に根本的なものであり、その関係なしには**エロティシズム**それ自体が存在しないように思われる。すべてのエロティシズムは他愛的なのである（All eroticism is alloeroticism.）。

(22) たとえばSE XVIの第二十一—二十二講〔邦訳著作集第一巻二六三—二九四頁〕を参照。

(23) たとえば、ハンス少年の母親の振舞いを考えてみよう。この母親は娘のハンナを叩く一方、息子のハンスの方はベッドのなかに入れ、風呂にも一緒に入る、などしているのである。

(24) 倒錯者の自分のペニスへの自己愛的な強い愛着と「過剰な」欲動についてフロイトが述べている意味をどのように理解できるかだが、私はこのように考えている。欲動とはその起源においては構造的なものでも生物学的なものでもなく、《他者》の要求の関数として発生するのである（たとえば、肛門欲動は、子どもがトイレをきちんと使えて、排泄機能もコントロールできるようにという両親の要求によって生じる）。倒錯者のペニスに対する《母親》の関心や要求が、倒錯者の欲動の強度の原因なのである。

(25) 精神病の場合でも、このことはよく当てはまるだろう。

(26) フェティシズムは倒錯のなかで理論的に非常に重要な位置を占めており、性的器官の代理といってよいものに対する多大なリビードの局在化を伴っている（以下で論じる事例研究で見るように）が、このことは少年に比べて少女の場合にはきわめてまれにしか起こらない。

(27) 同様にラカンは、ドン・ファンは女性の夢であり、何一つ欠けるところのない（"qui ne manque rien"『セミネールX』一九六三年三月二〇日の講義〔第十四章〕）男性という夢であると定義している。ラカンはまた、ドン・ファンは女性の神話であるとも述べている（『セミネールXX』一五頁）。特記すべきは、ラカンが必ずしも、女性のマゾヒズムというものが絶対に存在しないと言っているわけではない点であろう。むしろラカンが言いたいのは、男性が女性のなかにそうしたマゾヒズムを見たいから、それを女性のなかに見ようとするのであり、しかし男性がそう思いたいほど、女性のマゾヒズムはほとんどないのだということである。

ラカンが言っているのは、女性はマゾヒスティックだというこの幻想によって（後で見るように、この幻想には、女性が男性に不安を呼び起こそうとしている、という意味合いが含まれる）、男性が自分自身の不安を享楽する get off 力を維持する、ということである。このとき、男性にとって自分自身の不安が、自分の欲望の条件そのもの（彼の欲望の必須条件）となる対象と一致するのである。欲望とは単に不安を覆い隠したり、偽り隠すものに過ぎない。「男性という領分のなかには、いつもなにがしかの詐欺という存在がある」（『セミネールX』第十四章）。それは、私としては**男性の仮装**と名づけたい誘惑に駆られるような何かである。

(28) 「当人の性の如何にかかわらず女性を愛する人びとを、定義によって『異性愛者』と呼ぼうではないか」（"L'Etourdit", *Scilicet* 4 (1973) : 23)。

(29) ジャック=アラン・ミレールの "On Perversion" in Bruce Fink, Richard Feldstein, and Maire Jaanus, eds., *Reading Seminars I and II : Lacan's Return to Freud* (Albany : SUNY Press, 1996) を参照。同書三一九頁でミレールは女性の倒錯について以下のように語っている。「女性の倒錯は、それが見えないところに見つけださねばならない。女性のナルシシズムを一つの倒錯、概念を拡張した倒錯とみなすことができるかもしれない。女性が鏡の前で長々と時間を費やし、ひたすら自分を承認する、つまりおそらく自分自身を《他者》として承認しようとするのは、《女性》Womanが《他者》性Othernessそれ自体、あるいは《他者》であるからである。たとえこのことが一つの神話だとしても、非常に重要なことである。女性の倒錯は、ナルシシズムのなかに、女性自身のイメージの核に、あるいはフロイトが提唱したように、子どもに、満足の対象として利用される子どもに見出すことができるだろう」。

「後者の場合、母親と想像的な対象つまりファルスがあることになる。母親はここでは男の子の倒錯の原因となるが、同時に子どもを享楽の道具として利用している。先の定式に従えば、それは倒錯といえよう。最初の倒錯カップルは母親と子どもだったのだろうか。ラカンは五十年代、母親自身の身体と子どもとの関係のなかに女性の倒錯の秘められた表現を見出すことができるかもしれないと述べている」。

「女性の同性愛が男性の器官を排除する限りでは、それを倒錯固有の領域に位置づけることには多少無理がある」。母子関係の「倒錯的」性格と倒錯的構造とをラカンが同じだと考えたかどうか、厳密に考えると私にははっきりしなくなる。

(30) 古代ローマまでさかのぼればこうした弱い父親が文献のなかに多数現れること、そして十九世紀から父親がその圧倒的な権力をなくしたという議論はやや証明不十分であることは心にとめて置くべきだろう。

(31) 以下のやりとり (SE X, 17)〔邦訳著作集第五巻一八一頁〕で、ハンスの母親が、自分以外の女性にハンスが欲望を抱かないよう、彼がそうした欲望を告白する際に、罪悪感を使って邪魔しようとする母親のやり方を考えてみよう。

ハンス「ああ、下に行ってマリードルと一緒に寝たいだけだよ」

母「ほんとにママと離れて下で寝たいの?」

ハンス「ああ、朝になったら戻って来て御飯も食べておしっこもするよ」

母「じゃあ、そんなにパパとママとお別れしたければ上着とズボンを持っていってらっしゃい。バイバイ」

(32) 実際フロイトが述べているように、私たちは快原理によって、緊張や興奮を可能なかぎり最低限のレベルに抑えることを達成するのである。

(33) ラカンが「疎外」と「分離」と名づけた二つの演算について、本書で私がおこなった解説はかなり基本的なものでしかない。より詳細な議論は、拙著 *The Lacanian Subject* の第五、六章を参照のこと。ここでとくに言及しておきたいのは、主体が疎外を通じて言語活動のなかに出現するといっても、それは、単なるプレースホルダー placeholder や欠如 (*manque-à-être*〔ラカンの用語。存在の欠如を意味する〕) として登場するという意味でしかないということである。存在という方向でさらに何かを与えるのが分離である。

(34) この場合、父親が「ファルスのシニフィアン」を与えられていないのである。たとえば、ハンスの想像的ファルス(彼の夢の一つでは、バスタブのコック、すなわち彼のペニスの象徴が配管工に取り換えられる)を「取り外して」、象徴的なファルスに置き換えることができないのである。

(35) 主体の位置は症状と同様、根本的に問題への解答なのである。私が図9・1で示した倒錯者の解答を表す図式は、図8・3で示したヒステリー者の解答にある程度類似していることに注意していただきたい(倒錯者では主体の側がまったく消失しているが)。しかしながら、両者の間には範域上の重要な違いが一つある。ヒステリー者は《他者》の**欲望**(象徴的なもの)を引き起こす対象であろうとするのに対し、倒錯者は《他者》の**享楽**(現実的なもの)を引き起こす対象、すなわち《他者》がそれを通じて満足を手に入れる対象となっているのである。ヒステリー者は第八章で見たように、《他者》が満足を得るための現実的な、物理的な対象であることは拒否するのである。

(36) 分析家は分析主体の問い という位置、あるいは分析主体の満足の欠如という位置を占める。問い――その問いが分析主体の存在理由に関係するか、自分に性的満足を与えるものに対する分析主体の困惑に関係するにせよ――や欠如がない場合には、分析家は自分の役割を果たすことができない。ジャック=アラン・ミレールが言っているように、「知を想定された主体というものが浮び上がってくるためには、性的享楽の場所に何らかの空虚や欠如が必要なのである」("On Perversion", *Reading Seminars I and II*, 310)。

(37) ここでは、リビードの最初の対象、つまり子どもに享楽を与える対象は母親である。

(38) ラカンは欠如の欠如という問題をいささか異なった文脈で取り上げている。子どもが不安になるには、母親が不在であるとき、母親が子どもと一緒にいないときであるとごく普通には信じられているが、ラカンは逆に、不安が現実に引き起こされるのは、欠如の欠如によってである、つまり《母親》がいつもいるときであると述べている。「不安を引き起こすのは何でしょう。一般に言われていることとは逆に、母親の在-不在というリズムや交替が引き起こすのではないのです。その証拠は、子どもは在-不在の遊びに熱中し何度も繰り返すという事実です。母親がいることの安心感は、母親が不在になるかもしれないという可能性のなかに見出されるのです。子どもが最も強烈に不安を引き起こすのは、自分を欲望する者となす欠如にもとづいて自分を生じさせる関係が最も混乱しているときなのです。つまり、欠如の可能性がまったくないとき、母親が常に子ども自身の後ろにいる場合なのです」(『セミネールX』第四章)。倒錯の場合、このラカンの言葉が示唆するのは以下のことである。つまり母子関係が過度に密着しているならば、母親が(自分の「所有する」)子ども以外には何一つ欲望していないように思われ、欠如をもっていると認められないだけではなく、子ども自身も自分自身の人生のなかに欠如を感じられず欲望することができない、厳密に言えば、欲望する主体として存在できないということである。ラカンが教えるように、欲望とは不安を覆い隠すものであると同時に、その救済策でもある。

(39) 倒錯には後ろ向き、前向き、両方のそぶり gesture があると思われる。後ろ向きのそぶりとは、《他者》に満足を与える試みを意味する。前向きのそぶりとは、これから見るように、名づけという父親の行為を支え補完しようとするそぶりである。神経症の場合にも、後ろ向き、前向き両面のそぶりがある。前者には《他者》の欲望になろうとする試みが関係する。強迫神経症では、それは《他者》の欲望のシニフィアンΦを完全に体現することであり、ヒステリーでは《他者》の欲望の原因 a を完全に体現することである。もっともヒステリーの場合には、《他者》の欲望への自らの固着を振り払おうとする試みも伴い、それが分析主体の進路となる。

(40) フェティシズムの利点に関するフロイトの解説を考察のこと。「今やフェティッシュが何を達成し、そしてそれを維持するものは何かがわかる。それは去勢の脅威に対する勝利の印であり、保護であり続ける。それはまた、性的対象として我慢できるような性格を女性に賦与することで、フェティシストが同性愛者になることから救っている。後年フェティシストは性器の代用物からさらに別の利点を享楽していることを感じるのである。フェティッシュの意味はほかの人に知られることがないので、そのフェティッシュを隠す必要はない。それはたやすく使えるし、フェティシストはそれに伴う性的な満足を簡単に得ることができる。ほかの男たちなら必死に努力して得ようとしなければならないものを、フェティシストは何の苦もなく手に入れることができるのである」(SE XXI, 154)〔邦訳著作集第五巻三九三頁〕。

(41) 不安を拘束することは明らかに満足という面から理解することもできる。というのも、それによって、快原理が要求するように緊張のレベルが低くなるからである。同様に倒錯者による分離の設定もこれから見るように満足という観点から理解できる。

(42) *le désir de la mère*〔母親の欲望〕(子どもへの母親の欲望、ないしは母親への子どもの欲望)を既知の事実とみなすならば、母子関係の三者化と分離をもたらす責任が父親の肩にかかってくることになる。

(43) 当人の具体的な行動によって、その人自身が気づいている諸幻想よりも、その当人の根本的な幻想の意味のほうがよくわかるのである、とくに分析の初めには。

(44) 初出は *Scilicet* 1 (1968) : 153-167. スチュアート・シュナイダーマンによる翻訳、"Fetishization of a Phobic Object" in *How Lacan's Idea Are Used in Clinical Practice*, 247-260 を参照。本書で示した頁数はこの英訳版の頁数である。トスタン

によって書かれたこの事例研究は、英語圏の読者にとっては、ラカン理論に精通しているフランス語圏の読者ほど有益なものではない。同論文は数多くの複雑な観念に説明なしに**言及している**だけだからである（フランスで書かれたラカンについての著作は大体そうだが）。しかしこの事例研究を本書での議論に結びつけて考えれば、この論文が非常に魅力的であることに読者も気づかれるだろう。

(45) ある意味では、彼女はどういう形にせよ自分自身を明確にするため、この場合、自分を完璧な母親として定義づけるために、ジャンが病弱の子どもであることを必要とするといえるかもしれない。それゆえ彼女はジャンが自分を必要とするように仕向けるのである。

(46) トスタンが述べているように、母親にとっての**ファルスである**ことから、ジャンは今や**ファルスを持つ**ことについて問いを発することができるのである。つまり「持つこと」は象徴的な出来事である。**所有とは法によって保証されている何かである**。ジャンにとっての問題は、ジャンの父親が彼なりの不器用な仕方によってだが息子から想像的ペニスをどうにか取り除いたのだが、息子に象徴的なペニス、言いかえればファルスをうまく与えることができていないことである。ファルスであることは、想像的なもの、あるいは現実的なもの（母の対象であることを伴う）として理解できるが、ファルスを持つことは象徴的な機能なのである。「持つこと」と「であること」については、『エクリ』所収の論文「転移についての私見」〔邦訳第一巻所収〕を参照。

(47) 六歳の男の子のオルガスムに何が伴っているのか、それほど明らかではない。しかし多くの患者がこうした言葉によって初期の性的経験を語るのである。

(48) たった一つのボタン恐怖症を通して、彼は母親の着替えを二度と手伝おうとせず（そして母親から以前と同じ性的な感覚や苦痛に満ちた享楽を得ようとはしなかった）、母が死ねばよいという願望を表現している。ジャンの恐怖症が形作られたのは、母親が彼に次のように言っている日なのである。「私の小さな坊やがいなかったら私はどうなってしまうのかしら」。彼の恐怖症の症状はこう語っているかのようである。「もしお母さんが僕をもう所有することができなくなったら、お母さんがどうなっちゃうのか見てみよう」、あるいは「僕がいなくなると、お母さんに何か恐ろしいことが起きるのかな」。ラカンが述べているように、分離は以下のように定式化できる問いを伴っている。「お母さんは僕を失うことができるのだろうか」。「僕をあきらめる余裕はあるのだろうか」。「そうしたら、お母さんを殺すことになるのだろうか」。

(49) 一種の *suppléance au Nom-du-Père*〔父の名の補塡〕である。

(50) この問題は、後のマゾヒズムとサディズムについての議論のなかで再び検討しよう。

（51） *Newsletter of the Freudian Field* 3 (1989)：25所収の"Science and Truth"〔拙訳〕を参照。この訳からの引用である。

（52） こうした図式は「カントとサド」（『エクリ』七七四、七七八頁）〔邦訳第三巻二六九、二七五頁〕に見られる。多少詳しい説明が『セミネールX』〔第八章〕に見られる。これらについての詳細な議論は、拙論"On Perversion：Lacan's 'Kant with Sade' and Other Texts"を参照していただきたい。

（53） この意図はマゾヒストの意識的ないし前意識的な幻想のなかに疑いもなく現れている。

（54） 旧約聖書では命令するのは神の**声**である。ユダヤ教では神の声を想起させたり再演するのは贖罪の日に奏でられるショーファという羊の角笛である。ラカンはこのことを『セミネールX』〔第十八章〕で詳細に論じている。

（55） たとえばカントは道徳律から欲望を根絶し、（あらゆる場合に適用できるような）普遍性を追求するなかで人間的な感情、愛着、欲望が入る余地を残さないようにしている。しかし道徳をその媒介から分離することはできないのである。たとえば、父の声が道徳律を述べるときでさえ、その声は欲望や怒り（情熱や享楽）を表現している。

（56） ピッツバーグの裁判官による最近のコメント

（57） ラカンは去勢と男性の性行為との結びつきについて多くを語っている。とくに『セミネールX』後半での議論、とりわけ第二十二章を参照。

（58） ここでラカンは『エクリ』の七七四、七七八頁〔邦訳第三巻二六九、二七五頁〕にみられるサディズムとマゾヒズムについての四項からなる図式を引き合いに出しているのである。

（59） たとえば、SE XXII, 82〔邦訳著作集第一巻四五三頁〕、SE XX, 126〔邦訳著作集第六巻三四七頁〕を参照。

（60） すでに引用したが、ラカンはあらゆる倒錯において対象がフェティシズム的な役割を果たすと述べている。「シニフィアンによる切り取りによってかいま見える対象としての、あらゆる倒錯の根源的なフェティッシュ」（『エクリ』六一〇頁〔邦訳第三巻三八頁〕）。フェティシズムの対象は両親の禁止の宣言によって切り出される。両親の言葉が対象を切り出し、その文脈から切り離し、対象それ自体として構成するのである。離乳の例でいえば、子どもを寄せ付けず、子どもが乳房に近づくことを禁止するのは母親自身なのである。

（61） これが（享楽に結びつく）対象とシニフィアンとの出会いである（『セミネールX』第十三章）。

（62） これはあたかも、サディストが犠牲者のほうにあらゆる欠如をあてがい、自分自身は依然として完全な対象であり、何も欠けておらず、何一つ断念することがないと主張しているように見えるかもしれない。サディストは「《他者》に存在の苦痛を割り当て、自分が自らを『永遠の対象』に変容させていることに気づいていない」。主体の分割は拷問で苦しめられる《他者》、パートナーへ押しつけられる。対象の喪失を《他者》へ要求することによって、サディストは自分を完全なものと考えることができる。しかし自分を犠牲者と同一化する限り、サディストは分離を求め続けるのである。

このことを例示しているよい臨床例がフェレンツィの『著作全集』のなかの、"A Little Chanticleer" という論文にみられる（Dominique Miller が "A Case of Childhood Perversion" in *Reading Seminars I and II*, 294-300 でおこなっている論評も参照のこと）。フェレンツィはアルパッドという名の少年の事例を論じている。この少年は鶏を殺し（偽物のナイフでそうする場合もあれば、使用人に実際にやらせることもあった）喜びを感じるのだが、そのとき、犠牲へ同一化することによって、死んだかのように床に卒倒するのである。彼は執行者（あるいは使用人にそうするように命令する場合は立法者）であり執行される者でもある。

世間の警察におさまっている人間のなかには間違いなくサディストの資格がある者がいる。彼らは、彼らの犠牲者に何を失うことになるのか（命や自由）を知らしめることに喜びを感じるのである。同時に自分も犠牲者である犯罪者とそれほど変わらないと思い込んでいる。警察官や軍人、政治家は自分たちを「法の上に」立つ者とみなしているとよく言われるが、彼らはたいがい自分がやり込めた者たちにかなり同一化しているのである。たとえ逆に相手が自分をやり込めた場合でも（「それは私自身が受けるに値することなのだ」と言わんばかりに）。

(63) ここで立法者としての《他者》は発話行為をする主体（つまり発話行為の主体）と関連づけられ、犠牲者のほうは発話内容の主体（つまり発話された主体）と関連づけられる。こうした用語上での関係づけは、ラカンの『カントとサド』での議論をたどる際の助けになろう。誤訳でわかりにくい現行の英語訳（*October* 51, 1989）を読者が使う場合には、そうはできないが。

(64) 神経症者は《他者》の欲望から分離するのはあまりにも難しいと考えるが、倒錯者は（法としての）《他者》の欲望を生じさせるために大変な努力をする。

(65) まさしく《母親》の欠如が名づけられていないからこそ、それを現実の対象としての子どもによって塞ぐことができるのである。そしてその子どもがリビードを備給された対象として《母親》を完全にし、彼女に享楽をもたらすのである。ひとたび母親の欠如が名づけられると、彼女はこの方法では完全になれない。神経症、倒錯、そして精神病は単に完全さの問題であるとみなされるべきではないが、全体と非全体の弁証法は、ラカンの思考においてはまさに中心的なものであり、さまざまな臨床的、構造的な精神分析のカテゴリーについて重要な視点を提供してくれる。

(66) とくに *The Lacanian Subject* の第五、六章を参照。ここに示した置き換えは六九頁にある。

(67) ラカンはこの神経症の彼岸の具体例として、プラトン『饗宴』のアルキビアデスと、ジャン・ポーランの *Le guerrier*

appliqué (Paris : Gallimard, 1930) の兵士をあげている。

（68） たとえば『エクリ』所収の論文「無意識の位置」〔邦訳第三巻所収〕にみられる「ラメラ（薄片）」というリビードの神話。この論文には拙訳がある。Bruce Fink, Richard Feldstein, and Maire Jaanus, eds., *Reading Seminar XI : Lacan's Four Fundamental Concepts of Psychoanalysis* (Albany : SUNY Press, 1995), 273-276 に所収。

（69） 少数だが精神分析家たちは言語活動と父の機能の重要性に気づいており、そのおかげで、Sheldon Bach のような対象関係論者がとった倒錯へのアプローチのたぐいはたぶん葬り去られるだろう。Bach はサディスト-マゾヒストに関して、次のような陳腐なことを述べている。「こうした患者は養育してくれる母親と欲求不満にさせる母親、あるいは快の母親と苦痛の母親をある程度、適切に統合することができなかったと言えるかもしれない」(Bach, *The Language of Perversion and the Language of Love* (Northvale, N. J. : Aronson, 1994), 17)。

（70） そして固定した指示子である名前は、厳密に言えば、欲望ではなく要求しか満足させることができないのである。

（71） ここで、次のことも思い出しておこう。ハンスの両親は女性性器に関してハンスに教えようとせず、ハンスは、母親はペニスを持っていると依然信じているのである。両親がよりオープンにハンスと性の話をしようとしていたならば、ハンスは、母親にはペニスがないのだから、母親は男性から手に入れたいのだろうと気づいたかもしれなかった（もちろん、そこから単純に自分のペニスが欲しいのだと結論づけた可能性もあるかもしれないが）。

（72） その答えは根源的幻想において与えられる。

（73） 治療者は同じように性の違いを説明することもよいだろう、必要なら写真も使って。そしてこうした事例では、治療者は「母親はペニスを持っていないから、男性から手に入れようとするのであって、息子からはそうすることができないのだよ」と少年に教えるようにアドバイスされるであろう。重要なのは、男性の持っている何かを母親が欲しているということである。母親は自分の外側にある何かを欲望しており、それは彼女に何か、名づけられる何かが欠けているからである。欠如の欠如ほど、不安を引き起こすものはないのである。

第十章　欲望から享楽へ

（1） この点についてはジャック＝アラン・ミレールが一九九三年から四年におこなった "Donc"『故に』（未公刊）と題された講義で、ラカンの著作の優れた時期区分をおこなっているので、そちらを参照されたい。本章の多くの議論はこれに基づいている。この講義の抜粋は以下で翻訳・刊行されている。"Commentary on Lacan's text," trans. Bruce Fink, in Bruce Fink, Richard Feldstein, and Maire Jaanus, eds., *Reading Seminars I and II : Lacan's Return to Freud* (Albany : SUNY Press, 1996), 422-427.

(2) この文脈でフロイトのフリース宛書簡の言葉を参照されたい。「私は確信を持って、周期性の軽症うつの形で生じたヒステリーの一つを遡って明らかにすることに成功しました。……これは十一か月のときに初めて起きたもので、そのときに交わされた二人の大人の会話も聴くことができます。まるで蓄音機から聞こえてくるようです」(*Freud's Letters to Fliess* (Cambridge, Mass. : Harvard University Press, 1988), 226. 一八九七年一月二四日付の書簡)〔ジェフリー・ムセイエフ・マッソン編、ミヒャエル・シュレーター　ドイツ語版編『フロイト　フリースへの手紙：1887―1904』河田晃訳、誠信書房、二〇〇一年、二三二―二三六頁、書簡一一九〕を参照のこと。フロイトはこのように、言葉は理解できるようになるずっと以前から私たちの記憶のなかに記録される、あるいは書き込まれることに気づいていた(同じく前掲書の二三四頁、一八九七年四月六日付書簡も参照されたい〔邦訳二四一―二四二頁、書簡一二三〕。フロイトはここで、「ヒステリー性の幻想はいつも……子どもが早期に小耳に挟み、断片的にしか理解できなかったことにまで遡る」と述べている)。ラカンはだからこそ子どものまわりで「私たちが話すことに注意する」ことの重要性を説いたのだった。「言葉は残る」――言葉は記録されるのである(『セミネールII』二三二頁)〔邦訳下巻四〇頁〕。これとのつながりで、Bruce Fink, *The Lacanian Subject : Between Language and Jouissance* (Princeton : Princeton University Press, 1995) の第二章を参照されたい。

(3) ミレールが("Donc"〔『故に』未公刊〕のなかで)述べているように、欲望はシニフィアンによってとりつかれ、上書きされた死体としての身体にかかわるものである。ラカンの言葉を借りると、「シニフィアンの操作によって、身体は《他者》の寝所を構成する」(*Scilicet* 1[1968] : 58)。言いかえれば、シニフィアンは身体を《他者》の領土、所有地、あるいは媒体に変えるのである。

(4) ここから導き出される結論は、精神分析において、分析の終了 termination は「〔ある決まったコースの〕出口 issue」のようなものではない、ということである。分析家は分析主体に何があろうと戻ってくることを求め続けるが、分析主体は、十分に自分の欲望を見定めることができたのであれば、自分で精神分析をしっかりと終了させる。何週間もかけて分析家との別れを惜しんだり、分析家とともにおこなってきた作業の総括をしたりすることはない。

(5) 拙訳 "On Freud's '*Trieb*' and the Psychoanalyst's Desire," in *Reading Seminars I and II*, 419 を参照されたい。

(6) 奇妙なことに、分析主体は分析に初めてやってきたころ、しばしば欲動を最も異質で、最も《他なるもの other》であると特徴づける。「それは私の欲するものではない、でも、気がついてみるとにかく享楽している」と。

　フロイトの用語でいうと、欲望する主体はある意味で（部分的には意識的、部分的には無意識的な）自我で、エスが求めるある種の満足に対して防衛していると考えることができる。自我はエスが満足を追求していることを好ましからざる脅威と捉える。エスは対象、身体のどの穴を使うか、パートナーは誰で、どんなことをするのかなどを選ぶときにも、社会的な規範や理念を一顧だにしないからである。

（7）*Scilicet* 1 (1968) : 14-30.

（8）第七章で私は、精神病では欲動に対するコントロールがほとんどきかない、と特徴づけた。通常の内的な制止力、象徴的に構造化された自我や超自我（ないし自我理想）が十分なほどには形成されておらず、欲動の自動的な表現に歯止めをかけることができないのである。神経症の場合は反対である。主体は過度の制止のために欲動の求める満足を達成できず、不満足というかたちか、あるいは自らを苦しめるというかたちでしか満足を得られない。つまり、症状の享楽を通じてのみ得られるのである。じっさい、問題の一端は、神経症者は倒錯者と違って、自分が現実に何を通じて享楽しているのかを知りたがらない、という点にある。なぜなら、それが自己イメージに合わないからである。比喩的に言えば、欲望は真の満足がどこからくるのかを知りたがらず、それを組織的に誤認するのである。

（9）ミレールは「症状を解除する *lever le symptôme*」というよく知られた表現を借りて「幻想を解除する *lever le fantasme*」という表現を使っている。症状を取り除くのと同じように、幻想を取り払い、取り除くのである。彼の“Commentary on Lacan's text,” in *Reading Seminars I and II*, 426を参照。

（10）ラカンは（ここでは要求の順序を逆にして）次のように述べている。《他者》は「満たされたい、という私たちの要求に応酬して、私たちが満たされることに甘んじること［すなわち、そわそわするのをやめ、口を開けることなど］を要求する」（『セミネールⅧ』二三八頁）のである、と。

（11）ラカンは「むさぼり食うという幻想で、あるときにその逆転した形、つまりむさぼり食われるという幻想……から生じたと考えられないようなものは存在しない」（『セミネールⅫ』一九六五年一月二〇日）と述べている。

（12）この文脈で、ミレールは対象*a*を満足そのものとして特徴づけている。満足としての対象は欲動によって区分けられ、分離される。彼は次のように述べている。「欲動に対応する対象とは、**対象としての満足**です。私は今日このことをラカンの対象*a*の定義として提起したい。対象*a*は一つの対象としての満足です。本能と欲動を区別したように、選択された対象（たとえば性的なパートナー）とリビード対象は区別しなければなりません。後者は**対象**としての**満足**です」（“On Perversion,” in

Reading Seminars I and II, 313)。

（13）『エクリ』八三五頁〔邦訳第三巻三五七頁〕。英訳としては以下がある。"Position of the Unconscious," trans. Bruce Fink, in Bruce Fink, Richard Feldstein, and Maire Jaanus, eds., *Reading Seminars IX : Lacan's Four Foundamental Concepts of Psychoanalysis* (Albany : SUNY Press, 1995), 265.

（14）ラカンは根源的幻想を横断し、欲動を制止から自由にした後、人はどのように振舞うのかについてはわずかの例しかあげていない。こうした例の一つは、ジャン・ポーランの小説 *Le guerrier appliqué* (Paris : Gallimard, 1930) の登場人物である。

（15）ミレールの "On Perversion," in *Reading Seminars I and II*, 314を参照。

（16）分離という視点で見れば、欲動は対象を携え、欲望としての《他者》から分離する、と言えるかもしれない（左図参照）。

（17）分析主体の「善」を促すのではない。たとえば『セミネールⅧ』一八頁を参照。

（18）欲望はまた、快原理と結びつけることもできるが、欲動は快原理の彼岸にあるものと結びついている。ミレールの言葉で言うと、欲動は「快原理の侵犯［*infraction*］としてなされる活動であり、常に満足――欲動の満足――で終わる。対照的に、主体はそれに苦しみ、そのことで不幸になり、悩まされ、取り除きたいと願う」("Donc"〔『故に』未公刊〕一九九四年五月一八日)。欲望は他方で「快原理の枠内に書き込まれるものである。言いかえれば、欲望は快原理に囚われたままである」("Commentary on Lacan's Text," 423)。

（19）去勢は結局のところ満足の喪失という賦課である（たとえば男の子にとっては、エディプス葛藤の末期には原初的なリビード対象としての母親もしくはその代理を失う）。この喪失を神経症者は永遠に嘆く。主体はさまざまな満足の可能性が残っていることに着目することができない。その代わりに、神経症者は執拗にその喪失に固執し、それ以外の満足を拒むという形で去勢を「愛する」のである。

（20）ラカンの賭は、精神分析は、以前に考えられていたよりもさらに遠くへと分析主体を導けるのではないか、というものだった。これは私の見るところ、さまざまなレベルで考察されるべきことであろう。私はしばしば治療者が次のようにいうのを耳にする。たとえばある種の患者は治療に向いていない、彼らとの作業はまるで職業か結婚の紹介所のようなかたちになる、と。私たちが分析家としての欲望をいだくようになる以前に、誰かが「精神分析をする」ことができるかどうか、あらかじめ私たちは知ることができるだろうか。ラカンの賭は、私が思うに、誰かが精神分析を経験できないとか、それ以上すすめるこ

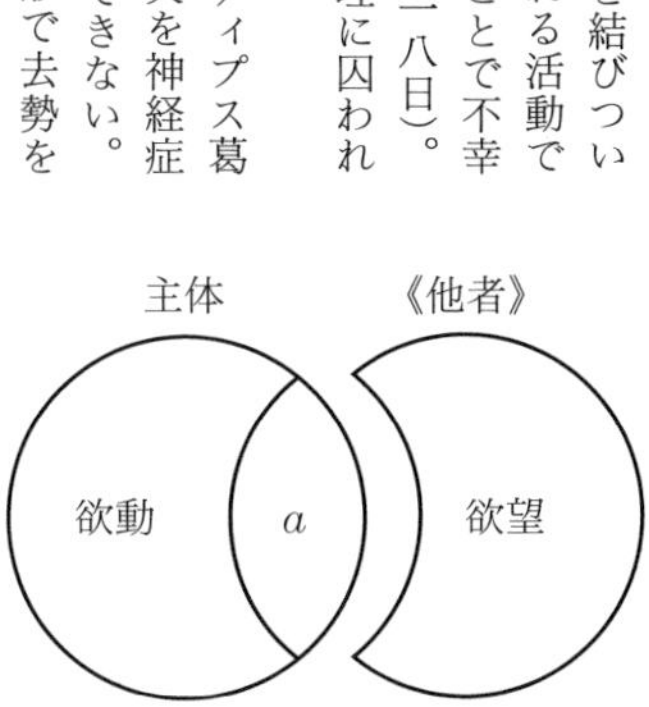

とができないなどと、私たちに勝手に思いこむことを決してさせないだろう。

(21) 『エクリ』五二四頁〔邦訳第二巻二七七頁〕を参照。

(22) フロイトが『精神分析入門』で書いていたように、夢を見る者は「より高次の機能」が受けつけないであろう活動や状況から満足を得ようとするのだが、夢のなかでの不安は多くの場合、そうした満足を偽装するための、検閲による苦し紛れの試みから生まれるものである。何か性的な幻想を思い出すかどうか、私がある新患の分析主体に訊ねたところ、彼女は「まったく何も」と答えたが、ある反復的な夢についての話を続けたのだった。その夢のなかでは、彼女は自分の歩いている床が抜けてしまうと感じ、不安になってしっかりした地面にたどり着こうとしていたのだった。この反復夢での彼女の不安は、性的な文脈で語られたもので、それ自体がある種の享楽である。

ここで簡単に、フロイトもラカン(たとえば、『セミネールX』一九六三年三月一三日)も述べている不安とオルガスムの密接な関係を思いだしていただきたい。フロイトは、ある種の不安の襲来はオルガスムのような性質を帯びているように思われ、ある種の性的な興奮の名残りであるかのように、万事をうまく仕上げるのであるとしばしば記している。不安の襲来、「発作」そして「パニックの襲来」はこうして、多くの場合、訓練されていない目には見て取れないかたちで満足を与えているのである。

(23) 幻想が目隠しとして私たちにかぶさっているからである。ラカンが述べているように、私たちは皆、自分の幻想のレンズ越しに世界を見ている。

(24) *Scilicet* 1 (1968).

(25) これは、ラカン的な意味での主体が「言語活動と享楽とのあいだにいる」ということの一つの意味である。主体はある種の原初的な快、あるいは言語活動の**いずれか一方を**「手にする」ことができる。しかし両方は無理である(これが"vel"〔ラテン語で「または」〕である。子どもはこの「強いられた選択」へと「誘惑され」、そそのかされ、そして言語活動のほうを選ぶように促される)。ラカンが言っているように、主体は「現実原理と快原理の対立に対応する」(『セミネールVII』四三頁〔邦訳上巻四六頁〕)ものである。言いかえれば、言語活動と「文字以前の」ある種の原初的な「手近な」享楽である。幻想とはこの二つの選択肢、言語活動の主体と享楽とを、両者が「共に可能 compossible」(この用語は Alain Badiou の *Conditions* (Paris: Seuil, 1992) から借用した) であるような仕方で、一つにしようとする試みなのである。幻想はこのようにして、「〜かまたは〜」という選択、主体の到来と享楽の喪失の原因となる選択を乗り越えようとする。幻想はこの喪失を取り消そうという試みを上演するのである。

主体はまた、強い情動的経験とそれに伴う思考（フロイトの用語で言えば「表象」）との環である、という意味でも「言語活動と享楽のあいだ」にある。この環は強迫神経症ではしばしばほどけてしまう。たとえば、成人男性としての鼠男は、フロイトが精神分析という設定のなかで自分の怒りを表現することを許し、それを父親と何か関係があると解釈するまでは、自分の怒りと父親とのあいだに関連性があることが見えていなかった。この解釈によって、フロイトは鼠男が情動（享楽）と思考（言語活動のなかで明確にされる）とのあいだの結び目として存在することを可能にしたのである。ラカン派の用語でいうと、この強い情動的経験はS_1であり、思考はS_2である。主体はその両者のあいだの閃光であり、この両者の環あるいは連結部を構成する。

（26）ラカンが後期に採用したこのアプローチは、見ようによっては擬似フロイト的経済モデルへの回帰と理解できなくもない。経済モデルでは、満足ということが重要視されているからである。しかし、同時に経済モデルと力動モデルの綜合とも言える。満足が優位を占めるには、（自我および無意識に関わる）欲望が欲動（エス、そしておそらく欲動の満足を命令する限りでの超自我）との関わりにおいて新たに布置されることが必要となる。欲動としての主体がもう一つの審級となる、この新しい位相において、満足に対する防衛が、欲望としての主体という一つの審級（*Instanz*）を形成すると考えられる。これらの審級をフロイトの定義した審級と一対一で対応させることは**できない**。

あとがき

（1）拙著 *The Lacanian Subject: Between Language and Jouissance* (Princeton: Princeton University Press, 1995) 八章末尾を参照。

（2）むろん、軽率さというものは、あらゆる理解につきものである。このことに関連して、『セミネールXX』六五頁を参照。

（3）『倒錯について』"On Perversion", in Bruce Fink, Richard Feldstein, and Maire Jaanus, eds., *Reading Seminars I and II: Lacan's Return to Freud* (Albany: SUNY Press, 1996), 307を参照。

（4）ボワローの有名な格言「明確に考えられたことは、たやすく表現できる」は、「あいまい」どころか「わかりやすい」。

（5）ラカンも繰り返し言っているように、文は人なり、であろう（『エクリ』九頁）〔邦訳第一巻一頁〕。しかし、文体はその人の考えと同一であろうか？　両者の関係は明らかに弁証法的である。本書でおこなったような仕方でラカンの思想を表現することは、読者への衝撃、つまり通念を揺るがし、挑発するような効果を失わせるだろう。また、しばしば愉快なラカンの書き方それ自体がもたらす効果も失わせるだろう。私の書き方が、別の形でこの損失を「埋め合わせ」ていることを願うばかりである。

推薦文献

ここではまず、精神分析の臨床実践の多くの側面を扱っている、分析全般に関して有益と思われる文献を挙げた。次に、本書の各章に関連した著作や論文を、重要な箇所を選んで列挙した（たいていの場合、数頁ないしは講義の一回分か二回分程度の分量である）。これによって読者はフロイトやラカンのテクストのうち、目下の議論に**直接関係する箇所だけを**学習・再検討できるはずであり、一つの臨床的な概念を探すために理論的な論文の全体に目を通すといった必要はなくなるであろう。私は英語で読める文献を優先的に提示したが、フランス語が読める読者のために、現在フランス語でのみ入手できる文献も、あわせて挙げておいた。当の文献で扱われている主題がタイトルからだけではわかりにくい場合には、簡単にそれを記しておいた。また、精神分析についての知識があまりない読者にとっては文体的に、あるいは概念的に、あるいはその両方のために読むのに骨が折れると思われる文献には、「難解」という表記を付しておいた。なお文献は、まずフロイトとラカンの著作を挙げ、次に他の著者による文献を、重要度の高いものから順に挙げた。

全般

Lacan, Seminar III, *The Psychoses* (New York : Norton, 1993)〔ジャック・ラカン著、ジャック＝アラン・ミレール編『精神病（上・下）』小出浩之ほか訳、東京：岩波書店、一九八七年〕。この講義録は現在までに公刊されたラカンの著作のうち、臨床家にとっては、おそらく最も近づきやすく、また直接に関係のあるものである。本書にはラッセル・グリッグ Russell Grigg 氏による完璧な英訳もある。ラカンの多くの講義録のうち、この他に英訳で手に入るものは、セミネールⅠ、Ⅱ、Ⅶ、およびⅪのみである。拙訳によるセミネールⅩⅩは近日刊行予定である〔一九九八年、Norton 社より刊行。*On Feminine Sexuality the Limits of Love and Knowledge : The Seminar of Jacques Lacan, Book XX Encore 1972–1973* (*Seminar of Jacques Lacan*, Bk 20) translated with notes by Bruce Fink, New York : Norton, 1998〕。

——Seminar I, *Freud's Papers on Technique* (New York: Norton, 1988)〔ジャック・ラカン著、ジャック=アラン・ミレール編『フロイトの技法論（上・下）』小出浩之ほか訳、東京：岩波書店、一九九一年〕。

——"Direction of the Treatment," *Écrits*, 585-645〔ジャック・ラカン著「治療の指導とその能力の諸原則」『エクリ（Ⅰ・Ⅱ・Ⅲ）』宮本忠雄ほか訳、東京：弘文堂、一九七二―一九八一年、第三巻、一―八九頁〕。難解。

Bruce Fink, *The Lacanian Subject: Between Language and Jouissance* (Princeton: Princeton University Press, 1995)〔未邦訳：ブルース・フィンク著『ラカン的主体――言語活動と享楽のあいだ』〕。

Bruce Fink, Richard Feldstein, and Maire Jaanus, eds., *Reading Seminars I and II: Lacan's Return to Freud* (Albany: SUNY Press, 1996). 本書はコーズ・フロイディエンヌの代表的な分析家が、ラカン派精神分析に入門する学生に向けておこなった講義録を集めたものである。本書に収められた臨床的な論文は、取りつきやすさと明快さの点で、英語で読める他のどの文献よりもすぐれている。

Bruce Fink, Richard Feldstein, and Maire Jaanus, eds., *Reading Seminar XI: Lacan's Four Fundamental Concepts of Psychoanalysis* (Albany: SUNY Press, 1995). コーズ・フロイディエンヌの講義録の二冊目。ラカン派の基本概念が実にわかりやすく、はっきりと説明されている。

J. Laplanche and J.-B. Pontalis, *The Language of Psychoanalysis* (New York: Norton, 1973)〔J・ラプランシュ／J-B・ポンタリス著『精神分析用語辞典』村上仁監訳、東京：みすず書房、一九七七年〕。フロイトの諸概念についての、唯一にして最高の事典。二人の著者はラカンの高弟。〔日本語で読めるラカン派の著者による事典として、R・シェママ／B・ヴァンデルメルシュ編『精神分析事典』小出浩之ほか訳、東京：弘文堂、二〇〇二年、がある。英訳はまだない〕。

第一章　分析における欲望

Freud, *Introductory Lectures on Psychoanalysis* (1917), SE XVI, Lecture 19; on resistance and repression.〔「精神分析入門（正）」『フロイト著作集1』懸田克躬・高橋義孝訳、京都：人文書院、一九七一年、所収〕、第十九講「抵抗と抑圧」。

——"Analysis of a Case of Hysteria" [Dora] (1905), SE VII, 105〔「あるヒステリー患者の分析の断片」『フロイト著作集5』小此木啓吾訳、京都：人文書院、一九六九年、三五三頁〕。分析家の欲望に対する反例。

Lacan, Seminar I〔ジャック・ラカン著、ジャック=アラン・ミレール編『フロイトの技法論（上・下）』小出浩之ほか訳、東京：

岩波書店、一九九一年〕、抵抗、防衛、自我について述べられている第一章から第四章を参照のこと。

——"Introduction à l'édition allemande d'un premier volume des *Écrits*," *Scilicet* 5 (1975) : 11-17. 難解。

Colette Soler, "The Real Aims of the Analytic Act," *Lacanian Ink* 5 (1992) : 53-60. 難解。*Lacanian Ink* 誌はごく一部の書店でしか入手できないが、*Lacanian Ink*, 133 Wooster Street, New York, NY, 10012 に申し込みをすれば購入できる。

第二章　治療過程に患者を導くこと

Freud, "Recommendations to Physicians Practising Psychoanalysis" (1912), SE XII, 111-120〔「分析医に対する分析治療上の注意」『フロイト著作集9』小此木啓吾訳、京都：人文書院、一九八三年、七八―八六頁〕。分析家のとるべき位置について。

——"On Beginning the Treatment" (1913), SE XII, 123-144〔「分析治療の開始について」『フロイト著作集9』小此木啓吾訳、京都：人文書院、一九八三年、八七―一〇六頁〕。分析家のアプローチ全般について。

——"The Handling of Dream-Interpretation in Psychoanalysis" (1911), SE XII, 91-96〔「精神分析療法中における夢解釈の使用」『フロイト著作集9』小此木啓吾訳、京都：人文書院、一九八三年、六二―六七頁〕。

——"Remarks on the Theory and Practice of Dream-Interpretation" (1923), SE XIX, 109-121〔「夢解釈の理論と実践に関する若干の考察」『フロイト全集18』三谷研爾・吉田耕太郎訳、東京：岩波書店、二〇〇七年、一七五―一八九頁〕。

——"Some Additional Notes on Dream-Interpretation as a Whole" (1925), SE XIX, 127-138〔未邦訳：「夢解釈全般についての補足」〕。

——*Introductory Lectures on Psychoanalysis*, SE XVI, 284-285〔「精神分析入門（正）」『フロイト著作集1』懸田克躬・高橋義孝訳、京都：人文書院、一九七一年、二三五頁〕。自我は「自分の家の主人」ではないということ。

Lacan, Seminar III〔ジャック・ラカン著、ジャック=アラン・ミレール編『精神病（上・下）』小出浩之ほか訳、東京：岩波書店、一九八七年〕、第四、七、十、十二、十三章参照。意味と象徴的なもの、問いとしての欲望について。

——*Écrits*, 310-322〔ジャック・ラカン著『エクリ（Ⅰ・Ⅱ・Ⅲ）』宮本忠雄ほか訳、東京：弘文堂、一九七一―一九八一年、第一巻、四二二―四四〇頁〕。時間と可変時間セッションについて。

——Seminar VIII, *Transference*, translated by Bruce Fink (New York : Norton, forthcoming), 435〔未邦訳：セミネールⅧ『転移』〕。鏡としての分析家について。

——— Seminar X, “Angoisse”〔未邦訳：セミネールX『不安』〕、一九六三年六月一二日〔第二十一章〕の講義。分析の開始期における症状の組織化について。

———“Geneva Lecture on the Symptom,” *Analysis* 1 (1989) : 10. 患者を時期尚早に寝椅子に寝かせるべきでないことについて。*Analysis* 誌はごく一部の書店でしか入手できないが、The Australian Centre for Psychoanalysis in the Freudian Field, P. O. Box 509, Carlton South, Victoria 3053, Australia に申し込めば購入できる。

———“The Freudian Thing, or the Meaning of the Return to Freud in Psychoanalysis,” *Écrits*〔ジャック・ラカン著「フロイト的事象あるいは精神分析におけるフロイトへの回帰の意味」『エクリ（I・II・III）』宮本忠雄ほか訳、東京：弘文堂、一九七二―一九八一年、第二巻所収〕。難解。

———“Subversion of the Subject and Dialectic of Desire,” *Écrits*〔ジャック・ラカン著「フロイトの無意識における主体の壊乱と欲望の弁証法」『エクリ（I・II・III）』宮本忠雄ほか訳、東京：弘文堂、一九七二―一九八一年、第三巻所収〕。難解。

——— Seminar V, “Unconscious Formations”〔ジャック・ラカン著、ジャック=アラン・ミレール編『無意識の形成物（上・下）』佐々木孝次ほか訳、東京：岩波書店、二〇〇五、二〇〇六年〕。駄洒落や言い間違いなど、錯誤行為全般について。

Jacques-Alain Miller, “La sortie d'analyse,” *La lettre mensuelle de l'ECF* 119 (1993) : 31-38.「自動的」な要求の出現について。難解。

Michel Sylvestre, *Demain la psychanalyse* (Paris : Navarin, 1987), 66. 分析家が、患者の言ったことを正確に理解できなかった、あるいは聞きとれなかったかのように装うことについて。

第三章　分析的関係

Freud, *Introductory Lectures on Psychoanalysis*, Lectures 27-28〔「精神分析入門（正）」『フロイト著作集1』懸田克躬・高橋義孝訳、京都：人文書院、一九七一年、所収〕、第二十七―二十八講。

———“The Dynamics of Transference” (1912), SE XII, 97-108〔「転移の力動性について」『フロイト著作集9』小此木啓吾訳、京都：人文書院、一九八三年、六八―七七頁〕。

———“Remembering, Repeating, and Working-Through” (1914), SE XII, 147-156〔「想起・反復・徹底操作」『フロイト著作集6』井村恒郎ほか訳、京都：人文書院、一九七〇年、四九―五八頁〕。

――"Observation on Transference-Love" (1915), SE XII, 159-171〔「転移性恋愛について」『フロイト著作集9』小此木啓吾訳、京都：人文書院、一九八三年、一一五―一二六頁〕。

――*Studies on Hysteria* (1895), SE II, 1-182〔「ヒステリー研究」『フロイト著作集7』井村恒郎ほか訳、京都：人文書院、一九七四年、九―一七七頁〕。

Lacan, Seminar III〔ジャック・ラカン著、ジャック=アラン・ミレール編『精神病（上・下）』小出浩之ほか訳、東京：岩波書店、一九八七年〕、第七章。

――Seminar VIII〔未邦訳：セミネールVIII『転移』〕、第十二―十三章。

――"The Direction of the Treatment," *Écrits*〔ジャック・ラカン著「治療の指導とその能力の諸原則」『エクリ（I・II・III）』宮本忠雄ほか訳、東京：弘文堂、一九七二―一九八一年、第三巻所収〕。難解。

――Seminar XI, *The Four Fundamental Concepts of Psychoanalysis*〔ジャック・ラカン著、ジャック=アラン・ミレール編『精神分析の四基本概念』小出浩之ほか訳、東京：岩波書店、二〇〇〇年〕、第十八章。難解。

――"Intervention on Transference," *Écrits*; in English in *Feminine Sexuality* (New York: Norton, 1982)〔ジャック・ラカン著「転移に関する私見」『エクリ（I・II・III）』宮本忠雄ほか訳、東京：弘文堂、一九七二―一九八一年、第一巻所収〕。

――"Variations on the Standard Treatment," *Écrits*, 332-336〔ジャック・ラカン著「治療=型の異型について」『エクリ（I・II・III）』宮本忠雄ほか訳、東京：弘文堂、一九七二―一九八一年、第二巻、一四―一九頁〕。

第四章　解釈――欲望の場所を開くこと

Freud, *New Introductory Lectures on Psychoanalysis*, SE XXII〔「精神分析入門（続）」『フロイト著作集1』懸田克躬・高橋義孝訳、京都：人文書院、一九七一年、所収〕、第三十一講。

Lacan, Seminar III, 184, 293-305〔ジャック・ラカン著、ジャック=アラン・ミレール編『精神病（上・下）』小出浩之ほか訳、東京：岩波書店、一九八七年、下巻、八頁、一七一―一九四頁〕。

――Seminar VIII, translated by Bruce Fink (New York: Norton, forthcoming)〔未邦訳：セミネールVIII『転移』〕、第一―十一章、第十四―十五章。

――Seminar XVIII（未公刊）、一九七一年一月一三日の講義〔第一章〕。

——— *Écrits* 106 and 588〔ジャック・ラカン著『エクリ（I・II・III）』宮本忠雄ほか訳、東京：弘文堂、一九七二―一九八一年、第一巻、一四三―一四四頁、第三巻、七―八頁〕。
——— *Scilicet* 5 (1975) : 16.
Bruce Fink, *The Lacanian Subject*〔未邦訳：ブルース・フィンク著『ラカン的主体――言語活動と享楽のあいだ』〕、第三、七、八、十章。

第五章　欲望の弁証法

Freud, *The Origins of Psychoanalysis* (New York : Basic Books, 1954), 163-164, letter dated May 30, 1896〔フロイト著、ジェフリー・ムセイエフ・マッソン編、ミヒァエル・シュレーター ドイツ語版編『フロイト フリースへの手紙：1887―1904』河田晃訳、東京：誠信書房、二〇〇一年、書簡九八〕。

———"Project for a Scientific Psychology," SE I, 338-339 (on hallucination) and 353-356 (on deferred action)〔「科学的心理学草稿」『フロイト著作集7』井村恒郎ほか訳、京都：人文書院、一九七四年、二七一―二七三頁（幻覚について）、二八一―二八五頁（事後性について）〕。

——— *The Interpretation of Dreams*, SE IV, 146-151〔「夢解釈」『フロイト全集4』新宮一成訳、東京：岩波書店、二〇〇七年、一九六―二〇二頁。「夢判断」『フロイト著作集2』 高橋義孝訳、京都：人文書院、一九六八年、一二五―一二九頁〕。「かしこい肉屋の女房」が語った夢。

——— *Introductory Lectures on Psychoanalysis*, SE XVI, Lecture 21, "The Development of the Libido and the Sexual Organizations".〔「精神分析入門（正）」『フロイト著作集1』懸田克躬・高橋義孝訳、京都：人文書院、一九七一年、所収〕、第二十一講「リビードの発達と性愛の組織」。

———"Analysis Terminable and Interminable" (1937), SE XXIII, 252-253〔「終わりある分析と終わりなき分析」『フロイト著作集6』井村恒郎ほか訳、京都：人文書院、一九七〇年、四一二頁〕。

———"Constructions in Analysis" (1937), SE XXIII, 257-269〔「分析技法における構成の仕事」『フロイト著作集9』井村恒郎ほか訳、京都：人文書院、一九八三年、一四一―一五一頁〕。

Lacan, "Direction of the Treatment," *Écrits*, 621-636〔ジャック・ラカン著「治療の指導とその能力の諸原則」『エクリ（I・

Ⅱ・Ⅲ)』宮本忠雄ほか訳、東京：弘文堂、一九七二―一九八一年、第三巻、五二―七五頁〕。難解。
——— Seminar VIII〔未邦訳：セミネールⅧ『転移』〕、第十五―十八章、および第二十五章。
——— Seminar X〔未邦訳：セミネールX『不安』〕、一九六二年一一月一四日の講義〔第一章〕。
——— Seminar XIV, "The Logic of Fantasy"〔未公刊：セミネールXIV『幻想の論理』〕。難解。
———"On Freud's '*Trieb*' and the Psychoanalyst's Desire," translated by Bruce Fink, in *Reading Seminars I and II*, 417-421.
——— Seminar VI, "Desire and Its Interpretation" (1958-1959). ジャク=アラン・ミレール Jacques-Alain Miller が七回分を編集し、*Ornicar?* 24 (1981) : 7-31 ; 25 (1982) : 13-36 ; and 26-27 (1983) : 7-44 に掲載している。ハムレットについての最後の三回のセッションの記録は、ジェームズ・ハルバート James Hulbert によって、以下のタイトルで英訳されている。"Desire and the Interpretation of Desire in *Hamlet*," *Yale French Studies* 55-56 (1977) : 11-52.
———"Subversion of the Subject and Dialectic of Desire," *Écrits*〔ジャック・ラカン著「フロイトの無意識における主体の壊乱と欲望の弁証法」『エクリ（Ⅰ・Ⅱ・Ⅲ)』宮本忠雄ほか訳、東京：弘文堂、一九七二―一九八一年、第三巻所収〕。難解。
Colette Soler, "History and Hysteria : The Witty Butcher's Wife," *Newsletter of the Freudian Field* 6 (1992) : 16-33. 現在休止しているが、The Department of English, Tate Hall, University of Missouri, Columbia, MO 65211に申し込めば入手できる。
———"Hysteria and Obsession," *Reading Seminars I and II*, 248-282.
Comment finissent les analyses (Paris : Seuil, 1994), 163-210. 共著。
Bruce Fink, *The Lacanian Subject*〔未邦訳：ブルース・フィンク著『ラカン的主体――言語活動と享楽のあいだ』〕、第一、五、六、七章。
———"Reading *Hamlet* with Lacan," in Richard Feldstein and Willy Apollon, eds., *Lacan, Politics, Aesthetics* (Albany : SUNY Press, 1995).
Elizabeth Roudinesco, *Jacques Lacan & Co. : A History of Psychoanalysis in France, 1925-1985*, translated by Jeffrey Mehlman (Chicago : University of Chicago Press, 1990). ラカンの分析を受けた分析家たちによる、その体験についての議論。

第六章　診断に対するラカン派のアプローチ

Freud, *Introductory Lectures on Psychoanalysis*〔「精神分析入門（正）」『フロイト著作集1』懸田克躬・高橋義孝訳、京都：人文書院、一九七一年、所収〕、第二十三講および第二十八講。

――― "Neurosis and Psychosis" (1923), SE XIX, 149-153〔「神経症と精神病」『フロイド選集10』加藤正明訳、東京：日本教文社、一九六九年、所収〕。

――― "The Infantile Genital Organization" (1923), SE XIX, 141-145〔「幼児期の性器的編成」『フロイト全集18』本間直樹訳、東京：岩波書店、二〇〇七年、二三三―二三八頁。「幼児期の性器体制」『フロイト著作集11』高橋義孝ほか訳、京都：人文書院、一九八四年、九八―一〇一頁〕。

――― "The Loss of Reality in Neurosis and Psychosis" (1924), SE XIX, 183-187〔「神経症および精神病における現実喪失」『フロイト全集18』本間直樹訳、東京：岩波書店、二〇〇七年、三一一―三一六頁。「神経症および精神病における現実の喪失」『フロイト著作集6』井村恒郎ほか訳、京都：人文書院、一九七〇年、三一六―三一九頁〕。

――― "Negation" (1924), SE XIX, 236-239〔「否定」『フロイト著作集3』高橋義孝ほか訳、京都：人文書院、一九六九年、三五八―三六一頁〕。

――― "An Outline of Psychoanalysis," Chapter 8 (1938), SE XXIII, 195-204〔「精神分析概説」『フロイト全集22』津田均訳、東京：岩波書店、二〇〇七年、二三七―二四八頁。「精神分析学概説」『フロイト著作集9』小此木啓吾訳、京都：人文書院、一九八三年、一九九―二〇七頁〕。

――― "Splitting of the Ego in the Process of Defence" (1938), SE XXIII, 275-278〔「防衛過程における自我分裂」『フロイト全集22』津田均訳、東京：岩波書店、二〇〇七年、二六三―二六七頁。「防衛過程における自我の分裂」『フロイト著作集9』小此木啓吾訳、京都：人文書院、一九八三年、一五二―一五五頁〕。

――― "Fetishism" (1927), SE XXI, 152-157〔「呪物崇拝」『フロイト著作集5』懸田克躬ほか訳、京都：人文書院、一九六九年、三九一―三九六頁〕。

Lacan, Seminar I〔ジャック・ラカン著、ジャック=アラン・ミレール編『フロイトの技法論（上・下）』小出浩之ほか訳、東京：岩波書店、一九九一年〕、第四章、第五章。また、*Écrits*, 369-399〔ジャック・ラカン著『エクリ（I・II・III）』宮本忠雄ほか訳、東京：弘文堂、一九七二―一九八一年、第二巻、六七―一〇八頁〕に、これを練り直したものが載っている。

――Seminar III〔ジャック・ラカン著、ジャック＝アラン・ミレール編『精神病（上・下）』小出浩之ほか訳、東京：岩波書店、一九八七年〕、第一、三、二十、二十五章。

――Seminar XXI, "Les non dupes errent"〔未公刊：セミネールXXI『騙されぬものはさまよう』〕、一九七四年三月一九日の講義。難解。

Jacques-Alain Miller, "An Introduction to Lacan's Clinical Perspectives," in *Reading Seminars I and II*, 241-247〔未邦訳：『臨床におけるラカン的パースペクティブへの導入』〕。

Jean Hyppolite, "A Spoken Commentary on Freud's '*Verneinung*'〔'Negation'〕," *Écrits*, 879-887〔ジャン・イポリット「フロイトの否定（Verneinung）についての、口述による評釈」、ジャック・ラカン著『エクリ（I・II・III）』宮本忠雄ほか訳、東京：弘文堂、一九七二―一九八一年、第二巻、三六一―三七二頁〕。難解。

Bruce Fink, *The Lacanian Subject*〔未邦訳：ブルース・フィンク著『ラカン的主体――言語活動と享楽のあいだ』〕、第五―六章。

第七章　精神病

Freud, "Psychoanalytic Notes on an Autobiographical Account of a Case of Paranoia [Schreber]," SE XII, 9-82〔「自伝的に記述されたパラノイア（妄想性痴呆）の一症例に関する精神分析的考察」『フロイト著作集9』小此木啓吾訳、京都：人文書院、一九八三年、二八三―三四七頁〕。

Lacan, Seminar III〔ジャック・ラカン著、ジャック＝アラン・ミレール編『精神病（上・下）』小出浩之ほか訳、東京：岩波書店、一九八七年〕。

――"On a Question Preliminary to Any Possible Treatment of Psychosis," *Écrits*, 531-583〔ジャック・ラカン著「精神病のあらゆる可能な治療に対する前提的な問題について」『エクリ（I・II・III）』宮本忠雄ほか訳、東京：弘文堂、一九七二―一九八一年、第二巻、二九一―三五二頁〕。難解。

Jacques-Alain Miller, "An Introduction to Lacan's Clinical Perspectives," in *Reading Seminars I and II*, 241-247.

Jean-Claude Schaetzel, "Bronzehelmet, or the Itinerary of the Psychotherapy of a Psychotic," translated by Stuart Schneiderman, in Schneiderman, ed., *How Lacan's Ideas Are Used in Clinical Practice* (Northvale, N. J.: Aronson, 1993), 184-194.

この論文が収められている選集の以前の版のほうが、多くの読者に知られている。*Returning to Freud : Clinical Psychoanalysis in the School of Lacan* (New Haven : Yale University Press, 1980).

Daniel Paul Schreber, *Memoirs of My Nervous Illness* (Cambridge, Mass. : Harvard University Press, 1988)〔D・P・シュレーバー著『シュレーバー回想録――ある神経病者の手記』尾川浩・金関猛訳、東京：平凡社、二〇〇二年〕。

Clinique différentielle des psychoses (Paris : Navarin, 1988). コーズ・フロイディエンヌの多くのメンバーによる注釈を含む。難解。

Françoise Gorog, "Clinical Vignette : A Case of Transsexualism," in *Reading Seminars I and II*, 283-286.

ボタン綴じ（投錨点あるいはキルトの綴じ目）について

Lacan, "Subversion of the Subject and Dialectic of Desire," *Écrits*, 804-827〔ジャック・ラカン著「フロイトの無意識における主体の壊乱と欲望の弁証法」『エクリ（I・II・III）』宮本忠雄ほか訳、東京：弘文堂、一九七二―一九八一年、第三巻、三一一―三四五頁〕。難解。

Slavoj Zizek, *The Sublime Object of Ideology* (London : Verso, 1989)〔スラヴォイ・ジジェク著『イデオロギーの崇高な対象』鈴木晶訳、東京：河出書房新社、二〇〇〇年〕、第三章。

Russell Grigg, "Metaphor and Metonymy," in *Newsletter of the Freudian Field* 3 (1989) : 58-79.

対象としての自我

Freud, *The Ego and the Id* (1923), SE XIX, 19-39〔「自我とエス」『フロイト全集18』道籏泰三訳、東京：岩波書店、二〇〇七年、一二―二二頁、『フロイト著作集6』井村恒郎ほか訳、京都：人文書院、一九七〇年、二六九―二八四頁〕。

Lacan, Seminar II, 62-69〔ジャック・ラカン著、ジャック＝アラン・ミレール編『フロイト理論と精神分析技法における自我（上・下）』小出浩之ほか訳、東京：岩波書店、一九九八年、下巻、七五―八五頁〕。

——"The Mirror Stage as Formative of the Function of the I," *Écrits*, 93-100〔ジャック・ラカン著「〈わたし〉の機能を形成するものとしての鏡像段階」『エクリ（I・II・III）』宮本忠雄ほか訳、東京：弘文堂、一九七二―一九八一年、第一巻、一二三―一三四頁〕。

——Seminar VIII〔未邦訳：セミネールⅧ『転移』〕、第二十三―二十四章。

Bruce Fink, *The Lacanian Subject*〔未邦訳：ブルース・フィンク著『ラカン的主体——言語活動と享楽のあいだ』〕、第一、二、四、五章。

第八章　神経症

Freud, "Negation" (1924), SE XIX, 236-239〔「否定」『フロイト著作集3』高橋義孝ほか訳、京都：人文書院、一九六九年、三五八—三六一頁〕。

———*Introductory Lectures on Psychoanalysis*〔「精神分析入門（正）」『フロイト著作集1』懸田克躬・高橋義孝訳、京都：人文書院、一九七一年〕、第二十—二十一講。

———"Constructions in Analysis" (1937), SE XXIII, 257-269〔「分析における構成の仕事」『フロイト著作集9』井村恒郎ほか訳、京都：人文書院、一九七〇年、一四〇—一五一頁〕。

Lacan, "On Freud's '*Trieb*' and the Psychoanalyst's Desire," in *Reading Seminars I and II*.

———"Direction of the Treatment," *Écrits*, 604-607〔ジャック・ラカン著「治療の指導とその能力の諸原則」『エクリ（I・II・III）』宮本忠雄ほか訳、東京：弘文堂、一九七二—一九八一年、第三巻、二九—三四頁〕。

———"Subversion of the Subject and Dialectic of Desire," *Écrits*, 820-827〔ジャック・ラカン著「フロイトの無意識における主体の壊乱と欲望の弁証法」『エクリ（I・II・III）』宮本忠雄ほか訳、東京：弘文堂、一九七二—一九八一年、第三巻、三三一—三四五頁〕。

Jacques-Alain Miller, "Donc," May 11, 1994〔未邦訳：『故に』一九九四年五月一一日の講義〕。フランス語による講義。未公刊。

Bruce Fink, *The Lacanian Subject*〔未邦訳：ブルース・フィンク著『ラカン的主体——言語活動と享楽のあいだ』〕。第一、五、七、八章。

ヒステリーと強迫神経症

Freud, *The Interpretation of Dreams* (1899), SE IV, 146-151〔「夢解釈」『フロイト全集4』新宮一成訳、東京：岩波書店、二〇〇七年、一九六—二〇二頁。「夢判断」『フロイト著作集2』高橋義孝訳、京都：人文書院、一九六八年、一二五—一二九頁〕。「かしこい肉屋の女房」が語った夢。

——"Notes upon a Case of Obsessional Neurosis [Rat Man]" (1909), SE X, 158-249〔「強迫神経症の一症例に関する考察」『フロイト著作集9』小此木啓吾訳、京都：人文書院、一九八三年、二一三—二八二頁〕。

——Introductory Lectures on Psychoanalysis, SE XVI, 261-269〔「精神分析入門（正）」『フロイト著作集1』懸田克躬・高橋義孝訳、京都：人文書院、一九七一年、二一五—二二二頁〕。

——Freud's Letters to Fliess, translated by Jeffrey Masson (Cambridge, Mass.: Harvard University Press, 1988)〔フロイト著、ジェフリー・ムセイエフ・マッソン編、ミヒアエル・シュレーター ドイツ語版編『フロイト フリースへの手紙：1887-1904』河田晃訳、東京：誠信書房、二〇〇一年〕。書簡七五（一八九五年一〇月八日）、書簡七六（一八九五年一〇月一五日）、書簡七七（一八九五年一〇月一六日）、書簡八四（一八九五年一二月八日）、草稿K（書簡八五付録）、書簡九八（一八九六年五月三〇日）。

——and Joseph Breuer, Studies on Hysteria (1895), SE II, 21-47〔「ヒステリー研究」『フロイト著作集7』井村恒郎ほか訳、京都：人文書院、一九七四年、一五三—一七七頁〕。

Lacan, Seminar III〔ジャック・ラカン著、ジャック=アラン・ミレール編『精神病（上・下）』小出浩之ほか訳、東京：岩波書店、一九八七年〕、第十二—十三章。

——Seminar VIII〔未邦訳：セミネールVIII『転移』〕、第十五—十八章。

——"Direction of the Treatment," Écrits, 621-627〔ジャック・ラカン著「治療の指導とその能力の諸原則」『エクリ（I・II・III）』宮本忠雄ほか訳、東京：弘文堂、一九七二—一九八一年、第三巻、五二—六二頁〕。「かしこい肉屋の女房」について。難解。

——Seminar X〔未邦訳：セミネールX『不安』〕、一九六三年六月二五日の講義。〔第二十三章〕強迫神経症における欲望について。

——Seminar XI, 67〔ジャック・ラカン著、ジャック=アラン・ミレール編『精神分析の四基本概念』小出浩之ほか訳、東京：岩波書店、二〇〇〇年、六七頁〕。

——Seminar XVII, L'envers de la psychanalyse〔未邦訳：セミネールXVII『精神分析の裏面』〕、第一—五章。ヒステリー者の語らいについて。難解。

Jacques-Alain Miller, "H_2O," translated by Bruce Fink, in Hystoria (New York: Lacan Study Notes, 1988).

Hystérie et Obsession (Paris: Navarin, 1986). コーズ・フロイディエンヌの多くのメンバーによる注釈を含む。難解。

Colette Soler, "Hysteria and Obsession," *Reading Seminars I and II*, 248-282.
———"History and Hysteria : The Witty Butcher's Wife," *Newsletter of the Freudian Field* 6 (1992) : 16-33.
Bruce Fink, *The Lacanian Subject*〔未邦訳：『ラカン的主体——言語活動と享楽のあいだ』〕、第七、八、九章。

恐怖症

Lacan, "Direction of the Treatment," *Écrits*, 610-611〔ジャック・ラカン著「治療の指導とその能力の諸原則」『エクリ（I・II・III）』宮本忠雄ほか訳、東京：弘文堂、一九七二—一九八一、第三巻、三七—三九頁〕。
——— Seminar IV, *La relation d'objet* (Paris : Seuil, 1994)〔ジャック・ラカン著、ジャック=アラン・ミレール編『対象関係』小出浩之ほか訳、東京：岩波書店、二〇〇六年〕、第十二—二十四章。

疎外と分離

Lacan, Seminar XI〔ジャック・ラカン著、ジャック=アラン・ミレール編『精神分析の四基本概念』小出浩之ほか訳、東京：岩波書店、二〇〇〇年〕、第十六章、十七章。難解。
——— Seminar XIV. 難解。
——— Seminar XV. 難解。
Jacques-Alain Miller, "Du symptôme au fantasme et retour"（未公刊）、一九八三年三月九・一六・二三日の講義。"1,2,3,4"（未公刊）、一九八四年一一月二一・二八日の講義。彼のこの講義は疎外と分離についての生産的な仕事である。
Bruce Fink, *The Lacanian Subject*〔未邦訳：『ラカン的主体——言語活動と享楽のあいだ』〕、第五—六章。
"Alienation and Separation : Logical Moments of Lacan's Dialectic of Desire,'in *Newsletter of the Freudian Field* 4 (1990) : 78-119. このテクストの大部分はミレール氏の "Du symptôme au fantasme et retour" と "1,2,3,4"（未公刊）に依拠している。ニュースレターの編集者たちのせいで、この論文の文章にはやたらと間違いが多くなっている。不明な点があれば筆者にお問い合わせいただきたい。

超自我

Jacques-Alain Miller, "A Discussion of Lacan's 'Kant with Sade'," in *Reading Seminars I and II*, 212-237.

第九章　倒錯

Freud, *Introductory Lectures on Psychoanalysis*〔「精神分析入門（正）」『フロイト著作集1』懸田克躬・高橋義孝訳、京都：人文書院、一九七一年、所収〕、第二十—二十一講。

——"The Infantile Genital Organization" (1923), SE XIX, 141-145〔「幼児期の性器的編成」『フロイト全集18』本間直樹訳、東京：岩波書店、二〇〇七年、二三三—二三八頁。「幼児期の性器体制」『フロイト著作集11』高橋義孝ほか訳、京都：人文書院、一九八四年、九八—一〇一頁〕。

——"Negation" (1925), SE XIX, 235-239〔「否定」『フロイト著作集3』高橋義孝ほか訳、京都：人文書院、一九六九年、三五八—三六一頁〕。

——"Fetishism" (1927), SE XXI, 152-157〔「呪物崇拝」『フロイト著作集5』懸田克躬ほか訳、京都：人文書院、一九六九年、三九一—三九六頁〕。

——"An Outline of Psychoanalysis"〔「精神分析概説」『フロイト全集22』津田均訳、東京：岩波書店、二〇〇七年、二三七—二四八頁。『フロイト著作集9』小此木啓吾訳、京都：人文書院、一九八三年、一九九—二〇七頁〕、第八章。

——"Splitting of the Ego in the Process of Defence" (1938), SE XXIII, 275-278〔「防衛過程における自我分裂」『フロイト全集22』津田均訳、東京：岩波書店、二〇〇七年、二六三—二六七頁。「防衛過程における自我の分裂」『フロイト著作集9』小此木啓吾訳、京都：人文書院、一九八三年、一五二—一五五頁〕。

Lacan, Seminar IV, *La relation d'objet*〔ジャック・ラカン著、ジャック=アラン・ミレール編『対象関係』小出浩之ほか訳、東京：岩波書店、二〇〇六年〕、第六—十一章。

——Seminar X, "Angoisse" (1962-1963)〔未邦訳：セミネールX『不安』〕、一九六二年一二月五日、一九六三年一月一六日、二月二七日、三月一三日、三月二〇日、三月二七日、五月二二日、六月一九日、七月三日の講義〔第四、八、十一、十三、十四、十五、十八、二十二、二十四章〕。

——"Kant with Sade," *Écrits*〔ジャック・ラカン著「カントとサド」『エクリ（I・II・III）』宮本忠雄ほか訳、東京：弘文堂、一九七二—一九八一年、第三巻、所収〕。*October* 51 (1989) に収められた翻訳はできが悪いので参照しないほうがよい。難解。

——"Position of the Unconscious," *Écrits*〔ジャック・ラカン著「無意識の位置」『エクリ（I・II・III）』宮本忠雄ほか訳、東京：弘文堂、一九七二—一九八一年、第三巻、所収〕。*Reading Seminar XI* に収められている拙訳を参照のこと。
Jacques-Alain Miller, "On Perversion," in *Reading Seminars I and II*, 306-320〔未邦訳：『倒錯について』〕。
——"A Discussion of Lacan's 'Kant with Sade,'" in *Reading Seminars I and II*, 212-237.
René Tostain, "Fetishization of a Phobic Object," translated by Stuart Schneiderman in *How Lacan's Ideas Are Used in Clinical Practice*, 247-260.
Moustapha Safouan, "Contribution to the Psychoanalysis of Transsexualism," translated by Stuart Schneiderman in *How Lacan's Ideas Are Used in Clinical Practice*, 195-212. 臨床例を用いて倒錯と精神病の違いを説明している。
Traits de perversion dans les structures cliniques (Paris: Navarin, 1990). コーズ・フロイディエンヌ学派の多くのメンバーの注釈を含む。難解。

第十章　欲望から享楽へ

Lacan, "On Freud's '*Trieb*' and the Psychoanalyst's Desire," *Écrits*; 851-854〔ジャック・ラカン著「フロイトの《衝動》および精神分析家の欲望について」『エクリ（I・II・III）』宮本忠雄ほか訳、東京：弘文堂、一九七二—一九八一年、第三巻、三七九—三八五頁〕translated by Bruce Fink in *Reading Seminars I and II*, 417-421.〔フィンクによる『エクリ』の新しい全英訳が Norton 社より刊行された。*Écrits: The First Complete Edition in English*, translated by Bruce Fink in collaboration with Heloise Fink and Russell Grigg, New York: Norton, 2006〕。難解。
——Seminar X〔未邦訳：セミネールX『不安』〕、一九六三年三月一三日〔第十三章〕。
——"Proposition du 9 octobre 1967 sur le psychanalyste de l'Ecole," *Scilicet* 1 (1968): 14-30. 難解。
Jacques-Alain Miller, "Donc" (1993-1994). フランス語での未公刊の講義。いくつかの重要な箇所を私が抜粋して翻訳したものが、"Commentary on Lacan's Text" と題して *Reading Seminars I and II*, 422-427 に収められている。
Anne Dunand, "The End of Analysis," in *Reading Seminar XI*, 243-256.
Jean Paulhan, *Le guerrier appliqué* (Paris: Gallimard, 1930).

訳者あとがき

本書は、*A Clinical Introduction to Lacanian Psychoanalysis : Theory and Technique*（1997）の全訳である。題名の通り、ラカン派精神分析の理論と技法に関する包括的で実践的な入門書である。著者ブルース・フィンクは、アメリカを代表するラカン派の精神分析家であり、長年にわたり新人臨床家の教育や現任臨床家のスーパーヴィジョンに携わっている。現在はペンシルバニア州ピッツバーグ市にあるデュケイン大学で心理学の教授をつとめており、二〇〇六年には本書でも何度も引用・言及されている『エクリ』全篇の新英訳（下記参照）を完成させている。フィンク自身、パリのコーズ・フロイディエンヌ学派 École de la Cause Freudienne で七年間の専門的訓練を受けており、現在はその会員である。また、ピッツバーグ精神分析協会・研究所 Pittsburgh Psychoanalytic Society and Institute の会員でもある。

本書の特徴は何といっても、臨床家が臨床家のためにラカンの精神分析をきわめてわかりやすく紹介している点にある。フィンク自身が「序」で述べているように、本書は、「ラカンについて論じた著作はあっても、ラカン派の精神分析がどのようにおこなわれているか、……（中略）……精神分析的か否かを問わず、別の形式でおこなわれている治療とはいったい何が違うのか、こうしたことについて論じた著作は現在のところほとんどない」というアメリカの状況を改善するために、企画された。本書の出版（一九九七年）からすでに十一年が経過しているが、わが国の現状にもほとんど当てはまる言葉であろう。最近、ラカンの平易な解説を意図した著作や翻訳書も数多く出版されるようになったが、それらの類書と比較しても、本書ほど、「臨床家が日々経験する問題」（序）を具体的に取り上げ、さらに事例（精神病、強迫神経症、ヒステリー、倒錯）を詳細に検討しながら、ラカンの理論・基本概念、治療法を論じているものはまず見当たらない。本来きわめて臨床的であるラカンの精神分析が、フィンクの臨床経験やスーパーヴィジョンの経験を通して明晰に示されている。すでに六か国語に翻訳されている所以であろう。

スラヴォイ・ジジェクが理論的な面でラカン派の普及に果たした役割を、フィンクが臨床的な面で果たしていると評しても間違いではないだろう（ちなみにジジェクは *How to Read Lacan*. W. W. Norton, 2007. 邦訳『ラカンはこう読め！』において、本書をラカン派臨床についての推薦文献として挙げている）。しかもフィンクは理論的探求にたいして妥協しているわけではなく、ラカン特有の抽象的な理論も精密かつ具体的な精彩をもって描き出している。この点で、思想的な観点からラカンに興味をもつ読者にとっても本書は資するところが大きいはずである。さまざまな分野で臨床に従事している人びとはもちろん、精神分析、精神療法に関心をもつすべての方々（学生も含めて）にぜひ本書を読んでいただきたいと願う次第である。

なおフィンクには、本書のほかに以下のような著作がある。

- *The Lacanian Subject : Between Language and Jouissance*. Princeton University Press. (1995)
- *Lacan to the Letter : Reading Écrits Closely*. University of Minnesota Press. (2004)
- *Fundamentals of Psychoanalytic Technique : A Lacanian Approach for Practitioners*. Norton Professional Books. (2007)

また編著には、

- *Reading Seminar XI : Lacan's Four Fundamental Concepts of Psychoanalysis*. Albany : SUNY Press. (1995)
- *Reading Seminars I and II : Lacan's Return to Freud*. Albany : SUNY Press. (1996)

・*Reading Seminar XX：Lacan's Major Work on Love, Knowledge, and Feminine Sexuality*. Albany：SUNY Press. (2002)　などがある。

訳書としては、

・*Jacques Lacan：The Seminar, Book XX, Encore, On Feminine Sexuality：the Limits of Love and Knowledge*. (1972-1973) New York：W. W. Norton. (1998)

・*Écrits：The First Complete Edition in English*. W. W. Norton. (2006)　などがある。

本書を訳すことになったのは、訳者の一人（中西）が京都大学大学院人間・環境学研究科に提出する修士論文を準備していた頃、たまたま本書が目にとまり読んでみたところ、ラカン関係の書物としてはその内容が一貫して臨床的であることに少なからず驚き、感銘を受けたことがきっかけであった。さっそく同じ研究室の三人の仲間（椿田・信友・舟木）に翻訳することを相談したところ、すぐに意気投合し翻訳の作業が始まった。研究室を主宰する新宮一成先生は誠信書房を紹介してくださり、出版への道を開いて下さった。そして作業の最終段階では、お忙しいにもかかわらず訳稿全体にわたりご校閲いただいた。深く感謝申し上げる。また、当時、京都大学大学院の大学院生であり、現在、九州国際大学法学部准教授の大倉得史氏〔二〇一四年現在　京都大学大学院人間・環境学研究科准教授〕には、最初の訳文作成の過程でご協力をいただいた。記して感謝申し上げたい。

最後に、出版までいろいろとお骨折りをいただいた編集部の松山由理子氏、児島雅弘氏に心から御礼を申し上げる。

平成二十年六月

訳者一同

訳者紹介

中西之信（なかにし・ゆきのぶ）

京都大学大学院・人間環境学研究科博士課程修了。博士（人間・環境学）。言語聴覚士。専門は言語臨床・精神分析。現在，失語症訪問相談室シェヴー・言葉人研究所所長。著書に『よくわかる失語症と高次脳機能障害』（共著，永井書店），『言語臨床の「人間交差点」』（編著，学苑社）など。論文に「失語症者の“「言葉の世界」へ戻る仕事”――失語症治療と「精神分析的態度」」（『精神分析研究』），「失語症者はなぜ「言葉の回復」に固執するのか――フロイト-ラカンの精神分析による検討」（『コミュニケーション障害学』）など。

椿田貴史（つばきた・たかし）

京都大学大学院・人間環境学研究科博士課程修了。博士（人間・環境学）。臨床心理士。専門は臨床心理学。現在，名古屋商科大学経営学部教授。著書に『精神分析学を学ぶ人のために』（共著，世界思想社）。論文に「『失語論』から精神分析へ――精神分析における主体と他者の出現」（『精神分析研究』），「Freud, S. の精神分析とロマン主義――Freud, S. におけるロマン主義的なものの克服」（『精神分析研究』）など。

舟木徹男（ふなき・てつお）

京都大学大学院・人間環境学研究科博士課程修了。博士（人間・環境学）。専門は精神分析・宗教史。現在，龍谷大学非常勤講師。著書に『フロイト=ラカン』（共著，講談社選書メチエ）。論文に“‘Between Two Deaths’ The intersection of psychoanalysis and Japanese Buddhism”（共著，*Theory & Psychology*），「〈もったいない〉という宗教心理についての考察」（『精神分析』），「退行の病理――アジールとしての空想という視点から」（『精神分析&人間存在分析』），「宗教および家族との関連からみた日本近代の精神医療――精神障害者私宅監置をめぐって」（『精神医学史研究』），訳書にオルトヴィン・ヘンスラー『アジール――その歴史と諸形態』（国書刊行会）など。

信友建志（のぶとも・けんじ）

京都大学大学院・人間環境学研究科博士課程修了。博士（人間・環境学）。専門は思想史・精神分析。現在，鹿児島大学医歯学総合研究科准教授。著書に『フロイト=ラカン』（共著，講談社選書メチエ），『言語臨床の「人間交差点」』（共著，学苑社），『メディアと無意識』（共著，弘文堂）など。

索　引

ア　行

カ　行

サ　行

タ　行

ナ　行

ハ　行

マ 行

ヤ 行

ラ　行

ブルース・フィンク
ラカン派精神分析入門《はせいしんぶんせきにゅうもん》――理論《りろん》と技法《ぎほう》

2008年 6月20日　第1刷発行
2025年 4月30日　第6刷発行

訳　者　中西之信
　　　　椿田貴史
　　　　舟木徹男
　　　　信友建志
発行者　柴田敏樹
印刷者　日岐浩和

発行所　株式会社　誠信書房
〒112-0012　東京都文京区大塚3-20-6
電話　03 (3946) 5666
https://www.seishinshobo.co.jp/

中央印刷　協栄製本
検印省略

Printed in Japan
ISBN 978-4-414-41430-1　C3011